독일 2℃~1.5℃ 기후 거버넌스의 역동적 구조와 특성

본서는 2019년 정부(교육부)의 재원으로 「한국연구재단」의 지원을 받아 수행된 연구
(NRF-2019S1A5B5A07093133)이다.

독일 2℃~1.5℃ 기후 거버넌스의 역동적 구조와 특성

김옥현 지음

서 문

　필자는 수년 전에『기후변화와 신 사회계약 - 지속가능한 발전을 향하여』(2015)라는 제목으로 기후변화 개론서에 가까운 책을 써 보았다. 기후변화에 관하여 알아야 할 필수적인 것만 간추린 이 저서에서 필자는 인류 사회가 직면한 기후변화 대응을 위해 전 지구적 차원의 노력이 필요하며, 이를 위해 '세계 시민의, 세계 시민에 의한, 세계 시민을 위한' 새로운 사회계약의 선언이 필요함을 결론으로 제시하였다.

　2015년, 파리「유엔 기후변화협약」에서 인류 사회가 지구 평균기온 상승을 2℃ 이내로 억제하기로 하고, 가능하다면 1.5℃ 이내로 억제하기로 약속을 하였다. 필자의 눈에 '2℃'라는 숫자가 쏙 들어왔다. 비로소 인류 사회가 기후변화 대응을 위해 구체적인 목표를 수량적으로 제시한 셈이다. 기후변화 대응과 온실가스 감축이라는 추상적 목표로서는 수많은 문제와 선택 앞에서 바쁜 일상을 살아가는 21세기 글로벌 시민들의 관심을 끌기가 어렵다고 생각하고 있던 차에 '2℃'라는 구체적 목표가 세계 기후 회의의 최고 의결기구에서 결정이 된 것이다. 이에 필자는 '2℃' 목표에 초점을 맞추고 그 사회적인 함의와 실제 달성할 수 있는 해결 방식에 대해 글을 쓰는 것은 매우 의미 있는 작업이라고 생각하였다. 그 결과『2℃-기후변화 시대의 새로운 이정표』(2018) 라는 제목의 책이 나오게 되었다. 2℃ 목표를 달성할 수 있는 경로와 그 해결책을 제시하기 위해, '누가, 어디서, 왜, 어떻게, 얼마만큼, 언제까지 온실가스 감축을 할 것인가'라는 복합적인 질문을 던지며, 갈등으로 가득한 복합 갈등 방정식을 풀어내는 방식으로 답을 찾고자 하였다.

1권과 2권에 이어 필자가 세 번째 기후변화에 관한 책을 저술할 생각을 하게 된 데에는 몇 가지 이유가 있었다. '2℃'는 인류 사회가 공동으로 맺은 사회 계약의 결과이고, 가야할 길이자, 새로운 이정표이다. 우리를 향해 저만치서 흔들고 있는 깃발이자 푯대이다. 그런데 우리는 그 이정표로 잘 들어선 것 같지가 않다. 온실가스 배출이 2022년 현재도 최고치를 갱신하고 있고, 앞으로도 목표한 만큼 줄어들 기미가 보이지 않기 때문이다. 이에 필자는 우리가 가야할 경로가 어려운지, 얼마나 어려운지, 어떻게 어려운지, 왜 그렇게 어려운지, 제대로 경로를 찾을 수는 없는지, 모범적으로 그 경로를 찾아가는 컨트롤 타워나 거버넌스는 어떤 것인지를 찾아보고자 하였다. 인류 사회가 갈팡질팡 하는 사이에 기후변화에서 기후위기 상태로 상황은 악화되고 있고, 어린 학생들은 '금요일 학교 등교'를 거부하기 시작했다. 그리고 '기후변화에 관한 정부 간 협의체(IPCC: The Intergovernmental Panel on Climate Change)'는 2℃ 목표도 안전을 담보할 수 없고, 지구 평균 기온 상승을 1.5℃ 이내로 억제할 것을 주문하였다. 이에 발 빠르게 대처하는 국가들이 등장하였다. 미국 트럼프 전 정부는 오히려 파리협약을 탈퇴하기조차 하였지만, 여기에 전혀 동요 없이 유럽연합의 회원국들은 1.5℃ 목표를 인정했고, 독일 역시 이 목표를 향해 신속하게 대처하였다. 이처럼 같은 선진국가내에서도 기후 거버넌스의 작동방식에 따라 전혀 다른 결정이 도출될 수 있다는 문제의식에 도달하게 되었다. EU와 독일 사회의 기후 거버넌스가 모범적으로 작동하는 것을 관찰한 필자는 독일과 EU의 2℃~1.5℃ 기후 거버넌스의 작동방식을 면밀하게 탐구하기로 하였다.

한 걸음 더 들어가 생각해보니, 한국을 비롯하여 많은 개발도상국들이 지난 반세기 동안 경제를 발전시키기 위해서 선진국으로 유학도 가고, 선진국의 성장의 경험과 노하우를 배우고자 무진 애를 썼다. '성장만이 살길이다, 잘살아보세' 구호를 외치면서 전 국가와 국민이 그 길을 찾았다. 또 많은 노력과 희생을 치루면서 얻고자 한 것이 또 있었다. '자유가 아니면, 민주주의가 아니면 죽음을 달라'고 외치면서 개발도상국의 수많은 곳에서 민주주의를 실현하고자 애썼고, 지금도 세계 곳곳에서 민주 시민들이 투쟁하고 있다. 그리고 수많은 지식인들이 선진국의 민주주의 역사와 전개 과정에 대한 연구에도 심혈을 기울였다. 하지만, 기후변화에 대한 대응은 어떠한가? 민주주의나 경제 성장의 구호와는 다르게 '기후보호'를 외치는 사람들은 아직은 소수에 불과하다.

기후변화는 인류가 직면한 새로운 과제이자, 시급한 과제이다. 하지만 이 문제는 매우 복합적인 갈등 방정식으로 얽혀있어 간단하게 접근할 수 있는 문제가 아니다. 그러나 우리의 생존이 달린 중요한 문제이기 때문에 어떤 해결책이 반드시 필요하다. 경제성장이나 민주주의 제도를 앞선 국가들의 경험에서 배웠던 것처럼, 일차적으로는 기후변화의 문제도 선도적인 역할을 하는 국가들의 사례로부터 배우는 것이 중요하다. 특히 독일이나 EU의 2℃~1.5℃ 기후 거버넌스는 우리가 당면한 과제를 직시하고 해결하는 데 필요한 길라잡이 역할을 할 것이다. 더 나아가 이 기후 거버넌스를 효율적으로 운영하는 구조와 특성을 살펴보는 일은 우리 사회의 지속가능한 발전을 위해서도 필요하고 유의미할 것이다.

본 연구는 독일의 2℃~1.5℃ 기후 거버넌스의 역동적 구조와 특성을 주제로 한다. 독일 사회의 다층위의 행위자들이 다양한 기후변화 대응 정책과 제도를 통해 모든 분야에서 온실가스 감축을 위한 전 사회적 중·장기 프로젝트를 시행하고, 평가 과정을 거치면서, 복합적인 갈등을 의사소통을 통하여 해결하면서, 2℃~1.5℃ 목표를 달성하기 위해 감축의 수준을 상향 조정하는 역동적인 구조를 보여주고 있다. 이 과정은 자연과학적, 경제 및 기술적, 사회적, (국제)정치적 영역을 아우르는 융합적인 관점과 통합적인 민주적 거버넌스를 요구하고 있다. 2℃ 거버넌스는 다양한 자원과 요소를 상호 정합적이며 체계적으로 운영할 수 있는 고유한 특성을 가질 때 성공적으로 목표를 달성할 수 있을 것이다.

본 연구를 진행하면서 몇 가지 기대를 해보았다. 학술적으로는 첫째, 자연과학과 사회과학의 경계를 넘어서는 융합적인 관점의 확장에 기여할 수 있으며, 둘째, 환경보호라는 주요한 가치를 수용할 수 있는 민주주의 관점과 사회 발전이론을 풍부하게 할 것이며, 셋째, 전 사회적 프로젝트의 수행에 필요한 의사소통 및 참여의 방식에 대한 연구를 촉진시킬 것이며, 넷째, 기후 거버넌스의 특성에 대한 연구는 효율적인 체계에 대한 연구와 동시에 갈등을 조정하는 정책학에도 도움을 줄 수 있을 것이다. 다섯째, '기후변화의 경제학' 또는 '기후변화의 정치학' 등이 말해주듯이, 본 연구 결과도 기존 학문 분야의 범위를 확장시키는 데 일조하면서 '기후변화'를 많은 학문 영역에 주류화 시키는 데 기여할 수 있기를 바란다.

사회적 또는 실천적인 측면에서도 기여를 할 수 있을 것이다. 첫째, 기후변화 대응은 전 지구적 인류사회가 – 점차로 남은 시간은 줄어들지만

- 21세기 전반부에, 또는 21세기 내내 풀어야 할 숙제이다. 독일의 모범적인 사례 연구는 2℃ 목표 기획부터 평가 과정까지 해결책을 제시하는 데 실제로 기여할 수 있을 것이며, 둘째, 시민, 공무원, 대학생을 대상으로 한 교육 과정을 통하여 융합적이며 통합적 사고를 함양하는 데 도움이 줄 것이고, 셋째, 의사소통과 숙의를 통한 민주적 거버넌스의 중요성이 점차 확장됨으로써 대한민국 사회가 한층 더 성숙한 민주사회로 변화하는 데도 일조할 것이다. 넷째, 독일 농촌이 에너지 분권과 자율에 기초하여 저탄소 '에너지 자립 마을'로 변모되는 과정을 보여준 것처럼 개발도상국이나 선진국의 지방 발전 전략 계획 수립에도, 그리고 전 사회적 저탄소 발전모델 수립에도 새로운 기회와 혁신적 관점을 제공할 수 있을 것이다.

IPCC가 2018년『1.5℃ 특별 보고서』를 공포한 후 2℃ 목표에서 1.5℃ 목표로 강화되어야 한다는 목소리가 높아지고 있다. 1.5℃ 기후 거버넌스로 이행되어야 하는 것이 옳다. 2022년 현재 지구의 모습이 1.5℃ 목표가 타당하다는 점을 분명히 말해주고 있다. 분명히 경고하고 있지 않은가?! 급속히 사라져 가는 북극 빙하가 그것을 말해준다. 유럽의 폭염이, 캘리포니아의 가뭄과 끈질긴 산불이 그것을 말해주고 있다. 지구 도처에서 사상 초유의 폭염, 가뭄, 산불, 식수 공급난, 식량난, 사막에서의 물난리가 빈번히 일어나고 있다. 심화되는 기후변화의 모습이자, 형태만 다른 모습들이다. 지구 평균기온이 산업화 이전보다 점차로 상승하여 1.1~1.2℃ 상승하니 사상 초유의 폭염이 도처에서 발생하고, 수증기가 엄청나게 증발하여 이곳에는 가뭄이, 저곳에서는 폭우가 쏟아지는 것이다. 이곳에는 산불이, 저곳에는 물난리가 나는 것이다. 바다 생태계에 대한 경고도 아찔하다. 바다의 해수면도 상승하고 있지만, 온도도 급속히 상승하고, 이산화탄소 농도도 짙어지고 있는 것이다. 2℃ 목표에서 1.5℃ 기후 거버넌스로 이행하는 것은 좀 더 비용도 많이 들고, 어렵고, 시간도 더 부족할 것이다. 하지만 늦출수록 지구 생태계와 인류 사회는 더 큰 고통과 비용을 치를 것이다. 기후위기로 붕괴되고 있는 자연생태계는 우리를 기다려주지 않는다. 기다려 줄 줄을 모른다. 우리는 헛된 기대를 버리고, 빠르게 2℃ 목표를 달성하도록, 아니 1.5℃ 목표를 달성하도록 서둘러야 한다.

기후변화에 관해서 이번 책이 세 권째이다. 저자로서 꾸준히 이 주제로 책을 출판할 수 있는 것은 여러모로 고마운 일이다. 그리고 더 깊이 알게 돼서 감사한 일이기도 하다. 하지만 폭염이 닥치면 어쩔 수가 없다. 에어컨 바람을 찾게 된다. 2022년 올해 화염과 이산화탄소를 더 내뿜는 전쟁 같은 파괴적인 에너지는 빨리 걷어치우고, 상호 배려와 공조를 토대로 햇빛과 바람의 에너지를 많이 활용했으면 하는 바람이 더욱 커간다.

본서는 2019년 정부(교육부)의 재원으로 「한국 연구재단」의 지원을 받아 수행된 연구 (NRF-2019S1A5B5A07093133)이다. 이런 연구 기회를 허락해주신 「한국 연구재단」에 감사를 전하고 싶다. 한국학술정보(주) 출판사에서 본서를 출간해 주셔서 감사를 표하고 싶다. 기후변화에 대해 처음으로 관심을 갖게 해준 「대자연, Great Nature」 시민·청년 단체에게도 각별한 감사를 전하고 싶다. 대학에서 기후변화에 대해 강의할 수 있도록 해주신 선생들과 학생들에게 이 책을 전하고 싶은 마음이다. 이 책이 출판되도록 끝까지 지원해 준 가족들과 지인들에게도 감사를 드린다.

문득 돌이켜 생각해보니 이 책은 필자의 지난 날 독일 유학 생활의 산물이기도 하다. 오랜 유학 생활을 지원해 주시고 기다려 주신 부모님께 감사를 올린다. 꽃을 올린다.

목차

서문 ·· 04

제1장 연구의 의의, 필요성, 방법론

1.1. 연구의 의의 ··· 14

1.2. 연구의 목적 및 필요성 ·· 17

1.3. 연구의 내용과 범위 ··· 20

1.4. 연구 조사 및 방법론 ·· 29

제2장 독일 2℃~1.5℃ 기후 거버넌스의 전개 과정 요약

제3장 독일 2℃~1.5℃ 기후 거버넌스의 정책, 시행 방식과 역동적 구조

3.1. 독일은 2℃ 목표를 언제, 어떻게 세우는가? ························· 55

3.2. 이산화탄소 감축 독일 연방부처 간 워킹그룹(IMA) ··············· 72

3.3. IMA의『국가 기후보호 프로그램』6차 보고서 ···················· 96

3.4. 독일 이산화탄소 배출권거래제도와 EU-ETS ····················· 104

3.5.『통합 에너지-기후 프로그램』과 2℃ 목표의 공식 선언 ········· 123

3.6.『에너지 기본계획』과 에너지 전환 - 재생에너지 시대의 선포 ········· 132

3.7.『기후보호 행동프로그램 2020, Aktionsprogramm Klimaschutz 2020』 140

3.8.『기후보호 계획 2050, Klimaschutzplan 2050』 ·················· 152

3.8.1.『기후보호 계획 2050』의 배경과 성립 과정 ····················· 153

3.8.2.『기후보호 계획 2050』의 목표와 주요 내용 ····················· 159

3.9. 독일과 유럽연합의 공조의 전개 과정 ·· 174

3.9.1. EU의 노력공유결정, Effort Sharing Decision(ESD) ························· 176

3.9.2. EU−ETS와 EU 재생에너지 지침 개정의 역동적 변화 과정과 의의−1.5℃ 기후 거버넌스
구축의 토대 ·· 188

3.9.3. EU의 「통합 에너지−기후 거버넌스」와 「국가 에너지−기후 플랜, National Energy and
Climate Plans(NECPs)」 ··································· 200

3.10. 「기후보호 프로그램 2030, Klimaschutzprogramm 2030」 ················ 232

3.10.1. 「특별자산 에너지−기후 펀드 설립에 관한 법률, Gesetzzur Errichtung eines
Sondervermögens Energie− und Klimafonds(EKFG)」 ·············· 258

3.11. 「독일 기후보호 법, Bundes−Klimaschutzgesetz」 ························ 261

3.11.1. 「개정 기후보호 법 2021, Klimaschutzgesetz 2021」 ·················· 272

제4장 독일 2℃∼1.5℃ 기후 거버넌스의 특성

4.1. 정치적 영역: 독일 연방정부 ·· 298

4.2. 정치적 영역: 독일 주정부와 기초지방자치단체 ························· 333

4.3. 시민사회 영역과 시민의 참여 ·· 344

4.4. 유럽연합 및 유엔기후변화협약과의 협력과 공조 ······················· 355

4.5. 독일 2℃∼1.5℃ 거버넌스의 역동적 구조와 특성에 관한 평가 ·············· 401

결어 ·· 423

참고문헌 ··· 434

도표

도표 1. 연소에 기인한 이산화탄소 배출 예상 시나리오 2050과 감축 시나리오 ··················· 63

도표 2. 합리적 에너지 사용에 따른 기술적 이산화탄소 감축 잠재량 ······························· 65

도표 3. 독일의 이산화탄소 및 온실가스 배출량 (단위: 1,000톤) ······························· 96

도표 4. 「유럽 공통 보고 양식, European Common Reporting Format」 ················· 151

도표 5. 독일의 부문별 온실가스 배출량과 2030 목표 배출량 (단위: 백만 톤) — Emissionen der in
die Zieldefinition einbezogenen Handlungsfelder ······························· 164

도표 6. 지구 평균기온 1.5℃ 상승과 2℃ 상승 시의 위험 수준 비교 ··························· 205

도표 7. 탄소 중립의 경로에 필요한 일곱 가지 전략적 우선순위 ······························· 208

도표 8. 독일의 화석연료에 부과하는 탄소 가격(부가세율 19% 포함) — CO_2-Bepreisung auf
Kraftstoffe/Brennstoffe brutto inkl. 19% MwSt ······························· 240

도표 9. 독일의 연간 배출량 허용 예산 (단위: 백만 톤)
— Permissible annual emission budgets ······························· 265

도표 10. 독일의 수정된 부문별 연간 배출량 예산(2021~2030년) ······························· 275

도표 11. 독일의 환경보호 분야의 일자리 ······························· 328

글상자

글상자 1. 온실가스 감축 잠재량은 무엇을 말하고, 어떻게 찾아낼 수 있는가? ······················· 64

글상자 2. 감축 계획의 사회적 협의 과정 —
"2도" 목표 달성을 위해 감축 경로를 어떻게 기획하는가? ······················· 108

글상자 3. 유럽연합의 2020 통합 감축 프로그램의 구조와 의의 — 『2020 기후와 에너지 패키지,
2020 Climate and Energy Package』 ······················· 129

글상자 4. 유럽연합의 2030 통합 감축 프로그램의 구조와 위상 — 『2030 기후-에너지 정책 기본
틀, 2030 Climate and Energy Policy Framework』 ······················· 154

글상자 5. IPCC 『1.5℃ 특별 보고서』와 "1.5℃" 목표의 등장 ······················· 204

글상자 6. 유럽연합의 『에너지 연합과 기후 행동의 거버넌스에 관한 규정, Regulation on the
Governance of the Energy Union and Climate Action (EU) 2018/1999』, 독일의 『기
후보호 프로그램 2030, Klimaschutzprogramm 2030』, 유럽연합의 『유럽 그린 딜, The
European Green Deal』은 서로 어떻게 공조하는가? ······················· 249

1

연구의 의의, 필요성, 방법론

1.1. 연구의 의의

　본 연구는 "독일의 2℃~1.5℃ 기후 거버넌스의 역동적 구조와 특성"을 주제로 한다. 첫째, 본 연구는 기후변화 대응을 위한 거버넌스에 관한 것이다. 지구 평균기온의 상승을 21세기 내 2℃ 이하로 억제하는 것을 인류 사회가 2015년 파리 유엔기후변화협약에서 약속하였다. 2℃ 목표는 21세기 인류 사회의 안전과 지속가능성을 위한 글로벌 목표가 되었다. 글로벌 사회는 2℃ 목표를 이루기 위해서 공동의 협력을 필요로 하며, 즉 공동의 기후 거버넌스를 필요로 하게 되었다. 이에 2℃ 기후 거버넌스에 관한 다양한 차원의 연구는 필수 불가결하다. 2℃ 기후 거버넌스는 2℃ 목표에 도달할 수 있도록 글로벌 차원과 국가 차원에서 역할 및 과제를 기획, 분담, 조정하는 전반적인 체제를 말한다.[1] 둘째로, 본 연구는 2℃ 기후 거버넌스에 관한 것이다. 2℃ 목표 달성을 위해서 최우선의 과제는 온실가스 배출을 감축하는 일이다. 이 과제는 '누가, 어디서, 얼마만큼, 언제까지, 어떻게, 왜 감축하는가?'라는 기본적이나, 매우 복합적인 6개의 질문을 던진

---

[1]　2℃~1.5℃와 2℃ 표현이 혼용되어 등장하는 데 대해서 여기서 간략히 정리를 하는 것이 도움이 될 것 같다. 2015년 파리 유엔기후변화협약에서도 지구 평균기온 상승이 2℃를 넘지 않도록 지키고, 1.5℃를 넘지 않도록 노력하자는 약속을 하였다. 여기서 알 수 있듯이 좀 더 구속력이 있는 표현은 2℃임을 알 수 있다. 사실상 대부분의 공식적 문헌에서도 2℃가 글로벌 목표인 것으로 표현된다. 하지만 IPCC의 『1.5도 특별 보고서』가 2018년 채택된 이후부터 유럽연합을 중심으로 1.5℃를 글로벌 기후 목표로 삼아야 한다는 의견이 설득력을 얻고 있는 중이다. 그리고 사실 2℃와 1.5℃ 목표는 질적으로 상이할 정도로 다른 것이 아니고, 같은 연장선에 놓여 있는 같은 방향의 목표이다. 물론 2℃ 목표 달성보다는 1.5℃ 목표 달성에 시간적 여유는 줄어들고, 비용, 노력, 책임은 더 많이 투입되어야 한다. 1.5℃ 목표는 2℃ 목표의 강화된 안(version)이라 할 수 있다. 이 연구의 대상은 현재까지이기 때문에 2018년 이전에는 2℃ 기후 거버넌스로, 2018년 이후에는 1.5℃ 기후 거버넌스로 편의상 대략 구분하여, 때로는 연속선상에서 이해해주기를 바란다.

다. '어떻게' 감축하는가에 대한 연구, 즉 감축 방식의 주제 하나만 하더라도 연구 범위가 꽤 넓다. 에너지 효율성 개선, 재생에너지 확대 등 경제와 에너지 및 기술 분야에 걸쳐 연구할 범위가 넓다. 이산화탄소 배출권거래 제도나 탄소세 등 경제학적인 연구도 활발히 진행 중이고 필수적이다. 하지만 '어떻게'라는 감축 방식에 초점을 맞춘 연구들은 2℃ 목표를 달성하는 데 필수적이나 충분한 해답은 주지 못한다. 이런 연구와 함께 '누가, 어디서, 얼마만큼, 언제까지, 왜'라는 서로 다른 차원의 질문에 해답을 제시할 수 있을 때야 비로소 감축이 유의미하게 시행될 수 있으며, 2℃ 목표의 청사진이 제시될 수 있을 것이다. 즉 한 국가의 온실가스 감축을 통한 2℃ 목표 달성에는 복합적인 다차원의 방정식을 풀 수 있는 '2℃ 기후 거버넌스'의 구축이 필요·충분 요소라고 할 수 있을 것이다. 어떤 감축 정책이나 제도, 어떤 감축 방식의 적용에 관한 개별적 또는 부분적 연구를 넘어서서 –이러한 필요한 개별 연구들을 종합 내지 융합시키면서– 2℃ 목표 달성에 연계된 다차원의 요소들에 관한 통합적 연구가 필수적이다. 2℃ 기후 거버넌스의 범위는 경제 및 기술적인 차원뿐 아니라 재정, 정치적 의사결정, 사회적 합의, 글로벌 협력 등 다차원에 걸쳐 있기 때문이다. 셋째, 본 연구는 2℃ 목표의 다차원의 복합 갈등 방정식에 관한 것이다. 온실가스 감축에는 비용과 책임이 부과되기 때문이다. 이 비용과 책임이 부과되고 분담이 되는 과정 역시 복합적이다. 더 나아가 2℃ 목표는 화석에너지 체계에서 재생에너지 체계로, 지속가능한 발전의 경로로의 대전환을 거쳐야 한다. 대전환은 다차원의 갈등을 노정하기 때문에 크고 작은 갈등에 대한 해결책 역시 제시되어야 한다. 2℃ 기후 거버넌스는 이와 같은 다차원의 복합적 갈등 방정식에 대한 해결책을 제시할 과제도 안고 있다.

일차적으로 본 연구는 독일의 2℃~1.5℃ 기후 거버넌스의 역동적인 구조를 살펴본다. 2℃ 기후 거버넌스의 기획 과정, 역할, 과제, 시행 방식, 주요 행위자, 정책 결정 및 의사결정 구조 등을 살펴본다. 이 분석은 정태적이 아니라 동태적으로 이루어진다. 2℃ 기후 거버넌스는 2050년까지 지속되어야 하는 중·장기적인 체제이며, 단계적으로 감축 목표를 더 높은 수준으로 올려야 하는 매우 역동적인 구조이기 때문이다. 기후 정책의 내용, 시행 방식, 원칙, 배경 및 고려사항 등을 2℃ 거버넌스의 역동적인 관점에서 바라보고 분석할 때야 비로소 2℃ 목표와 연관된 제 측면을 제대로 이해할 수 있을 것이다.

이차적으로 본 연구는 독일의 2℃~1.5℃ 기후 거버넌스의 특성을 파악하고자 한다. 이 거버넌스는 하나의 체계로서 2℃ 목표 달성을 위해 다양한 요소 및 자원을 활용하면서, 이 요소와 자원들이 내적인 일관성, 상호 의존성, 정합성 등을 유지하면서 2℃ 목표를 효과적으로 달성하도록 조정하고자 하는 체계 내적인 고유한 특성을 보여준다. 따라서 2℃ 기후 거버넌스의 고유한 특성을 찾아내는 것은 매우 주요하면서도 필요한 연구 과제임에 틀림없다. 한 사회체계의 고유한 특성은 그 사회체계의 존재와 존속의 여부를 가늠하는 것으로, 고유한 특성을 상실하게 되면 그 사회체계는 효과적으로 작동하기 어렵게 되기 때문이다.

본 연구는 독일의 2℃~1.5℃ 기후 거버넌스의 역동적 구조와 내적 특성을 살펴보고자 한다. 독일은 2℃~1.5℃ 목표 시행 과정에서 가장 우선적인 목표인 온실가스 배출을 줄이는 데 성공하였고, 약속한 온실가스 감축 목표를 달성하는 데 상당한 성과를 보여주면서 성공한 모범 사례이기 때문이다. 또한 독일은 글로벌 차원에서, 특히 EU 차원에서 공조와 협력을 모범적으로 보여주고 있기 때문이다. 본 연구는 따라서 국내를 비롯하여 글로벌 사회에 온실가스 감축의 거버넌스를 구축하고 감축 목표에 도달하는 데 적지 않은 교훈과 시사점을 충분히 제공할 것이다.

1.2. 연구의 목적 및 필요성

본 연구는 "독일의 2℃~1.5℃ 기후 거버넌스의 역동적 구조와 특성"을 주제로 한다. 본 연구의 목표는 독일이 지난 30여 년(1990~2022년) 동안 기후보호를 위해 시행해온 정책이나 프로그램의 역사적인 전개 과정을 2℃ 기후 거버넌스의 관점에서 그 역동적 구조를 밝혀보고, 이를 토대로 그 고유한 특성을 밝혀내고자 한다. 본 연구의 목적과 필요성은 아래와 같이 요약할 수 있다

첫째로, 독일 사회와 국가가 2℃ 목표를 중 · 장기적 목표로서 설정하고 체계적으로 시행을 하고 있기 때문에, 2℃ 기후 거버넌스를 하나의 중 · 장기적 기후체계로서 파악하고자 한다. 이런 접근법을 가질 때야 비로소 2℃ 목표를 위해 시행된 개별 정책들의 내용, 시행 방식, 고려 사항과 그 시행의 역사적 전개 과정을 체계적으로 잘 이해하고 평가할 수 있기 때문이다.

둘째로, 독일의 2℃ 기후 거버넌스는 고유의 역동적 구조와 원리에 의해서 작동하기 때문에 이를 밝혀보고자 한다. 2℃ 기후 거버넌스 구조 내에서 시행된 정책의 목표, 역할, 과제, 시행 방식, 주요 행위자, 의사결정 구조 등을 체계 내적인 연관성을 가지고 살펴본다. 이는 2℃ 거버넌스 요소들을 개별적이 아니라 통합적으로, 그리고 정태적이 아니라 동태적으

로 분석할 것이다. 2℃ 거버넌스는 2050년까지 연속성을 가진 중·장기적인 체제이며, 단계적으로 -시행 과정에 대한 모니터링 및 평가를 통한 수정과 보완을 거치면서- 감축 목표를 끊임없이 더 높은(상향된) 수준으로 올려야 하는 매우 역동적인 구조이기 때문이다.

셋째로, 본 연구는 독일의 2℃ 기후 거버넌스의 역동적 구조와 함께 그 특성을 파악해보고자 한다. 다양한 층위의 행위자들이 참여하면서 경제적, 기술적, 사회적, (국제)정치적인 요소 및 자원을 활용하면서 2℃ 목표라는 공동의 사회적 프로젝트를 수행하고 있다. 이에 2℃ 기후 거버넌스의 내적 요소 및 자원들은 내적인 일관성, 상호 의존성, 통합성 등을 유지하면서 목표를 효과적으로 달성하고자 하는 고유한 특성을 갖고 있다. 이런 관점에서 2℃ 기후 거버넌스를 하나의 체계로서 파악하고 그의 고유한 특성을 찾아내는 것은 주요하면서도 필요한 연구 과제이다. 한 사회체계의 고유한 특성은 그 사회체계의 존재와 존속의 여부를 규정하며, 운영 과정에서 내적인 일관성과 정합성을 유지하여 그 목표를 효과적으로 달성하도록 하는 특별한 성격을 뜻하기 때문이다. 반면에 고유한 특성을 상실하게 되면 그 사회체계는 효과적으로 작동하기 어렵게 되거나 실패할 수 있기 때문이다.

넷째로, 본 연구는 독일의 2℃~1.5℃ 기후 거버넌스 사례를 살펴보고자 한다. 독일은 2℃ 목표 시행과정에서 유럽연합 및 글로벌 차원에서 선도적이며 모범적인 역할을 하고 있으며, 동시에 온실가스 배출량 감축 목표를 달성하는 데 상당한 성과를 보여주고 있기 때문이다. 성공적인 독일 국가의 사례를 연구하는 것은 의미 있는 작업이다.

그 까닭은 무엇보다도 2℃ 기후 거버넌스는 독특한 성격을 가지고 있기 때문인데, 그 어떤 다른 거버넌스나 체계와 달리 목표 달성 여부가 절대적으로 중요하기 때문이다. 단기적 감축 목표가 특정 기한 내에 달성되지 못하면 그 미흡한 부분은 ─ 그것으로 단순히 종료되거나 소멸되는 것이 아니라, 마치 연체된 원리금처럼 ─ 다음 기간으로 추가로 이월되어 더욱 과중한 부담으로 작용하기 때문이다. 이런 식으로 2℃ 목표 달성이 지연되거나 어렵게 된다면 심대한 결과를 초래할 수 있기 때문이고 그 심대한 결과는 우리를 기다려주지 않기 때문이다. 한번 녹은 북극의 빙하를 누가 다시 얼릴 수 있겠는가? 경제 대공황은 저점이 있었고 회복이 가능하였지만, 생태계의 위험한계선인 2℃를 넘게 된다면 자연 생태계는 회복이 불가능하고, 그 피해는 예측 불가하다.

그리고 또한 2℃ 기후 거버넌스의 성공 사례에서 많은 시사점을 얻을 수 있기 때문이다. 2℃ 기후 거버넌스의 범위는 경제 및 기술적인 차원뿐 아니라 재정, 정치적 의사결정, 사회적 합의, 의사소통 및 학습 등 다차원에 걸쳐 있다. 온실가스 감축은 비용과 책임을 공유함을 뜻한다. 이 비용이 부과되고 분담이 되는 과정 역시 복합적이다. 나아가 2℃ 목표는 화석에너지 체계에서 재생에너지 체계로의 대전환을 거쳐야 한다. 대전환은 다차원의 갈등을 노정하기 때문에 크고 작은 갈등을 풀어가는 과정이다. 사실상 2℃~1.5℃ 기후 거버넌스는 고난도의 다차원의 복합 방정식을 풀어가는 체계이다. 많은 요소와 요인들이 얽혀서 상호 (반)작용하는 갈등의 복합 영역이자, 오랜 시간이 걸리는 중·장기적인 사회적 과제를 풀어야만 하는 체계이다. 따라서 독일의 성공적인 2℃ 기후 거버넌스의 연구를 통하여 다차원의 복합적 갈등 방정식을 풀 수 있는 다양한 차원의 해결책과 값비싼 시사점을 얻을 수 있기 때문이다. '구슬이 서 말이라도 꿰어야 보배'라는 말도 있듯이.

다섯째, 본 연구는 기존의 연구 내용과 방식을 보완하고, 연구 대상의 범주와 물리적 적용 기간을 2022년 현재까지 확장하면서, 동시에 2℃~1.5℃ 기후 거버넌스의 관점에서 - 역동적 구조와 특성에 초점을 맞추면서 - 새롭게 재구성하고자 한다. 기존 연구는 개별적인 연구 주제 - 감축 정책, 배출권 거래제도, 재생에너지 관련 법, 탄소세, 온실가스 감축 시나리오 개발, UNFCCC의 구조와 역사 등 - 를 설명하고, 시사점을 도출하는 작업에 집중되고 있다. 성태적 분석 경향이 짙은 편이다. 기후 거버넌스를 다룬 훌륭한 논문도 다소 있지만, 글로벌 거버넌스 분석에 치중되어 있다. 감축 정책과 세력 연합의 관계를 다루거나, 국내 기후 거버넌스를 갈등론의 관점에서 다룬 우수한 논문은 2℃ 목표가 확정된 2015년 이전의 시기를 주로 연구하고 있는 점이 아쉽다. 독일 '2℃ 기후 거버넌스의 구조와 특성'을 역동적으로 파악한 논문은 해외 문헌에서도 찾기가 쉽지 않다. '왜 2℃인가?', '파리 기후협정의 의의 및 한계', '2℃ 목표의 역사적 과정', '2℃ 목표 달성의 과제' 등의 연구 주제가 압도적이다.

1.3. 연구의 내용과 범위

본 연구는 "독일의 2℃~1.5℃ 기후 거버넌스의 역동적 구조와 특성"을 주제로 한다. 크게 두 부분으로 나누어진다.

첫 번째 부분인 독일의 2℃ 기후 거버넌스의 역동적 구조를 파악하기 위한 연구 추진 전략과 범위는 아래와 같다.

첫째, 독일의 2℃ 목표를 위해 시행된 개별 정책이나 프로그램 등의 내용과 시행 방식 및 그 특성을 찾아보고 평가할 것이다. 생태세제, 재생에너지 촉진법, 이산화탄소 배출권 거래제도와 같은 모든 영역에 포괄적으로 적용되는 핵심 제도와 각각의 영역에 적용되는 부문 정책과는 구별하여 분석할 것이다.

둘째, 포괄적인 핵심 제도나 부문별 정책의 시행은 동일하게 이산화탄소 감축을 목표하는바, 동 정책들의 목표, 기획과정, 역할, 시행 방식, 주요 행위자, 결정 및 의사결정 구조 등을 살펴볼 것이다. 이를 통하여 정책이나 시행 방식이 공동의 목표나 원리에 의해 작동하는지를 연구함으로써 2℃ 기후 거버넌스의 존재 여부 및 구조를 파악해볼 수 있을 것이다. 하나의 거버넌스는 공동의 기본적인 구조나 원리에 의해서 작동하기 때문이다.

셋째, 언제부터 2℃ 기후 거버넌스가 시작되고 전개되었는지를 역사적 과정을 통해 살펴본다. 핵심 제도나 정책들의 결정과 시행의 역사적 전개 과정을 살펴봄으로써 2℃ 기후 거버넌스의 초기 단계, 수정 단계, 본격적 진입 단계, 성숙 단계 등으로 구분해볼 수 있을 것이다. 이를 위해 주요 기초 문헌들을 분석할 것이다. 1) 2℃ 목표를 최초로 언급한 연방하원 「지구대기 보호의 예방」 조사위원회의 『지구 보호』 보고서(1987~1990년), 2) 2℃ 거버넌스의 컨트롤 타워인 「이산화탄소 감축 독일 연방부처 간 워킹그룹, Interministerielle Arbeitsgruppe, CO_2-Reduktion(IMA)」의 구축(1990년)과 이산화탄소 감축 목표, 정책 및 프로그램, 실행 방식을 제시한 『국가 기후보호 프로그램』 보고서(1990~2005년), 3) 2℃ 기후 거버넌스의 본격적인 진입 단계로서 저탄소 에너지 체계의 근간이 되는 『생태세제』, 2000년의 『재생에너지 법』, 이산화탄소 배출권 거래제 도입을 확정한 2004년의 『독일 할당 계획안』, 4) 2℃ 목표를 국내·외로 공식 선언한 2007년『통합 에너지-기후 프로그램』, 5) "에너지 전환"과 '재생에너지 시대'를 천명한 2010년의『에너지 기본계획, Energiekonzept』, 6) 2℃ 목표를 독일의 전 사회적 과제로 자리매김한 2014년의『기후보호 행동프로그램 2020』, 7) 성숙 단계로서 2℃ 기후 거버넌스의 목표이자 이정표를 최종적으로 제시한『기후보호 계획 2050』, 2030년 목표를 제시한『기후보호 프로그램 2030』, 8) 기존의 정책과 프로그램들을 법적으로 보장하는 완결판으로서 2019년『기후보호 법』과 2021년『개정 기후보호 법』등이 이에 해당한다.

넷째, 2℃ 기후 거버넌스의 역동적인 구조와 작동 방식의 관점에서 파악하고자 한다. 이 관점에서 개별적인 정책이나 제도의 목표, 내용, 시행 방식, 원칙, 도입 배경 및 고려 사항 등을 파악할 때야 비로소 −개별적인 분석 차원을 넘어서서− 정책들의 성격과 의미를 더 잘 이해할 수 있고, 그리고 평가할 수 있을 것이다. 따라서 이 연구는 정태적이 아니라 동태적으로 이루어져야 한다. 또한 2℃ 거버넌스는 궁극적으로는 2℃ 목표 실현을 위해서 2050년 또는 2100년까지 지속되어야 하는 중·장기적인 체계이며, 진행 과정에 따라 단계적으로 단(중)기적 감축 목표를 끊임없이 −감축 대책들의 수정과 보완을 거치면서− 더 높은(상향된) 수준으로 올려야 하는 매우 역동적인 구조이기 때문이다.

위의 연구 내용을 추진하기 위해 구체적 연구 대상과 범위는 핵심 제도, 주요 정책, 시행 방식이 된다. 그리고 단계나 수준에 따른 획기적인 프로그램이나 선언도 연구 범위에 포함된다. 그리고 단계별로 더 높은 수준으로 상향되는 역동적인 구조를 파악할 수 있도록 연구 범위를 압축할 것이다.

『기후보호 계획 2050』을 구체화시킨 프로그램으로 2019년 등장한 『기후보호 프로그램 2030』이나 2019년의 『기후변화 법』, 그리고 동법의 2021년 개정, 2020년 탈 석탄 발전 선언 등 일련의 감축 대책들은 감축 목표를 더 높이고, 더 체계화하고, 더 강화된 방향으로 나아가도록 하고 있다. 특히 IPCC가 2018년 『1.5℃ 특별 보고서』를 공포한 이후, 지구 평균 기온 상승을 1.5℃까지 억제해야 한다는 의견이 타당성을 얻게 되자, 독일 사회도 목표를 2℃에서 1.5℃로 더 높이는 방향으로 나아가고 있다. 2℃에서 1.5℃ 기후 거버넌스로 이행하는 역동적 전환 과정에 놓여 있고, 매우 중요한 전환의 길목에 놓여 있기 때문이다. 그리고 2020년도까지의 40% 감축 목표를 여러 차원의 어려움을 극복하고 달성하였다. 이 놀라운 결과에 대해서도 평가해볼 일이다.

그리고 주요 연구 내용의 중간중간에 글상자라는 Excursion 형태로 여섯 가지 주제를 다룰 것이다. 상당히 요긴한 주제이고 연구 범위에 포함되고, 본서를 이해하는 데 적지 않은 도움을 줄 것이다. 본 연구의 큰 줄기와 흐름을 따라가는 데 도움이 되는 주석이나 기본 참고 문헌 같은 주요한 역할을 하지만, 그 내용이나 범위가 제법 크기 때문에 글상자라는 형태로 담았다. 예를 한 가지만 들자면, '글상자 2' 같은 경우 감축 계획의 사회적 협의 과정에 관한 것으로 "2℃" 목표 달성을 위한 감축 경로 기획 과정에 대해 설명하고 있다.

본 연구의 두 번째 부분의 연구 추진 전략과 범위는 독일 2℃~1.5℃ 기후 거버넌스의 역동적 구조의 특성을 파악하고자 하는 것이다. 우선 2℃ 목표와 정합적인 일반적 특성을 살펴본 후, 2℃ 기후 거버넌스의 구축과정에서 투입하였던 다양한 요소와 자원들을 운용한 특성을 주요한 행위자인 독일 연방정부, 주정부 및 지방자치단체, 시민사회의 차원에서 그리고 유럽연합 및 UNFCCC와의 공조 차원에서 밝혀볼 것이다.

2℃~1.5℃ 기후 거버넌스 구조 내에서 다층위의 행위자들과 2℃ 거버넌스의 요소 및 자원들은 2℃ 목표에 초점을 맞추면서 내적인 일관성, 상호 의존성, 상응성, 정합성 등을 유지하면서 목표를 효과적으로 달성하고자 하는 고유한 특성을 갖고 있다. 따라서 하나의 사회체계로서의 2℃ 기후 거버넌스의 고유한 특성을 찾아내는 것은 주요하면서도 필요한 연구과제임에 틀림없다. 사회체계의 고유한 특성은 그 사회체계의 존재와 존속의 여부를 규정하며, 효과적인 운영을 보장하기 때문이다. 아울러 2℃ 기후 거버넌스는 경제성장, 사회 통합성, 지속가능한 발전 등의 주요 원칙과 가치와 함께 진행되기 때문에 독일 사회의 전반적인 제도와의 연계 방식 역시 주요한 연구의 대상이 된다.

독일은 2℃ 목표 시행 과정에서 유럽연합 및 글로벌 차원에서 선도적이며 모범적인 역할을 하고 있고, 동시에 온실가스 감축 목표를 달성하는 데상당한 성과를 보여주고 있기 때문에 독일 2℃ 거버넌스의 고유한 특성을 파악해보는 것은 많은 시사점을 얻을 수 있는 매우 유의미한 작업이 될 것이다.

독일의 2℃ 거버넌스의 특성은 다양한 차원에서 찾을 수 있다. 2℃ 목표는 자연과학적 연구 및 검증의 결과이자, 동시에 전 지구적, 정치사회적합의의 결과이다. 이런 차원에서 2℃ 목표는 자연과학적 차원과 경제 및기술적 차원, 정치사회적 차원의 성격을 두루 내포하고 있다.

2℃~1.5℃ 목표와 상응하면서도 정합적인 내용과 특성을 가설로서 몇

가지를 제시해보자. 첫째, 기후 거버넌스는 과학적 성격을 견지해야 한다는 점이다. 지구온난화를 비롯하여 지구생태계의 위험 수준, 온실가스 (부문별)감축 목표나 기한 등이 과학적 근거를 가질 때에 2℃~1.5℃ 기후 정책은 사회 구성원들의 신뢰와 협력을 얻을 수 있기 때문이다. 둘째, 기후 거버넌스는 민주적 의사소통 구조를 지녀야 한다는 점이다. 온실가스 감축에는 전 사회 구성원, 나아가 글로벌 시민에게 모두 책임과 의무가 주어지고, 또한 권리가 있다. 전 사회 구성원이 참여하는 사회적 프로젝트이다. 하지만 책임 주체가 분명하지 않기 때문에 민주적 의사소통을 통해 합리적인 의사결정을 할 수 있을 때 전 사회적 과제는 효율적으로 진행이 될 수 있기 때문이다. 셋째, 기후 거버넌스는 다양한 갈등의 조정자로서의 역할을 할 수 있어야 하기 때문에 온실가스 감축의 각 부문을 포괄하는 상위의 컨트롤 타워를 구축해야 한다. 그 까닭은 온실가스 감축에는 비용 상승과 책임 분담이 필수적으로 따르고, 또한 구조조정을 동반하는 저탄소 에너지 체계로의 전환이 이루어지기 때문에 다양한 갈등이 발생한다. 이를 조정할 수 있는 거버넌스의 역할이 매우 중요하다. 넷째, 에너지 지방 분권과 자율성의 체계 구축이 중요하다. 2℃~1.5℃ 목표 달성에는 최종적으로 재생에너지 체계로의 이행이 완수되어야 하는바, 각 지방 고유의 재생에너지원의 발굴과 생산이 필수적이기 때문이다. 다섯째, 재정 지원의 확보가 보장되어야 한다. 고탄소 에너지 경제체계에서 저탄소 에너지 경제체계로의 전환의 초기에는 시장의 불확실성에 따른 투자의 위험이 따르게 마련이다. 이럴 경우 기후 정책에 대한 국가의 분명한 재정 지원 계획은 시장 참여자들에게 강력한 신호를 줄 수 있다. 시장 참여자들은 이럴 때 신뢰감과 함께 투명한 예측 가능성을 가지고 저탄소 경제 영역에 적극적으로 임할 수 있기 때문이다. 여섯째, 2℃~1.5℃ 거버넌스는 주요한 원칙과 기준의 설정과 – 차별적이나 공동의 책임, 경제성장과 사회 통합성 유지 등 – 이를 준수함으로써 일관되게 정책을 추진하는 것이 장려된다. 2℃~1.5℃ 목표는 중·장기적 거대한 사회적 프로젝트의 성격을 태생적으로 가지고 있기 때문에 지그재그식의 진행은 결코 바람직하지 못하며 지속성과 일관성을 유지하는 것이 필수적이라고 할 수 있다. 일곱째, 2℃~1.5℃ 거버넌스는 지역적 또는 글로벌 기후 정책과 공조하는 체계를 유지하는 것이 매우 도움이 된다. 공동의 약속을 달성하기 위해서 나태하지 않고, 노력을 경주할 수 있는 장점이 있기 때문이기도 하다. 그 외에도 정치적 차원에서 일관성을 유지하는 측면도 필요한 특성이며, 2℃~1.5℃ 목표 달성과 새로운 혁신적 발전의 기회를 통합적으로 연계해서 추진하는 전략도 매우 권고할 만한 특성으로 꼽을 수 있다. 이 특성들은 UNFCCC 파리협정문과 IPCC의 기후변화 대응을 위한 권고 사항에서도 찾아볼 수 있다.[2]

위의 2℃ 기후 거버넌스의 특성이 독일의 2℃ 기후 거버넌스의 성공 요인임을 밝히는 것이 주요한 연구 과제 중 하나이다. 아울러 주요 행위자인 독일 연방정부, 주정부 및 지방자치단체, 시민사회가 2℃ 목표를 달성하기 위해 시행한 제도, 정책, 프로그램의 운영 방식에서 이 특성들을 어느 정도 구현했는지를 밝히고자 한다. 구체적으로 연구 범위는 아래와 같다.

---

2 UNFCCC, 『Adoption of the Paris Agreement』, 2015; IPCC, 『Climate Change 2007: Synthesis Report. Contribution of Working Groups I, II and III to the Fourth Assessment Report of the Intergovernmental Panel on Climate Change』, 2007, 59~62쪽 참조.

첫째로, 독일 연방정부는 국내·외적인 정책 조정자로서, 최종 결정권자로서 2℃~1.5℃ 기후 거버넌스의 주요 행위자임에 틀림없다. 연구 범위로서 독일 연방정부의 2℃ 목표에 대한 기본 관점과 실행 의지, 최종적 컨트롤 타워로서의 역할, 적절한 감축 정책을 통한 감축 과제의 수행 여부, 정권과 정파로부터 상대적으로 독립적인 2℃ 목표 시행의 일관성 유지 여부, 정책의 신뢰성과 예측 가능성의 제고를 위한 노력 – 과학적 조사와 평가, 재정 지원, 계획 기한 준수 등 – 에 대한 평가, 중·장기 사회 발전 전략으로서의 지위 부여, 다차원의 복합적 갈등 조정자로서 역할, 2℃ 목표와 함께 경제성장, 사회 통합 가치의 구현 여부 등을 중심으로 그 시행 방식과 특성을 밝혀볼 것이다.

둘째로, 독일 연방정부뿐 아니라 주정부, 기초지방자치단체도 각각의 영역에서 적극적으로 참여하였다. 주정부와 지자체의 역할, 과제, 지위 및 참여의 특성 역시 살펴볼 것이다. 특히 에너지 분권과 자율성이 요구되는 재생에너지 시대에 주정부 간, 연방정부-주정부-기초자치단체의 소통과 협력이 2℃ 목표와 기후보호 정책의 성공에 필수적이기 때문이다. 주정부 차원의 기후와 환경에 관한 워킹그룹의 역할, 주정부와 시민단체와의 공조를 통한 민주적인 거버넌스의 구축 과정을 조사할 것이다. 특히 연방정부나 주정부의 감축 정책이 실제로 집행되는 곳은 읍·면 등의 지자체인 Gemeinde나 Kommune이다. 지역 주민이 기후보호 프로그램과 소통하고 반응하는 장소로서 지자체는 그 중요성이 작지 않다. 그 지역 현장에 맞는 재생 가능한 자원에 기초하여 학습 및 혁신 효과를 일으키고, 독일 전역에 혁신의 동력과 동기를 부여하고 있는 지자체의 시행 특성도 밝혀보겠다. 물론 다양한 형태의 주민 「원탁회의」나 지역의 기후 「이니셔티브」 등

주민들의 적극적인 참여 방식, 연방정부의 「국가 기후보호 이니셔티브」를 통한 지자체의 지원 방식도 연구 과제이다.

셋째로, 독일은 2℃ 목표를 전 사회적 프로젝트로서 시행함으로써 시민과의 의사소통과 참여를 더욱 중요시한다. 시민들은 주민, 전문가 및 연구단체, 환경·소비자 단체, 이해관계자, 경제 단체로서 2℃ 목표 수립 과정, 기획 및 시행 과정, 결과의 평가 과정에 참여하게 된다. 시민의 의사소통 과정과 구체적 참여 방식은 주요 연구 대상이다. 2℃ 기후 거버넌스의 본격적이고 성숙한 단계에서 연방정부, 주정부, 지자체와 시민사회의 소통과 참여를 통한 민주적 거버넌스의 구축 과정, 협력 방식, 시민의 역할 및 활동 영역 등을 찾아볼 것이다.

넷째로, 유럽연합 및 유엔기후변화협약(UNFCCC)과의 협력과 공조에 관한 연구는 필수적이다. 2℃ 목표는 글로벌 협력과 공조를 통해서 성공적이며 효율적으로 달성될 수 있기 때문이다. 특히 1997년 UNFCCC 교토협정과 2015년 파리협정에서의 감축 목표 수립 과정, 2005년 EU의 이산화탄소 배출권 거래제도(EU-ETS)의 도입 과정, 2007년 EU의 『2020 기후 및 에너지 패키지』 구축 과정, 최근의 1.5℃ 기후 거버넌스 구축 과정에서의 EU와 독일의 수준 높은 공조 과정, 그리고 개발도상국과의 협력 과정에서의 독일의 선도적인 공조와 협력 방식의 특성들을 - 독일의 높은 감축 부담과 책임, 선도적 목표 선언, 재정 및 기술적 기여, 공적 개발지원, 글로벌 협력체제 구축 등 - 을 탐색해본다.

1.4. 연구 조사 및 방법론

독일은 2℃~1.5℃ 목표를 전 사회적 과제로 규정하면서 공개적이며 투명하게 실행하고자 하였다. 이런 연유로 2℃ 목표의 배경, 설정, 사전 조사 및 기획, 시행 과정, 결과에 대한 검증 및 평가 과정에 관한 공공기관 및 전문기관의 문헌이 거의 다 공개되어 있다. 따라서 첫째, 본서는 공공기관 및 전문기관의 조사보고서, 검증 및 평가보고서, 연차보고서 등의 기초문헌을 주 자료로 분석할 것이다. 둘째, 관련 문헌의 연대는 2℃ 기후 거버넌스가 구축되는 1990년부터 2018년 2℃ 목표를 위한 「기후보호 행동연대」의 사회적 대화와 만남까지 그 역사적 전개 과정에 따라서 분석할 것이다. 유럽연합 및 UNFCCC와의 공조와 협력을 바탕으로 기후변화 대응을 노력하였으므로 이 기관의 기초문헌도 함께 조사할 것이다. 물론 독일의 주정부 기초문헌, 관련 논문이나 시민단체의 보고서, 주요 언론의 기사 등도 참조한다. 그리고 인터넷의 주요 정보나 자료도 많이 활용할 것이다. 독일 현지를 방문하여 얻은 자료도 활용될 것이다. 더 나아가 2018년 이후 1.5℃ 목표로 강화되면서 연구 범위의 기한을 2022년 현재까지로 확장하지 않을 수 없게 되었다. 기후 거버넌스는 그 자체가 역동적이고 현재 진행형이기 때문이다. 셋째, 2℃ 목표를 시행하는 과정은 하나의 기후 거버넌스가 구축되는 과정이기 때문에 통시적이면서, 동시에 개선되는 역동적인 관점을 견지하면서 파악하는 연구 방법론이 적용될 것이다. 넷째, 사회학적인 갈등론의 분석도 적용될 것이다. 2℃ 기후 거버넌스의 범위는 경제 및 기술적인 차원뿐 아니라 재정, 정치사회적 의사결정 등 다차원에 걸쳐 있고, 다차원의 복합적 갈등요소와 관련되기 때문이다. 즉 온실가스 감축 목표는 근본적으로 저탄소체계로의 전환을 의미하여, 이 전환은 다양한 비용과 책임을 요구한다. 이 비용과 책임이 부과되고 분담이 되는 과정은 수많은 갈등 요소를 내포하고 있기 때문이다. 더 나아가 2℃ 목표는 화석에너지 체계에서 저탄소에너지 체계로, 지속가능한 발전의 경로로의 대전환을 거쳐야 한다. 대전환은 다차원의 갈등을 노정하기 때문에 크고 작은 갈등에 대한 해결책 역시 제시할 수 있어야 한다. 다섯째, 이러한 갈등의 해결책은 단순히 2℃ 목표만을 해결하는 차원이 아니라 기후보호, 새로운 경제성장 모델, 사회 통합성 등 "생태적 현대화"라는 지속가능한 새로운 발전양식을 제시할 수 있어야 한다는 관점에서 사회발전론의 접근도 필요하다. 여섯째, 2℃ 기후 거버넌스의 특성을 파악하는 방법론으로는 체계론적인 관점이 적용될 것이다. 특히 2℃ 거버넌스는 목표를 성공적으로 달성해야 할 필요성이 크기 때문에, 운용되는 정책요소와 방식들이 체계 내적인 정합성과 일관성을 유지하면서 작동되어야 하기 때문이다. 일곱째, 본 연구는 정태적이 아니라 동태적(다이내믹)으로 이루어진다. 2℃ ~ 1.5℃ 거버넌스는 2℃ ~ 1.5℃ 목표 실현을 위해서 2050년까지 지속되어야 하는 중·장기적인 체계이며, 단계적으로 개선과 함께 감축 목표를 끊임없이 더 높은 수준으로 올려야 하는 역동적인 구조이기 때문이다.

독일 2℃~1.5℃ 기후 거버넌스의
전개 과정 요약

독일 연방정부는 기후변화의 영향과 피해에 대해 엄중하게 인식하면서 이미 1990년에 하나의 주요한 이정표를 세운다. 독일에서 배출하는 이산화탄소 배출량을 2005년도까지 1990년 대비 25%를 감축하겠다는 목표를 선포한다. 독일 연방정부는 1994년 「유엔기후변화협약, United Nations Framework Convention on Climate Change(UNFCCC)」을 신속히 체결하고, 1997년 제3차 UNFCCC 회의가 개최된 교토에서 「교토의정서」를 준수할 것을 약속한다. 독일은 제3차 회의에서도 유럽연합, European Union(EU)의 회원국들과 공조를 유지하고, 감축 노력에 앞장서면서 선도적인 역할을 발휘하였다. 독일 연방정부의 기후변화 대응에 관하여 이 같은 확고한 의지는 기후보호 정책이나 프로그램에서도 쉽게 찾을 수 있다. 「독일 연방 부처 간 워킹그룹 이산화탄소 감축, InterMinisterielle Arbeitsgruppe CO_2-Reduktion(IMA)」은 2000년 11월 이산화탄소 감축 목표를 분명하게 재확인하며 독일 연방하원에 『국가 기후보호 프로그램, Nationales Klimaschutzprogramm』이라는 5차 보고서를 아래의 주요 내용을 포함하여 제출한다:

첫째, 독일 연방정부는 이산화탄소 배출량을 2005년도까지 1990년 대비 25% 감축하고, 둘째로, 유럽연합의 분담 차원에서 6대 온실가스 배출을 2008~2012년 기간 동안에 -교토 협약에 따라서- 1990년 대비 21%까지 선도적으로 감축하며, 셋째로, 저탄소 에너지 기술에 대한 목표 제시와 함께 2010년까지 에너지 공급의 재생 에너지원 비중을 2배로 확대하고, 동시에 열·병합 발전과 에너지 효율성을 강화한다는 점을 기본 목표로 제시하였다.[1]

---

1 Interministerielle Arbeitsgruppe "CO_2-Reduktion"(IMA), 『Nationales Klimaschutzprogramm』,

사민당-녹색당 연합세력이 기민-기사당의 보수 연립정부를 물리치고 1998년 연정을 통해 새롭게 구성된다. 지난 기간의 기후보호 정책에 대하여 검증한 결과 – 이산화탄소 배출량은 1999년까지 15.3% 감축, 6대 온실가스 배출량은 18.5% 감축 예상 – 현재의 방식으로는 약속한 목표를 달성하기에는 부족하다는 평가를 내린다. 이에 새로운 연방정부는 약속한 기본 목표를 이루기 위해서 추가로 새로운 감축 수단과 프로그램을 도입하여 감축 활동을 강화하고자 하였다. 이는 저탄소 에너지 및 기후보호 정책을 체계적이며 획기적으로 시행하는 것을 의미했다:

첫째로, 1999년에 "Oekosteuer, 생태세"를 새롭게 도입함으로써 화석에너지 가격을 단계적으로 올려 독일 사회의 모든 분야에서 에너지 소비를 절감하도록 유도하고 또한 저탄소 에너지 신기술의 개발 및 시장 진입을 촉진하고자 했으며, 둘째로, 2000년도에 재생에너지의 전력화를 촉진하는 "재생에너지 법, Erneuerbare Energien-Gesetz(EEG)"을 새롭게 제정했으며, 셋째로, 태양광 사업의 투자 활성화를 위해 "태양광 지붕 10만 호 사업"으로 확대하여 추진했으며, 아울러 재생에너지 사업의 시장 진입을 지원했고, 넷째, 저황산 연료의 장려를 통한 저배출 엔진 기술의 개발을 지원하는 정책을 추진했다. 새 연방정부의 이러한 획기적인 에너지 및 기후보호 정책과 친환경 조세정책을 통해 이산화탄소 배출량은 2005년도까지 1990년 대비 최대 20%(2억 톤 정도)까지 감축이 될 것으로 평가되었다.[2]

녹색당과 연정하여 정부를 꾸린 사민-녹색당 연방정부가 도입한 생태

Fuenfter Bericht der IMA, 2000, 5쪽 참조.

2 앞의 책, 5쪽 참조.

세제와 재생에너지 법은 기후변화 완화 정책의 핵심적이며 근간이 되는 제도로 평가할 수 있다.

첫째, 생태세제 도입은 화석연료를 사용하여 이산화탄소를 배출하는 행위에다 가격을 부과하는 제도이다. 따라서 생태세제 도입은 화석에너지 가격을 올리게 하여 사회의 모든 분야에서 화석에너지 사용을 줄이게 하거나 효율적으로 사용하도록 하며, 나아가 저탄소 및 재생에너지 체제로의 전환을 뒷받침하는 역할을 한다. 이산화탄소 배출의 감축과 재생에너지 체계로의 전환을 제도적으로 보상하는 초석을 놓은 셈이었다. 둘째, 재생에너지 법은 재생에너지의 높은 생산 가격을 상대적으로 값싼 화석에너지 생산 가격과 경쟁할 수 있도록 법과 재정(금융)지원을 통해 재생에너지의 생산을 제도적으로 보장하였다. 이는 재생에너지 사업에 대한 투자 및 진입 기회를 확대할 수 있는 기반을 조성했다. 이를 통해 화석연료의 연소에 의한 이산화탄소 배출은 줄어들게 되고, 재생에너지로의 전환은 획기적인 전기를 맞아 더 빠른 속도로 진행이 될 수 있게 되었다. 이 두 핵심 제도를 요약하면 화석에너지 가격은 - 조세 및 부담의 부과를 통해 - 올리고, 재생에너지와 연관된 가격은 - 재정 지원과 부담 공유를 통해 - 인하시켜 화석에너지 절약과 재생에너지 체계로의 전환을 확실히 가능하게 했다. 셋째, 법과 제도로서 보장된 두 가지 핵심 정책은 기후보호라는 일차적 목표의 실현을 넘어서서 독일 연방정부의 책임과 역할을 앞장서 수행하려는 국제정치적 의지를 나타낸 셈이 된다. 넷째, 독일 연방정부는 한 걸음 더 나아가 온실가스 감축과 저탄소 에너지 체계로의 전환은 지속가능한 생산 및 소비 체계와 첨단 신기술의 개발과 투자로써 가능하다는 점을 인식하고, 이 전환의 계기를 독일 경제를 한 단계 더 현대화시켜 최고 수준의 글로벌 경쟁력을 갖추는 "생태적 현대화, ecological modernisation"를 달성하려는 기회로까지 포착할 수 있었다.[3]

IMA는 2000년 제출한 『국가 기후보호 프로그램 5차 보고서』에서 2005 년도까지의 목표인 이산화탄소 배출량 25% 감축을 위해서는 2001~2005 년 기간 동안 이산화탄소 배출량을 5,000~7,000만 톤 추가로 더 감축해 야 된다고 보고한다. 이에 따라서 사민-녹색당 연방정부는 생태세제와 재 생에너지 법 같은 감축 수단의 근간이 되는 핵심 제도의 도입 외에도 경제 각 분야나 영역에[4] 적용될 수 있는 주요 감축 정책 또는 프로그램을 추가 적으로 시행하고자 하였다. 이를 아래와 같이 간략히 요약해볼 수 있다:

1) 2001년도에 "열·병합 발전 법, Kraft-Waerme-Kopplung"이 시행 되도록 추진하고 있는데, 열에너지와 전력을 병합하여 생산할 수 있는 열 ·병합 발전 시설을 장려하는 법으로 에너지 효율성 개선과 이산화탄소 배출의 감축을 동시에 이루고자 하였다. 이를 통해 2005년도까지 1,000만 톤, 2010년도까지 2,300만 톤의 배출량 감축을 목표로 할 정도로 중점을 두고 있는 주요한 정책이다.

2) 2001년도부터 새로운 "에너지 절약 지침, Energieeinsparverordnung" 을 시행함으로써 주택이나 건물 분야에서 원천적으로 에너지 수요를 절

---

3 집권여당인 사회민주당과 녹색당이 1999년 11월 독일 연방하원에 제안한 "생태적 현대화와 국제 연대의 개선을 통한 기후보호, Klimaschutz durch oekologische Modernisierung und Verbesserung der internationalen Zusammenarbeit"라는 문건을 보면 집권여당의 기후보호 정책에 대한 확고한 입장과 주요 목표를 잘 파악할 수 있다. 이에 관하여 앞의 책, 163~168쪽의 부록 참조.

4 각 부분이나 대상은 일반적으로 발전 및 에너지 전환 분야, 제조(산)업 분야, 주택 및 건물, 교통 및 수송, 농축산업, 폐기물 산업, 산림 분야로 구분할 수 있다.

약하도록 하고자 하였다. 건설 공법의 규제나 건축 자재 사용의 의무 조항 등의 강화를 통해서 신 건축물의 에너지 수요를 기존보다 30% 정도 절감 하고자 한다. 구 건축물의 에너지 절약 및 이산화탄소 배출 감축을 목표로 하는 재정 및 금융지원 프로그램이 다양하다. 구 건축물의 자재와 설비의 교체나 재정비를 지원하는 기존의 "재건축 대출 프로그램, Kreditanstalt fuer Wiederaufbau"을 연장하거나, 새로운 "건물 기후보호 프로그램, Klimaschutzprogramm im Gebaeudebestand"을 시행하여 이산화탄소 배 출량을 1,800~2,500만 톤 정도 추가로 감축하고자 하였다.

3) 독일 연방정부는 독일 경제계가 2005년도까지 이산화탄소 배출의 28% 감축과 2012년도까지 35%의 감축을 자발적으로 확대 선언하자 이 를 환영하며 경제계와 공동협약을 체결함으로써 지지 의사를 분명히 밝힌 다. 이로써 이산화탄소 배출이 2005년도까지 1,000만 톤, 2012년도까지 2,000만 톤 추가적으로 더 감축될 수 있게 되었다.

4) 교통 및 수송 분야의 감축에 대해 역점을 두면서 다양한 프로그램을 추진하는바, 철도 및 대중교통 시설에 대한 투자와 지원 확대, 화물차의 고속도로 통행세 도입, 저탄소 승용차에 대한 세제 혜택 부여, 자동차 경 량화의 장려, 친환경 주행 방식에 대한 교육 및 홍보의 강화, 비행기 이용 수수료 부과 등의 강화 프로그램을 추진하였다.

5) 주거 지역의 폐기물 처리 분야에서는 1,500만 톤의 이산화탄소 상당 량의 메탄(CH_4)의 배출 감축 프로그램을 추진하였다. 위의 추가 감축 수 단에 사용되는 재정 지원은 "미래를 위한 투자 프로그램" 이름으로 각각 의 주관 부처에서 지출된다.[5]

---

5 앞의 책, 5~6쪽 참조.

독일은 생태세제나 재생에너지 법과 같은 에너지 및 기후보호 정책의 근간이 되며 모든 분야를 포괄하는 핵심 제도와 함께 각 부문에만 적용되는 맞춤형 정책이나 프로그램을 시행하면서 기후변화에 대응해가고 있는 특성을 보여주고 있다. 또한 온실가스 감축 수단의 시행 결과에 대한 검증 및 평가, 국내·외 기후변화 정치 역학의 변화 등에 따라서 새로운 핵심 정책이 도입되거나, 부문별 주요 정책이 추가되거나 기존 정책이 강화·수정되어 시행되는 것을 볼 수 있다. 말하자면 학습 과정을 거치면서 개선되고, 강화되는 것을 볼 수 있다. 기후보호 정책의 두 축이 되는 핵심 제도와 부문별 주요 정책은 상호 의존적이며 상호 보완적인 구조로 연계되어 점차로 높은 수준으로 심화되면서 더 높은 감축 목표를 향해 전개되는 과정을 보여주고 있다. 역동적인 구조와 전개 과정을 보여주고 있다.

생태세제나 재생에너지 법과 같이 감축의 핵심 제도의 하나로서 평가받는 이산화탄소 배출권 거래 제도(Emission Trading System, ETS)가 독일 및 유럽연합 공동 차원에서 2005년에 새롭게 도입되어 동시에 시행된다. 글로벌 차원에서 가장 많은 국가들을 포괄하는 이산화탄소 감축 제도로 손꼽힌다. 독일 연방정부 역시 유럽연합과의 공조를 통해서 대표적인 핵심 제도라고 할 수 있는 이산화탄소 배출권 거래 제도 도입을 2000년도부터 준비하였다. 독일은 유럽연합의 차원에서 공동으로 시행하려는 이 제도 도입을 위해 선도적인 역할을 하였다. 이 제도는 크게 세 가지 차원에서 감축의 핵심적인 역할을 한다. 첫째, 독일의 이산화탄소 총배출량의 60% 정도의 큰 몫을 차지하는 발전·에너지 전환 및 제조업 분야의 대량 배출 기업(에너지 다소비 기업)을 주요 대상으로 포괄함으로써 온실가스 감축 계획 및 시행에 있어 보다 합리성과 예측 가능성을 높일 수 있고, 둘째로, 대상 기업들이 보다 비용 효과적으로 감축할 수 있게 하였고, 셋째로, 글로벌 협력과 공조를, 특히 유럽연합의 차원에서 부담과 노력의 공유를 통해서 이 제도가 시행되었고, 이 공조의 틀과 연계되어서 ETS에 속하는 독일의 에너지 다소비 대기업과 ETS에 속하지 않는 각 부문의 감축 계획이 함께 진행된다는 점이다. 예를 들어 설명해보면, 2012년 교토협정 기간까지 선진국은 1990년 대비 5.2% 감축, 유럽연합은 8% 감축, 독일은 21% 온실가스 감축을 약속하였다. 독일 및 유럽연합 회원국들은 감축 목표의 많은 부분을 이산화탄소 배출권거래제를 통하여 감축하도록 설계하였다.[6] 그리고 유럽연합의 지침에 따라 ETS는 각 회원국들의 공조를 통하여 유럽연합의 감축 제도의 근간으로서 시행된다. ETS 영역에 속하는 기업의 규모나, 비용효과적인 감축 방식이나, 각 회원국의 할당 작성 지침에서부터 모니터링의 방식에 이르기까지 공동의 지침에 따라서 시행하게 되었다. 획기적인 발걸음을 뗐다고 할 수 있다.[7]

여기서 독일의 2005년도까지의 감축 시행의 결과에 대한 점검을 잠시 해보면, 6대 온실가스 감축 목표는 2005년도까지 20.5%나 감축하여 2012년까지의 21% 감축 목표에 거의 도달하였다. 이산화탄소 감축은 17.7% 수준에 그쳐서 목표인 25%에는 상당히 못 미쳤다. 하지만 국제적인 비교

---

6 Bundesministerium fuer Umwelt, Naturschutz und Reaktorsicherheit, 『Nationaler Allokationsplan fuer die Bundesrepublik Deutschland 2005-2007, 2005-2007 국가 할당 계획안』, 2004년, 5~9쪽 참조.

7 DIRECTIVE 2003/87/EC OF THE EUROPEAN PARLIAMENT AND OF THE COUNCIL of 13 October 2003, 『establishing a scheme for greenhouse gas emission allowance trading within the Community and amending Council Directive 96/61/EC』, 2003 참조. https://eur-lex.europa. eu/legal-content/EN/TXT/?uri=celex%3A32003L0087 (2022년 5월 24일 검색).

를 해보자면 독일은 앞장서 적극적인 역할을 하였다고 평가할 수 있다.[8]

2006년 거대 국민 정당인 보수 기민당과 진보 사민당의 연정으로 새롭게 구성된 독일 연방정부는 기후보호 정책의 기존 노선에 큰 변화 없이 또 하나의 핵심적인 프로그램인 『통합 에너지-기후 프로그램, Integriertes Energie- und Klimaprogramm』을 2007년에 공포한다. 동시에 '2도' 목표를 공식적으로 재확인한다. 기후변화 대응 정책과 에너지 정책을 하나의 통합된 체계 안에서 상호 연계하여 운영하고자 하는 프로그램이다. 기후변화 대응에는 에너지 문제가 핵심이라는 인식이 분명해졌기 때문이다. 기후변화 대응의 우선적 과제는 안정적이고 경제적인 저탄소 에너지를 공급하는 것과 밀접하게 연관이 되기 때문에 통합적 체계를 운영하는 것이 요구되었다. 또한 유엔기후변화협약의 글로벌 차원에서, 유럽연합의 기후보호와 에너지 정책의 지침에 발맞추는 차원에서 독일의 『통합 에너지-기후 프로그램』은 신뢰성 있는 기후변화 대응 협력을 알리는 선도적인 역할을 할 수 있었다.

독일 연방정부는 2007년 14개의 법과 시행령 등 29개의 주요 정책을 담은 『통합 에너지-기후 프로그램』을 결정하면서, 유럽연합의 20%(~30%) 감축 목표와 연동하여 2020년도까지 온실가스 배출을 1990

---

8 감축 목표에 미흡한 측면도 있지만, 다른 국가들과 비교해본다면 상대적으로 높은 감축 실적을 보여주었다. 유럽연합 타 회원국의 경우 6대 온실가스를 겨우 1.7% 감축하는 저조한 실적을 보였고, 미국은 오히려 17.4% 증가하여 배출하였다. Umweltbundesamt, 'Treibhausgas-Emissionen in Deutschland', 2017, 2022, https://www.umweltbundesamt.de/daten/klima/treibhausgas-emissionen-in-deutschland#textpart-1 참조. (2018년 1월 14일 검색), (2022년 6월 9일 재검색); IMA, 『Nationales Klimaschutzprogramm, 6 Bericht der IMA CO_2-Reduktion』, 2005, 7~9쪽 참조.

년 대비 40% 감축할 것을 발표한다. 2005년도까지의 25% 감축 목표보다 훨씬 높은 야심 찬 목표이다. 주요 기술적 감축 수단 및 방식으로는 - 유럽연합의 에너지 및 기후 프로그램의 지침과 규정에 부합하는 - 재생에너지 확대와 에너지 효율성 개선을 통해서 하고자 하였다. 주요 지원 프로그램의 대상은 거의 모든 부문을 포괄하면서, 특히 재생에너지원의 전력 생산을 적절하게 통합시키는 것, 열 · 병합 시설의 합리적인 확대 방안, 고에너지효율 상품의 시장 진입의 장려 방안, 주택 및 건물의 에너지 효율성 개선 방안 및 저탄소 스마트 도시 건설의 확대 방안, 화력발전소의 고효율 시설로의 대체화, 저탄소 수송 차량의 확대 정책 등이다. 이 지원 프로그램의 실행 기간과 기술 및 재정 지원 등의 사항이 구체적으로 명시되어 있어 실현 가능성을 높여주었다. 독일 연방환경부와 연방경제기술부를 주축으로 하면서도 사실상 연방정부의 소관 부처가 함께 참여하는 부처 간 통합 프로그램의 성격이 강하다. 하지만 각 부문과 대상에 적용되는 프로그램의 각각의 또는 복수의 책임 부처도 지정되어 있다. 에너지와 기후보호 정책을 통합하여 구체적인 이정표를 제시한 동 프로그램은 야심 차면서도 전례가 없는 획기적인 것으로 평가되기도 한다. 또한 모든 연방 부처가 통합적으로 실행하면서 각 부분과 대상을 아우르는 이 프로그램은 전 사회적인 소통과 협력 없이는 시행되기 어려운 명실공히 전 사회적 과제이다. 따라서 기후보호 프로그램은 연방정부, 주정부 및 지방자치단체, 이해당사자, 시민들이 함께 풀어가야 할 전 사회적 프로젝트라는 점을 재확인한다.[9]

---

9 Bundesregierung, 'Bericht zur Umsetzung der in der Kabinettsklausur am 23./24.08.2007 in Meseberg beschlossenen Eckpunkte für ein Integriertes Energie- und Klimaprogramm', 2007 참조; Bundesministerium fuer Umwelt, Naturschutz und Reaktorsicherheit, 『Eckpunkte fuer ein integriertes Energie- und Klimaprogramm』, 2007, 4~9쪽 참조. (2018년 2월 8일 검색).

동 프로그램 역시 유럽연합 차원의 협력 과정을 거치면서 구체화된다. 유럽연합의 정상들은 2007년 지구 평균기온이 산업화 이전의 평균기온보다 2℃ 이상 상승하지 않도록 합의하면서, 2020년까지 1990년 대비 20%(~30%)까지 감축하겠다는 목표를 선언하고, 그 주요한 감축 수단으로 재생에너지의 확대와 에너지 효율성 개선을 채택한다. 유럽이사회(European Council)가 2009년 이를 결정함으로써 법적인 구속력을 얻게 되었다. 이에 따르면 지구 평균기온이 2℃를 넘지 않게 하려면 전 세계가 2050년도까지 1990년 대비 50% 이상 감축해야 하는데, 유럽연합을 포함한 선진국은 적어도 60~80%까지 감축해야 하고, 2020년도까지는 20%(~30%) 감축을 해야 된다.[10] 유럽연합과 독일에서는 2℃ 상승 억제가 공식적으로 기후변화 대응의, 특히 기후변화 완화 대응의 기본 목표와 이정표가 되었다. 에너지 효율성의 개선과 재생에너지의 확대가 주요한 방식이자 수단이 되었는데 에너지 효율성을 2020년까지 20% 증가시키기로,[11] 이와 함께 재생에너지원의 에너지 생산의 비중을 20%로 확대하는 것을 목표로 세웠다.[12]

---

10 유럽연합은 타 선진국과 중진국이 함께 노력하는 것을 전제로 하는 조건부 30% 감축을, 이와 독립적으로 조건 없는 20% 감축을 목표로 정하였다. 『Decision No 406/2009/EC of the European Parliament and of the Council of 23 April 2009 on the effort of Member States to reduce their greenhouse gas emissions to meet the Community's greenhouse gas emission reduction commitments up to 2020』, 136~137쪽, http://eur-lex.europa.eu/legal-content/EN/TXT/?uri=CELEX:32009D0406 참조.

11 앞의 책, 136~137쪽 참조.

12 『Directive 2009/28/EC of the european parliament and of the council of 23 April 2009 on the promotion of the use of energy from renewable sources and amending and subsequently repealing Directives 2001/77/EC and 2003/30/EC』, 16~18쪽, http://eur-lex.europa.eu/legal-content/EN/TXT/?uri=CELEX:32009L0028 참조.

독일 연방정부는 경제적이고 친환경 에너지를 안정적으로 공급하는 것을 주요 과제로 여기고, 이 과제를 해결하는 과정을 독일의 경제 구조를 에너지 효율적이며 친환경적인 구조로 전환시키는 과정으로 삼고자 하였다. 즉 저탄소 에너지 체계로 전환하는 과정에서 경쟁력 있는 산업 입지로서의 독일을 새롭게 구축하면서 경제적 번영, 미래지향적 일자리 창출, 혁신, 현대화를 이루려는 국가적 목표를 강화하고자 하였다. 이는 기존의 에너지 체계의 전면적인 전환을, "에너지 전환, Energiewende"을 필요로 하며, 이에 기본적이고 장기저인 목표를 향한 계획을 세우게 되는바, 바로 "에너지 기본계획, Energiekonzept"이다. 독일 연방정부는 2010년 『에너지 기본계획』을 통하여 안정적이고 경제적(효율적)이며 저탄소 에너지 체계로 나아가는 기본 방향과 목표를 정하면서 처음으로 "재생에너지 시대의 길"을 제시하였다. 이제는 화석에너지가 아니라, 재생에너지가 중심이 되는 2050년까지의 장기적인 종합 전략의 목표와 시행 방안을 담았다.

가장 중요한 전략적 측면은 통합 전략을 마련하는 것으로, 첫째, 재생에너지 생산을 어떻게 확대할 것인가? 확대 생산된 재생에너지를 저장, 연결할 수 있는 송 · 배전망의 확대 등의 새로운 에너지 인프라 체계는 어떻게 구축할 것인가? 확대된 재생에너지를 어떻게 에너지 효율성 개선과 연계시킬 것인가? 등의 기본 질문과 관계되는 측면이며, 둘째로, 주택과 건물의 경우 에너지 효율성 개선 수단을 통한 감축 잠재력이 소진된 후에야 재생에너지 설비의 투입이 되는 감축 과정의 우선순위를 결정하는 문제이며, 셋째, 재생에너지의 확대를 지원하면서, 동시에 이로 인한 비용 상승의 문제를 혁신과 경쟁을 통해 상쇄할 수 있는 방식을 찾는 것 등을 통합적으로 설계하는 것이 주된 과제이다.

『에너지 기본계획』이 제시하는 중·장기 목표의 기한과 계획을 통해 2050년도까지 1990년 대비 온실가스 80~95% 감축 목표를 재확인한다. 그리고 이 감축 경로를 충실히 실행하기 위해서 시간표를 정하는바, 2020년까지 40%, 2030년까지 55%, 2040년까지 70% 감축 목표를 제시한다. 이 목표를 달성하기 위해서 더 구체적으로, 최종 에너지 소비의 재생에너지 비중을 2020년까지 18%, 2030년까지 30%, 2040년까지 45%, 2050년까지 60%로 상향시키는 목표를 제시한다. 동시에 최종 전력 소비의 재생에너지 비중을 2020년 35%, 2030년 50%, 2040년 65%, 2050년 80%까지 확대하는 목표를 세웠다. 에너지 기본계획의 원활한 시행을 위해 구체적 시기, 목표, 방식뿐 아니라 필요한 재정도 "에너지 및 기후 기금"을 통해 추가로 조성하기로 하였다.[13]

독일은 2010년 『에너지 기본계획』을 발표하면서 재생에너지의 시대를 열었다. 2011년 일본 후쿠시마 원전사태가 발생하자, 독일은 이에 대한 다차원적 토론을 통해서 최종적으로 2022년까지 원자력 발전소를 단계적으로 폐쇄하기로 결정하면서, 에너지 기본계획을 더 강화하는 차원에서 『미래 에너지로 가는 길, 에너지 전환, Energiewende』을 2011년 선포한다. 이는 재생에너지가 중심이 되는 전력 체계로 더 빠른 전환을 요구하게 된다. 이는 효율성이 높고, 재생에너지 체계로의 전환을 알리는 최초의 선진 대국이 되는 것을 의미하는바, 재생에너지와 고효율 에너지 시대를 위해서

---

13   Bundesregierung, 『Energiekonzept fuer eine umweltschonende, zuverlaessige und bezahlbare Energieversorgung』, 2010, 3~7쪽 참조, https://www.bundesregierung.de/ContentArchiv/DE/Archiv17/_Anlagen/2012/02/energiekonzept-final.pdf?__blob=publicationFile&v=5 참조.

는 혁신과 기술을 필요로 하고, 틈새시장이 대규모 시장으로 전환되어야 한다. 대전환이 일어나는 것을 의미한다. 이 전환이 빠를수록 성장 동력도 클 것이다. 에너지 전환에 관하여 매년 모니터링하고, 각 부문의 기관들과 전문가로 구성된 위원회도 구성하고, 각각 의무를 부과하였다. 연방경제기술부는 송·배전망 확대, 발전소 건설, 대체 투자, 에너지 효율성에 관해 보고하도록 하고, 연방환경부는 재생에너지의 확장에 관해 보고하도록 한다. 이 두 보고서에 기초하여 연방하원에 보고하고 개선안을 제출하도록 하였다.[14] 매년 에너지 전환에 관한 모니터링은 『미래의 에너지, Energie der Zukunft』라는 연차 모니터링 보고서로서 발행된다. 2012년 1차 모니터링 보고서에 이어 2016년 5차 모니터링 보고서가 제출되었다. 그리고 3년마다 『개선보고서, Fortschrittsbericht』를 제출해야 한다.[15]

에너지 기본계획 및 에너지 전환과 함께 독일 정부는 『기후보호 행동프로그램 2020, Aktionsprogramm Klimaschutz 2020』을 2014년 결정한다. 각 부문별 추가 감축 잠재량을 찾아내어, 총 감축 잠재량을 확대하기로 한다. 『기후보호 행동프로그램 2020』을 통해서 기존의 감축 정책이나 프로그램을 강화하고 새로운 감축 수단을 도입하면서 온실가스 배출을 12억 5,000만 톤(1990년)에서 7억 5,000만 톤(2020년)으로 40% 감축하는 목표를 달성하고자 한다. 독일 사회 전 부문에서 추가적인 감축 노력을 주문하였다. 특히 주목할 점은 에너지 효율성 개선을 재생에너지 확대와 함께

---

14   BMWI, 『Der Weg zur Energie der Zukunft - sicher, bezahlbar und umweltfreundlich -』, 2011, https://www.bmwi.de/Redaktion/DE/Downloads/E/energiekonzept-2010-beschluesse-juni-2011.pdf?_blob=publicationFile&v=1 참조.

15   http://www.bmwi.de/Redaktion/DE/Artikel/Energie/monitoring-prozess.html 참조.

에너지 전환의 주요한 한 축으로 간주하면서 「국가 에너지 효율성 행동계획, Nationaler Aktionsplan Energieeffizienz(NAPE)」을 2014년 수립하여, 에너지 공급 측면뿐 아니라 수요 측면에서 에너지 효율성을 개선하여 감축 잠재력을 확장하고자 하는 점이다. 건물 분야의 에너지 효율성 개선, 개인 행동의 변화를 통한 에너지 절약 대책을 들 수 있다.[16] 동 프로그램은 장기적 계획, 정책적 수단, 주정부, 지방정부의 행동 등을 다 포함하고 있다. 주정부 대표자, 전문가 그룹, 시민단체 등 거의 모든 이해관계 당사자의 참여를 통해 『기후보호 행동연대, Klimaschutz Aktionsbuendnis』를 발족시키고, 이 민관 합동 기구를 통해 감축의 이행 과정을 검증하고, 개선할 수 있는 새로운 유형의 민주적인 협력 및 거버넌스를 구축하였다. 연방 환경부는 매년 『기후보호 보고서, Klimaschutzbericht』를 발간하여 모든 이행 과정을 공개하도록 하였다. 그리고 독일 정부는 2015년 파리 유엔기후변화협약에서 지구 평균기온 "2도" 상승 억제 목표를 체결할 수 있도록 선도적 역할을 할 것을 자임하며 전 세계에 분명한 신호를 보여주려는 의도를 담고자 하였다.[17]

2011년 일본 후쿠시마 원전 사고의 심각성을 인지한 독일은 2022년까지 자국 내 모든 원자력 발전소를 폐쇄하겠다고 발표한 바 있다. 에너지 전환을 앞당기고, 2020년까지의 온실가스 감축 목표를 달성하기 위해서

---

16 『에너지 기본계획』에서 에너지 효율성 개선을 강조하면서 2020년까지 1차 에너지 소비를 2008년 대비 20%, 2050년까지 50% 절약하는 계획을 공포하였다. 이 계획에 충실하면서 NAPE를 체계적으로 수립하게 된다. https://www.bundesregierung.de/Content/DE/Artikel/2014/12/2014-12-03-nationaler-aktionsplan-energieeffizienz.html 참조.

17 BMUB, 『Aktionsprogramm Klimaschutz 2020, Kabinettsbeschluss vom 3. Dezember 2014』 참조.

는 전력 생산의 45%를 담당하는 화력발전소의 축소가 불가피하다고 판단하면서 독일 연방정부는 2015년 또 하나의 중요한 결정을 내리는데, 5개의 대형 석탄 화력발전소를 단계적으로 폐쇄하는 결정을 한다. 독일은 이 폐쇄 결정으로 전기 값의 인상이 불가피하고, 또 많은 단체의 저항이 있으나, 재생에너지 발전과 에너지 효율성 개선에 더 박차를 가하는 방향으로 결정하였다. 독일 정부는 폐쇄 대상에 포함되는 석탄 화력발전소를 전력량이 부족할 때를 대비한 비상 가동용으로만 사용하기로 하였다.[18]

2016년 독일 연방정부는『기후보호 계획 2050, Klimaschutzplan 2050』을 통해 다시 한번 2050년도까지의 온실가스 감축 목표를 재확인하면서, 차후의 기후 전략과 대책을 수립하는 데 토대이자 근간이 되는 청사진을 제시한다. 『기후보호 계획 2050』을 통해 다시 한번 지구 평균기온 2도 상승 억제라는 글로벌 목표, 유럽연합의 2030 감축 목표와 기본 지침을 확인하면서, 감축의 핵심적인 기술적 방식으로 재생에너지의 확장과 에너지 효율성의 개선을 확인하면서, 앞으로의 감축의 기본 방향과 이정표를 확실하게 세운다. 독일의 기후보호 정책의 역사상 최초로 2030년도까지의 경제, 사회 각 분야의 온실가스 감축 목표를 설정한다. 에너지 분야, 건물 분야, 교통 · 수송 분야, 제조업 분야, 농업 분야, 폐기물 분야, 산림 분야 등 7개 부문의 감축 목표를 제시하였다. 『기후보호 계획 2050』은 투자와 전략적 선택을 위해 구체적인 방향을 제시한다. 독일 정부는 시행된 정

18　https://de.wikipedia.org/wiki/Ausstieg_aus_der_Kohleverstromung_in_Deutschland 참조; https://de.wikipedia.org/wiki/Nationaler_Klimaschutzbeitrag 참조. (2022년 7월 25일 검색). 차후 2020년에서 2038년까지 석탄 화력발전소를 완전 폐쇄하기로 법으로 결정한다.

책과 프로그램의 경제적, 사회적, 환경적 결과를 독일의 시민사회와 함께 살펴보고 정치적으로 평가하여 지속적으로 수정, 보완해나갈 것이다. 독일 정부는 『기후보호 계획 2050』을 통해 파리협정에서 요구하는 기후보호-장기 전략을 처음으로 제시한 국가군에 속하게 되었다. 요약해보면, 독일은 2050년도까지 온실가스 배출을 제로로 하는 야심 찬 장기 전략을 제시한 것이다.[19]

독일의 2℃ 목표 달성을 위한 에너지 및 기후보호 핵심 정책은 『기후보호 계획 2050』을 제시함으로써 일단 대단원을 내리게 된다. 독일 사회에 주어진 과제는 동 계획대로 실행하는 것, 그리고 지속적으로 조정하고 감축 목표를 상향하는 일이다. 독일 사회가 나아갈 기본 방향과 경로는 감축 목표를 강화하는 것이고, 탄소 중립 사회로 나가는 길이기 때문이다. 실제로 그 후 『기후보호 계획 2050』을 구체화시킨 프로그램으로 2019년 등장한 『기후보호 프로그램 2030』이나 『기후변화 법』, 그리고 동법의 2021년 개정, 2020년 탈 석탄 발전 선언 등 일련의 감축 대책은 감축 목표를 더 높이고, 더 체계화하고, 더 강화된 방향으로 나아가도록 하고 있다. 특히 2018년 IPCC가 『1.5℃ 특별 보고서』를 보고한 이후, 지구 평균기온 상승을 1.5도까지 억제해야 한다는 의견이 타당성을 얻게 되자, 독일 사회도 목표를 2℃에서 1.5℃로 더 높이는 방향으로 나아가고 있다. 독일 연방정부는 5년을 앞당겨 2045년도까지 탄소 중립 목표를 달성할 것을 법에 명기한다. 그리고 2020년도까지의 40% 감축 목표는 여러 차원의 어려움을 극복하고 달성하였다. 놀라운 일이 아닐 수 없다.

---

19 BMUB, 『Klimaschutzplan 2050, Klimaschutzpolitische Grundsätze und Ziele der Bundesregierung』, 2016 참조.

독일 연방정부는 1990년대부터 온실가스 감축과 기후보호를 위한 초석
이자 핵심 제도인 친환경 생태세제, 재생에너지 법, 이산화탄소 배출권 거
래제, 통합 에너지-기후 프로그램, 에너지 기본계획, 기후변화 법 등을 확
고한 의지를 갖고 순차적으로 도입, 시행하고 있다. 유엔기후변화협약과
유럽연합 차원에서 적극적인 공조를 이루어가면서 선도적인 역할을 잘 수
행하고 있다. 온실가스 감축의 목표를 완수하기 위해 기존 감축 대책을 개
정, 강화하거나, 필요한 추가적인 정책 및 프로그램을 도입한다. 열·병합
발전법의 도입, 에너지 절약지침이나 재생에너지법의 7차례 개정, 재건축
대출프로그램의 연장, 통합 에너지-기후 프로그램 등이 그러한 프로그램
에 속한다. 2℃ 목표를 위한 기후 거버넌스 구조는 이렇게 역동적으로 업
그레이드하면서 작동하고 있다. 핵심 정책이나 주요 프로그램의 시행 과
정에는 감축 목표량, 시행 방식 및 기한, 재정적 지원 규모 등이 구체적으
로 포함되어 있어 정책 집행의 신뢰성을 줄 수 있다. 특히 온실가스 배출
의 큰 부분을 차지하는 독일 경제계의 야심 찬 자율적 감축 선언은 감축
목표 달성의 전망을 밝게 해주고 있다. 지구 평균기온의 "2도" 상승 억제
목표는 2007년도 『통합 에너지-기후 프로그램』에서부터 공식화되면서,
『2020 기후보호 행동프로그램』과 『기후보호 계획 2050』에서 기본 방향과
이정표로서의 지위를 얻게 된다. 물론 2019년 이후 "1.5℃" 상승 억제 목
표가 그 지위를 물려받고 있지만.

기후보호 핵심 정책, 주요 정책과 프로그램은 에너지 및 산업 부문에만
한정된 것이 아니라 주택, 교통, 농촌, 연구·개발, 교육 및 홍보, 재정 등
독일 사회의 전반적인 영역을 아우르면서 가로지르는 성격을 갖고 있으

며, 따라서 시민사회의 공감과 동참 없이는 제대로 시행될 수도 없다. 따라서 에너지 및 기후보호 정책은 정치 영역, 에너지와 경제 분야를 넘어서서, 지역, 시민사회, 일상의 전 영역을 아우르는 사회적 프로젝트로서의 위상과 차원을 갖게 된다. 2015년 "기후보호 행동연대"와의 만남에서 환경부 장관은 다음과 같이 말한다.

"우리는 모든 기후보호 대책이 야심 차게 진행될 때만 기후보호 목표를 달성할 수 있을 것이다. 이 목표는 정부 혼자서 이룰 수 없는 하나의 거대한 사회적 공동 과제이다. 성공을 위해서는 우리는 전 사회의 광범위한 참여를 필요로 한다."[20]

기후보호 대응은 전 사회적 공동 과제이며 2050년까지의 중·장기적인 프로젝트이다. 기후변화 대응과 2℃~1.5℃ 상승 억제를 위한 목표 설정과 배경, 주요 인적·물적 요소, 투입 정책 및 프로그램의 내용과 그 시행 방식, 그리고 그 변동 및 전개 과정을 앞서 1장에서 언급한 연구 목적에 부합되게 2℃~1.5℃ 기후 거버넌스의 관점으로 체계적으로 접근해보자. 2℃~1.5℃ 기후 거버넌스의 역동적 구조를 3장에서, 역동적 구조의 특성을 4장에서 분석해볼 것이다.

---

20 https://www.bmub.bund.de/pressemitteilung/hendricks-klima-aktionsprogramm-ambitioniert-umsetzen/, 25.03.2015 | Pressemitteilung Nr. 061/15에서 인용.

3

독일 2℃~1.5℃ 기후 거버넌스의
정책, 시행 방식과 역동적 구조

본서는 독일의 2℃~1.5℃ 기후 거버넌스의 역동적 구조와 특성을 주제로 한다. 첫째, 기후변화 완화를 위한 거버넌스에 관한 것이다. 지구 평균 기온의 상승을 21세기 이내 2℃ 이하로 억제하는 것을 인류 사회가 2015년 파리 유엔기후변화협약에서 약속하였다. 2℃ 목표는 21세기 인류 사회의 안전과 지속가능성을 위한 필수 과제와 글로벌 목표가 되었다. 이에 글로벌 사회는 2℃ 목표를 이루기 위해서 공동의 협력을 필요로 하며, 즉 공동의 기후 거버넌스를 필요로 한다. 2℃ 기후 거버넌스는 2℃ 목표에 도달할 수 있도록 글로벌 차원과 각 국가 차원에서 역할 및 과세를 기획, 분담, 조정, 시행하는 전반적인 체제를 말한다.

둘째로, 2℃ 기후 거버넌스에 관한 것이다. 2℃ 목표 달성을 위해서 최우선의 과제는 온실가스 배출을 감축하는 일이다. 이 과제는 '누가, 어디서, 얼마만큼, 언제까지, 어떻게, 왜 감축하는가?'라는 기본적이나, 매우 복합적인 여섯 개의 질문을 던진다. '어떻게' 감축하는가에 대한 연구 주제 하나만 하더라도 −에너지 효율성 개선, 재생에너지 확대 방식, 이산화탄소 배출권 거래제도 등− 범위가 상당히 광범위하다. 하지만 '어떻게'라는 감축 방식에만 초점을 맞춘 분석들은 2℃ 목표를 달성하는 데 필수적이지만 충분한 해답은 주지 못한다. 이런 분석과 함께 '누가, 어디서, 얼마만큼, 언제까지, 왜'라는 서로 다른 차원의 질문에 해답을 제시할 수 있을 때야 비로소 감축이 유의미하게 시행이 될 수 있으며, 2℃ 목표의 청사진이 제시될 수 있을 것이다. 즉 한 국가의 온실가스 감축을 통한 2℃ 목표 달성에는 복합적인 다차원의 방정식을 풀 수 있는 '2℃ 기후 거버넌스'의 구축이 필요 · 충분 요소라고 할 수 있을 것이다. 어떤 특정의 감축 정책, 제도나 감축 방식의 적용에 관한 개별적 또는 부분적 연구를 넘어서서 2℃ 목표 달성에 연계된 여섯 개 차원의 요소들과 그 상호 작용에 관한 통합적 분석이 필수적이다. 2℃ 기후 거버넌스의 범위는 경제 및 기술적인 차원뿐 아니라 재정, 정치적 의사결정, 사회적 합의 등 다차원에 걸쳐 있기 때문이다.

이에 이번 3장에서는 독일이 지난 30여 년(1990~2022년) 동안 기후보호를 위해 시행해온 정책이나 방식의 역사적인 전개 과정을 2℃~1.5℃ 기후 거버넌스의 관점에서 그 역동적 구조를 밝혀보고자 한다. 그 의미는,
첫째로, 독일 사회와 국가가 2℃~1.5℃ 목표를 중·장기적 목표로서 설정하고 체계적으로 시행하고 있기 때문에, 2℃ 기후 거버넌스를 하나의 중·장기적 기후 체계로서 파악하고자 한다. 이런 접근법을 가질 때야 비로소 2℃ 목표를 위해 시행된 개별 정책들의 내용, 시행 방식, 고려 사항과 그 시행의 역사적 전개과정을 체계적으로 잘 이해하고 평가할 수 있기 때문이다. 둘째로, 독일의 2℃ 기후 거버넌스는 고유의 역동적 구조와 원리에 의해서 작동하기 때문에 이를 밝혀보고자 한다. 2℃ 기후 거버넌스 구조 내에서 시행된 정책의 목표, 역할, 과제, 시행 방식, 주요 행위자, 의사결정 구조 등을 체계 내적인 연관성을 가지고 살펴본다. 이는 2℃ 거버넌스 요소들을 개별적이거나 또는 정태적이 아니라 동태적으로 분석할 것이다. 2℃ 거버넌스는 2050년까지 연속성을 가진 중·장기적인 체제이며, 단계적으로 감축 목표를 끊임없이 더 높은(상향된) 수준으로 올려야 하는 매우 역동적인 구조이기 때문이다.

독일의 2℃~1.5℃ 기후 거버넌스의 역동적 구조를 파악하기 위한 추진

전략과 범위는 아래와 같다. 첫째, 독일의 2℃ 목표를 위해 시행된 개별 정책이나 프로그램 등의 내용과 시행 방식 및 그 특성을 찾아보고 평가할 것이다. 생태세제(탄소 가격 제도), 재생에너지 법, 이산화탄소 배출권 거래 제도와 같은 핵심 제도와 각 부문에 적용되는 주요 정책과는 구별하여 분석할 것이다. 둘째, 핵심 제도와 각 주요 정책의 시행은 이산화탄소 감축을 목표하는바, 동 정책들의 목표 및 내용, 기획 과정, 역할, 시행 방식, 주요 행위자, 결정 및 의사결정 구조 등을 살펴볼 것이다. 이를 통하여 정책의 목표나 시행 방식이 공동의 목표나 원리에 의해 작동하는지를 살펴봄으로써 2℃ 기후 거버넌스의 존재 여부 및 구조를 파악해볼 수 있을 것이다. 하나의 거버넌스는 공통의 기본적인 목표나 시행 원칙에 의해서 작동하기 때문이다. 셋째, 언제부터 2℃ 기후 거버넌스가 시작과 함께 작동, 발전되었는지를 역사적 전개 과정과 함께 살펴본다. 핵심 제도와 정책들의 결정과 시행의 역사적 전개 과정을 살펴봄으로써 2℃ 기후 거버넌스의 준비 단계, 초기 단계, 조정 및 수정 단계, 본격적 진입 단계, 성숙 단계 등으로 구분해볼 수 있을 것이다.

이를 위해 연구의 범위와 시기는 1) 2℃ 목표를 최초로 언급한 「"지구 대기 보호의 예방" 연방하원 조사위원회」의 조사 보고서인 『지구 보호』 보고서(1987~1990년), 2) 2℃ 거버넌스의 컨트롤 타워인 「"이산화탄소 감축" 독일 연방부처 간 워킹그룹, Interministerielle Arbeitsgruppe, "CO$_2$- Reduktion"(IMA)」의 구축(1990년)과 이산화탄소 감축 목표, 정책 및 프로그램, 실행 방식을 제시한 IMA의 『국가 기후보호 프로그램』 보고서들 (1990~2005년), 3) 본격적 진입 단계로서 유럽연합과의 공조 속에 시행되는 독일의 이산화탄소 배출권 거래제도에 관한 주요 내용과 시행 방식,

4) 2℃ 목표를 국내·외로 공식 선언한 2007년『통합 에너지-기후 프로그램』, 5) "에너지 전환"과 재생에너지 시대를 천명한 2010년의『에너지 기본계획, Energiekonzept』, 6) 2℃ 목표를 독일의 전 사회적 과제로 자리매김한 2014년의『기후보호 행동프로그램 2020』, 7) 성숙 단계로서 2℃ 기후 거버넌스의 목표이자 이정표를 최종적으로 제시한『기후보호 계획 2050』, 8)『기후보호 계획 2050』의 구체적 실현 프로그램이자 1.5℃로 상향된 목표를 선언한『기후보호 프로그램 2030』, 9) Excursion 형태로 독일과 유럽연합의 수준 높은 공조의 전개 과정, 10) 독일의 2℃~1.5℃ 기후 거버넌스의 주요 내용과 방식을 법률로 보장하는 2019년의『기후보호 법』, 2021년의『기후보호 법』개정안 등을 주요 기초문헌으로서 분석할 것이다. 물론 이 외에도 주요한 문헌이나 사항이 적지 않은데, 연계해서 살펴볼 것이다.

3.1. 독일은 2℃ 목표를 언제, 어떻게 세우는가?
- 독일 연방하원의 「지구대기 보호의 예방」 조사위원회 『지구 보호』 보고서

지구온난화에 의한 기후변화의 주범은 대기에 방출된 누적된 이산화탄소이다. 20세기가 다 지나가도록 폐기물 처리 비용을 지불하지 않고 대기라는 인류의 공공재에 이산화탄소라는 대기 오염물질을 배출한 셈이다. 따라서 이산화탄소 배출의 감축은 이제까지의 무임승차 행위를 버리고, 여러 형태의 폐기물 처리 비용을 지불하는 것과 다름이 없다. 무임승차에서 비용 부담으로의 전환과정은 어렵고 복잡한 과정으로, 과연 누가, 어디서, 왜, 얼마만큼, 어떻게, 언제까지 비용 부담과 책임을 져야 하는가에 대한 질문에 답하는 과정이기도 하다. 이 질문은 그 자체가 사회 구성원 전체가 해답을 찾아야 될 성격의 과제이고, 난제다. 그리고 남은 시간이 촉박할수록 더 어려워진다. 감축에 대한 사회적 합의점과 해결책을 찾지 못하면 이산화탄소 배출량은 계속 증가할 것이고, 기후변화는 더 심각한 폐해를 불러올 것이기 때문이다. 따라서 이산화탄소 배출의 감축이라는 어렵고 복잡한 사회적 프로젝트를 주도적으로 기획 및 조정할 수 있는 콘트롤 타워가 필요하다. 이것의 존재 유무는, 그리고 시행 능력 여부는 기후변화 대응의 수준을 가늠하게 해준다.

독일의 경우는 이 기획 및 조정 기구가 「이산화탄소 감축 독일 연방부처 간 워킹그룹, Interministerielle Arbeitsgruppe CO_2-Reduktion(IMA)」, IMA라고 할 수 있다. IMA는 이산화탄소 배출의 현황 및 특성을 진단 분석하고, 감축 목표를 설정하고, 정책 및 프로그램을 계발하고, 그 시행 방식 등을 기획 및 조율하는 등 매우 주요한 지위를 가지고 역할을 수행하고 있다. 독일 연방정부 부처 간의 워킹그룹으로서 연방정부 부처 간의 이해관계를 조율할 뿐만 아니라 시민사회와의 소통과 협의를 관장하고 있다.[1] 사실상 연방정부의 에너지 및 기후보호 정책이나 목표 수립에 핵심적인 역할을 한다. 「독일 연방 환경, 자연보호, 원자력안전부, Bundesministerium fuer Umwelt, Naturschutz und

---

1   Umweltbundesamt (Hrsg.), 『Wirksamkeit des Klimaschutzes in Deutschland bis 2020』, 2008 참조. http://www.umweltbundesamt.de/publikationen/wirksamkeit-des-klimaschutzes-in-deutschland-bis 참조.

Reaktorsicherheit(BMUN)」의 책임 아래 조직되어 있으며, 이미 1990년도에 구성이 되어 이산화탄소 배출의 현황 및 특성을 진단 분석하고, 이산화탄소 배출의 감축을 위한 『국가 기후보호 프로그램, Nationales Klimaschutzprogramm』을 기획하고 이해관계를 조정하는 역할을 하고 있으며, 연방하원에 정기 보고를 하고 있다. 앞서 소개한 2000년 11월 동 보고서는 5번째 보고서로서, 각각의 연방 부처의 관점과 이해관계가 조정되어 이 보고서에 반영된다. IMA는 이미 1990년도에 2005년도까지 이산화탄소 배출량을 1990년 대비 25% 감축할 목표를 세웠고, 2000년도 『국가 기후보호 프로그램』 5차 보고서에서 감축 목표 25%를, 그리고 6대 온실가스를 2012년까지 21% 감축할 것을 재확인하였다. 이 같은 야심 차고 분명한 감축 계획은 IMA 같은 콘트롤 타워가 작동함으로써 가능하였을 것이다. 인간의 활동에 기인한 이산화탄소 배출행위가 기후변화의 주요 요소로서 과학적으로 아직 입증되지 않았던 시점을 고려하면 더욱 그러하다.[2]

독일 연방정부는, 그리고 IMA는 2005년도까지 1990년 대비 이산화탄소 배출량을 25% 감축할 목표를 과연 어떻게 세울 수 있었을까? 즉 2℃ 목표를 어떻게 설정할 수 있었을까? 이제 2℃ 목표 설정 과정을 살펴보는 것은 의미가 있을 것이다.

2℃ 목표 달성을 위해 감축 경로를 기획하는 과정은 매우 복잡한 과정

2　2000년이란 시점은 1996년 IPCC 2차 보고서의 발간 후, 아직 3차 보고서가 발간되기 이전으로 기후변화의 원인이 과학적으로 아직 완전히 규명되기 전이었다. 1990년도 시점은 더욱 그러하다. IMA, 앞의 책, 42쪽 참조.

을 거친다. 고려해야 할 요소와 사항들이 아주 많다. 대체로 과정이 복잡할 경우 사전 준비 단계로서 그 과정의 순서를 그려보는 것은 중요할 것이다. 특히 그 과정에서 우선순위와 중요도에 따라서 진행하는 것이 목표 달성의 성패에 열쇠가 되곤 한다. 2℃ 목표는 사실상 21세기를 관통하는 장기 목표이고, 적어도 2050년까지 목표 달성의 여부가 거의 결정되는 장기적 과정을 거친다. 그 출발선에 선 인류 사회의 첫 질문은 무엇일까? '지구 생태계와 인류 사회는 지구 평균기온 상승을 어느 정도까지, 몇 ℃ 정도까지 감내할 수 있을까?' 그리고 '그 한계선까지 우리가 과연 억제할 수 있을까?', '할 수 있다면 어떻게 할 수 있을까?'일 것이다. 한 걸음 더 나아가 '각 국가는 그것을 위해 무엇을 해야 할 것인가?'일 것이다. 이 질문에 대해 독일 정부는, 독일 사회는 어떻게 응답을 하였는지를 여기서 살펴보자. 우선 독일 정부는 21세기 이내에, '2℃'라는 억제선 또는 감축 목표를 어떻게 찾아냈는지를 알아보자.

독일 연방하원의 「"지구대기 보호의 예방" 조사 위원회("Vorsorge zum Schutz der Erdatmosphaere" Enquete-Kommission des deutschen Bundestages)」는 1990년 936쪽에 달하는 3번째, 최종 보고서 『지구 보호 주제에 관하여, Zum Thema Schutz der Erde』를 제출한다.[3] 이 방대한 보

---

3 Enquete-Kommission des deutschen Bundestages "Vorsorge zum Schutz der Erdatmosphaere", Dritter Bericht zum Thema Schutz der Erde, 1990. 동 보고서는 독일 연방하원의 '지구대기 보호의 예방' 조사위원회가 발간한 3번째 최종보고서이다. 1989년 첫 번째 보고서 『지구대기 보호』를 발간하고, 1989년 두 번째 보고서 『열대우림 보호』를 발간하였다. 연방하원은 1987년에 연방 하원의원 11명과 민간 전문가 11인으로 구성된 조사위원회를 설치하여 1987~1990년 동안 "지구대기 보호의 예방"에 관한 조사를 실시하게 한다. 동 보고서는 일찍이 기후 문제와 에너지 문제를 통합적으로 연계해서 해결할 것을 주문하였다. 3권의 보고서를 작성하는 동안 무려 120번의 만남

고서를 압축하여 요약해보자:

1990년 현재 글로벌 차원에서 현재 추세대로 대기 중에 온실가스를 배출한다면 2050년까지 지구 평균기온이 2~4도 오를 것이다. 그 결과 광범위하게 생태계의 붕괴가 일어날 것이다. 해수면 상승, 이상 기후, 태풍, 가뭄, 폭우 등 기후변화의 폐해가 광범위한 영역에서 발생하여 동·식물 종을 위협할 것이다. 배출된 이산화탄소가 온실효과에 기여하는 정도가 50%에 달하는데, 그 대부분이 화석연료의 연소로부터 발생된다.

Enquete-Kommission은 글로벌 차원에서 2100년도까지 산업혁명 이전의 지구 평균기온보다 최대 $2\,^{\circ}\mathrm{C}$ 이상을 넘지 않도록 해야 한다고 권고한다.[4] $2\,^{\circ}\mathrm{C}$ 목표를 지키기 위해서는 온실가스 농도가 약 550ppmv(CO_2-e)를 넘지 않아야 하는데, 현재 배출 추세대로라면 2020년도에 넘어갈 것 같다. 산업혁명 전에는 280ppm, 1990년 현재 이미 420ppmv(CO_2는 350ppmv)에 도달했다.

배출량 증가와 온실가스 농도 증가는 비례적 관계가 있으며, 평균기온 상승과도 일정한 비례적 함수 관계가 존재한다. 따라서 $2\,^{\circ}\mathrm{C}$ 목표를 달성하기 위해서는 배출량 감소가 필수적이다. $2\,^{\circ}\mathrm{C}$ 목표를 달성하기 위해서는 2050년 이내에 1987년도 배출량의 50%를 감축해야 한다. 기존 추세대로의 배출량과 비교할 경우에는, 즉 Business as Usual과 대비하면 75% 감축

을 가졌고, 15번의 청문 과정을 거쳤고, 전문가와 함께 하는 150번 정도의 학습 프로그램을 진행하였다. 2주간의 보고서 심사 과정도 있었다. 이러한 체계적인 조사 결과 덕분에 유럽연합이나 연방 차원에서 조사 결과들이 적지 않게 채택되었다. 동 보고서 서문 참조.

4 독일의 지질·기후학자인 쉘른후버(Schellnhuber)가 지난 80만 년 동안의 지구 평균기온을 연구한 결과 1995년에 역시 2도 상승을 억제선으로 제시한다. 2도 억제선 설정의 역사적 전개 과정에 관해서는 김옥현, 『2도, 기후변화 시대의 새로운 이정표』, 2018, 23쪽 이하 참조.

에 해당된다. 현재 추세대로 배출된다면, 도표 1에서 보듯이, 1987년 205억 톤의 이산화탄소 배출에서 2050년도엔 100% 증가한 410억 톤을 배출하고, 2005년도에는 40% 증가된 287억 톤을 배출할 예상이다. 무엇보다도 화석연료의 연소에 기인하는 이산화탄소 배출량의 감축이 요구된다고 할 수 있다.

화석연료 연소에 의한 이산화탄소 배출량의 감축 수준은 선진국과 개발도상국에 차별적으로 달리 적용된다. 선진국은 책임지는 위치에서 높은 수준의 감축을 해야 하고, 후진국은 빈곤퇴치를 위한 필요한 경제성장과 급속한 인구 증가로 인한 문제를 고려해야 한다. 따라서 선진국은 2050년까지 80% 정도의 감축을 권고하고, 개발도상국은 70% 증가하는 수준으로 제한을 함으로써 글로벌 수준에서 전체적으로 50% 감축할 것을 권고하고 있다. 중간 단계로서 2005년까지 선진국은 약 20% 감축을, 개발도상국은 약 50% 증가하는 수준으로 해서 글로벌 전체로는 약 5%를 감축할 것을 권고하고 있다. 독일 등 서구 고소득 국가이자 고 배출 국가들은 1987년 대비 2005년도까지 30% 감축, 2020년까지 50% 감축, 2050년까지 80% 감축할 것을 제안한다.[5]

조사위원회의 최종보고서는 위의 권고된 감축 목표를 달성하기 위해 세 가지 에너지 시나리오를 제시하면서 평가를 한다. 원자력 발전을 유지(전력 생산의 35% 현 수준), 퇴출(1995년, 2005년의 경우), 또는 두 배 증가 (2005년까지)할 경우 등의 기본 조건이 다른 세 가지 에너지 시나리오를

---

5 1990년도에 이미 2도 목표 설정을 제안한 것도 놀랍고, 그 목표 달성을 위해 기한에 맞게 감축량을 설정한 것도 놀랍다. 나아가 선진국과 개발도상국의 여건에 맞게끔 감축의 기본 조건과 방식을 제시하고 있는 점은 더 놀랍다. 과학적인 데이터와 근거를 제시하고, 이를 토대로 이러한 결정들을 하는 점이 놀라운 것이다.

제시한다. 인구 증가, 경제성장률, 에너지 가격, 에너지 효율성 수준 등 다른 모든 조건이 동일하다는 가정하에서, 그리고 2005년도까지 30% 이산화탄소 배출 감축과 경제적인 관점에서 최적화된 에너지 믹스라는 조건을 충족하는 전제하에서 세 가지 시나리오를 분석한다. 그 결과 원자력 발전의 유지의 경우는 2005년까지 에너지 소비를 20% 줄여야 하고, 퇴출의 경우 에너지 소비를 30% 줄여야 하고, 2배 확장의 경우에는 13% 줄여야 할 것으로 분석하였다.

조사위원회는 이산화탄소 배출을 감축할 수 있는 주요 방식을 제시하는데, 네 가지 기술적인 감축의 기본 수단을 제안한다. 에너지 효율성 개선, 재생에너지 확대, 저탄소 에너지원으로의 교체, 원자력 발전 등 4가지 기본 방식이다:[6]

첫째로, 기술적 감축 잠재력을 평가해보면, 산업 분야와 소비 분야에서 합리적인 소비나 에너지 효율성 개선을 통해서 2005년까지 1987년 대비 약 40% 된다. 도표 2에서 보듯이, 건물, 전자 제품 소비, 자동차 산업 등 각 부문마다 에너지 효율성 개선이나 합리적 소비를 통해 감축할 수 있는 여지는 적지 않다. 여기에 에너지 전환(발전) 부문에서 또 기술적으로 감축 잠재력이 추가로 있다. 복합 가스터빈 압축 발전이 특히 그러하다. 합리적인 에너지 사용을 통해 실현 가능한 경제적인 감축 잠재력은 2005년까지 20%, 2050년도까지 50% 정도까지 된다.[7] 둘째로, 재생에너지원으로부터 끌어낼 수 있는 경제적 감축 잠재력은 2005년까지 5%, 2050년까

---

6 물론 제도적 또는 정책적 수단도 충분히 고려하지만 결국에는 기술적, 물리적 감축 수단을 거쳐서 감축이 이루어지기 때문에 여기서는 구분하여 기술적 감축 수단만 언급한다.

7 기술적 감축 잠재량이나 가능한 경제적 감축 잠재량에 대한 개념 등은 글상자 1을 참조.

지 10~20% 정도이다. 최종 에너지의 수요는, 특히 전기와 열·난방 수요는 이 정도 수준으로 재생에너지원으로 충당할 수 있다는 의미이다.[8] 셋째로, 석탄에서 가스로 연료를 대체하는 수단이 또 하나의 선택이다. 예를 들어 1기가 줄의 열에너지를 얻는 데 갈탄은 약 112킬로그램의 이산화탄소를 배출하는데, 석탄은 93킬로그램, 원유는 71~78킬로그램, 천연가스는 55킬로그램의 이산화탄소를 배출한다. 약 50% 정도 감축량을 줄일 수 있게 된다. 넷째로, 원자력 발전에 대해서는 추천은 하지 않았다. 원자력 발전은 체르노빌 원자력 발전소 폭파 사고 등 여러 가지를 고려해야 하는데, 0~20% 감축 잠재력은 있다. 1990년 현재 원자력 발전은 전력 생산의 35% 정도를 차지하고 있고, 이는 1억 4,000만 톤의 이산화탄소 배출량을 줄이고 있는 셈이고, 이산화탄소 배출량의 20%에 해당하고 있다.

결론적으로 말하자면, 2050년까지 감축 잠재량이 50%에 달하는 에너지 효율성을 개선하는 데 최우선 과제를 부여해야 한다. 그리고 재생에너지를 통한 감축 잠재력을 충분히 활용해야 한다. 2005년 목표를 달성하기 위해서는 많은 노력이 필요하다. 정당들은 합심해서 새로운 에너지 정책을 시행해야 한다. 시민들 역시 적극적으로 임해야 한다. 2050년도의 목표는 어쩌면 희망 사항일 수 있다. 2005년까지의 감축 과정에서 우리는 많은 것을 배워야 하고, 이 학습효과를 통해 2050년의 목표를 향해 나아가야 한다. 1990년 스위스 제네바에서 열린 제2차 세계 기후 회의는-1차 회의는 1988년 캐나다에서 대기 변화에 관해서 개최되었고, IPCC를 설립함- 독일 연방하원 조사위원회의 동 보고서 및 권고안을 모범적이고 자

---

8 재생에너지원의 에너지 생산 비용은 1990년 그 당시 매우 높았기 때문에 경제적 감축 잠재량을 상당히 낮게 평가한 것으로 생각할 수 있다.

극제가 되었다고 평가하였다. 제2차 세계 기후 회의는 동 보고서와 권고 안에 발맞추어 선진국은 2005년까지 이산화탄소 배출을 적어도 20% 이상 감축할 것을 권고하면서 마무리 총평을 하였다[9]

도표 1. 연소에 기인한 이산화탄소 배출 예상 시나리오 2050과 감축 시나리오

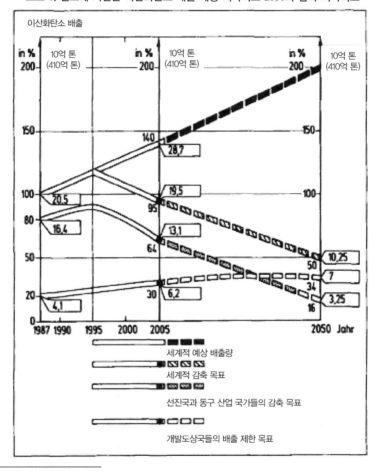

9 요약한 것에 대해서는 동 조사위원회의 민간 전문가의 위원 중 한 사람인 Klaus Heinloth 교수의 기고문을 참조하시오. K. Heinloth, "Vorsorge zum Schutz der Erdatmosphaere", Enquete-Kommission des deutschen Bundestages legt abschliessende Bericht vor, in: Physikalische Blaetter, 46, (1990), Nr. 12, 487~489쪽.

글상자 1. 온실가스 감축 잠재량은 무엇을 말하고, 어떻게 찾아낼 수 있는가?

온실가스 감축 수단은 몇 가지 대표적인 수단이 있다. 합리적 에너지 사용과 에너지 효율성 개선, 저탄소 에너지로의 대체-재생에너지 사용, 저탄소 가스, 원자력, 수력 등-, 새 저장 기술을 통한 에너지 저장 시스템, CCS(Carbon Capture and Storage), 스마트 그리드, 변화된 교통 정책 등이다. 한 사회의 감축 과정은 이러한 감축 수단과 그것의 기술 수준과 밀접하게 연관되어 있으며, 감축의 경제적 비용과도 연관되어 있다. 비용효과적인 감축 기술 및 방식을 선택하는 것이 타당할 것이다. 또한 제도적, 정치적 규제에 의해서도 영향을 받게 된다. 우선 감축 잠재량과 연관되는 주요 개념들과 가정 및 전제들에 대해서 살펴보자. 이러한 것들은 1989년 분석의 공동의 토대로서 제시되었다.[10]

A. 개념 정의

2005년도 예상 감축 잠재량은(Erwartungspotentiale fuer das Jahr 2005) 다음과 같다. 2005년도 예상 감축 잠재량=2005년도 경제적 감축 잠재량(Das wirtschaftliche Emissionsminderungspotential)-장애 요소들로 인해 실현되지 못하는(장애 요소들이 제거됨으로써 현실화될 수 있는) 감축잠재량-갱신투자가 실현될 때 발생되는 감축 잠재량.

이를 설명해보자면, 2005년도 경제적 감축 잠재량은(Das wirtschaftliche Emissionsminderungspotential) 일반적으로 설비의(장비, 기계, 자동차, 건물 등) 장기 갱신투자 주기(Ersatzinvestitionszyklen der Anlagen) 때문에 몇 년 이내가 아니라 제법 긴 시간 후에 비로소 현실화될 수 있는 개념을 말한다(물리적, 기술적 technical 개념과 관계된다). 거기에다가 완전한 재투자를 고려할 경우에도 경제적 잠재 감축량은 충분히 현실화되지 않을 수 있는데, 예를 들어 투자자가 충분한 지식이 없거나 자본이 부족하거나 또는 법적인 규제들이 장애물로서 가로막을

---

10 Enquete-Kommission des deutschen Bundestages "Vorsorge zum Schutz der Erdatmosphaere", Dritter Bericht zum Thema Schutz der Erde, Drucksache 11/8030, 1990년 5월 24일, 464쪽 이하 참조.

수 있기 때문이다. 따라서 예상 감축 잠재량은 대개의 경우 경제적 감축 잠재량보다 적다(경제적
감축 잠재량은 각 부문별 경제적 감축 잠재량의 총합이 될 것이다).

도표 2. 합리적 에너지 사용에 따른 기술적 이산화탄소 감축 잠재량

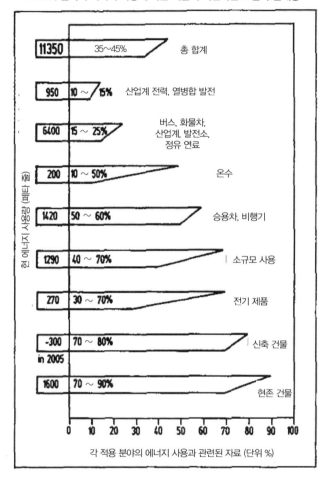

각 부문의 경제적 감축 잠재량은(Einzelwirtschaftlche Emissionsminderungspotentiale) 기술적
현실성이 있을 때 비로소 감축 가능한 양을 포괄한다. 이 감축량은 주어진 에너지 가격에서 -하
나의 전제가 주어지는바, 가격적인 측면이 강조됨-, 그리고 제도적 장애 요소가 없다는 가정하
에서, 경제적으로 합리적으로(수지가 맞는) 감축할 수 있는 감축량을 뜻한다. 여기서 '경제성'을

측정하는 방법은 일반적으로 역동적 복리방식(또는 Barwertmethode)이 적용된다. 비용은 1987년도 가격으로 할인되어 산정한다. 감가상각 기한은 설비나 기계의 사용 연한으로 적용한다. 할인율은 실질 연 4%로 계산되었다. 이러한 방식으로 산정된 부문별 경제적 감축 잠재량은 국민 경제적 감축 잠재량과 크게 다르지 않았다. (조금 작았는데, 조그만 차이는 에너지 사용의 외부효과 비용과 기후변화 피해 비용을 포함한 비용이다). 말하자면 경제적 감축 잠재량에는 경제성이 없는 감축 방식은 배제된다는 의미이다.

기술적 감축 잠재량(Technische Emssionsminderungspotentiale)=경제적 감축 잠재량+비경제적 감축 잠재량. 이를 설명하면, '경제성'과는 독립적으로 기술적으로 검증되었고, 현장에서 실증적으로 활용할 수 있는 기술로 감축할 수 있는 감축 잠재량이다.

기술적 감축 잠재량(Technische Emssionsminderungspotentiale)은 현재 잘 알려져 있는 기술이거나, 적어도 실증된 기술을 통해 -경제성 척도와 독립하여- 실현 가능한 감축 잠재량을 뜻한다. 에너지 공급 측면의 경우에는 몇 가지 추가 사항이 고려되어야 하는데, 적합한 입지 조건이 (풍력이나 대형 발전소 사업의 경우처럼) 포함되어야 하고, 경쟁적 이용이나(농지나 태양광 용지의 경합 상황), 환경 평가 등이 고려되어야 한다. 이러한 측면을 모두 만족한 경우에 기술적 감축 잠재량은 감축량과 연계된 비용과 연동되어 산정되어야 한다. 즉 적용 기술당 감축 비용이 제시되어야 한다. 정보도 부족하고 다양한 기술들이 있는 조건하에서 합리적인 에너지 사용을 위해서 비슷한 기술 적용이 가능한 영역에서 -특히 에너지 생산 분야에서- 의미가 크기 때문이다.

이론적 감축 잠재량(Theoretische Emissionsminderungspotentiale)=기술적 감축 잠재량+미래의 기술적 감축잠재량.

이를 설명하면, 이론적 감축 잠재량(Theoretische Emissionsminderungspotentiale)은 현재에 적용할 수 있는 기술의 감축 잠재량과 함께 현재는 가능하지 않으나 미래에 기술과 지식의 발달로 인하여 열릴 새로운 감축 기회를 동반하는 미래의 기술적 감축 잠재량을 포함하는 것을 의미한다. 예를 들어 공정 대체를 통한 재활용 에너지 기술이나 모든 유량의 에너지 전환을 통한 에너지 공급 등을 말할 수 있겠다.

합리적 에너지 소비와 사용과 같은 개념은 -경제적 관점과는 다르게- 기술적인 관점으로 접근하였고, 에너지 전환 과정에서 직접적인 에너지 투입을 줄이는 모든 형태를 포괄한다. 말하자면 에너지 전환에서 에너지 투입의 감축을 의미하며, 사용 가능한 에너지 수요의 감축을 뜻한다. 하지만 방 안 온도 조절 같은 에너지 서비스를 줄이는 행위 등은 포함하지 않는다.

지금까지 설명한 개념들은 대표적인 온실가스 감축 수단(방식)에 두루 통용될 수 있다. 합리적 에너지 소비, 재생에너지나 저탄소 에너지로의 대체 방식 등에 모두 적용될 수 있는 개념이다. 그리고 동 보고서에서 두루 적용된다. 먼저 합리적 에너지 소비 수단에 관한 장에서 기술적 감축 잠재량, 경제적 감축 잠재량, 법적, 기술적, 경제적 장애물, 예상 감축 잠재량 순서대로 분석되고 전개되고 있다. 그다음 장은 재생에너지나 저탄소 에너지로의 대체 방식에 관한 장으로 동일한 순서로 분석된다.

B. 가정과 전제들

온실가스 감축 과정은 1987년에서 2050년까지의 장기간을 다룬다. 우선은 1990~2005년까지의 감축 잠재량이 세부적으로 분석될 수 있고, 분석되어야 한다. 현재 1990년 시점에서는 2005~2050년까지 기한 동안의 에너지 사용과 연계되는 변수들의 정량화 과정은 방법론이나 내용 면에서 예상치를 다루게 되는 것이기 때문이다.

온실가스 감축 시나리오와 관련된 주요한 고려 요소인 인구 증감, 거주 면적, 국민총생산의 변동, 경제 구조, 산업생산, 수송 수단의 능력, 에너지 가격 등에 대한 데이터들은 우선은 2005년까지 주어지며, 그 이후의 데이터들은 추후 분석을 통해 확장될 것이다.

에너지 가격은 추세를 분석하고, 2005년 재생에너지에 대한 수요와 투입 잠재량을 예측하는 데 현존하는 장애물이 제거된다는 전제하에, 방법론적인 이유로 에너지 가격을 2종류의 변형으로 제시한다.

이러한 가정들과 전제들은 2005년까지의 감축 잠재량을 정량화하며, 감축 비용을 산정하는 데 기여한다. 여기서 어떤 기술적 감축 수단이 선택될 것인지에 관하여 아래의 측면들이 고려된다. 앞서 언급한 개념으로부터 도출되는 기술적, 경제적 감축 잠재량, 감축 비용, 제도적 장애 요소와 예상 감축 잠재량, 장애물 제거를 위한 수단들, 2050년까지의 장기적인 기술 발전들이 그것이다.

IMA는 이러한 기본 질문들에 답을 찾아가는 과정에서 조사위원회의 『지구 보호에 관하여』 보고서와 같은 광범위하면서도 과학적인 기초적 자료에 근거하여 1990년도에 이미 2℃ 상승 억제선을 설정하고 공포하였다. 그리고 그 외의 다양한 전문가 그룹의 연구 용역을 참고로 하면서 감축 계획을 점차로 구체화시켜 나간다. IMA는 1990년 연방정부의 결정으로 연방하원에 『국가 기후보호 프로그램, Nationales Klimaschutzprogramm』을 보고하게끔 되었다. 1990년 1차, 1991년 2차, 1994년 3차, 1997년 4차 보고서를 제출한다. 1997년 4차 보고서는 다양한 기초 사료를 토대로 연방정부의 온실가스 감축 정책을 제시하는데, 대표적인 민간 연구소들이 공동으로 연구한 연구보고서 『기후보호 정책 시나리오, Politikszenarien fuer Klimaschutz(PSKS) 1』를 참조한다. 동 보고서는 감축 과정을 구체적으로 설계하는 데 적지 않은 기여를 했기 때문에 조금 더 살펴보면, IMA가 감축 계획을 세우는 초기 과정의 일면을 파악하는 데 도움이 될 것이다.

독일 연방환경부와 독일 연방환경청은 1995년 IMA에 기후보호를 위한 예상 시나리오(경로)를 작성할 것을 요청한다. 이에 IMA는 대표적인 민간 연구 기관들에[11] "IKARUS" 모델을 기초로 『기후보호 정책 시나리오, Politikszenarien fuer Klimaschutz(PSKS) 1』를 제시할 것을 주문하면서 연구 용역을 맺는다. 이 연구 용역의 과제는 첫째, 이산화탄소 배출 시나리오를 계발하고, 둘째, 독일 정부가 추진하고 있는 기후보호 대책을 통

---

11 Das Forschungszentrum Juelich, das Deutsche Insitut fuer Wirtschaftsforschung Berlin, das Fraunhofer Institut fuer Systemtechnik und Innovationsforschung Karlsruhe, das Oeko-Institut Berlin 등이 수주를 체결한 대표적인 민간 연구 기관이다. 이 기관들은 이 외에도 다양한 연구 용역을 그 후에도 지속적으로 수행한다.

한 2005년까지의 감축 잠재량을 추산하고, 셋째, 2005년도 25% 감축 목표 달성을 위해서 필요하다면 추가적인 감축 수단을 제안하도록 하였다. 그 첫 번째 연구 결과 보고서인『기후보호 정책 시나리오 1』이 1997년도에 산출된다. 이 연구가 기초 자료로 삼은 "IKARUS" 모델은 독일의 에너지 흐름을 체계화시킨 모델인데, 독일의 경우 에너지 연소가 온실가스 배출의 80% 이상을 차지하기 때문이다. 에너지 흐름은 에너지 개발, 에너지 전환, 에너지 수송 및 저장에서부터 에너지 소비, 에너지 수·출입 체계까지를 총망라하고 있다. "IKARUS" 모델은 연방 경제연구부에서 1990년도에 연구 용역으로 발주한 것으로, 1990~1995년 동안의 독일의 에너지 흐름을 파악할 수 있는 모델을 제시하였다.

『PSKS 1』은 독일 정부의 2005년도의 이산화탄소 감축 목표가 가능하며, 경제적으로 수긍할 수 있는 여건하에서 가능하다는 점을 보여주었다. 그리고 어떤 감축 정책(수단)이 얼마만큼의 비용으로 어떤 수준의 감축 잠재량을 계발할 수 있는지를 최초로 조사한 보고서로 그 의미가 크다. 이는 동 보고서를 참조하여 여러 종류의 감축 수단 가운데 비용 효과적이고 최적의 감축 수단을 선택할 수 있게 되었다는 점에서 그 의의가 적지 않았다. 감축 수단의 선택에는 세 가지 요소가 결정적으로 영향을 끼치는데, 투입 비용뿐 아니라 현 정부의 재정 상태, 국민과 경제계의 수용 여부 전망 등이다. 연방정부는 동 연구 보고서와 정치적 고려 사항을 바탕으로 감축 수단과 정책을 채택하고, IMA의 1997년『국가 기후보호 프로그램』4차 보고서에서 그것을 제안하게 된다.

『PSKS 1』은 "IKARUS" 모델을 토대로 하여 3가지 감축 시나리오를 계발한다. 이산화탄소 감축 수단들의 영향을 평가한 후, 그에 기반하여

3가지 감축 시나리오를 계발하는데, 첫째는 "감축 수단 없는 시나리오, Ohne-Massnahmen-Szenario"이고, 둘째는 "감축 수단 있는 시나리오, Mit-Massnahmen-Szenario"이고, 셋째는 "추가 감축 수단 있는 시나리오, Mit-weiteren-Massnahmen-Szenario"이다. 첫째 시나리오는 연방정부가 1990년 이후 시행한 감축 수단을 고려하지 않는 시나리오이며, 둘째는 1996년 6월(혹은 1994년 9월까지)까지 채택된 감축 수단의 영향을 고려한 시나리오이며, 셋째는 추가로 시행할 감축 수단을 함께 고려한 시나리오를 말한다.[12] 이는 기존의 감축 수단으로 2005년까지 감축할 수 있는 잠재량 규모를 예측할 수 있고, 이 감축 잠재량이 2005년도 감축 목표와의 갭(격차)이 생기면 이 갭을 메꿀 수 있는 추가 감축 수단을 비용 효과적으로 선택할 수 있다는 것을 의미한다.

연방환경부 장관은 『기후보호 정책 시나리오 1』에 대해 다음과 같이 평가하고 있다. 계발한 시나리오는 정책을 결정하는 데 필수 불가결한 요소이다. 왜냐하면, 동 보고서는 미래의 예측 가능성을 가늠할 수 있게 하고, 적용 가능한 감축 수단들의 영향과 상호 작용에 대해 추정할 수 있도록 해주기 때문이다.

"계발한 시나리오는 주어진 전제들과 매우 촘촘하게 연동되어 있어 - 경제적, 인구학적, 정치적 여건, 그리고 연관된 상호 작용에 대한 추정들과 - 미래 변동을 예측할 수 있도록 일관되게 설계되었다. 따라서 독일의 기후보호 프로그램은 처음부터 지속가능한 과정으로서 자리 잡게 되었고,

---

12   G. Stein, B. Strobel (Ed.), 『Szenarien und Massnahmen zur Minderung von CO_2-Emissionen in deutschland bis zum Jahre 2005』, 「Politikszenarien fuer den Klimaschutz」, Bd. 1, 1997, 34쪽, 서문 참조. 서문에서는 1994년 9월까지로, 연구기관에선 1996년 6월까지로 좀 차이가 난다.

이는 일정 정도의 거리나 단계를 두면서 중간 평가를 도출해낼 수 있게 되었고, 그 결과에 따라서 기존의 감축 수단을 보완·개정할 수 있게 하거나 새로운 추가 대책을 시행할 수 있도록 하였다."[13]

환경부 장관은 중요한 점을 적절하게 평가하였다. 그녀는 기후보호 정책을 계획하고 시행하는 과정을 하나의 역동적인 구조로 파악하면서, 과학적으로 계획하고, 중간 점검과 모니터링을 통하여 평가하는 전 사회적 학습 과정으로 이해하며 감축 목표 달성을 위해서 기존의 감축 정책들을 보완하고, 또한 새롭게 추가하여 더 적절하고, 효율적이며 합리적인 감축 단계로 이행하는 역동적인 과정으로 파악한 점이다.

『기후보호 정책 시나리오 1』의 연구 결과는 여타의 전망 보고서와 거의 동일하게, 독일 연방정부의 2005년 감축 목표는 추가적인 대책이 없다면 실현 불가능할 것이라는 점을 말해주었다. 이산화탄소 감축 목표량과 예상 감축량은 개략적으로 7천만~1억 5천만 톤 정도의 격차가 존재하는 것으로 추산하였다.[14] 이 격차를 메꾸기 위해서 동 연구 결과가 권고하는 추가 대책들은 1997년 IMA의 4차 보고서에도 반영되었고, 2000년 IMA의 5차 보고서에도 반영될 것이다.[15] IMA의 『국가 기후보호 프로그램』 5차 보고서에 어떤 대책과 방식이 추가되었는지를 살펴보는 것은 독일 2℃ 기후 거버넌스 구조의 역동성 일면을 이해하는 데 도움을 줄 것이다.

---

13 BMUV, 1997. 12. 02., 보도자료, https://www.bmuv.de/pressemitteilung/politikszenarien-fuer-den-klimaschutz (2022년 5월 20일 재검색); 또한 『PSKS 1』, 서문 참조.

14 G. Stein, B. Strobel (Ed.), 『Szenarien und Massnahmen zur Minderung von CO₂-Emissionen in deutschland bis zum Jahre 2005』, 「Politikszenarien fuer den Klimaschutz」, Bd. 1, 1997, 12~15쪽 참조.

15 앞의 책, 서문 참조.

3.2. 이산화탄소 감축 독일 연방부처 간 워킹그룹(IMA)
-『국가 기후보호 프로그램』5차 보고서와 2℃ 거버넌스의 역동적 구조

독일의 경우 온실가스 감축 과제를 기획하고 조정하는 컨트롤 타
워는 「이산화탄소 감축 독일 연방부처 간 워킹그룹, Interministerielle
Arbeitsgruppe CO_2-Reduktion(IMA)」, IMA라고 앞서 언급하였다. 독일
연방정부 부처 간의 워킹그룹으로서 연방정부 부처 간의 이해관계를 조
율할 뿐만 아니라 시민사회와의 협의 소통의 창구 역할을 한다. 사실상
연방정부의 에너지 및 기후보호 정책이나 목표 수립에 핵심적인 역할을
한다. 「독일 연방 환경, 자연보호, 원자력안전부, Bundesministerium fuer
Umwelt, Naturschutz und Reaktorsicherheit(BMUN)」의 책임 아래 조직
되어 있으며, 이미 1990년도에 구성이 되어 이산화탄소 배출의 현황 및
특성을 진단 분석하고, 이산화탄소 배출의 감축을 위한 정책을 계발하여
『국가 기후보호 프로그램, Nationales Klimaschutzprogramm』을 생산하여
연방하원에 정기 보고를 하고 있다.[16]

1998년 독일 연방정부는 보수 연합정부에서 사회민주당-녹색당 연합
정부로 교체된다. 연립정부 교체 후 2000년 11월 5번째 보고서를 제출한
다. 녹색당의 연정 참여로 인한 변화를 읽어낼 수 있는 5차 보고서를 살펴

---

16 IMA는 1990년 연방정부의 결정으로 연방하원에 『국가 기후보호 프로그램, Nationales
   Klimaschutzprogramm』을 보고하게끔 되었다. 1990년 1차, 1991년 2차, 1994년 3차, 1997년 4
   차 보고서를 제출한다. IMA는 다양한 전문가 그룹의 연구 용역 결과를 참고로 하면서 감축 계획
   을 점차로 구체화시켜 나간다. 1997년 4차 보고서 역시 다양한 기초 분석 자료를 토대로 온실가
   스 배출의 현황을 보고하고, 시행 정책에 대해 평가하고, 나아가 연방정부의 온실가스 감축 추가
   정책을 제시하는데, 대표적인 민간 연구소들이 공동으로 연구한 연구보고서 『기후보호 정책 시
   나리오, Politikszenarien fuer Klimaschutz(PSKS) 1』를 참조한다.

볼 이유가 여기에 있다. 5차 보고서의 구성 역시 이전 보고서와 유사하다. 온실가스 배출량의 현황을 설명, 분석하고, 시행된 정책과 방식에 대한 진단과 결과에 대해서 설명하고, 이를 토대로 감축을 위한 추가 대책과 영역을 발굴하며, 앞으로의 전망을 제시하여 2005년 감축 목표에 도달할 수 있는 가능성을 보여준다. IMA는 이미 1990년도에 2005년도까지 이산화탄소 배출량을 1990년 대비 25% 감축할 목표를 세웠고, 2000년도『국가 기후보호 프로그램』5차 보고서에서 감축 목표 25%를, 그리고 6대 온실가스를 2012년까지 21% 감축할 것을 재확인하였다.

IMA의『국가 기후보호 프로그램』5차 보고서는 1990~1999년 동안의 경제성장률, 에너지 소비 추이, 이산화탄소 배출량과의 관계에 대한 분석으로 시작한다. 경제는 꾸준히 연평균 1~2% 정도 성장한 반면, 에너지 소비량은 4.8% 감소했고, 이산화탄소 배출량은 15.3%나 줄어들었다. 경제성장 추이와 에너지 소비량의 추이는 뚜렷하게 탈동조화 현상을 보여주고 있다. 바람직한 현상이다. 그리고 1차 에너지 수요 추이와 이산화탄소 배출의 추이를 살펴보면, 에너지 총수요는 동 기간에 4.8% 정도 감소한 반면에 이산화탄소 배출량은 무려 15.3% 줄어들었다. 이는 에너지 수요가 절대적으로 감소하고, 에너지 효율성이 개선된 것 외에도 저탄소 에너지원으로의 전환이(특히 가스나 원자력으로) 이산화탄소 배출량 감소에 더 큰 기여를 하였다. 석탄이나 갈탄 등의 고탄소 화석연료에 대한 수요가 −특히 구 동독지역에서의 산업구조의 변화로 인하여− 천연가스, 원자력 에너지, 재생에너지 등 저탄소 에너지 구조로 전환되기 시작했기 때문이다.

이는 1990~1999년 기간 동안 적용된 기후보호 정책이나 프로그램이 적지 않은 성과를 달성한 것을 말해주는데, 이산화탄소 배출량을 1,014Mio. 톤에서 859Mio. 톤으로 15.3%(1억 5,500만 톤)를 줄였다. 하지만 앞서 언급한 1997년 보고된 『기후보호 정책 시나리오 1』의 연구 결과는 2005년도 이산화탄소 감축 목표량과 예상 감축량이 개략적으로 7천만~1억 5천만 톤 정도의 격차가 존재하는 것으로 추산하였고, IMA의 분석도 크게 다르지 않았다. 2005년도까지의 목표인 25% 감축을 위해서 새로운 핵심 정책이나 프로그램을 추가적으로 도입해야만 하였다.[17] 이를 토대로 녹색당과 함께 새롭게 연정을 구성한 연방정부는 획기적인 감축 제도와 정책을 도입하기 시작한다.

감축 대책이나 정책은 목표한 대상에 직접적으로 영향을 끼치지만 연관된 다른 부문이나 영역에도 간접적으로 영향을 끼친다. 특히나 기후 대응 정책은 그 대상이나 영역이 중첩적으로 영향을 끼치는 경우가 많다. 예를 들어 재생에너지 개발 촉진 정책의 경우에 그러하다. 에너지는 모든 분야에 사용되기에, 재생에너지 개발 촉진을 추진할 경우 모든 분야에 영향을 끼치기 때문이다. 기후보호를 위한 감축 대책이나 정책은 모든 부문에 영향을 끼치는 포괄적인 대책이 있고, 각 부문에 적용되는 부문별 대책으로 크게 나눌 수 있다. '주택 재건축 저금리 금융 지원 대책'은 주택 부문 대책으로, 생태세제 도입이나, 재생에너지 촉진 대책의 도입은 포괄적인 대책으로 나눌 수 있다. 그리고 포괄적인 대책을 도입하는 것은 한 국가의 경제와 사회 모든 부문에 적용되기 때문에 한 국가의 기후 대응 역사에 한

---

17   IMA, 앞의 책, 5~6쪽, 72~78쪽, 86~88쪽 참조. IMA는 2005년 목표를 달성하기 위해서 2000년부터 2005년도까지 추가적으로 새로운 정책이나 대책을 도입하여 이산화탄소 배출량을 약 9,500만 톤을 더 감축할 것을 주문한다.

획을 긋는 의의를 갖게 되는 것이다.

새로운 연방정부는 포괄적 기후보호 정책으로 손꼽히는 생태세제
(Oekologische Steuer)를 1999년 4월 도입한다. 화석에너지(연료)의 소비
에 일종의 환경세를 부과하는 조세제도로서 독일 사회의 모든 영역에서
화석에너지 소비를 줄이고, 에너지 효율성을 높이고, 저탄소 기술 혁신을
촉진할 수 있는 획기적인 계기를 마련한 것이다.

생태세제의 구조를 살펴보면, 시행 기간은 1999년 도입되어, 2000년
에 지속되고 2003년에 약간의 수정을 거친다. 주 내용은 석유, 디젤 등에
부과되는 광물세를 단계별로 인상하고, 전기세를 도입하는 것이었다. 생
태세제 수입의 90%에 달하는 대부분은 연금 보험료율을 인하하는 데 지
출되도록 설계하여, 세수 중립적으로[18] 운영하는 것을 원칙으로 하였다.
조세 수입은 1999년도 그해만도 약 84억 DM – 2003년도에는 약 330억
DM에 달할 것으로 추정함 – 에 달하였다. 생태세제의 도입이 2005년도
에는 추가적으로 약 1,000만 톤의 이산화탄소 감축을 할 것으로 추산하였
다.[19]

새로운 조세를 부과하는 것은 모든 경제 부분에 그 영향을 끼치기 때문
에 고려해야 할 사항이 많았다. 첫째로, 새로운 조세 부담은 기업 비용의
상승, 국제 경쟁력 약화, 투자 및 고용 기피 등을 불러올 수 있기 때문에,

---

18 생태세제 혹은 탄소세 시행의 경우 대개 세수 중립적인 방식으로 시행한다. 생태세제의 도입으
    로 부과된 조세 수입을 소득세나 사회보장 기여금, 법인세 등의 경감을 위해 지출하여 조세 부담
    을 줄이는 방식이다. 이러한 방식을 통해서 이산화탄소 배출량을 감축하는 데 기여하고, 동시에
    기업의 경쟁력을 훼손하지 않게 하는 소위 이중 배당(double dividend) 효과를 달성할 수 있다.
19 IMA, 앞의 책, 72~78쪽 참조.

이를 고려하여 세수 수입의 90% 정도를 연금 보험료율을 약 1%포인트 정도 인하하는 데 지출하여, 기업과 노동자의 부담을 줄이는 방식으로 설계되었다. 둘째로, 다양한 감세 및 면세 규정이나 특별 규정을 통하여 세금 부담을 줄이도록 하였다. 광업 및 제조업, 농업 및 산림업 부문에는 연료 및 전력에 부과되는 생태세의 20%만 부과되었다. 이 같은 고려 및 예외 조항으로 인해서 생태세 부과로 인한 실제 부담은 20% 정도에 그쳐 기업에는 부담이 그렇게 크지는 않았으나, 일반 개인이나 가계에는 절약으로 유도할 수 있을 만큼 적절한 방식이었다. 가계, 상업, 교통 부문 순으로 조세 부담이 컸다.[20]

이제 생태세의 규모를 보자. 1999~2003년까지 연료용 석유에는 매년 6페니히씩 인상되고, 전기 세율은 kWh당 매년 0.5페니히씩 인상되도록 설계하였다. 매년 단계적으로 인상되는 구조로 설계되었다. 연료용 석유는 1998년 리터당 98페니히에서 6페니히의 생태세의 부과로 인해 1999년 104페니히로 가격이 인상되었고, 난방용 기름은 리터당 4페니히가 부과되어 12페니히로 가격이 인상되었고, 천연가스의 경우 kWh당 0.32페니히 인상되어 0.68페니히로 인상되었다. 그리고 전기세의 도입으로 1999년 kWh당 2페니히가 부과되었다. 연료용 석유는 매년 약 5~6% 인상된 셈이다.

생태세제의 목적과 취지에 부합되게 세수 중립적으로 운영하면서, 보완적인 조세 수단도 병행하여 세금 감면 및 인상의 조치가 취해졌다. 고황산 연료 사용에는 세금이 더 부과되고, 재생에너지로 만든 전기 사용에는 당

---

20 앞의 책, 77쪽 이하; https://www.umweltbundesamt.de/sites/default/files/medien/publikation/short/k2810.pdf, 물론 2003년 이후 20% 정도의 세금 부과는 60%까지 인상되었다; https://www.umweltbundesamt.de/sites/default/files/medien/publikation/long/2961.pdf 참조.

연히 전기세가 면제되었다. 바이오 연료의 면세 혜택은 점차로 확대되어 바이오 디젤은 면세가 되었고, 2004년 이후로는 바이오 난방유도 면세가 되었다. 60% 이상의 (열)이용률로 가동되는 열병합 발전의 경우는 석유류에 부과되는 생태세가 면세되었다. 나아가 열·병합 발전 지원책은 차후의 『열병합 발전 법』에 의해 제도화된다. 메탄가스 열·병합 발전소 경우 열 이용률이 57.5% 이상이면 석유세가 완전 면제되었다. 근교 대중교통 수단에 대해서도 세금 감면을 실시하였고, 재생에너지와 연관되는 분야에는 생태세제 수입의 일부를 지원하였다.

이제 생태세제 도입의 결과를 평가해보자. IMA는 2000년 11월 현재 2005년도에는 약 1,000만 톤 감축이 가능할 것이라고 추정하였다. 그리고 2005년도 추정에 따르면 2012년경에는 2,000만 톤 정도 감축이 가능할 것이라고 추정하였다.[21] 「독일경제연구소, Deutsches Institut für Wirtschaftsforschung(DIW)」의 한 조사에 따르면, 생태세제 도입 이후 이산화탄소 배출량이 2010년까지 약 3%(2,760만 톤) 정도 실제로 감축되었다. 화석연료 소비가 줄어들었을 뿐 아니라, 에너지 효율성도 개선되었고, 재생에너지 확대를 위한 투자, 기술 혁신, 사회 혁신이 일어났고, 이와 동반하여 2010년까지 25만 개의 일자리도 추가로 창출되었다.[22] 독일 연방환경청의 연구 의뢰를 받은 2005년 한 조사에 따르면, 생태세제의 2003년 조세 수입은 187억 유로인데 그중 약 90% 정도인 161억 유로를 연금보험

---

21   IMA, 앞의 책, 2000, 86쪽 참조; IMA, 2005년, 13쪽 참조.

22   Kai Schlegelmilch, 'Energie verteuern, aber richtig. Ökosteuern sollen der Umwelt nützen. Setzt man sie klug um, können sie zugleich auch sozial gerecht, bezahlbar und gut für die Staatskassen sein.' Die Zeit von 14. August 2012, http://www.zeit.de/wirtschaft/2012-08/oekosteuer/komplettansicht 참조.

인하하는 데 활용하여 기업과 노동자의 부담을 덜어주어서 경쟁력 유지
와 고용 유지에 도움을 주었다. 이산화탄소 배출량도 생태세제 도입 이전
인 1998년보다 2003년도에는 2.4% 감축되었고, 2010년까지 연간 2,400
만 톤가량 감축될 것이라고 추산하였다. 기후 완화에도 기여하였고, 고용
에도 긍정적이면서 에너지 효율적인 상품 개발과 기술 혁신에도 기여하
였다.[23] 한편 시간이 흐름에 따라 생태세제에 대한 문제점들도 지적되어[24]
2019년 '탄소 가격제도'를 도입하기로 결정하였다. 이 점은 뒤에서 다룰
것이다.

또 하나의 포괄적인 추가 대책으로 2000년에 도입된 『재생에너지 법』
을 들 수 있다. 기후보호 정책의 근간이 되는 법 제도로서 재생에너지의
생산 및 소비와 (기술)투자를 확대하는 것을 지원하고 촉진시키는 내용이
다. 독일 정부의 목표는 2010년도까지 전력 생산에서 재생에너지원의 비

---

23 Markus Knigge, Benjamin Görlach, "Die Ökologische Steuerreform – Auswirkungen auf
    Umwelt, Beschäftigung und Innovation." Zusammenfassung des Endberichts für das Vorhaben:
    "Quantifizierung der Effekte der Ökologischen Steuerreform auf Umwelt, Beschäftigung und
    Innovation" Forschungsprojekt im Auftrag des Umweltbundesamts, Oktober 2005 참조. https://
    www.umweltbundesamt.de/sites/default/files/medien/publikation/short/k2810.pdf (2022년 6월
    6일 재검색).

24 문제점으로서는 무엇보다도 2004년부터는 생태세제 세율이 증액되지 않고 낮은 세율로 고착
    되어서 화석연료에 대한 수요를 줄이는 데 충분하지 않았다는 점이고, 석탄과 갈탄 등의 화석
    연료에 아예 세금이 부과되지 않았다는 결함이 있었다. 「독일경제연구소, Deutsches Institut
    für Wirtschaftsforschung(DIW)」의 2019년 한 연구조사에 따르면 생태세제 도입은 사회경제
    적으로는 성공적이었지만, 환경 정책적으로는 큰 성과는 없었다고 평가했다. Stefan Bach und
    Claudia Kemfert, '100 Euro Weihnachtsgeld vom Finanzminister', Die Zeit vom 26. März 2019
    참조.https://www.zeit.de/wirtschaft/2019-03/klimaschutz-co2-steuer-energiesteuer-oekologie/
    komplettansicht (2022년 6월 6일 재검색).

중을 2배로 확대시켜 10%로 높이고, 동시에 1차 에너지 생산에서 재생에너지원의 비중을 4%로 증대시키는 것이다. 그 배경으로는 1997년 제3차 교토 UNFCCC 총회에서 유럽연합(회원국인 독일)이 약속한 이산화탄소 감축 목표를 이행하기 위한 제도적 수단이자, 재생에너지 생산과 조기 투자에 신뢰를 부여할 수 있는 법적인 보장의 필요성을 들 수 있다.[25]

이 목표를 위하여 독일 정부는 2000년 4월 『재생에너지 법, Gesetz für den Vorrang erneuerbarer Energien, Erneuerbare-Energien-Gesetz(EEG)』을 제정하게 된다.[26] 『재생에너지 법』은 유럽연합과 독일 정부의 온실가스 감축 목표에 부합하게 설계되었다. 그 범위는 재생에너지로 생산된 전력을 전력망 운영업체가 수용하고, 보상하는 것에 관한 법이다. 주요 내용으로는, 재생에너지로 생산된 전력의 전량을 전력망 운영업체가 우선적으로 수용하고 최저요율로 – 일정 보상 금액 이상으로 – 보상하도록 의무화한 것이다. 재생에너지 전력의 생산지에서 가장 가까이 소재하는 전력망 운영업체가 구매하도록 하고 있다. 동법에 따른 보상체계라고 함은 다양한 재생에너지 생산을 확대하도록 지원하면서도, 경제성의 원칙을 유지할 수 있도록 설계된 보상의 대상, 규모, 기한 등에 관한 전반적인 보상체계를 말한다.

보상체계를 간략히 살펴보면, 수력 및 채굴가스로 생성된 전력은 kWh당 7.67센트로 책정되었다. 바이오매스 전력의 경우에는 발전 능력의 규모에 따라 차등화되어 500kW 이하의 경우는 kWh당 10.23센트, 5MW

---

25 https://www.erneuerbare-energien.de/EE/Redaktion/DE/Dossier/eeg.html?cms_docId=71110 (2020년 11월 20일 검색).

26 동법은 '재생에너지 지원에 관한 법'이라고 번역하는 것이 더 적절하나, 여기서는 간략하게 '재생에너지 법'으로 번역한다.

이상 규모의 경우는 8.7센트로 보상한다. 신규 진입자의 경우는 매년 1% 씩 할인된 가격으로 보상받게 함으로써 조기 투자를 장려하는 설계구도 다. 지열의 경우 역시 차등적으로 적용되어서, 20MW 이하 규모의 경우 는 kWh당 8.95센트이고 그 이상의 경우는 7.16센트이다. 풍력의 경우는 가동 후 5년 동안 kWh당 9.1센트로 보상하고, 신규 진입자는 매년 1.5% 할인(차감)된 보상 가격을 받게 된다. 태양광의 경우는 최저 보상 가격이 45.7센트로 책정되었다. 보상 기간은 20년간, 동일한 보상 가격으로 보장 하며, 신규 진입자는 매년 5% 차감된 보상 금액으로 20년간 보장하는 체 계로서 예측 가능성과 안정성을 가지고 조기에 발전 사업에 투자하도록 하였다. 송신망 연결 비용은 전력망 운영업체와 재생에너지 생산(발전)업 체가 범위에 맞게끔 각 부담하기로 되어 있다. 각 전력망 운영업체가 동일 한 일정량의 재생에너지 전력을 수용하도록 하여 보상 비용을 공평하게 부담하도록 설계되었다.[27]

『재생에너지 법』은 기존의 『전력 차액 지원법, Stromeinspeisungsgesetz, Electricity Feed-in Act』[28]을 대체하는 법으로 2000년 4월부터 시행되었다. 기존의 '전력 차액 지원법'의 보상 체계를 변경하여서, 이미 정해진 고정 적인 최저 구매량을 제한 없이 수용하도록 변경되었고, 최저 요율의 수용

---

27 연방 차원에서 전력망 운영업체들 간의 정산을 조정하는데, 수용한 재생에너지원의 전력의 비중 을 평균하여 이 평균값의 수용량과 보상액으로써 서로 다르게 수용한 전력망 운영업체 간의 조 정을 한다. 연방 차원의 전력 공급 운영업체(Elektrizitaetsversorgungsunternehmen)가 그 조정의 역할을 맡는다. '재생에너지 법', 2000, https://www.clearingstelle-eeg.de/files/private/active/0/ EEG_2000_Stand_2003-12-22.pdf 참조.

28 '전력 차액 지원법'은 1991년 이후 시행되어 전력망 운영업체는 재생에너지를 우선적으로 전력 망에 수용(저장)하도록 의무화되었으며, 최소 요율로 보상하도록 하였다. 특히 풍력발전에 기여 하였다. 하지만 의무 수용(저장)량이 정해져 있는 한계가 있었다.

가격도 발전 규모와 기술력(생산성)에 따라서 차등화시켰다. 그리고 지열에너지와 채굴가스도 재생에너지 적용 대상에 포함시켰다. 바이오매스나 태양광으로 전기를 생산하는 경우에 보상 가격의 수준이 인상되었다. 하지만 동시에 재생에너지의 보상 체계는 20년간 동일한 보상 가격을 보장하되, 신규 가입자에게는 매년 일정 정도의 할인된 보상 가격을 보장하는 구조로 설계가 되었다.[29] 이러한 변경 내용을 보면, 재생에너지에 대한 투자와 기술 개발을 가능한 한 빨리 촉진시키려는 목적과 동시에 경쟁을 유도하려는 의도로 후발 발전업체의 전력에 대한 보상 가격을 재생에너지원에 따라 1~5%씩 매년 할인하여 보상하도록 설계한 것을 알 수 있다.[30]

『재생에너지 법』의 목적, 의의, 보상 체계의 기본원칙 등을 정리해보자. 먼저 법의 목적은 기후변화에 대응하기 위해 값싼 화석연료를 저탄소 재생에너지로 대체하는 것을 지원하는 것이다. 이것은 필수적인 과제이나, 비용이 많이 드는 과제이다. 따라서 동법은 값싼 화석에너지의 가격과 경쟁할 수 있도록 상쇄지원금 또는 상쇄부과금(Umlage)을 제공하여 지원하도록 하였고, 또한 다양한 형태의 (금융)지원을 통해 재생에너지의 생산과 소비를 장려할 수 있도록 했다. 또한 최대 20년간의 장기간 동안 동일한 상쇄부과금을 지원함으로써 예측 가능한 장기 투자 계획을 세울 수 있도록 하였다. 의의를 찾아보자면, 이를 통해 위험이 상존하며, 미래가 불투명한 재생에너지 사업에 대한 투자를 활성화시킬 수 있었고, 진입 기회를 확대할 수 있는 기반을 조성한 것이다. 동법의 기본원칙은 앞서 설명한 보

---

29 IMA, 앞의 책, 2000, 78쪽 이하; '재생에너지 법', https://www.clearingstelle-eeg.de/files/private/active/0/EEG_2000_Stand_2003-12-22.pdf 참조.

30 박상철,『독일 재생에너지 정책과 지속 가능 발전전략』, 2015, 96쪽 이하 참조.

상 체계 및 보상 원리에서 알 수 있듯이, 한편으로는 지원을 통해 재생에너지 생산 및 소비의 확대를 목표로 하고, 또 다른 한편으로는 지원을 경제적 원리에 입각하도록 하여 빠른 시간 내에 시장 친화적인 방향으로 전환하도록 유도하는 것이다. 또한 재생에너지 발전원에 따라, 발전량의 규모에 따라 보상 요율도 다르게 책정하였는데 기술 및 생산원가에 비례하여 공정하게 - 규모가 크고, 생산성이 높을수록, 후발업자일수록 보상 요율은 낮아지도록 - 책정한다. 즉 지속 가능한 에너지 체계로의 전환에 그 기본적인 목표를 두고 있다.[31] 이런 점은 2004년 『재생에너지 법』 1차 개정에서 더 확실하게 알 수 있다. 지속 가능한 에너지 체계의 기본 성격은 기후보호, 자원 보존, 위험의 최소화, 사회 통합성, 에너지 공급 안정성, 경제성과 사회적 수용성 등을 지향하고 있다는 점을 담고 있다.[32] 그리고 여러 차례의 법 개정 내용에서 알 수 있듯이 초기의 보상 요율 체계에서 경쟁 입찰 시장체계로의 점진적 이행을 기본원칙으로 삼고 있다.[33]

『재생에너지 법』을 제정함으로써 독일 경제 및 사회 전반에 영향을 끼치게 된다. 동시에 부문별 감축 사업으로 태양광 사업의 투자 활성화를 위해서 '태양광 십만 호 프로그램'을 추진하였다. 2003년까지 300MW 태양광 발전의 규모를 건설하는 목표이다. 1kW 규모의 태양광 설치를 위한

---

31 https://www.erneuerbare-energien.de/EE/Redaktion/DE/Standardartikel/gesetze.html 참조. (2020년 11월 20일 검색).

32 BMU, 'Die wichtigsten Merkmale des Gesetzes fuer den Vorrang Ernuerbarer Energien vom 21. Juli 2004', 2004.

33 https://www.erneuerbare-energien.de/EE/Redaktion/DE/Standardartikel/gesetze.html, (2020년 11월 20일 검색). 여러 차례의 법 개정에 관해서는 뒤에서 설명할 것이다.

투자의 제반 사항에 대해 "재건축대출, Kredit fuer Wiederaufbau, KfW"
의 저금리 지원을 하는 것이다. 물론 이 프로그램은 연방 교통건설주택부
의 에너지 및 기후보호 프로그램과의 상호 협력에 의해서 적극 추진되었
다. 그리고 1999년 9월부터 바이오매스 분야에서 큰 규모의 사업장에도
재생에너지 보상체계가 적용될 수 있게 하였다.

이 같은 재생에너지 지원 정책과 방식으로 목표한바, 재생에너지 사용
을 위한 기술투자를 촉진하게 하였고, 전력 생산에서 재생에너지의 비중
을 2010년까지 두 배로 확대시켜 10%까지 높이고자 하였으며, 2005년경
에는 재생에너지 확대로 인하여 15Mio. 톤 규모의 감축이 이루어질 것이
라고 내다보았다.[34] 환경부 장관은 동법 시행의 의미를 힘주어 말한다:

"2010년까지 재생에너지지원의 전력 생산 확대만으로도 이산화탄소 배
출량은 3% 감축될 수 있을 것이다. 재생에너지 법은 재생에너지 전력이
시장에서 경쟁력을 유지할 수 있도록 하는 매우 적절한 방식이다. 나아가
동법은 친환경 전력원을 다양하게 할 뿐만 아니라 새로운 전문적인 일자
리와 수출 경쟁력을 열어나갈 것이다."[35]

새로운 연방정부가 1998년 구성된 후 2000년까지 추가로 결정된 대책
들을 포함한 감축 시나리오에 따르면 2005년까지 1990년 대비 이산화탄
소 배출량은 18~20%(약 1억 8,000만~2억 톤)가량 감축될 것으로 추산되
었다. 이 추가 대책에는 생태세제의 도입, 재생에너지 법의 도입, 십만 호

---

34 IMA, 앞의 책, 2000, 78쪽 이하 참조.

35 BMU 보도문, "Investitionssicherheit für erneuerbare Energien: Neues Gesetz tritt am 1. April in
    Kraft", 2000. 3. 31.

태양광 지붕 조성 지원 사업, 환경 자동차 촉진 사업 등이 있었다. 하지만 약속한 25% 감축 목표를 달성하기 위해서는 - 약 5~7천만 톤의 격차를 메꾸기 위해서 - 추가 대책이 더 필요하였다. 이 추가 대책에는 각 부문별 대책들이 다수 포함되어 있다. 열·병합 발전 확장 대책, 주택 및 건물의 에너지 절약 지침 명령, 교통·수송 분야 대책, 주택지역의 폐기물 줄이기 대책 등이 도입되었다. 그리고 부문별 추가 대책의 2005년도까지의 감축 규모도 분석하여 제시하였다. 주택 및 건물의 경우 2,000만~2,500만 톤, 교통·수송의 경우 1,500만~2,000만 톤, 에너지 및 산업 부문에서 2,000 만~2,500만 톤 정도이다.[36]

IMA는 연방 각 부처의 목소리와 요구를 받아들이고 조정을 거치면서 추가적인 대책을 수립한다. 위에서 언급한 추가적인 대책은 각각의 연방 부처의 관점과 이해관계가 조정되어 『국가 기후보호 프로그램』 보고서에 반영된다. 연방 부처 중에서 특히 에너지 및 기후보호 정책과 관련이 큰 네 곳의 연방 부처는 연방 경제·기술부, 연방 교통·건설·주택부, 연방 식량·농업·산림부, 연방 환경·자연보호·원자력안전부 등이다. 이 연방 부처는 워킹그룹 5개 조를 구성하여 포괄적이며 핵심 정책을 기획하고, 동시에 에너지 공급, 신기술, 교통, 건물, 농업과 산림경제 등의 각 부문에 관한 부문별 주요 감축 정책 및 프로그램을 제시하였다.[37]

---

36 IMA, 앞의 책, 2000, 5~6쪽, 35~37쪽 참조. 이 추가 대책의 감축 시나리오는 민간 연구소들이 제시한 『기후보호 정책 시나리오, Politikszenarien fuer Klimaschutz(PSKS)』 1, 2, 3편 등의 연속 연구 결과와 분석 방식들을 참고로 한다.

37 연방 경제·기술부 관할 워킹그룹에는 "에너지 공급"과 "신기술" 그룹이 속해 있고, 연방 교통 ·건설·주택부 관할 워킹그룹에는 "교통"과 "건물" 그룹이 있으며, 연방 식량·농업·산림

이제 온실가스 배출의 가장 큰 부분을 차지하는 에너지 분야와 산업 및 기술 분야를 관장하는 연방 경제기술부 주도하의 핵심 정책, 주요 정책과 시행 방식, 성과를 IMA의 워킹그룹의 하나인 「에너지 공급」의 관점을 반영하면서 살펴보자.[38]

연방 경제기술부 관할하의 워킹그룹 「에너지 공급」은 포괄적인 기후보호 정책의 근간이 되는 생태세제 도입이나 재생에너지 법의 제정에도 공동으로 참여하면서, 동시에 경제와 기술 부문의 부문별 기후보호 정책의 수립을 주도한다. 하나의 주요한 에너지 및 감축 정책으로 열·병합 발전 지원 프로그램을 들 수 있다. 독일 연방하원은 『재생에너지 법』의 제정과 함께 2000년 3월 『열병합 발전 법, Kraft-Waerme-Kopplungsgesetz』을 제정한다. 2004년도까지 유효한 법으로, 이 법은 전기를 생산하고 버려지는 폐열을 재활용하는 방식을 지원하는 것을 목적으로 하면서 에너지 효율성 제고와 이산화탄소 감축 사업을 지원하고자 한다. 매우 다양한 연료와 기술적인 방식이 적용될 수 있는데 대체로 천연가스를 연료로 사용하면서 열 활용도를 높이는 방식이 이산화탄소 감축에 제일 효과적이라고 판단하고 있다. 비용효과적인 방식으로 열·병합 발전소에 의한 전력 생산이 2000~2005년 동안 약 44% 증가될 수 있고, 이산화탄소 배출량은 약 2,300만 톤가량 감축될 것이라고 추정하였다. 「독일 경제연구소, DIW」의

부 관할에 "토지와 산림경제" 그룹이 있고, 연방 환경·자연보호·원자력안전부 관할하에 IMA 가 2000년 현재 활동하고 있다. 이에 대해 IMA, 앞의 책, 7쪽, 72~134쪽 참조; 워킹그룹은 줄거나 늘어날 수 있는데 2007년 현재 2개 워킹그룹이 늘어나서 "온실가스 인벤토리"와 "교토체제하의 공동이행제도와 CDM" 그룹이 활동하고 있다. 이에 대해서는 Umweltbundesamt (Hrsg.), 『Wirksamkeit des Klimaschutzes in Deutschland bis 2020』, 2008, 85쪽 이하 참조.

38 IMA의 워킹그룹 2개가 연방 경제기술부의 주관하에 있다. "Energieversorgung, 에너지 공급"이 그 하나이고, 다른 하나는 "Neue Technologie, 신기술"이다.

한 보고서를 참고로 하면서, 독일 정부는 열·병합 발전소의 건설 확대를 통해 2005년도에 1,000만 톤, 2010년에는 2,300만 톤의 이산화탄소 배출량을 감축하는 계획은 타당하다고 평가하였다.[39] 감축 잠재량이 상당히 큰 편이다. 특히 초기에는 재생에너지원의 발전이 신속하게 확산되기 어렵기 때문에 에너지 효율성 개선 사업은 이산화탄소 배출 감축에 매우 주요한 한 축으로 그 역할이 크다.

연방 경제기술부의 주도히의 또 다른 워킹그룹인 「신기술」 팀이 추진하는 기후보호 정책의 (신)기술적 측면에 대해 살펴보자.[40]

기후보호 정책에 있어서 에너지 정책은 가장 중요한 역할을 한다. 독일 연방정부는 에너지 정책의 핵심적 과제로서 탈원전하에서 보조금 없이도 미래에 경쟁력 있는 저탄소 에너지원을 장기적이며 안정적으로 공급하는 것이다. 이에 새로운 신기술의 개발을 강력하게 추진하여 필요한 에너지를 지속적이며, 경제적이면서, 친환경적이되 충분히 공급할 수 있도록 저탄소 에너지 기술 개발에 역점을 두고 있다. 혁신적인 신기술이 광범위하게 개발되고 있지만, 아직 상품으로서 가격경쟁력이 낮기 때문에 시장경쟁력을 확보하기 위해서는 신기술에 대한 지속적인 연구 및 개발의 필요성이 강조되고 있다. 연구 및 개발의 중점 분야는 에너지 절감, 효율적인 에너지 전환, 그리고 재생에너지 생산 및 이용 등 세 가지를 들 수 있다. 이것을 통해 연방정부는 온실가스 배출의 감축과 더불어 다양한 차원의 성과를 얻고자 하는바, 첨단기술의 발전과 수출 기회의 확대를 지향하

---

39 IMA, 앞의 책, 2000, 79쪽 참조.

40 앞의 책, 114~115쪽 참조.

고 있으며, 더 나아가 고임금 일자리 유지와 미래지향적 기술 영역에서의 고용 창출의 기반을 조성하고자 한다. 즉 기술 개발을 경제성장, 환경 보호, 고용 창출(사회 통합성)의 지속가능 발전의 세 축과 연계하여 설계하고 있는 것이다. 한 걸음 더 나아가서 신기술의 연구 및 개발 결과를 확산하고 활용함으로써 에너지 체계의 혁신을 도모하고 있는데,「신기술 시민 정보센터, Buerger Information Neue Energietechniken(BINE)」가[41] 이를 잘 말해주고 있다.

신기술의 연구 및 개발의 중점 분야는 에너지 절감, 효율적인 에너지 전환과 재생에너지 생산 및 이용 등 세 분야인데, 각 개별 분야에 대해 간략히 언급해보자. 첫째로, 에너지 절약 분야의 주요 대상으로는 지역 열·난방, 태양열, 건물 및 주택, 열저장, 산업 부문에서의 에너지 생산성 제고, 수송 분야 등을 꼽을 수 있다. 에너지 생산, 저장, 순환, 소비의 차원에서 양적·질적으로 절감하고 효율성을 높이는 것이 주된 목표 과제이다. 예를 들어 지역 열·난방은 인구 밀집 도시에서 급속히 확산되고 있을 정도로 특별히 주목을 받고 있다. "지역 열·난방 2000, Fernwaerme 2000"이라는 개념이 수립되어 부식된 배관의 영향, 구동독 지역의 열·난방 체계의 정비사업, 열 공급 체계의 혁신, 난방의 냉방으로 전환 기술 개발, 태양열과 지역 열의 결합 모델의 구축 등 다양한 영역에서의 혁신적 기술 개발을 진행하고 있다. 산업 분야에서의 에너지 생산성 제고를 위해서는 무엇

---

41 연방 경제기술부의 지원으로 설립되어 신기술 적용이 확산되는 데 결정적인 역할을 맡고 있다. 대학 및 연구 기관의 연구 결과를 기업이나 시민 및 개발자에게 전파하고, 건물 및 도시계획, 신재생에너지, 산업 및 수공업, 에너지 생산 및 체계 분야에서 기술이 확산되고 상용화될 수 있도록 지원한다. http://www.bine.info/bine-informationsdienst/ (2017년 1월 2일 검색); (2022년 6월 8일 재검색).

보다도 기계 작동과 공정 과정에서의 전기 소비를 절감하는 것과 관련된다. 둘째로, 에너지를 전환할 때의 효율성 제고가 주요 대상이다. 발전 기술이나 연소 기술의 향상이 주된 과제이다. 구 발전 시설의 교체로 인하여 45% 정도까지 발전 효율을 증가시킬 수 있게 되었고, 석탄을 가스로 대체하여 전기 및 열을 생산하는 방식으로 효율성을 증대시킬 수 있다. 고로 연소 체계의 향상으로 에너지 전환의 효율성을 개선하는 혁신 기술이 대표적이라 할 수 있다. 셋째로, 재생에너지 분야로서 기술 혁신의 대상 및 과제는 무궁하다고 할 수 있다. 장기적으로 나아갈 방향이 재생에너지의 세계가 될 것이기 때문이다. 독일의 경우 풍력, 태양광, 바이오매스, 지열 에너지 부문에 중점을 두고 있다.[42]

경제와 에너지 및 기술의 측면은 사실 거의 모든 분야를 아우르기 때문에 이 외에도 다른 부문과 연계된 주요 프로그램이 적지 않다. 연방경제기술부의 에너지 및 온실가스 감축 프로그램은 교통·수송 분야나 건설·주택 분야를 주관하는 연방교통건설주택부의 감축 프로그램과 상호 중첩되고 연계되는 경우가 적지 않다. 특히 지역 경제의 활력과 고용 창출과도 깊이 연관되어 있으며, 저탄소 에너지 기술의 확산과도 밀접히 연계되어 있는 주택 및 건설 분야의 부문별 감축 정책도 많다. 따라서 이 분야는 연방교통건설주택부 주도하의 IMA의 「건물부문」 워킹그룹의 시각으로 기술해보자.

주택과 건물 영역이 놀랍게도 온실가스 감축 잠재량이 제일 큰 것으로 대부분의 전문가들은 파악하고 있다. 이 분야의 전환은 기후보호의 관점

---

42   IMA, 앞의 책, 2000년, 115~121쪽 참조.

에서뿐만 아니라 건설업의 성장과 고용의 관점에서도 관심을 필요로 하는 부문이다. 특히 지역의 중·소 건설사들이 지역 경제와 고용의 안정에 기여할 수 있다. 이런 점에서 기후보호 정책과 중·소 기업의 성장 및 지역의 고용 정책이 상호 연계되어 추진하는 것이 요구된다. 이와 더불어 도시계획도 복합적으로 연계되어 추진될 필요성도 높아진다.

구체적으로 진행되는 '에너지 절약 및 기후보호 프로그램'으로는 첫째로, 2000년 가을부터 시행될 신축 건물에 적용될 "에너지 절약 지침, Energieeinsparverordnung"의 도입이다. 동 지침은 기존의 단열 지침의 규정이나 열·난방시설 규정을 더 강화하며, 열·난방 신기술이 상용화된 보일러 및 단열 제품과 재생에너지의 시설 투자를 촉진하고 있다. 이 지침에 따라 신축 개인주택 건물의 에너지 수요를 평균 30% 감축하는 것과 2005년도까지 추가로 4백만 톤의 이산화탄소 배출을 감축할 목표를 세우고 있다.

둘째로, "주택 건축을 위한 대출 프로그램, Programme der Kreditanstalt fuer Wiederaufbau(KfW)"을 들 수 있다. 다양한 지원 사업이 있는데 크게 "주택의 이산화탄소 감축 프로그램"과 "주택 현대화 프로그램"으로 나눌 수 있다. 전자는 1996년부터 시행되어 1999년 현재까지 34만 주택이 78억 마르크 규모의 저금리 대출 지원을 받은 사업으로, 주로 개인 주택소유자들이 수혜자로 단열재 시설, 저탄소 에너지 주택 건축, 고효율 보일러 설비 및 재생에너지 시설 등에 투자하였고, 2005년까지 일단 연장 시행될 것이다. 후자는 1990년부터 주로 구동독 지역 주택의 현대화 사업으로서 시행되었는데 1999년까지 무려 784억 마르크 규모로 대출이 지원되었다. 360만 호가 지원을 받아 주택 개·보수를 통해 에너지 절약뿐 아니라 삶의

질 개선에도 기여하였다. 비록 대출금의 22% 정도만이 직접적으로 에너지 절감 사업에 투자되었지만, 이 기간 동안 600만 톤의 이산화탄소 감축에 기여할 수 있었다. 2002년까지 100억 마르크의 대출 지원이 예상된다.

셋째로, 2001년부터 시행되는 KfW의 확대된 새로운 프로그램으로 아주 낡은 주택에 대한 지원으로 "건물 정비를 위한 기후보호 프로그램, Klimaschutzprogramms fuer den Gebaeudebestand"이다. 이 부분에 감축의 여지가 크기 때문이다. 아주 낡은 구 건축물이 대상으로 특히 낡은 단열재나 낡은 보일러 시설의 교체를 통한 정비를 지원하는 것이 주된 사업이다. 임대 주택들도 사회적 통합성을 고려하여 지원을 받게끔 설계되어 있다. 2003년까지 연간 구 건축물의 개·보수를 통한 다양한 에너지 절약 사업을 통해서 연 2~4억 마르크 규모의 저금리 금융 지원을 하고 있다. 이 대출 지원은 다목적용인데 기후보호뿐 아니라, 지역의 성장과 임대인 및 임차인의 부담을 줄이는 사회 통합적 목적으로 활용된다.

넷째로, 연 2억 마르크가 지원되는 "주택 10만 호 태양광 프로그램"은 친환경 주택사업과 재생에너지 확대 정책과 융합되어 진행되는 대표적 사업으로 들 수 있다. 앞서 언급한 2번째, 3번째, 4번째 같은 주택 건축 및 정비 사업을 통한 감축 정책으로 2005년도까지 1990년 대비 5~7백만 톤의 이산화탄소 감축을 계획하고 있다.

다섯째로, 전기 절약이나 가전제품 효율성 개선을 통한 온실가스 감축 노력도 병행하여 주택 분야에서 총 10~16백만 톤(5백만 톤 오차와 함께)의 감축을 목표로 제시하고 있다. 물론 에너지 진단 프로그램도 주요한 감축 사업으로 포함된다.[43]

---

43 IMA, 2000, 17~29쪽, 79~81쪽, 108~114쪽 참조.

교통·수송 부문에 대한 감축 대책에 관하여 살펴보자. 이 분야는 연방 교통건설주택부 주도하의 「교통 부분」 워킹그룹의 관점에서 접근해보자. 이 분야는 경제성장으로 인하여, 그리고 소비의 개인화 추세가 뚜렷해지면서 개인 승용차 등에 대한 수요가 크게 확장되는 분야로 이산화탄소 배출의 감축이 어려운 영역이다. 또한 이 분야는 대상이 다양하고 개별적인 부분이 많기 때문에 다양한 형태의 감축 프로그램이 요구된다. 스마트 도시 계획부터 자전거 타기까지 광범위하고 다양한 형태의 감축 프로그램이 제시되었다.

우선 자동차 산업계의 자율적인 감축 협의는 고무적인 결정으로 감축 활동에 커다란 기여를 하였다. 정부의 감축 대책으로는 철도 등 대중교통 수단의 확장에 대한 투자 계획을 들 수 있다. 저황산 차량에 대한 조세 감면 제도, 신차 차체의 경량화 사업 지원, 화물 자동차의 고속도로 통행 거리에 비례하는 통행료 부과 대책 도입, 친환경 주행 방식 교육 실시, 연비 효율성 등급에 따른 자동차 세금 감면제도 도입, 천연가스 및 재생에너지원의 자동차 생산을 지원하는 프로그램 도입, 자전거 이용을 촉진하는 사업, 기후 친화적, 통합적 교통 및 주택의 스마트 도시계획 도입 등이 주요 정책으로 제시되었다. 이 대책들을 통하여 2005년도까지 1990년 대비 1,500만~2,000만 톤 정도를 감축하고자 하였다. 이 감축 안에는 생태세제의 도입으로 생기는 중복 효과도 포함되어 있다.[44]

폐기물 분야 역시 감축 잠재력이 적지 않다. 감축 잠재량은 2005년도까지 1,500만 톤, 2010년도까지 2,000만 톤 정도로 예측되고 있는데, 주로

---

44   IMA, 2000, 23~32쪽 참조.

인구 밀집지역 폐기물의 발생부터 매립까지의 과정에서 줄일 수 있는 프로그램으로 구성되어 있다. 자원과 에너지의 친환경적 전환을 우선적으로 고려하고, 결과적으로 자원과 에너지의 순환 경제를 목표로 하고 있다. 온실가스 감축과 폐기물의 자원화 및 에너지화의 측면에서 재활용, 매립 요건의 강화 등도 주요한 감축 수단으로 제시되었다. 연방정부, 주정부, 지자체에서 공동으로 진행되는 감축 프로그램이다.[45]

농업 · 산림 분야에 관한 온실가스 감축 계획은 독일 연방 식품 · 농업 · 산림부의 관할하에 IMA의 워킹그룹 「농업과 임업」에서 준비하였다. 이 분야에서는 온실가스 감축 잠재력은 크지 않지만, 숲과 산림의 이산화탄소 저장고로서의 역할이 크기 때문에 보존을 통하여 1990년 대비 매년 3,000만 톤이 더 감축될 수 있다. 또 농촌 및 산림이 갖고 있는 다양한 형태의 바이오매스를 활용할 수 있기 때문에 감축 잠재력은 풍부하여 더 확대시킬 수 있다. 이런 측면에서 경제적, 사회적 대전환이 일어날 수 있다. 독일의 아주 작은 농촌 마을 "윈데, Jhuende"가 훌륭하게 보여준 것처럼, 농 · 축산 시골 작은 마을에서 바이오매스를 활용한 최첨단 바이오 발전 사업의 기지로 변모될 수 있다. 바이오매스, 곡식류, 가축분뇨, 펠릿 등을 활용하여 열 · 병합 발전소를 운영할 수 있고, 농경 재배 방식도 화학 비료 등에 의존했던 방식에서 유기농법 또는 친환경 농법으로 전환되어 농경 방식과 음식 문화의 혁명적 변화가 일어날 여지가 풍부하다. 1차 산업에 기반을 둔 전통적인 농업 · 임업 · 축산 지역사회가 다양한 형태의 산업이 융합된 고급 인력, 첨단 연구소, 휴양도시, 생태 관광의 지역으로 전환,

---

45   IMA, 2000, 33~34쪽 참조.

발전할 수 있는 자급자족적인 에너지 독립 지역사회로 새롭게 변모할 수 있다. 이 같은 전환을 용이하도록 다양한 감축 프로그램을 제시하고 있다. 이처럼 바이오매스를 이용한 전력 생산으로 2005년도까지 70만 톤, 2010 년도까지 140만 톤 규모로 이산화탄소 배출량을 감축할 전망이다.[46]

사민-녹색당 새로운 연립정부가 1998년에 들어선 후 2000년도까지 실시한 새로운 기후보호 정책의 시행으로 2005년도까지 1990년 대비 18~20%(1억 8,000만~2억 톤 정도) 정도의 감축이 예상되었다. 따라서 감축 목표 25%를 달성하기 위해서는 1999년의 생태세제 도입, 2000년의 재생에너지법 도입 이외에도, 또 추가적인 정책이나 프로그램이 필요하여, 『열병합 발전 법』, 「에너지 절약 지침, Energieeinsparverordnung」, 앞서 언급한 부문별 프로그램 등이 순차적으로 도입, 시행되었다. 2000년도 이후의 새로운 추가 정책으로 5,000만~7,000만 톤의 추가 감축을 달성하여야 했다.[47]

이제 2005년도까지의 독일의 기후보호 정책 및 온실가스 감축 프로그램의 시행 결과에 대해 살펴보자.

이산화탄소의 감축 목표는 2005년도까지 1990년 대비 25% 감축, 6대 온실가스는 2012년도까지 21% 감축이었다. 시행 결과를 도표 3에서 보면, 이산화탄소 배출량은 17.7% 감축되었으나, 목표에는 못 미쳤다. 하지만 6대 온실가스는 이미 2005년도에 20.5% 정도로 – 2003년에는 18.5%

---

46 IMA, 2000, 34~35쪽 참조.

47 IMA, 2000, 35~36쪽 참조.

감축 – 감축이 되어 2012년도 목표에 거의 근접하였다.[48] 이 감축 결과를 유럽연합, 미국이나 일본 등 선진국들의 감축 추세와 비교해보면, 2003년 도까지 유럽연합 15개 국가는 6대 온실가스를 겨우 1.7% 감축하는 데 그쳤다. 미국은 이산화탄소를 1990년 대비 2003년도까지 17.4%, 일본은 16% 더 많이 배출하였다. 부속서 1 국가들은 미미하게 0.7% 정도 감축하는 데 그쳤다. 이 같은 비교를 통해서 분명하게 확인할 수 있는 것은, 독일은 상대적으로 높은 정도의 감축 실적을 보여주고 유럽연합이나 유엔기후변화협약 차원의 약속을 지키면서 유럽연합이나 글로벌 차원에서 선도적인 역할을 충분히 하였다고 평가할 수 있다.[49] 독일은 비록 자발적 이산화탄소 감축 목표만은 –25% 이산화탄소 감축 – 달성하지 못했지만 상당 부분 감축을 이루었고, 지속적으로 감축하는 데 성과가 있었다고 평가할 수 있다. 이런 성과의 배경으로 온실가스 배출 현황과 예상 배출 시나리오에 관한 과학적인 기초자료를 토대로 적절한 감축 제도 및 정책을 수립한 것을 들 수 있겠다. 그리고 시행 결과에 대해서 모니터링을 하고, 부족한 부분은 추가적인 대책이나 수단을 도입하여 격차를 메꾸는 노력을 아끼지 않았다. IMA에 대한 평가도 함께 해보면, 기후정책이 포괄적이고 연계된 성격을 가지기 때문에 어느 한 기관의 공과로서 파악하기가 어렵고, 또 다양한 이해당사자들의 불균등한 영향력으로 인해 – 특히 경제 분야의 이해

---

48 Umweltbundesamt, Treibhausgas-Emissionen in Deutschland, 2017, https://www. umweltbundesamt.de/daten/klima/treibhausgas-emissionen-in-deutschland#textpart-1 (2018년 1월 14일 검색).

49 IMA, 2005년, 7~9쪽 참조: 구동독의 붕괴, 기름값 인상, 경제위기 등이 크게 작용하였으나, 구동독의 재건 과정이 상당히 긍정적인 영향을 끼쳤고, 독일은 상대적으로 잘했다고 평가할 수 있다. Volker Quaschning, "Zuviel versprochen", 『Sonne Wind & Waerme』, 4/2003, 36~38쪽 참조.

관계자들의 입김이 강해서 - 목표 추진에 어려움도 있는 가운데서 IMA의 조정과 중재의 역할을 통해 차선의 해결책을 찾는 데 기여했다고 할 수 있다.[50]

IMA의 2005년도 『Nationales Klimaschutzprogramm』 6차 보고서에서도 독일의 지난 기후보호 정책과 프로그램에 대해서 다른 각도에서 긍정적으로 평가한다. 1990년도 대비 2003년 현재, 1차 에너지 소비와 1인당 에너지 소비는 감소한 반면, 에너지 생산성은 25% 정도 개선되었다고 평가하였다. 또 다른 측면에서도 긍정적인 효과를 동반하였는데, 기술의 발전, 에너지 효율성의 개선, 에너지 수입의 감소가 있었고, 이는 지속적 경제성장, 국제 경쟁력 및 산업 입지 강화, 그리고 일자리 창출을 하는 데 기여하였다. 기후보호 정책을 추진함에 있어서 주요한 원칙이자 고려 사항인 환경보호, 경제성장 및 사회 통합성의 균형을 유지하는 데 노력하였으며, 거의 모든 사회적 그룹과의 소통과 참여를 끌어낸 측면을 평가하였다.[51] 이러한 긍정적인 결과를 바탕으로 독일은 유럽연합의 평균 감축 목표량을 훨씬 초과하는 목표를 제시하는데, 2020년까지 40%, 2030년까지 55%, 2050년까지 80~95% 감축하겠다는 목표를 지속적으로 그리고 야심차고 적극적으로 제시하게 된다.

---

50 IMA, 2005, 4~5쪽 참조; A. Boeckem, "Klimapolitik in Deutschland: Eine Problemanalyse aus Expertensicht", 「HWWA」, 『Discussion paper』, No. 91, 2000, 1~30쪽 참조.

51 IMA, 앞의 책, 2005, 12쪽 참조.

도표 3. 독일의 이산화탄소 및 온실가스 배출량 (단위: 1,000톤)

Emissionen ausgewählter Treibhausgase in Deutschland nach Kategorien in Tsd. t Kohlendioxid-Äquivalenten*																					
Kategorie	Gas	1990	1991	1992	1993	1994	1995	2000	2005	2006	2007	2008	2009	2010	2011	2012	2013	2014	2015	2016	2017	2018	2019	2020	2021
Energiebedingte Emissionen	CO₂	989.091	955.950	909.780	890.862	880.687	839.191	813.676	822.019	797.588	803.162	766.807	784.066	769.301	765.760	793.672	744.426	749.157	752.156	733.676	794.528	658.720	584.885	637.248
	CH₄	60.302	57.774	56.675	55.391	51.808	50.524	34.030	21.220	13.671	13.792	13.685	14.364	13.613	13.639	12.671	12.774	13.264	15.727	11.238	13.257	10.380	8.803	4.804	8.770
	N₂O	6.969	6.620	6.352	4.274	4.168	4.158	5.310	4.941	5.037	5.161	5.210	4.982	5.300	5.407	5.485	5.498	5.377	5.169	5.583	5.370	5.679	5.732	4.711	4.947
Summe		1.056.446	899.444	958.536	941.487	919.035	917.479	849.647	831.810	843.629	835.632	821.816	763.013	806.097	777.220	783.916	803.267	765.265	766.393	748.977	750.105	726.380	673.836	600.300	600.464
Anteil an Gesamtemissionen		82.6%	83.6%	82.9%	82.8%	82.1%	82.0%	83.9%	82.9%	84.7%	84.2%	84.7%	86.1%	85.6%	83.4%	83.5%	85.7%	84.7%	85.1%	84.7%	84.7%	84.7%	84.7%	84.2%	84.2%
Industrieprozesse	CO₂	59.626	55.977	53.139	53.598	54.557	55.788	57.697	52.209	52.664	51.237	49.864	40.637	45.858	46.500	45.207	44.090	44.038	43.473	45.363	40.070	47.055	44.700	41.887	44.941
	CH₄	615	606	450	430	481	447	445	445	640	680	50.857	9.590	9.866	1.762	1.373	1.080	1.320	1.023	1.953	1.005	973	959	614	855	730
	N₂O	29.391	24.851	36.713	32.614	37.187	25.200	6.668	8.588	8.360	50.857	9.590	9.866	13.244	14.426	14.489	14.662	14.457	15.116	15.215	15.288	14.611	13.482	12.159	11.147
	F-Gase	13.395	12.895	13.397	14.694	16.496	17.092	13.293	14.384	14.317	14.209	14.232	14.689	14.244	14.426	14.489	14.662	14.457	15.116	15.215	15.288	14.611	13.482	12.159	11.147
Summe		94.991	95.168	95.592	96.580	100.355	98.600	77.895	75.607	76.039	73.105	65.758	62.485	61.569	61.315	61.354	60.220	62.076	65.933	62.067	59.780	53.673	57.441
Anteil an Gesamtemissionen		7.4%	7.6%	6.7%	8.7%	9.0%	8.8%	7.3%	7.7%	7.6%	7.4%	7.0%	7.1%	6.7%	6.9%	6.7%	6.4%	6.9%	7.4%	6.7%	6.8%	6.4%	7.0%
Landwirtschaft	CO₂	3.102	2.807	2.695	2.339	2.177	2.128	2.366	2.376	2.356	3.400	7.500	2.464	2.503	2.151	2.063	2.001	2.028	2.023	1.870	1.935	1.731	1.638	2.508
	CH₄	40.364	36.508	35.730	35.714	36.228	36.394	34.476	33.546	31.851	32.149	31.382	30.519	31.174	31.998	32.179	33.080	33.087	33.117	32.917	33.747	32.300	31.997	31.611	30.970
	N₂O	26.625	24.548	24.106	22.591	22.848	22.920	23.465	23.157	23.687	22.993	23.257	23.068	23.343	23.406	23.820	36.547	34.313	26.153	23.494	33.400	23.284	31.636	31.201
Summe		70.681	63.963	62.592	61.658	61.253	61.232	60.097	56.081	56.894	57.549	57.877	56.263	57.761	57.864	58.511	59.277	60.547	69.398	59.993	59.313	57.636	56.051	56.495	54.679
Anteil an Gesamtemissionen		5.7%	5.7%	5.6%	5.6%	5.9%	5.9%	5.9%	5.7%	5.7%	5.8%	6.0%	6.3%	6.2%	6.4%	6.3%	6.4%	6.6%	6.6%	6.7%	6.7%	6.8%	7.2%	7.2%
Abfallwirtschaft	CO₂																								
	CH₄	34.708	38.279	38.931	38.806	38.524	37.121	37.540	20.252	18.646	17.196	16.878	15.757	13.865	12.171	11.421	10.800	10.176	9.616	9.139	8.714	8.390	7.960	7.584
	N₂O	1.201	1.123	1.050	973	964	954	738	785	717	784	751	706	749	788	789	745	788	719	749	788	738	903	897
Summe		38.003	39.402	39.994	39.827	39.540	38.074	28.288	21.188	19.369	18.061	16.811	15.589	14.461	13.677	12.997	12.138	11.548	10.943	10.395	9.902	9.652	9.394	8.770	8.301
Anteil an Gesamtemissionen		3.1%	3.7%	3.5%	3.5%	3.7%	3.6%	2.8%	2.1%	1.9%	1.8%	1.7%	1.8%	1.6%	1.5%	1.4%	1.3%	1.3%	1.2%	1.2%	1.1%	1.1%	1.3%	1.2%
Gesamtemissionen		1.261.909	1.191.966	1.156.654	1.137.563	1.119.981	1.116.285	1.016.826	984.698	993.729	968.090	948.051	882.742	835.768	911.284	914.091	933.587	895.161	901.442	885.735	879.693	799.736	728.738	763.181
Anteil an	CO₂	86.73 %	86.77%	86.10 %	86.43 %	85.69 %	86.16 %	86.73 %	86.83 %	86.53 %	86.66 %	86.74 %	87.60 %	87.47%	86.88 %	86.88 %	86.70 %	86.60 %	86.63 %	86.54 %	86.87%	86.18 %	86.75 %	86.43 %
Stoffe an den	CH₄	6.53 %	6.41 %	6.64 %	6.70%	6.67 %	6.61 %	5.53 %	4.10 %	4.62 %	4.74 %	4.60 %	5.30 %	5.10 %	4.88 %	4.74 %	4.67 %	4.63 %	4.69 %	4.07 %	4.13 %	4.75 %	4.72 %	4.30 %
Gesamtemissionen	N₂O	4.67 %	4.71 %	5.19 %	4.95 %	5.19 %	4.81 %	5.13 %	5.90 %	5.74 %	4.36 %	4.90 %	5.10 %	5.20 %	5.30 %	5.34 %	5.53 %	5.59 %	5.50 %	5.69 %	5.67 %	5.89 %	3.67 %	3.65 %
	F-Gase	1.08 %	1.07%	1.06 %	1.65 %	1.48 %	1.67 %	1.57 %	2.38 %	1.66 %	1.42 %	1.67 %	1.67 %	1.69%	1.61 %	1.68 %	1.63 %	1.69%	1.77 %	1.75 %	1.68 %	1.79 %	1.61 %	1.60 %

출처: 독일 연방환경청, Treibhausgas-Emissionen in Deutschland, 2022,
https://www.umweltbundesamt.de/daten/klima/treibhausgas-emissionen-in-deutschland#e
missionsentwicklung[52]

3.3. IMA의 『국가 기후보호 프로그램』 6차 보고서

온실가스 감축의 근간이 되는 이산화탄소 배출권 거래제도, EU-ETS가
2005년부터 시행되었다. 2005년 이전부터 독일은 유럽연합의 회원국과
함께 공동으로 유럽연합 차원에서 EU-ETS 제도 시행을 준비하였고, 실
제로 감축 목표의 많은 부분을 이산화탄소 배출권거래제를 통하여 감축하
도록 설계하였다. EU-ETS 제도는 유럽연합 차원에서 공동의 방향과 기
준에 따라 운용되기 때문에 독일 고유의 기후보호 정책의 영역에서 다루
기보다는 별도로 다루는 것이 적절할 것이다.

2005년 IMA의 『국가 기후보호 프로그램, Nationales

---

52 Umweltbundesamt, Treibhausgas-Emissionen in Deutschland, 2022, https://
www.umweltbundesamt.de/daten/klima/treibhausgas-emissionen-in-
deutschland#emissionsentwicklung (2022년 6월 20일 검색).

Klimaschutzprogramm』6차 보고서에서 알 수 있듯이, 미래의 에너지 및 기후보호에 관하여 근간이 되는 제도나 핵심 정책은 새롭게 제시된 것은 없다고 보아도 무방하다.[53] 기존의 핵심 정책이나 주요 정책이 연장, 강화되거나 확대되는 방향으로 변경되기도 하고, 변화된 여건에 적합하게 수정되기도 하였다. 또한 기존의 장애 요소들을 제거하는 프로그램도 시행되었다.

『국가 기후보호 프로그램』6차 보고서에서 새로운 측면은 기후보호 정책의 중요성을 충분히 인식하면서, 국정의 중심과제로 두고 있다는 점이다. 지구 평균기온 상승을 "2도" 이내로 억제하는 과제가 새롭게 강조되어 부여된 점이다. 유럽연합은 2005년 3월 유럽 이사회에서 구체적인 목표인 "2도" 상승 억제를 분명히 제시한다.[54] 독일 연방정부의 입장 역시 2도 상승 억제를 기후정책의 핵심 목표로 동의하면서 선도적 역할을 자처한다. 유럽연합이 2차 교토협약 기간(2013~2020년)이 끝나는 2020년까지 30% 감축을 목표로 제시한다면, 독일은 적극적으로 40%까지 감축할 의

---

53 유럽연합 이산화탄소 배출권거래제도(EU-ETS)가 2005년 이전부터 이미 유럽연합 차원에서 준비되고 2005년부터 시행되고 있었다. 그리고 이 제도의 주무 부처가 독일 연방환경부이기 때문에 IMA는 별도로 배출권 거래제도에 관하여 그 중요성에도 불구하고 새롭게 언급하지는 않았다.

54 유럽연합의 장관 이사회(회원국의 환경부 장관 이사회)는 제1차 UNFCCC 당사국 총회 이듬해인 1996년에 이미 "2도" 상승 억제 목표를 유럽연합의 기후정책의 공식적인 목표로 세운다. IPCC 2차 보고서는 이산화탄소 농도가 550ppm을 넘어서면 지구 평균기온이 2도 이상으로 상승하게 될 것을 예측한다. 2도 이상을 넘어서면 지구 생태계가 아주 위험해질 것을 경고하였다. 유럽연합 장관 이사회는 1996년 IPCC 2차 보고서의 분석을 신뢰하면서 550ppm과 "2도"라는 한계선을 넘지 않을 것을 채택한다. European Union, 'climate change - Council Conclusion 8518/96 (Press 188-G), 1996 참조. https://ec.europa.eu/commission/presscorner/detail/en/PRES_96_188 (2022년 6월 10일 재검색).

사가 있음을 표명하였다.[55]

2005년부터 이산화탄소 배출권거래제, EU-ETS가 독일에서도 시행되었다. 배출권거래제의 대상 기업들은 거의 대부분이 에너지와 제조업 분야의 에너지 다소비 기업 1,850여 개로 독일 이산화탄소 배출량의 약 58% 정도를 배출하고 있다. 따라서 6차 동 보고서에서 제시된 기후보호 정책과 프로그램의 주요 대상은 교통과 개인 주택 및 건물 분야, 그리고 여타 부분에 집중되고 있다.[56]

『국가 기후보호 프로그램』6차 보고서 역시 온실가스 배출의 현황을 설명하면서『국가 기후보호 프로그램』5차 보고서에서 제시된 기존의 기후보호 정책들의 시행 결과에 대해 평가를 한다. 대체적으로 시행된 기후보호 정책과 대책에 대하여 긍정적인 평가를 하였다. 이산화탄소 감축 목표에는 약간 미치지 못했지만 6대 온실가스 감축은 목표에 거의 근접했다. 독일은 감축 노력에 있어서 세계적 차원에서 선도적인 역할을 충분히 입증하였다고 평가했다. 또한 1차 에너지 소비는 감소한 반면, 에너지 생산성은 25% 정도 증가하였다. 경제와 기술 측면에서도 성공적이라고 판단하였는데, 신기술의 개발, 에너지 효율성의 개선, 국제 경쟁력 및 산업 입지 강화, 그리고 일자리를 창출하는 데 기여하였다. 하지만 교통 분야에서는 해결해야 할 과제로 대체 연료를 확대할 필요성, 에너지 효율성 개선

---

55 IMA, 앞의 책, 2005, 6~9쪽 참조.

56 앞서 언급했듯이 ETS 영역과 Non-ETS 영역의 책임과 역할은 분리되어서 따로 정해지는 것이 아니라, 전체적인 독일의 감축 정책과 방향에 의해 긴밀하게 연계되면서 조정되는 것이다. 또한 에너지 효율성 개선, 재생에너지 촉진 지원 프로그램, 저탄소 기술개발 촉진 등 독일의 포괄적인 감축 정책은 ETS 제도에 속해 있는 에너지 전환 부문과 제조업 부문에 큰 영향을 끼친다.

책, 다양한 교통수단들의 효율적 연결을 강화하는 것 등이 지적되었다. 주택 부문은 감축 잠재량이 여전히 크지만, 한편으로는 1인 가구가 증가하고, 거주 면적을 넓히고자 하는 복지 요구도 증가하고 있는 실정이라 감축의 어려움이 적지 않다고 분석하고 있다.[57]

좀 더 구체적으로 살펴보자. 우선 광범위하게 적용되는 기후보호 정책들의 시행 결과를 간략히 살펴보면, 건물 분야에서는 2002년 2월부터 '에너지 절약 규정'이 새롭게 시행되었다. 독일 연방정부의 하나의 이니셔티브로서 에너지 효율성 증가를 위해 2000년 가을 「독일 에너지 센터, Deutsche Energie-Agentur」를 설립하고, 민간 이해관계자들과 함께 다양한 분야의 에너지 효율성 개선을 위한 노력을 경주한다.[58] 개인 주택 부분에서는 1990~2005년까지 약 3백만 톤 정도 감축되었는데, 다양한 정책과 프로그램이 시행되었지만 효과는 크지 않았다. 2000년부터 시행된 『재생에너지 법』은 재생에너지의 비중을 확대하는 데 기여한 바가 크다. 재생에너지의 1차 에너지 생산 비중은 2000년 2.6%에서 꾸준히 상승해 2004년에 3.6%에 달해서 2004년 약 3,300만 톤의 이산화탄소 배출량을 감축하는 데 기여하고 있다. 『재생에너지 법』은 2004년 8월에 1차 개정이 되는데, 재생에너지 저장과 송·배전이 효율적이 되도록 하고, 보상 요율이 적합하도록 하고, 할인율을 높이고, 태양열 및 바이오매스 난방열 생산을 촉진하는 시장 유인 프로그램을 강화시켰다. 이 분야에서 일자리도 많이 창출하였는데 2004년 현재 13만 명이 재생에너지 생산과 유통에서 일하고 있다. 향후 재생에너지와 건물의 연계 확대 방안으로 열·난방 병합 발전

---

57 앞의 책, 12쪽 참조.

58 앞의 책, 14~15쪽 참조.

과 재생에너지의 결합을 확대하기로 하면서 연결망, 배관 및 시설 확장을 지원하기로 한다.[59] 독일 경제계는 2001년도에 열·병합 발전에 대한 또 한 번의 공동선언을 하였는데 이 분야의 현대화와 확장을 약속하였다. 이러한 선언의 결과로서, 특히 제조업 분야의 이산화탄소 감축 결과는 매우 만족스러운 결과를 보여주었다.[60]

각각의 분야에 적용된 정책이나 프로그램의 시행 결과를 간단히 살펴보자면, 개인 주택 분야에서는 사회 통합성의 측면에서 구동독에서 1999~2004년까지 임대주택 보수 및 정비 사업에 대한 투자 지원도 있었고, '사회주택, social house'에 대한 지원도 있었다.[61] 교통 분야에서는 특히 디젤차의 이용 증가, 자동차 중량 경감 등으로 1999년도에 비해 2003년도에는 약 1,500만 톤 규모의 이산화탄소 배출량을 감축할 수 있었는데, 생태세제의 감축 효과가 컸다. 연료의 대체화, 엔진 효율성 개선, 바이오가스 연료 확대 등을 위한 자동차 협회의 노력과 함께 저탄소 연료에 대한 세금 감면 조치도 기여한 바가 컸다. 향후 화물 자동차의 고속도로 통행세의 도입, 친환경 교통계획, 효율적인 교통 연결망 구축 등을 주요 과제로

---

59 앞의 책, 15~17쪽 참조. '재생에너지 법'은 2017년까지 여러 차례 개정된다. 2004년도 1차 개정에서 처음으로 재생에너지원의 발전 비중을 정하는데, 2010년까지 12.5%로, 2020년까지 20%로 상향 조정한다.

60 독일 경제계는 이산화탄소 감축에 관하여 때때로 자율적 감축 목표를 선언하였다. 독일 연방정부가 이에 호응함으로써 공동 협력을 선언하기도 하였다. 독일 경제계와 독일 연방정부는 1995년, 1996년, 2000년도에 기후보호 공동협력 선언을 함으로써, 한편으로는 기업에 장기적인 투자와 계획 수립에 안정성과 신뢰성을 줄 수 있었고, 정부에는 기후보호 대책을 수립하는 데 기업으로부터 지원을 기대할 수 있게 하였다. 앞의 책, 18쪽, 38쪽 참조; IMA, 2000, 20쪽 이하 참조.

61 IMA, 앞의 책, 2005, 21쪽 참조.

삼았다.[62] 제조업 분야에서는 에너지 효율성 개선을 통해 1995~2003년 동안 매년 평균 280만 톤을 감축할 정도로 성공적으로 진행되고 있다. 에너지 분야는 여러 차원의 요인들이 얽혀 있는데 열·병합 발전 촉진 정책이 주효하였다. 생태세제의 면제 및 '열·병합발전 법'의 2002년 시행 등의 효과가 기대된다.[63] 폐기물 분야에서는 메탄 배출량이 상당히 감축되어서 2005년도까지의 감축 목표가 이미 2003년도에 달성되었다. 1990년 대비 2,000만 톤, 약 66% 정도를 감축하였다.

『국가 기후보호 프로그램』 6차 보고서에 제시된 독일의 감축 목표를 살펴보면, 이미 교토협정 및 유럽연합 차원에서 약속한 것으로 2012년도까지 6대 온실가스 21% 감축이 공식적인 목표다. 2004년 『국가 할당 계획, Nationaler Allokationsplan fuer die Bundesrepublik Deutschland 2005-2007(NAP)』에 이미 규정되어 있다. 허용된 배출량은 2007년도까지 982Mio. 톤, 2012년까지 962Mio. 톤으로 정해져 있다. 이산화탄소 배출량의 감축 목표는 2007년도까지 859Mio. 톤, 2012년도까지 844Mio. 톤으로 정해져 있다. 좀 더 구체적으로 살펴보면, EU-ETS 영역에 속하는 에너지와 제조업 부문의 배출량 허용 목표량은 2005~2007년까지 평균 503Mio. 톤, 2008~2012년까지 평균 495Mio. 톤으로 규정되어 있다. 이는 Non-ETS 영역에 속하는 교통 및 주택 부문과 그 밖의 분야의 허용량과 감축 목표 역시 정해져 있음을 말한다. 2005년 EU-ETS 제도를 통한 감축 시나리오를 설계하면서 감축 계획이 매우 구체적으로, 분명하게 일

---

62   앞의 책, 24~26쪽 참조.

63   앞의 책, 26쪽 참조.

정표를 제시하게 된 셈이다. 하부 감축계획으로서 재생에너지의 전력생산 대비 비중을 2012년까지 12.5%로, 2020년까지 20%로 확대하고, 재생에너지의 1차 에너지 생산 대비 비중을 2010년까지 4.2% 정도로 확대하기로 하였다. 또한 에너지 생산성을 2020년까지 1990년 대비 2배로 증가시키기로 하였다. 2005년 대비 개인주택에서 5Mio. 톤, 교통에서 10Mio. 톤 정도의 이산화탄소 배출량을 감축하기로 하였다. 교통 부분에서 대체에너지의 – 바이오가스, 천연가스, 수소 등 – 비중을 2010년까지 5.75%, 2020년도까지 20%로 확대하기로 하였다.

이런 목표들을 달성하기 위하여 IMA는 『국가 기후보호 프로그램 2005』의 시행 과정에 대한 연차 평가 보고서를 제출하고, 2008년에는 동 프로그램의 이행 점검과 함께 개선 방안을 담은 보고서를, 즉 7차 보고서를 제출하도록 하였다.[64]

동 목표를 달성하기 위해 강화되거나 추가적인 기후보호 정책이나 프로그램을 살펴보자. 우선 광범위하게 영향을 미치는 측면부터 보자면, 일반적 공급 지향적인 대책 외에도 수요 지향적 프로그램을 통한 에너지 효율성 개선을 꾀하는 수단도 중요하다는 관점으로 2020년도까지 에너지 효율성을 2배로 증가시키기로 하였다. 그리고 석탄 화력발전의 기술 향상을 통한 감축 여지가 크다는 점을 인식하게 되었다.[65] 2004년 『재생에너지법』 개정과 함께 재생에너지원의 확대에 비중을 더 둔다. 연안의 풍력 에너지를 가능한 한 빨리 개발하고자 송·배전시설 설비에 관한 연구를 심

---

64   앞의 책, 4~7쪽 참조.

65   앞의 책, 35쪽 참조.

화시키고, 전력 생산 중에 바이오매스를 통한 생산 비중을 늘리고자 하였으며, 열·난방 공급에 태양열, 바이오, 지열 등을 더 활용하는 방안을 강구하였다. 2001년 '열·병합 발전 공동 협력선언'과 함께 2002년『열병합 발전 법』의 도입으로 이 분야의 감축 잠재력을 확장하기로 하였다.[66] 생태 세제는 개정을 검토하면서 전력 생산에 투입되는 화석연료에 대한 세금은 면제하였지만, 난방용 석탄 연료에는 조세를 부과하는 것을 제안하였다.[67] 이산화탄소 배출권거래제도는 1기(2005~2007년)가 시작되었고, 이어서 2기(2008~2012년)가 시행되도록 하였다. 또한 중요한 측면은 바로 연구와 교육일 것이다. 온실가스 감축 목표를 이루고자 시행하는 일은 전 사회적인 과제이므로 과학적 결과를 바탕으로 한 정책을 도출하고 그것을 시민 모두가 잘 이해하고 실천할 때 효과적으로 기후변화 대응이 이루어지기 때문이다. 「독일 연방교육연구부, Bundesministerium fuer Bildung und Forschung」는 「막스 플랑크」 같은 민간 연구소를 지원하고, 학제 간의 연구나 교육을 지원하고자 하였다. 그리고 무엇보다도 "2도" 상승 억제라는 매우 중대한 과제를 해결하기 위한 다차원적 복합 연구를 한층 더 심화하고자 하였다. 2도 상승 억제를 위해서는 어떠한 배출 경로가 요구되고, 지역적 영향은 어떠하고, 2도 상승 억제에 필요한 배출(감축) 경로를 따라가기 위한 저탄소 발전 전략을 개발해야 하며, 여기에 요구되는 기술적, 경제적, 사회적, 정치적 요소는 어떠한 것이 있는가에 대한 연구와 교육에 대해 지원을 아끼지 않기로 한다.[68]

---

66 앞의 책, 35~38쪽 참조.

67 앞의 책, 37쪽 참조.

68 앞의 책, 38~39쪽 참조.

각각의 구체적인 분야에 관련된 요소들을 보면, 주택 분야는 1~2인 주택 수요의 증가, 주거 면적 확장 욕구 등이 감축 사업을 어렵게 하였다. 구 프로그램의 연장이나 강화 외에도 새로운 프로그램-"건물의 에너지 증명 제도"의 도입, "새로운 건물에너지 규정", "에너지절약-계약" 등-을 통해 2012년까지 2005년 대비 530만 톤 추가로 감축할 것을 계획하였다.[69] 교통 분야는 기존의 프로그램에 더하여 차량 엔진의 효율성 개선, 바이오연료 등의 대체연료 사용 확대, 새로운 주행 등의 친환경 주행 방식의 교육을 통해서 2012년까지 1,000만 톤 정도 추가로 감축하기로 목표를 세웠다. 에너지와 제조업 분야는 거의 EU-ETS하에서 감축 목표를 수행하는 바, 1,000만 톤가량 감축 목표를 세웠다. 화력발전소의 효율성 향상을 기하는 것을 중점 목표로 해서, 연료 대체, 그리고 열·병합 발전의 확대 등을 주요 프로그램으로 시행하고자 하였다. 폐기물처리 분야는 매우 효과적으로 시행되어 2012년까지 840만 톤이 더 감축될 수 있게 되었다. 분리수거, 폐기물 자원 및 에너지 재활용의 프로그램이 활발하게 시행된다[70]

3.4. 독일 이산화탄소 배출권거래제도와 EU-ETS

2000년 초부터 준비를 해오다 2005년 시행된 유럽연합 이산화탄소 배출권 거래제, EU-ETS를 온실가스 감축 및 기후보호 정책의 근간이 되는 핵심 제도로 언급하지 않을 수 없다. 각 회원국은 공동의 원칙, 기준,

---

69 민간 연구소 「Forschungszentrum Juelich」의 2005년 연구 주제 『주택 부문 이산화탄소 감축 대책의 평가, Evaluierung der CO_2-Minderungsmassnahmen im Gebaeudebereich』의 결과를 참고한다. 앞의 책, 44쪽 참조.

70 앞의 책, 42~50쪽 참조.

방식에 따라 각 국가별로 이산화탄소 배출 할당량을 계획한다. 독일의 경우, 독일 연방환경부가 주도하여 2004년『독일 할당 계획안, Nationaler Allokationsplan fuer die Bundesrepublik Deutschland 2005-2007(NAP)』을 유럽연합 집행위원회에 제출하고 조정을 거친 후에 시행이 되는데, 2005년 유럽연합 차원에서 공동으로 시행된 제도이다.[71] 입법으로 제정된 이산화탄소 배출권 거래제도의 시행은 온실가스 감축의 또 하나의 핵심 제도이다. 이 제도는 비용 효과적인 경제적 방식이자[72] 경제성장과 고용에 대한 부정적 영향을 최대한 적게 하면서 온실가스를 감축할 수 있는 방식이다.

1997년 교토협정 체제에서 유럽연합의 15개 회원국은 온실가스 감축을 2012년까지 1990년 대비 8% 감축을, 독일은 21% 감축을 약속하였다. 유럽연합은 이 약속을 이행하기 위하여 2003년 10월 하나의 주요한 이행 방식으로『유럽연합의 온실가스 배출권 거래를 위한 제도』에 관한 지침을 공포한다.[73] 독일의 이산화탄소 배출권 거래제도는 EU-ETS의 동 지침

---

71 앞의 책, 36쪽 참조.

72 ETS 제도의 대상이 되는 배출량이 많은 에너지 다소비 기업들은 각 기업의 추가 감축 비용(한계 저감 비용)과 배출권 가격을 참고로 하면서 각 기업의 고유의 역량이나 여건에 따라서 비용 효과적으로 감축(또는 배출권 거래)의 규모를 결정할 수 있게 된다. 각 기업은 할당된 감축 목표를 달성할 수 있되, 비용 효과적으로 달성할 수 있게 된다. 자세한 것은, 김옥현, 『2℃. 기후변화 시대의 새로운 이정표』, 2018, 64~69쪽 참조.

73 DIRECTIVE 2003/87/EC OF THE EUROPEAN PARLIAMENT AND OF THE COUNCIL of 13 October 2003,『establishing a scheme for greenhouse gas emission allowance trading within the Community and amending Council Directive 96/61/EC』. 동 지침은 유럽연합의 온실가스 배출권 거래제의 제1호 지침이자 시행령이라 할 수 있고, 독일의『국가 할당 계획안』은 이 지침에 충실하게 따른다. http://eur-lex.europa.eu/legal-content/EN/TXT/?uri=CELEX:32003L0087 (2017년 12월 1일 검색).

에 충실하게 근거하여 설계가 된다. 자국의 감축의무를 수행하기 위하여 2004년도에『국가 할당 계획안(NAP 2005-2007)』을 공포하고 유럽연합 집행위원회에 제출한다. 동 계획안은 2005~2007년도까지의 독일 정부의 이산화탄소 배출권 할당 계획에 관한 것이다. 주요 내용과 방식은 아래와 같다.[74]

1) 유럽연합의 '상호 부담 공유'의 원칙에 따르며, 동 지침 제9조에 따라서 독일 정부도 ETS 영역의 허용된 총배출권, 배출권의 분배, 해당 기업의 개별 할당 배출권 등에 관한 원칙, 기준, 방법 등을 담은 독일의『국가 할당 계획안』을 2004년 3월 31일까지 유럽 집행위원회 해당 기관에 제출하면 유럽 집행위원회에서는 이를 심의 후 최종 승인한다. 그리고 2004년 9월 30일까지 개별 기업에 할당된 배출량이 통보된다. 독일 연방정부는 -연방환경부의 책임 아래- 총 허용배출권을 어떤 기준과 근거로 할당했는지를 객관적이고 투명한 기준에서 해야 하고, 여론을 적절히 반영하도록 한다.

2) 독일 정부는『국가 할당 계획안』의 설계 시에 동 지침 부속서 3에 따라서 유럽연합(2002/358/EC)과 교토협정에서 상호 약속한 감축 수준을 지키고, EU-ETS에 포함되지 않은 다른 배출 부문들과 -교통, 주택, 상업 및 건물, 농·축산 부문 등- 균형을 맞추어 적정하게 정하고, 독일 국가의 에너지 정책과 나아가 국가 기후보호 프로그램과 상응하는 범위 내에서 정해야 한다.

---

74 BMU, 『Nationaler Allokationsplan fuer die Bundesrepublik Deutschland 2005-2007, NAP』, 2004, https://www.bmuv.de/fileadmin/Daten_BMU/Download_PDF/Emissionshandel/nap_kabinettsbeschluss.pdf (2017년 7월 15일 검색); (2022년 6월 13일 재검색).

3) 총 허용배출권은 유럽연합 국가들의 현재 또는 예상되는 감축 수준(기술 잠재력 포함)을 고려해야 한다. '국가 할당 계획안'은 유럽연합의 법적, 정치적 제도와 정합성을 가져야 한다.

4) 개별 해당 기업에 대한 할당은 차별 없이 공정하게 이루어져야 한다. 계획안에는 신규 가입자를 포함해야 하고, 조기감축 행동에 대한 고려를 할 수 있다. 청정에너지 및 에너지효율 기술에 대한 고려 사항을 기재해야 한다.

5) 배출권 거래제의 장점인 비용효과적인 감축 방식에 상응하여 해당 기업은 연소 및 공정 과정에서 화석에너지를 대량으로 연소하거나 이산화탄소를 대량으로 배출하는 기업에 한정하여 선정한다. 대부분이 에너지 분야, 제조업 분야 및 광물산업의 대기업으로서 2,400여 개가 선정되었고, 2000~2002년 평균 5억 5백만 톤 CO_2를 배출하였다. 독일 이산화탄소 총 배출량의 약 60%에 해당하였다. 선정기준 역시 동 지침 부속서 1의 기준을 충실히 반영하였다.[75]

5.1.) 배출권 거래제가 포괄하는 사업체는 거의 대부분이 에너지 산업과 제조업에 속해 있지만, 이『국가 할당 계획안』은 독일 전체의 이산화탄소 배출 목표치를 달성하기 위하여 ETS 분야에 포함되지 않는 Non-ETS 분야의 허용배출량을 설정하면서, 감축 수단에 관해서도 제시한다.[76]

---

75 유럽연합의 동 지침 부속서 1의 기준을 충실히 반영하면서, 50MW 이상의 에너지를 생산하는 발전소의 연소 시설물, 20MW 이상의 에너지를 생산하는 제철소의 고로, 석유정제업 시설물 등이 대표적이다. 그리고 일정 규모 이상의 대량의 공정 배출을 하는 시멘트 업종의 생산 시설, 유리 업종과 같은 광물 산업 생산 시설과 제지 산업의 시설물 등이다. NAP, 11~14쪽 참조.

76 NAP, 8쪽 참조. 배출권 거래제도는 이 제도에 포함되지 않은 다른 영역의 감축 계획과의 연계 내에서 운영되는 점이 중요하다. 독일 국가 전체의 감축 계획과 과정은 ETS와 Non-ETS 영역이 분리되어 있으나 함께 고려되면서 연계되어 진행된다. 따라서 전 사회적 대화를 통한 결정 과정

6)『국가 할당 계획안』은 해당 기업들의 유럽연합 외부 시장에서의 경쟁력에 관한 고려 사항을 기술할 수 있도록 하였다.

7)『국가 할당 계획안』이 도출되는 사회적인 협의 과정과 여론 수렴 과정에 관한 사항이 기재되어야 함을 강조하였다.[77] 감축 계획을 수립하는 과정은 매우 복잡한 사회적 과정이지만 'ideal, 이상적인' 형태로서 아래 글상자 2에 약술해본다. "2도" 목표 달성을 위한 전체 감축 계획 수립 과정에 대한 이해를 도울 수 있을 것이다.

글상자 2. 감축 계획의 사회적 협의 과정
– "2도" 목표 달성을 위해 감축 경로를 어떻게 기획하는가?

ETS 영역에서 얼마만큼 감축할 것인지, 또 각 개별 기업은 ETS 내부 안에서 얼마만큼 감축할 것인지를 결정하는 과정은 사실상 모든 부문에서 얼마만큼을 감축할 것인지를 결정하는 사회적 협의 과정의 일부이자 –독일『국가 할당 계획안』이 도출되는 과정이 잘 보여주듯이– 2도 목표를 달성하기 위한 감축 경로를 협의하는 전 사회적 과정의 일부이기도 하다.

"2도" 목표 달성을 위해 감축 목표를 결정하는 과정은 실로 매우 복잡한 순서를 거친다. 또한

을 거친다. 이 측면은 바로 다음 주석에서도 확인할 수 있다.

77 독일 연방환경부는 총 허용배출권, 할당 기업과 할당량을 사전에 공개하며 해당 기업뿐 아니라 사회적 여론을 수렴하는 과정을 중요시하였다.『국가 할당 계획안』은 전문가, 이해관계자, 시민단체 등과 다양한 논의나 협의 과정을 거쳐서 작성되었다. 특히 2개의 기구가 주요한 역할을 하였는데, 하나는 연방환경부 산하에「배출권 워킹그룹, Arbeitsgemeinschaft Emissionshandel(AGE)」이 구성되었는데 배출권 관련 모든 이해관계자들이 –경제단체, 노동조합 대표, 환경단체, 연방하원 대표자, 주정부 대표자들– 참여하였다. 다른 하나는 연방-주-워킹그룹 배출권거래제의 하위 기구인「에너지와 환경」이 구성되어 주정부 간의 소통을 담당하였다. NAP, 7~11쪽 참조; AGE는 2000년에 구성이 되었고, 계속 연장되어 주요한 역할을 담당하고 있다. http://www.bmub.bund.de/fileadmin/bmu-import/files/pdfs/allgemein/application/pdf/mandat_age_2007.pdf 참조. (2017년 7월 15일 검색); (2022년 6월 13일 재검색).

어렵기도 하다. 우리는 앞에서 2도 억제선을, 그리고 2005년, 2050년도의 배출 감축량도 결정하는 과정을 보았다. 과학적인 사실과 데이터를 토대로 한 객관적 결론에 – 물론 이 결론의 도출 과정에도 불확실성과 주관적 판단이 개입될 여지는 있지만 – 도달하는 과정을 보았다. '2도'라는 비교적 객관적인 과학적 결론에 부합하여 감축하는 과정은 사실 매우 복잡한 전 사회적 과정이다. 과학적 사실을 전 사회적 과정을 거쳐서 현실화시켜야 하는 점이다. 다양한 감축 기술을 통해서 감축 과정이 진행되지만, 실제로는 그것을 훨씬 넘어서는 복잡한 과정이 있다. 독일의 「"지구대기 보호의 예방" 연방하원 조사위원회」에서 2도 목표 달성을 위해서 2005년까지 20∼30% 정도 감축하는 권고안을 제시하였고, 대표적인 감축 기술도 제시하였다. 하지만 그 과학적 사실은 우선 사회적인 동의를 얻는 과정을 통과해야 한다. 사회적 합의 과정은 이해당사자 간의 갈등으로 어렵고 쉬운 과정이 아니지 않은가?[78] 사회적 동의를 거치고 나더라도 어려운 관문들이 기다리고 있다. 당장 '누가, 왜, 어떤 부문에서, 얼마나, 어떻게 감축할 것인가?'라는 기본 질문이 독일 사회의 여기저기서 쏟아질 것이다. 2도 목표 달성을 위한 감축의 과정은 비용이 추가적으로 들어가고, 책임도 져야 하며, 전환의 불확실한 과정이기 때문에 다차원의 복합적인 갈등이 터져 나올 수 있기 때문이다.[79] 사실 기간별 감축 배출량 목표를 설정하는 사회적 협의 과정의 출발 단계부터 고려해야 할 요소와 변수들이 아주 많다. 대체로 과정이 복잡할 경우 사전 준비 단계로서 그 과정의 순서를 그려보는 것은 중요할 것이다. 특히 그 과정에서 우선순위와 중요도에 따라서 기획을 진행하는 것이 목표 달성의 성패에 열쇠가 되곤 해서 여기서 살펴보도록 하자. 사실상 사회적 감축 과정은 매우 복잡하고, 혼란스러운 시행착오를 하면서 진행되고, 진행될 것이다. 따라서 그 경로를 여기서 스케치해 보는 것은 매우 '이념적인 형태'(Ideal Type)를[80] 가정한 것이다.

78　기후변화는 과학적으로 거의 확실히 인간의 행위에 의해서 기인하는 것이 판명되었지만, 미국 트럼프 전 대통령은 그것을 부정하였고, 미국 사회는 결국 기후변화 대응에 동참하는 것을 포기하기도 하였다. 이런 예는 미국뿐만이 아니고, 다른 곳에서도 많이 찾아볼 수 있다.

79　김옥현, 『2도. 기후변화 시대의 새로운 이정표』, 2018, 107쪽 이하 참조.

80　독일의 사회학자 막스 베버는 "Ideal Type, 이념형"이라는 중요한 개념 도구를 찾아낸다. 이념형이란 분석적 구성물로서 연구자가 구체적인 사례들 간의 유사성과 차이성을 확인하기 위한 척도의 구실을 한다. 수많은 구체적인 개별 현상들을 종합해 연구자의 강조된 일관된 관점에 따라서 하나의 통합된 분석적 구성물을 만들어낸 것이다. L. Coser, 『사회사상사』, 신용하 외 역, 2003,

사회적으로 감축 목표를 결정하는 과정은 크게 4단계로 구분할 수 있다. 1단계로 감축 목표를 설정하는 과정이고, 2단계로 부문별 감축 목표를 설정하는 과정이고, 3단계로 감축 목표의 사회적 타당성과 시민 참여를 얻는 과정이고, 4단계로 감축 목표의 이행 과정과 결과에 대한 평가 과정으로 대개 나눌 수 있다. 각 단계는 서로 겹치기도 할 수 있고, 순서가 바뀔 수도 있으나 이념적인 형태라는 관점에서 주요 단계는 이런 순서로 진행되는 것이 일반적이다.

1단계는 감축 목표 설정 과정으로, 그 첫 번째 과정은 감축 기간의 목표 연도의 예상 배출량을 조사하는 것이다. 우선 각 부문의 온실가스 배출 목록(인벤토리)을 작성한다. 이를 통해 과거의 배출 궤적을 파악하고, 이를 기초로 예상 배출 전망치를(BAU) - 인구 성장, 경제 성장, 소득 성장, 산업 부문별 성장에 따른 연관 매개 변수들의 변동 등 주요 변수를 고려하면서 - 객관적으로 도출한다. 이를 종합하면 전체 예상 배출 전망치를 구할 수 있다. 그 후 감축 잠재량을 파악하고 감축 목표를 정할 수 있다.

그렇지만 위에서 보았듯이, 정부나 IPCC 등 전문가 그룹에서 하향식으로 감축 목표가(권고안의 형태로든지) 먼저 주어질 수 있다. 그럴 경우에 그 감축 목표의 함의를 이해하고, 감축 수단의 적절한 선택을 위해서라도 예상 배출량을 도출하는 것은 충분히 그다음 순서가 될 수 있다. 즉 예상 배출량을 구하고 나서 감축 목표를 설정하든지, 감축 목표가 주어지고 난 후에 예상 배출량을 구하든지 그 선후는 그다지 중요하지 않다. 예상 배출량을 구하는 과정은 필수적이고 우선순위로 진행되어야 한다는 점이다. 하지만 상향식으로 감축 목표(잠재량)를 기획하는 과정에서는 예상 배출량에 대한 조사가 선행되는 것이 일반적이다. 이를 토대로 감축 목표를 계획하는 것이 합리적이고 논리 정합적이다. 감축 과정의 효율적 측면에서 볼 때도 바람직하다. 감축 목표를 설정하는 과정에는 각 부문별 기술적 감축 잠재력과 경제(효율)성, 비용 등을 분석하는 과정이 선행되어야 하기 때문이다. 따라서 각 부문별 예상 배출량 추세를 먼저 살펴보는 것이 일반적이다.

하지만 엄밀히 본다면 두 과정은 - 예상 배출량 추세 조사와 감축 목표 설정하기 - 동일한 과정의 두 측면이고, 상호 작용하는 과정이라서 순서의 선후에 상관없이 독립적으로 진행될 수도 있다. 예상 배출량 추세를 분석하는 과정은 현재의 감축 정책하에서 여러 변동 조건을 예상하여

272~273쪽 참조.

그 추세를 조사하는 것이고, 감축 잠재량 분석 및 감축 목표 설정은 현재의 여건하에서 감축할 수 있는 객관적 능력을 검토하는 과정이기 때문이다. 하지만 어떤 규모의 감축 목표가 결정되면 이것은 비용 및 책임 부담과 바로 직결되고, 기존의 경제적 경로의 변화를 의미하게 되어 의사 결정에 영향을 끼치게 된다. 그 부담이 클수록 의사 결정에 큰 영향을 미치게 된다. 이런 점에서 예상 배출량을 우선 선행하여 분석하는 것이 일반적이고 효과적이다. 우선 조사된 예상 배출량에 대한 기본 자료를 토대로 할 때, 정부나 전문가 그룹이 권고한 하향식 감축 목표의 규모가 가지는 다양한 함의를 좀 더 정확하게 이해할 수 있고, 감축 계획을 정합적으로 진행할 수 있기 때문이다.

두 번째 과정으로, 감축 기간의 목표 연도의 감축 목표(감축량)를 정해야 하는 순서이다. 두 차원의 과정(트랙)이 독립적이면서도 상호 작용을 통하면서 종합적으로 이루어지는 과정이다. 하나는 하향식(소위 top-down) 방식으로 2도 목표 및 1.5도 목표를 달성하기 위해 각 국가들이 자국에 부여된(주어진) 합당한 감축 목표를 찾아가는 것이고, 다른 하나는 각 국가의 감축 잠재량을 과도하게 초과하지 않는 범위 내에서 감축 목표를 상향식(소위 bottom-up) 방식으로 사회적 소통을 통해서 찾아가는 것이다. 이 두 가지 트랙의 결과가 적절하게 접점을 찾을 때 감축 목표를 설정할 수가 있다.

우선 전자의 트랙으로 독일 「"지구대기 보호의 예방" 연방하원 조사위원회」나-2005년도 독일의 30% 감축 목표 설정함- IPCC의 권고 수준 또는 2015년 파리 협정 등에서 약속한 2도 및 1.5도 목표 달성을 위해 부여된 하향식 목표를(21세기 중반까지 탄소 중립 목표) 위해 독일의 경우 이미 1990년도에 선진국의 지위에 걸맞게 2050년까지 80~95% 감축하겠다는 야심 찬 계획을 제시한다. 한국의 경우도 2015년 INDC를 통해서, 그리고 상향 수정하면서 감축 목표를 제시하고 있다. 한국의 글로벌 지위, 배출 책임과 감축 능력에 상응하는 감축 책임을 질 것이다. 이러한 수준에 대한 글로벌 차원에서 또한 국내 차원의 논의도 분분하다. 특히 경제적 지위로서 한국은 개발도상국, 중진국 또는 선진국 중 어디에 속하는지에 대한 결정이 이루어져야 할 것이다.[81] 물론

---

81   위에서 언급한 독일 연방하원의 조사위원회의 보고서도 이 점에 대해 분석을 제시하였다. 2도 목표 달성을 위해서 세계적 차원의 2005년, 2050년 감축 목표 수준을 정한다. 1987년 대비 각기 5% 감축을, 50% 감축을 권고한다. 국가별 감축 목표 수준에 대해서는 여러 사항을 고려하면서

국가적 책임에 대해서는 '공동의, 그러나 차별적인 능력에 따른 책임'과 '오염자 부담의 원칙'이라는 대원칙이 적절한 길을 제시해줄 것이다.

후자의 트랙으로 전자의 트랙과 상호 작용하면서 동시에 각 국가(독일이나 한국 등)의 감축 잠재력(성)을 분석하는 과정이 우선순위로 놓여야 한다. 전자의 트랙이 감축 목표를 도출하는 동안 반드시 제기되는 질문은 '과연 독일(한국)은 전자의 트랙에서 부여(도출)하는 감축 목표를 달성할 수 있는 잠재력이나 능력이 있을까?'일 것이다. 감축 목표 달성과 연관되는 주요 요소나 변수를 논리적으로 우선순위에 따라 조사, 분석하는 과정이 체계적으로 이루어져야 할 것이다. 이 과정은 상당 수준 과학적이며 엄밀하게 이루어져야 한다.[82] 이 목표와 연관되는 주요 요소 중 제일 우선적으로 검토해야 할 작업은 첫 순서(앞의) 작업인 과거 몇 년간(기준 연도)의 배출 궤적과 미래 예상 배출량 분석의 토대 위에 감축 잠재력(기술적, 경제적, 예상 감축 잠재량)을 도출하는 과정이다. 특히 우선적으로 기술적 감축 잠재성을 파악하고, 경제적, 예상 감축 잠재량을 순서대로 파악하는 것이 효과적이다. 왜냐하면 기술적으로 감축이 가능할 때 비로소 감축은 비용 등의 경제적 요인과 정책적 수단에 좌우되기 때문이다. 또한 기술 수준이 부족하다면 감축 기한을 설정하기도 어렵기 때문이다. 경제적 감축 잠재량도 파악하는 것 역시 중요한데, 감축 주체는 대개 경제 주체들이기 때문이다. 예상 감축 잠재량은 법적, 제도적, 경제적 요소들에 의해서 제한되기 때문에 정책적, 제도적 변화가 감축량을 설정하는 데 큰 역할을 할 수 있다.

앞선 첫 번째, 두 번째 과정을 거치면서 종합적, 부문별 감축 잠재량의 개략적 수준이 드러난다. 기술적, 경제적 감축 잠재량이 파악된다. 첫째 단계(각 부문 및 전체 예상 배출량의 결과)와 연계해서 감축 잠재량의 함의를 파악해볼 수 있다. 기한 연도별 예상 배출량과 감축 잠재량을 연계해서 비교하고, 각 부문별 예상 배출량과 감축 잠재량을 연계해서 비교를 해본다면, 이 과정을 통해 종합적 또는 부문별 감축 과정의 비용, 책임·부담, 난이도 등 여러 측면에 관한 기초적 평가

2005년, 2050년까지 선진국은 각기 20%, 80% 감축 목표를, 개발도상국은 각기 50%, 70%까지 증가를 허용하는 수준으로 온실가스 감축(또는 허용) 배출량을 제시하였다.

82   그 까닭은 분명하다. 2도 목표를, 달리 표현하자면, 배출량의 감축 목표를 달성하지 못한다면, 기온상승으로 인한 상당한 피해가 발생될 것이고, 또한 그 피해는 누적되어 더욱 커질 것이기 때문이다. 이 과정이 과학적이지 못하면, 시민들의 신뢰를 얻지 못하게 되고, 이럴 경우 고통과 부담을 동반하는 감축 과정은 사회적 타당성과 합의를 얻지 못하고 실패로 돌아가기 쉽기 때문이다.

를 할 수 있고, 이제야 사회적 대화의 기초가 마련되는 것이다.

첫 번째, 두 번째 과정은 대체로 전문가 그룹이나 감축 계획 입안자들이 주로 관여하는 과정으로, 기초자료를 만들거나 분석하는 작업 과정으로 과학적인 성격을 많이 띠는 과정이다. 주관적인 입장이나 견해가 원칙적으로 배제되어야 하는 과정으로 객관성이 담보되어야 한다. 과학적 특성을 잃게 되면 전체적 감축 계획은 그 과학적 근거를 잃게 되고, 사회적 신뢰를 잃게 되며, 감축 계획의 전 과정이나 시행 과정이 그 타당성과 실효성을 잃어버리게 되기 때문이다.

2단계는 부문별 감축 목표 확정하기 단계인데, 세 번째 과정에 진입하여, 앞선 과정으로부터 객관적인 전 사회적 감축 목표 또는 부문별 감축량(목표)이 설정되면 부문별, 해당 업종별, 기업들, 이해관계 당사자들과의 사회적 대화를 거치는 과정을 거치게 된다. 이 과정을 통해서 여러 층위의 감축 목표가 확정되게 된다. 따라서 이 과정은 기술적, 경제적, 정치적 과정으로 진행된다. 객관적이고 과학적인 부문별 감축 목표가 경제적, 사회적, (국제)정치적 요인들에 의해 조정을 받는 민주적 대화 과정을 거치게 된다. 이제 구체적 감축 목표를 확정하는 순간이 다가오면 이해당사자들은 각자가 치러야 할 비용과 부담을 심각하게 인식하게 된다. 멀리 느껴지는 장기 목표가 아니라 가까운 단기 목표를 – 예를 들어 2005년까지 20% 감축, 또는 재생에너지 비중의 2배 확대 등 – 정하는 경우 더욱 그러하다. 다양한 층위마다의 감축량(목표)이 확정되는 과정은 비용, 책임 및 부담의 몫이 정해지는 과정이기에 일반적으로 감축의 실질적 당사자들은 부담을 줄이려고 할 것이고, 이는 일반적이라고 할 수 있다. 계획 기간별, 연도별 감축 목표가 확정되고, 부문 · 업종별 감축량을 확정할 때 부문별, 부문 내에서의 이해당사자 간의 갈등을 유발할 수 있는 과정이 충분히 전개될 수 있다. 사실상 모든 국민 개개인이 이해당사자가 되고, 감축 대상자가 되는 것이다.

각 부문별 이해당사자와 전문가, 국가 부처별 관계자들이 일반 시민과 함께 공론 과정을 거치면서 부문별 감축 목표를 정하는 과정이다. 부문별 내에서 또는 업종별로 세분화된 분야에서의 책임 분담도 거의 동시에 이루어진다. 각 국가마다 조금씩 차이가 있지만 크게는 8대 부문으로 분류된다. 발전(에너지 전환) 부문, 산업, 교통 및 수송, 주택 및 건물 부문, 폐기물 부문, 농 · 축산 부문, 산림 부문, 기타 부문 등이다. 산업 부문에서는 감축 목표를 확정할 때 특히 고려할 사항이 많다. 산업 및 기업의 (국제)경쟁력 유지 및 성장세의 유지에 대한 영향, 저탄소 에너지 체계로의 전환에 따른 산업 및 기업 구조의 개편과 조정에 대한 영향, 이산화탄소의 외부효과의 반영에 따른 전반적 비용 인상에 따른 영향, 고탄소 업종의 전반적 저항 등 고려할 사항이 다차원적이다. 저탄소 건물 및 주택으로의 전환에 따른 비용 상승을 완화할 수 있는 개인적 자발성과 국가적 지원 방식에 대한 논의도 많아지고, 재생에너지원의 개발과 확대를 위한 제도적 수단과 재정정책의 운용 방식 등이 주요 고려대상이다. 복합적인 층위의 수많은 고려 사항이 사회적 조정의 테이블 위로 오르게 될 것이다.

네 번째 과정으로서 감축을 위한 제도적인 방식과 정책들이 선택되는 단계이다. 전 단계에서 감축 수단으로 우선 저탄소 기술 수단의 감축 잠재량을 선행 작업으로 파악하였다. 비경제적인 감축 잠재량을 제외한 경제적 감축 잠재량도 선행 단계에서 찾아냈다. 제도적 장애나 기술적 한계로 인한 감축 잠재량을 제외하면 예상 감축 잠재량을 구할 수 있었다.

이제는 감축을 어렵게 하는 장애의 벽들을 낮추거나, 감축을 촉진하는 제도들을 도입하는 과정을 거치게 될 것이다. 제도적 감축 수단인 법·제도나 정책, 지원책 등이 논의되고 결정될 것이다. 기존의 법적, 제도적 장애(예를 들어 화석연료 보조금 지원 제도 등)를 걷어내거나 저탄소 에너지 기술 개발을 촉진할 수 있는 정책을 도입하는 결정 등이 이루어지는 단계이다. 경제적이며 민주적이며 효율적인 제도들이 논의를 거쳐 선택될 것이다. 탄소세(환경세)의 도입은 많은 국가에서 시행되고 있다. 이산화탄소를 배출하는 모든 행위에 대해 세금을 부과하는 것으로 공정하고 감축에 효과적이다. 탄소세로 인해 거의 모든 상품의 가격이 상승함에 따라 수요가 감소하는 점을 활용하는 보편적인 감축 제도이다. 탄소세 제도와 함께 많은 국가에서 시행하는 경제적이고 비용효과적인 제도로서 이산화탄소 배출권 거래 제도를 들 수 있다. 일정 규모 이상으로 이산화탄소를 대량 배출하는 기업(또는 사업장)을 대상으로 하며, 비용 효과적으로 목표 배출량을 달성하는 방식이다. 대상 기업들은 소수이고, 그들의 배출규모가 국가 배출량의 대략 50% 정도를 차지하기 때문에 감축 로드맵을 비교적 간편하게 설계할 수 있도록 도와주고 수고를 덜어줄 수 있게 한다. 이산화탄소 배출권 거래제도(ETS)를 통해서 감축할 수 있는 감축량을 우선 결정하면, 그 비중이 대략 50% 정도로 크기 때문에 나머지 감축 분야, 즉 비-이산화탄소 배출권 거래제(Non-ETS) 분야의 감축량을 결정하고 분배하는 데 쉬울 것이다. ETS와 Non-ETS와의 대분류 구분 작업은 우선순위에 들 정도로 중요한 작업 과정에 속한다. ETS 분야에 속하는 대상 기업은 주로 대규모 기업이며, 주로 발전 부문이나 제조업 부문에 속해 있다. ETS 분야는 또한 대체적으로 한 국가의 배출량의 대략 50% 정도를 배출하므로 사회적, 기후적 책임도 크다. 따라서 ETS 영역이 책임이나 능력 면에서 볼 때 우선적으로 자기 영역의 감축 목표를 설정하는 것이 타당하고 적합하기도 하다.[83] 대상 기업이 소수이기 때문에 감축량을 분배하거나 할당하기에도 복잡하지 않다. 반면에 다수의 소규모 배출자인 중소기업과 개별적 일반 시민에게 책임과 부담을 나누는 과정은 그다음 후순위로 하는 것이 타당할 것이고, 효과적일 것이다.[84]

앞선 선행 단계에서 기술적 감축 수단을 선별하는 과정에서도 여러 가지 고려 사항이 있었다. 나아가 경제성의 측면을 고려하는 경제적 감축 잠재량을 파악하는 과정도 단순하지는 않았다. 하지만 이 두 과정은 비교적 객관적으로 선별될 수 있다. 그 외에도 감축 계획 과정에는 여러 차원의 정치사회적 고려 사항, 갱신 투자 기한이나 기존의 장애물들이 연관되어 있다. 감축 수단 선택에는 이렇듯 다양한 기술적, 경제적, 정치사회적 요소들이 복합적으로 연관되어 있다. 이럴 때일수록 원칙과 기준을 준수하면 쉬울 경우가 많다. 기본 원칙은 고탄소 행위에는 비용과 부담을 부과해야 되고, 저탄소 행위에는 지원을 해야 하는 것이다. 어떤 감축 수단 및 제도가 도입될 때, 부

---

83 유럽연합의 경우도 2000년도 들어와서 우선적으로 EU-ETS를 도입하고자 하였고, 독일 및 회원국들도 모두 공조하여 2005년 이후부터 EU-ETS하에 시행한다. 유럽연합은 한 걸음 더 나아가 2007년도 『기후-에너지 패키지 2020』을 공포하고 2020년까지 1990년 대비 20%(2005년 대비 14% 감축) 감축이라는 중기 감축 목표를 제시하면서, EU-ETS를 통해 2005년 대비 21% 감축하고, Non-ETS 분야(교통, 건물, 농업, 폐기물, 소규모 배출시설 등)를 통하여 2005년 대비 10% 감축을 하고자 하였다. Non-ETS 분야는 다양한 부문을 한데 묶어서 '각 회원국의 책임과 능력'에 따라 배출허용량을 할당하는데, 이는 ETS의 감축 논리와는 다르게 진행되었다. 또한 ETS 분야의 감축 목표량도 크고, 감축 수준도 높은 것을 알 수 있다.

84 이런 관점에서 독일이나 유럽연합은 초기 과정에서 ETS 대상 기업을 발전(전환) 부문이나 산업 부문에만 국한하여 – 후에는 항공 분야와 해양 수송 부문도 포함한다 – 시행하였다. 교통 · 수송 부문의 대규모 사업장은 개인보다 주로 국 · 공영 기업에 해당하므로 국가의 공공 교통 정책의 영역으로 다루는 것이 더 적절하고, 건물 · 주택 부문에서의 대규모 배출 사업장은 주로 전력 소비로 인한 배출량에 기인하기 때문에 당해 사업장의 직접 배출이 아니라, 간접 배출에 해당된다. 따라서 ETS보다는 다른 감축 정책이나 제도를 통해 전력을 절감하도록 유도하는 것이 적절할 것이다. 전기 누진세라든지, 탄소세라든지 또는 '에너지 표준 등급제' 등이 적절한 정책이라고 하겠다. 사실 한국에서도 '온실가스 목표관리제'를 초기에 시행하면서 대기업을 우선 대상으로 감축 활동을 본격적으로 개시하였다.

문별 감축량과 감축 부담에 대한 적지 않는 논쟁을 불러올 수 있다. 예를 들어 기술적 감축 수단으로 재생에너지의 확대를 선택했을 때, 기술 촉진을 위한 정책의 도입이 필요할 것이고, 제도적 정착을 위하여 소위 '재생에너지 법'이 필요할 것이고, 또한 이를 지원하기 위한 재정정책도 필요할 것이다. 그리고 쇠퇴하는 화석연료 발전소 지역의 구조조정에 따른 피해 등을 지원할 지역 발전 대책도 수립해야 할 것이다. 재생에너지 확대라는 감축 수단의 선택은 이러한 일련의 동반하는 정책 패키지를 필요하게 되어, 광범위한 사회적 대화의 주요한 주제가 될 것이다. 이처럼 다양한 형태의 감축 정책이나 제도에 대한 장ㆍ단점, 시행 여부, 경제사회적 여건 등은 광범위한 주제가 될 것이다.

3단계로서 감축 목표의 사회적 타당성과 참여 획득하기 단계이다. 그 다섯 번째 과정을 거치면서 사회적 타당성과 참여를 얻는 단계이다. 2도 목표는 달성되어야 한다. 미진한 부분은 수정, 보완되어 다음의 과정에서 실현되어야 한다. 어제 못 한 숙제는 사라지지 않고, 내일, 모레로 이월되어서 시행되어야 한다. 감축량의 목표는 그만큼의 감축량의 실현으로서 달성되어야 한다. 그런 의미에서 모든 감축 과정은 감축의 현장에서 승인받아야 한다. 실증이 필수적이다. 예를 들어 일정한 지역의 풍력발전에 필요한 풍량과 풍속은 충분한지-물론 기술적 감축 잠재량 분석에 이런 항목이 포함되어 있다-, 송ㆍ배전 인프라는 준비되어 있는지, 지역 주민들은 수용할 의사가 충분한지 등 다양하다. 물론 지역적인 정합성은 앞선 목표 설정 단계 과정에 포함되어야 하고, 포함될 수 있다. 동 단계 및 과정은 물리적 개념보다는 논리적 개념으로서 파악하는 순서로 이해하기를 바란다. 말하자면, 최종적으로 현장의 검증과 수용성이 중요하고, 이를 통과해야만 실질적으로 감축량과 목표를 확정할 수 있다는 의미이다. 실제로 목표를 달성하지 못한 경우, 그 이유 중에는 현장의 애로점이나 주민의 반대 등 장애 요소들이 실제로 많이 언급되기도 한다. 이럴 경우 다음 단계에서 보완, 수정을 필요로 하게 된다.

물리 환경적, 기술적, 경제적 차원에서 현장의 검증을 거쳐야 한다는 점을 강조했다. 동일한 차원에서 정책적 측면의 현장 실효성을 검증하는 것 역시 중요하다. 현장 실효적인 정책으로 가다듬는 과정이 필요하다. 예를 들어 태양광 주택 사업의 경우, 임차인들은 주거비용 인상으로 인해 그 사업에 반대할 수도 있다. 동 사업에 주거비용의 지원을 포함하지 않을 경우 임대인은 초기 투자비용 마련 및 임차인의 저항 등으로 인하여 동 사업을 선뜻 추진하기 어려울 것이다. 고탄소 석탄 발전소의 폐지에 따른 해당 지역의 침체에 대한 새로운 발전전략도 사전에 마련해야 그 지역민과 사회적 취약계층으로부터 공감과 참여를 획득할 수 있을 것이다. 독일과 유럽연합은 소위 '사회 기금'이나 '구조 조정 위원회'를 조성하여 저탄소 체계로의 구조 조정에 따른 어려움과 부작용을 해소시키는 데 각별한 지원과 배려를 하고 있다.[85]

4단계로서 감축 목표의 이행 과정과 결과에 대한 평가하기 단계이다. 그 여섯 번째 과정인 평가 과정으로 끝이 난다. 사실상 이 단계는 감축 목표를 계획하는 과정은 아니다. 하지만 감축 목표 계획 과정에 대한 평가가 이루어져야 비로소 그 계획 과정이 개념적으로 마무리될 수 있기 때문에 포함시킨다. 감축 목표를 정하는 모든 과정은 사실상 이행 과정이 그 목표를 달성했는지에 대한 평가 과정으로 마무리가 된다. 감축 목표의 계획 과정은 감축 결과의 성취도 수준에 따라서 판가름이 나기 때문이다. 즉 기한 내 감축 목표의 이행과정을 모니터링하면서 시행 결과에 대해 검증, 평가하고 개선하는 과정이다. 평가의 다양한 항목에 ─특히 에너지 효율성 개선, 재생에너지 사용 비중, 전력 생산 중 재생에너지원의 비중, ETS 결과, Non─ETS 결과 등─ 맞추고, 평가 대상도 ─감축 목표 달성 수준, 정책 거버넌스의 역할, 평가단의 참여방식 및 구성, 각종 보고서 등─ 다양한 차원에서 접근하면서, 감축 목표 계획 과정 전체의 결함이나 부족한 원인을 찾아 기존의 감축 내용과 방식을 강화거나, 새로운 감축 잠재력을 찾아내거나, 또는 새로운 감축 정책을 추가적으로 시행할 것을 준비하는 소위 학습을 통한 배우는 과정을 거칠 수 있다. 따라서 파리협정도 중간 이행점검을 주요한 항목으로 채택하였고, 독일 역시 여기에 주요한 비중을 두고 진행하고 있다. 그리고 감축 목표를 위한 이행과정에 대한 평가를 통해서야 비로소 목표를 상향시켜 다음의 높은 감축 단계로의 진입이 효력을 발휘할 수 있을 것이다. 이 같은 이행 과정에 대한 검증과 평가를 토대로 해서 다음 단계의 새로운 상향된 감축 목표를 기획하는 과정으로 또다시 진입하게 된다. 여섯 번째 과정은 새로운 높은 단계의 사실상 첫 번째 준비 단계에 해당할 것이다.

---

85 유럽연합은 「사회 기후 펀드, Social Climate Fund」도 만들었다. European Commission, 『Establishing a Social Climate Fund』, 2021 참조; 독일도 「성장, 구조전환, 고용위원회, Kommission Wachstum, Strukturwandel, Beschaeftigung」를 만들었다. BMWK, 『Einsetzung der Kommission Wachstum, Strukturwandel und Beschaeftigung』, 2018 참조.

위의 감축 목표를 정하는 4단계는 개념적으로 거쳐야 하는 과정으로 이상적이자 이념형으로 (Ideal Type) 단계를 구분한 것이다. 실제로는 매우 복잡한 과정이기 때문에 순서가 겹치기도 하고 뒤바뀔 수도 있다. 또한 실제로 감축 목표를 계획하는 과정은 실로 다양한 차원과 변수, 요소 등이 고려되고, 이해관계가 얽히며 갈등적 양상을 띠면서 진행될 수 있다.

앞서 2도 목표를 달성하는 과정은 다차원의 복합적 갈등을 해결하는 과정이라고 말한 바 있다. 기술적 차원뿐 아니라, (국제)경제적 차원, (국제)정치적 차원, 사회적 차원에서 복합적인 갈등이 충분히 발생될 수 있다. '누가, 언제, 어디서, 얼마만큼, 왜, 어떻게 감축할 것인가?'라는 질문에 대해 사전 준비 단계로서 아래의 사항들을 참고하여 예비 답안지를 작성해보는 것은 도움이 될 것이다.

첫째, 복잡할수록 원칙, 기준, 기본 감축 방식, 다양한 감축 수단 등을 사전 준비 단계로서 마련하고 대강을 정해두는 것이 좋겠다. 그리고 그것을 여러 단계의 적재 · 적소에 적용한다면 혼란을 줄일 수 있을 것이다.[86] 둘째, 지속가능한 발전을 대원칙으로 삼고, 환경 · 기후 보호, 경제성장, 구조 조정과 비용 상승을 완화시킬 사회 통합성의 원칙을 견지하는 것이 초석이 되어야 한다. 아울러 '공동의, 그러나 차별적인 능력'에 따르는 감축 주체에 대한 원칙도 가져가야 한다. 셋째, 감축 목표를 달성하는 기본 방식으로 에너지 효율성 개선, 재생에너지 확대, ETS 및 Non—ETS 분야의 역할 등이 체계적으로 연계되어 설계되면 간편하고 효율적으로 감축 로드맵을 그릴 수 있을 것이다. 넷째, 감축 목표는 기한, 감축 전략, 정책 수단, 재정 지원 규모, 기대 효과 등과 연계되어 제시될 때, 투자자나 소비자 등 경제 주체들이 미래 예측성과 신뢰감을 갖고 감축 행동에 적극 나설 수 있을 것이다. 아울러 이해당사자들의 수용성을 높여 공감과 참여를 이끌어내는 것이 필요할 것이다. 다섯째, 감축의 이행과정을 점검하고 평가해서 성공 및 결함 요인을 찾아내어 다음 단계에 보완 · 수정하는 데 활용하는 것이 매우 유익할 것이다. 끝으로 감축 목표 달성의 과정은 고탄소 에너지 체계에서 저탄소 에너지 체계로의 대전환의 과정이다. 대전환의 과정에서 복합적인 갈등들이 충분히 터져 나올 수 있다. 더욱이 누군가는 비용을 물어야 하고 부담과 책임을 져야 하는 과정이 아니던가? 그리고 이 과정은 피할 수 있는 것이 아니라, 필수 경로이다. 따라서 복합적 갈등을 조정할 수 있는 기후 거버넌스의 구축은 매우 중요한 과제이고, 어쩌면 제일 필요한 과제일 것이다.

---

86   WBGU, 『Finanzierung der globalen Energiewende』, Politikpapier Nr. 7, 2012, 20~24쪽 참조.

앞서 살펴본 『국가 할당 계획안(NAP)』의 주요 내용, 원칙, 시행 방식에 이어서 이제 『국가 할당 계획안』의 구조와 체계를 살펴보자. 크게 거시 계획과 미시 계획으로 나누어져 있다. 거시 계획에는 총 허용배출량, 총 허용배출량의 부문별 – 에너지, 산업, 교통, 가정, 건물 및 상업, 농·축산업 부문 – 배분, 즉 에너지 부문과 산업 부문을 포괄하는 ETS를 통한 배분과 Non-ETS 분야의 – 교통, 가정, 건물 및 상업, 농·축산업 부문 – 배분 등이 다루어진다. 독일의 감축 목표는 무엇보다도 2008~2012년까지 1990년 대비 21% 감축이다. 따라서 동 기간 이산화탄소 총 허용배출량은 8억 4,600만 톤 CO_2 수준이며, 2005~2007년 동안에는 8억 5,900만 톤 CO_2로 산정된다. 배출량 배분의 기준 연도가 되는 2000~2002년의 부문별 연평균 배출량을 보면 ETS의 대상인 에너지와 산업 부문이 5억 500만 톤 CO_2, Non-ETS 분야가 3억 5,800만 톤 CO_2로 총량이 8억 6,300만 톤 CO_2이다. 이러한 기초 자료에 근거하고, 온실가스 감축 및 에너지 효율 정책들이 – 이미 언급한 생태세의 도입, 재생에너지 촉진 법, 건물의 에너지 효율성 개선 대책, 열·병합 발전 지원책 등 – 미칠 영향을 고려하여 2005~2007년 기간 동안에 부문 간의 배분이 정해졌는데, ETS 분야는 총 허용배출량이 연평균 5억 300만 톤 CO_2이고, Non-ETS 분야는 3억 5,600만 톤 CO_2가 허용되었다. 2008~2012년 기간 동안에는 전자의 경우 연평균 4억 9,500만 톤 CO_2, 후자의 경우는 3억 5,100만 톤 CO_2가 배분되었다. 1990년 이후 2002년까지 지속적인 노력으로 총 14.9% 감축, 에너지와 산업 부문의 경우 20.6%의 감축을 달성하였기 때문에 부담은 크지 않았다.

미시 계획에는 해당 기업의 배출권 할당량과 할당 방식 및 원칙에 관한 것을 다루는데, 2,400여 개 기업에 5억 100만 톤 CO_2를 할당하는 것이 주된 과업이다. 원자력 발전의 폐쇄 방침, 신규 가입자를 위한 예비분, 조기행동, 열·병합 발전 지원, 공정 배출의 특성 등의 사항을 고려하여 해당 기업에 해당 기업의 기준 연도 평균 배출량에(신설·증설의 경우 포함하여) 동일한 목표 계수를 일괄적으로 곱하여 분배한다. 2005~2007년의 경우 목표 계수는 최종적으로 97.65%이다. 즉 기준 연도 배출량보다 약 2.35% 감축을 이루어낼 수 있게끔 설계가 되었다.[87]

독일 배출권 거래제의 성과 및 결과는 EU-ETS 시행의 결과로도 나타나는바, EU-ETS의 1기이자 시험기간인 2005~2007년 기간 동안에 감축 목표를 달성하였고, 배출권 거래량도 3억 2,100만 톤에서 21억 톤으로 급증하였다. 이산화탄소 배출권은 100% 무상으로 할당되었고, 이산화탄소 1톤당 벌금은 40유로였다. 1기 시험 기간의 시행착오를 거치면서 점차 합리적이며 더 엄격하게 시행해나간다. 교토협정에서 감축하기로 약속한 2008~2012년 기간을 유럽연합 이산화탄소 배출권거래제도의 2기로 설정하였다. 배출권의 10%는 유상으로 할당하였고, 1기 기간보다 총 허용배출권이 6.5%나 축소되었다. 벌금도 1톤당 100유로로 강화되었다. 3기 기간인 2013~2020년 기간에는 유럽연합 집행부가 직접 할당 계획을 설계하고 집행하기 시작하였다. 유럽연합에 속하는 약 12,000개의 사업장이 EU-ETS의 대상이 되고, 이들의 배출량은 유럽연합 총배출량의 약 45%에 달한다. 이 기간에는 유럽집행부가 직접 설계하고 집행하는 수준으로 점차 일관성, 효율성, 정확성이 향상되었으며 경매를 통한 유상할당 방식

---

87 NAP, 32~52쪽 참조.

이 순차적으로 확대되는 것으로 설계된다. 에너지 산업 부문은 100% 유상할당 방식의 경매로 전환되고, 제조업 부문의 경우는 경매 비중이 2013년 20%에서부터 2020년 70%까지 확대하게 되었다. 3기부터는 투명하고, 간소화된 방식이 도입되어서 2005년도 대비 매년 1.74%씩 총 허용배출권을 감축하기로 하였다(각 개별 기업 역시 매년 1.74%씩 감축해야 한다). 해당 기업의 감축 노력을 지원하는 정책 역시 추진되는데, CCS나 혁신적 재생에너지 기술개발을 획기적으로 지원하기 위해 기금 - 신규가입자에게 할당하는 300Mil. 톤의 배출할당권의 판매액에 달하는 기금 - 을 조성하는 시범계획으로 300NER을 시행하기로 하였다.[88]

유럽연합의 『2019 탄소 시장 리포트』에 의하면 EU-ETS를 통해서 배출량이 2018년도에는 2017년보다 7,300만 톤 또는 4.1% 감축되었다. 2017년도와 마찬가지로 전력 부문에서 주로 감축되었고, 산업 부문에서는 약간 감축되었다. EU-ETS를 통해서 2020년에는 2005년 대비 21% 감축될 예정이고, 유럽연합은 이 목표치를 상회할 것 같다. EU-ETS는 이산화탄소 감축에 성공적으로 기여한 것으로 평가할 수 있다.[89]

독일의 제3기 (2013~2020년) 배출권 거래제도 역시 유럽연합 집행부가 직접 주체가 되어 시행하는 단일한 EU-ETS 체계 안에서 운영되고 있다. 유럽연합의 감축 계획인 『기후-에너지 패키지 2020』은 2020년까지 1990년 대비 온실가스 20% 감축 - 2005년 대비 14% 감축 - 을 목

---

88 https://ec.europa.eu/clima/policies/ets_en (2017년 11월 17일 검색).

89 European Commission, 『Report on the functioning of the European carbon market』, 2020, https://eur-lex.europa.eu/legal-content/EN/TXT/?uri=CELEX:52019DC0557R(01) (2022년 6월 14일 검색).

표로 하고 있는데, 첫째, EU-ETS를 통해 2005년 대비 21% 감축하고, 둘째, Non-ETS —교통, 건물, 서비스, 농·축산업, 폐기물, 소규모 배출시설 부문—을 통해서 2005년 대비 10% 감축을 하고자 한다. 유럽연합의 회원국에 할당된 Non-ETS 부문의 배출허용량은 '노력 공유 결정, effort-sharing-decision'의 원칙하에, 각 국가의 (경제적) 능력과 책임에 상응하여 정해졌다. 유럽연합의 감축 계획인 『기후-에너지 패키지 2020』 내에서 독일은 EU-ETS를 통해서, Non-ETS를 통해서 감축 목표를 달성하는데, 독일은 2020년까지 Non-ETS 부분에서 유럽 평균보다 높은 14%를 감축하기로 약속하였다.[90] 이 목표는 독일의 『기후보호 행동프로그램 2020』에 연계되어 반영되었다. 유럽연합은 EU-ETS 제도를 통해 2020년까지 2005년 대비 21% 감축하기로 결정하였다. 유럽연합 집행부가 직접 할당 계획을 설계하고 집행하는데, 2013년 약 20억 8,000만 톤의 총 허용 배출권을 약 12,000개 기업에(독일의 경우 1,905개) 할당하고, 매년 3,800만 톤, 즉 매년 1.74%씩(2010년 총배출량 기준) 총 허용배출량을 축소시키는 방식으로 2020까지 동 목표를(2005년 대비 21% 감축) 달성하고자 한다.[91] 독일의 배출권 거래제도는 시행 단계 전부터 각 국가별, 기업별 할

---

90 Decision No 406/2009/EC of the European Parliament and of the Council of 23 April 2009 on the effort of Member States to reduce their greenhouse gas emissions to meet the Community's greenhouse gas emission reduction commitments up to 2020, http://eur-lex.europa.eu/legal-content/EN/TXT/?uri=uriserv:OJ.L_2009.140.01.0136.01.ENG#page=12 참조.

91 독일 기업에 할당된 배출권 허용량은 1기에는(2005~2007년) 평균 4억 9,900만 톤, 2기에는(2008~2012년) 평균 4억 4,400만 톤, 3기(2013~2020년)에는 평균 4억 1,600만 톤으로 책정되었다. Deutsche *Emissionshandelsstelle, Emissionshandel in Zahlen, 2015*, https://www.dehst.de/SharedDocs/downloads/DE/publikationen/Broschuere_EH-in-Zahlen.pdf?__blob=publicationFile&v=1 참조.

당량 및 감축 목표 등은 유럽연합 차원의 공조를 통해 결정되었기 때문에 EU-ETS 틀 안에서 협력과 공조를 통해 이루어졌다. 독일의 ETS 4기 제도는 EU-ETS 4기 제도 안에서 작동되기 때문에 후에 분석하는 유럽연합과의 공조 과정에서 다루도록 하겠다.

3.5. 『통합 에너지-기후 프로그램』과 2℃ 목표의 공식 선언- 주요 내용 및 방식과 2℃ 거버넌스의 역동적 구조

독일 연방정부는 기후변화 대응의 차원에서 또 하나의 핵심적인 프로그램인 『통합 에너지-기후 프로그램, Integriertes Energie- und Klimaprogramm』을 2007년에 공포한다. 기후변화 대응 정책과 에너지 정책을 하나의 통합된 체계 안에서 연계하여 운영하는 국가적 프로그램이다. 그 배경으로는 첫째, 기후변화 대응의 과제는 안정적이고 경제적인 저탄소 에너지를 공급하는 것과 밀접하게 연관됨으로써 에너지 분야와 통합적 체계를 운영하는 것이 요구되었고, 둘째, 독일의 『통합 에너지-기후 프로그램』은 유엔기후변화협약의 글로벌 기후보호 차원에서 그리고 유럽연합의 기후보호 및 에너지 정책의 목표와 지침에 발맞추는 공조의 차원에서 신뢰감을 높일 수 있는 하나의 선도적인 이정표를 제시할 수 있었기 때문이다. 독일 연방정부는 2007년 Meseberg에서 14개의 법과 시행령 등 29개의 주요 정책을 담은 통합 에너지기후 프로그램을 결정하고 –유럽연합의 20%(30%) 감축 목표와 연동하여– 2020년도까지 1990년 대비 40% 온실가스 감축 목표를 선언한다. 2005년까지 1990년 대비 25% 감축 목표보다 훨씬 강화된 목표이다.

주요 수단 및 방식으로는 유럽연합의 에너지 및 기후 프로그램과 정합하게 재생에너지 확대와 에너지 효율성의 증가로 압축할 수 있다. 그 대상과 분야는 광범위한데, 주요 과제로는 재생에너지의 전력생산을 적절하게 통합시키는 것, 열병합 시설의 합리적인 확대방안, 에너지 효율적 상품의 시장진입의 장려 방안, 주택 및 건물의 에너지 효율성 개선 방안 및 저탄소 도시건설(계획)의 확대, 화력발전소의 고효율 발전시설로의 대체화, 저탄소 수송차량의 확대 정책 등을 들 수 있다. 주요 시행에 관하여는 동 프로그램을 위한 기간과 기술적, 재정적 지원 역시 구체적으로 명시되어 있다. 독일 연방환경부와 연방경제기술부가 중심적 두 축으로 구성되나, 사실상 모든 부처가 함께 하는 통합 프로그램이다. 각 부분과 대상에 적용되는 프로그램의 각각의 또는 복수의 책임부처도 지정되어 있다. 에너지와 기후보호 정책을 적절하게 통합하면서, 동시에 이같이 야심 찬 프로그램은 전례가 없을 정도로 획기적인 프로그램으로 평가되기도 한다. 또한 모든 연방부처가 함께 하고, 모든 부분과 대상을 아우르는 통합 에너지기후 프로그램은 사실상 전 사회적인 소통과 협력 없이는 시행되기 어려운 전 사회적 과제이기도 하다. 따라서 기후보호는 연방정부, 주정부 및 지방자치단체, 이해당사자, 시민단체가 함께 풀어가야 될 전 사회적 프로젝트라는 점을 재확인하였다.[92]

---

92 Bundesregierung, 『Bericht zur Umsetzung der in der Kabinettsklausur am 23./24.08.2007 in Meseberg beschlossenen Eckpunkte für ein Integriertes Energie- und Klimaprogramm』, 2007, https://www.bundesregierung.de/Content/DE/Archiv16/Artikel/2007/12/Anlagen/2007-12-05-integriertes-energie-und-klimaprogramm.pdf;jsessionid=431E3277EB0A0ACEDF7B848 0AD1B72BF.s6t2?__blob=publicationFile&v=2 참조; BMU, 『Eckpunkte fuer ein integriertes Energie- und Klimaprogramm』, 2007, 4~9쪽 참조. (2018년 2월 8일 검색).

통합 에너지-기후 프로그램은 2020년까지의 목표를 달성하는 데 초점을 맞추면서 매 2년마다 모니터링을 하고, 이해당사자가 시행결과에 대한 평가 과정에 참여할 수 있게끔 하였고, 또한 14개의 법과 시행령 등 29개 주요 정책이 포함되어 있는 사회 전 분야를 아우르는 통합적인 미래 청사진을 제시함으로써, 독일 사회가 미래의 저탄소 에너지 및 신기술을 도입하여 사회 전 분야를, 특히 경제, 에너지, 기술 영역을 혁신하는 기회로 삼고자 하였다. 이는 국가경쟁력을 강화시켜 경제성장과 고용을 창출하게 되고, 사회 구성원의 신뢰를 높이고 나아가 투자기회를 확대하는 데 기여하고자 기획하였다. 이제 주요 정책의 내용과 시행방식에 대해 설명해보자.[93]

1) 에너지 효율성 개선의 대책으로 열병합 발전을 확대하고자 하였다. 이를 통한 전력생산을 2020년까지 2배로 증대시켜 전력공급 비중의 25%까지 증가시키는 목표를 세우고, 경제계와의 공동 협력 선언의 중요성을 재차 강조하였다. 『열병합 발전 법』의 개정을 통해 전력망사업자에 대한 추가 지원을 약속하였다. 열·난방 연결망의 건설에도 −1억 5천만 유로의 범위 안에서 투자금의 20%까지− 재정지원을 하도록 하였다. 연방경제기술부의 주관하에 관련법 개정 및 시행이 이루어지도록 하였다.

2) 전력생산에서 재생에너지의 비중을 2배 이상으로 획기적으로 증대시켜 2020년까지 25~30%까지 도달하는 목표를 정하였다. 아울러 수요 지향적 송·배전선을 확장하도록 하였다. 이를 위하여 2009년 2차로 『재생에너지 법』을 개정하여 풍력발전의 보상요율은 올리고, 태양광 발전의 할인율을 높이는 등 제반 여건을 더 유리하고, 적합하고, 잘 적응하도록

---

93 앞의 책, 4~9쪽 참조.

갖추었다. 예를 들어 열병합 발전을 하되 바이오매스 자원을 활용하는 사업에 적합하게 조정하였다. 연방환경부, 경제기술부, 교통건축부 등이 공동 주관부처로 지정되었다.

3) 열·난방 공급에서 재생에너지의 비중을 6%(2006년)에서 14%(2020)로 목표를 높였다. 『재생 에너지 난방 법』을 통해서 재생에너지 사용을 의무화하였는데, 특히 태양열에너지의 난방공급의 경우는 신축건물에는 15%, 정비 사업일 경우에는 10%를 공급하도록 하였다. 3억 5천만 유로가 책정되어 재생에너지 난방시설에 대한 투자를 촉진할 수 있게 하였다. 환경부, 교통건설부, 경제기술부가 공동 주관하도록 하였다.

4) 바이오가스 자원 개발을 촉진하기 위해서 천연가스 연결망에 용이하게 연결되도록 하였다. 천연가스 공급 중 바이오가스의 비중을 2020년까지 6%, 2030년까지 10%까지 확대되도록 하였다. 지역 고유의 바이오가스가 열병합 발전이나 (수송)연료로서도 활용되도록 다양한 지원을 하고, 바이오가스 연결망에 대해서도 지원책을 마련하였다.

5) 에너지 효율성 및 재생에너지 연구에 대한 지원을 강화하면서, 동 연구를 「첨단과학기술전략과 60억 유로 프로그램」에 추가로 포함시켜 지원을 받게 하였다.

6) 위의 개별 정책이나 프로그램에도 재정지원의 규모가 정해져 있지만 2008년도에는 전체적으로 많게는 33억 유로의 규모가 책정되었다.

7) 위와 같이 기존 정책의 연장, 변경, 강화를 통하기도 하지만 새로운 정책도 추진하였다. 그리고 2005년 『국가 기후보호 프로그램』에서 제안한 정책이나 프로그램을 충분히 반영하여 제시하였다. 예컨대 2009년 개정될 신축물의 에너지절약 규정에 따르면 에너지를 30%, 2012년에는 또다

시 30% 절약하도록 하거나, 새로 출고되는 자동차 세금 부과 기준에 이산화탄소 배출량을 새로운 기준으로 포함시키는 조세 정책의 개정을 들 수 있다. 이는 연방재정부가 주관한다. 화물차 고속도로 통행세 부과도 같은 연장선상에서 검토되고 있다. 전기자동차에 대한 지원이 새로운 차원에서 진행되는데, 특히 자동차 업계와 함께 수소 및 연료전지 기술의 국가 혁신 프로그램을 통해서 배터리 체계와 전기 구동 체계에 대한 모델 개념을 수립하는 사업을 진행하도록 하였다. 관계 연방부처가 공동 주관하였다. 자동차 연료로서 바이오연료의 확대를 2007년『바이오연료 할당 법』을 통해 의무화하기로 하였다. 운송 수단의 연료를 공급하는 기업들은 일정 비율의 바이오연료를(바이오디젤) 공급해야 한다. 또한 이는 바이오연료의 생산에 필요한 원료 및 자원을 지속적으로 재배하도록 농업 분야에 대한 지원을 하도록 하였다. 바이오연료 비중이 2015년까지 5%, 2020년까지 10%까지 되도록 하였다. 연방재정부, 환경부, 식품농림소비자보호부가 공동주관하였다. 이 외에도 세부적으로 다양한 정책과 프로그램이 많지만 하나만 언급하자면 미국과의 기후 및 기술 이니셔티브를 구축하는 프로그램이다. 에너지 및 기후보호 정책에 관한 규범이나 표준의 공조를 위한 것으로 유럽연합과 미국의 "대서양 기후 및 기술 이니셔티브"를 2007년에 체결하였다. 연방외교부와 경제기술부의 책임하에 이루어졌다.

8) 통합 에너지-기후 프로그램은 앞서 언급하였듯이 유럽연합 차원에서 소통 및 협력과정을 통하면서 구체화된다. 2007년 유럽연합의 정상들은 지구 평균기온이 산업화 이전의 평균기온보다 2도 이상 상승하지 않도록 합의하면서, 재생에너지의 확대와 에너지 효율성의 증가를 그 주요한 수단과 방식으로 채택한다. 이 합의는 2009년 유럽이사회가 동의한 결정

또는 지침으로 시행됨으로써 법적인 구속력을 갖게 되었다. 이에 따르면 지구 평균기온이 2도를 넘지 않게 하려면 전 세계가 2050년도까지 1990년 대비 50% 이상 감축해야 하고, 유럽연합을 포함하여 선진국은 적어도 60~80%까지 감축해야 하고, 2020년도까지 20%(30%) 감축을 해야 된다.[94] "2도" 상승 억제가 유럽연합 차원에서 그리고 독일에서 공식적으로 기후변화의 기본 목표와 이정표가 되었다. 유럽연합 차원에서 에너지 효율성의 증가와 재생에너지의 확대가 주요한 방식이자 수단이 되었는데 에너지 효율성을 2020년까지 20% 증가하기로,[95] 이와 함께 에너지 생산 중 재생에너지의 비중을 20%로 확대하는 것을 목표로 하였다.[96]

독일의 『통합 에너지-기후 프로그램』은 독일의 감축의 역사에서 큰 획을 긋는 정책 패키지라고 할 수 있다. 이 프로그램의 수립 과정은 자율적이면서도 국제적 연대, 특히 유럽연합과의 지속적인 소통과 공조를 통해

---

94 유럽연합은 타 선진국과 중진국이 함께 노력하는 것을 전제로 하는 조건부 30% 감축을, 이와 독립적으로 20% 감축을 목표로 정하였다. Decision No 406/2009/EC of the European Parliament and of the Council of 23 April 2009 on the effort of Member States to reduce their greenhouse gas emissions to meet the Community's greenhouse gas emission reduction commitments up to 2020, http://eur-lex.europa.eu/legal-content/EN/TXT/?uri=CELEX:32009D0406 참조.

95 Decision No 406/2009/EC of the European Parliament and of the Council of 23 April 2009 on the effort of Member States to reduce their greenhouse gas emissions to meet the Community's greenhouse gas emission reduction commitments up to 2020, http://eur-lex.europa.eu/legal-content/EN/TXT/?uri=CELEX:32009D0406 참조.

96 Directive 2009/28/EC of the european parliament and of the council of 23 April 2009 on the promotion of the use of energy from renewable sources and amending and subsequently repealing Directives 2001/77/EC and 2003/30/EC, 16~18쪽 참조, http://eur-lex.europa.eu/legal-content/EN/TXT/?uri=CELEX:32009L0028 참조.

진행된 것을 알 수 있다. 이러한 협력과 공조의 과정은 독일 기후 및 에너지 정책 결정의 이후 모든 과정에 반영되기 때문에 살펴볼 필요가 있다. 독일의 2007년 『통합 에너지-기후 프로그램』과 유럽연합의 2007년 『2020 기후와 에너지 패키지, 2020 Climate and Energy Package』에서 공통된 부분을 여러 측면에서 찾을 수 있는 까닭을 아래 글상자 3에서 찾아보자.

글상자 3. 유럽연합의 2020 통합 감축 프로그램의 구조와 의의
− 『2020 기후와 에너지 패키지, 2020 Climate and Energy Package』

바로 EU-ETS 제도를 구축할 때도 보았듯이, 독일을 비롯하여 유럽연합의 각 회원국은 긴밀한 의사소통과 협력을 통해 기후보호 및 대응 정책을 만들어가는 것을 알 수 있었다. 20여 개 국가가 민주적 협상 과정을 거치면서 최대의 난제인 기후변화에 대응하는 모습은 놀랍기도 하고, 모범적이라고 아니 할 수 없다. 유럽연합의 기후 대응에 있어서 획기적인 큰 획을 긋는 종합 대책이 처음으로 나온다.

유럽연합은 2007년 3월, 지구 평균기온 상승을 2도 이하로 억제하는 목표를 선언한다. 유럽연합의 이사회는 2007년 '2도' 목표를 선언하고, 『2020 기후와 에너지 패키지, 2020 Climate and Energy Package』라는 종합계획을 발표하고 온실가스 감축 목표를 확정하였다. 전 지구적으로 2050년까지 1990년 대비 온실가스 배출을 적어도 50% 이상 감축해야 하고, 유럽연합은 2020년도까지 1990년도 대비 20% 감축하는 것이다.[97] 이로써 유럽이사회는 유럽연합 차원의 기후 및 에너지 정책의 초석을 놓으며 중·장기적 기후보호 목표를 제시하게 된다.

---

97 Decision No 406/2009/EC of the European Parliament and of the Council of 23 April 2009 on the effort of Member States to reduce their greenhouse gas emissions to meet the Community's greenhouse gas emission reduction commitments up to 2020, http://eur-lex.europa.eu/legal-content/EN/TXT/?uri=CELEX:32009D0406 참조.

유럽이사회는 강조하기를, 유럽연합은 에너지 고효율 저탄소 경제로 전환할 것임을 약속한다. '교토 체제'가 종료되는 2012년 이후의 합의가 전 세계적으로 도출되기 전까지 유럽연합은 독립적이고 확고한 약속을 하는바, 온실가스 감축을 2020년까지 1990년 대비 적어도 20%까지 - 여타의 선진국이 합의하고, 개발도상국이 상응한 노력을 한다면 적어도 30%까지 - 달성한다는 목표를 천명한다.

유럽연합은 2003년 지침 「2003/87/EC」를 마련하여 유럽 차원의 이산화탄소 배출권 거래제도, EU-ETS의 틀을 만들고 2005년부터 경제의 특정 영역의 - 에너지 발전과 제조업 부문 - 대규모 배출 기업들이 배출권을 거래하면서 비용 효과적으로 온실가스 감축을 할 수 있는 제도를 구축하였다. 그 후속 작업으로 EU-ETS 영역 외의 감축 방식에 대한 설계가 필요하게 된다. 경제 및 사회의 모든 영역 및 분야가 20% 감축을 위해 공동의 노력과 기여를 해야 하기 때문에 EU-ETS 영역 밖의 Non-ETS 영역에서도 감축할 수 있도록 추가적인 정책이나 수단을 보완해야만 한다. 그것이 바로 '노력공유제도, Effort Sharing Decision(ESD)'이다.

각 회원국의 감축 노력은 유럽연합의 연대의 원칙과 지속가능한 성장에 바탕을 두면서 진행된다. 따라서 상대적으로 1인당 국민소득이 낮은 국가는 평균보다 높은 배출량 증가가 허용된 반면에, 국민소득이 높은 국가는 평균보다 많이 감축을 하도록 설계된다. 이런 대원칙하에 각 회원국은 감축 또는 증가 목표를 독립적으로, 자율적으로 정한다. 이는 유럽연합의 주요한 원칙인 보충성의 원칙과 비례성의 원칙에 따라 각 회원국의 자율성을 존중하고, 도와주는 역할에 충실하려는 가치에 바탕을 두고 있다.

위의 기본 원칙과 감축의 핵심 두 개 제도인 EU-ETS와 ESD를 바탕으로 『2020 기후와 에너지 패키지』에서 감축 전략으로써 온실가스 감축 영역을 크게 두 영역으로 나누었다. 하나는 EU-ETS 제도를 통해 2005년 대비 21% 감축을 목표로 하였고, 다른 하나는 Effort Sharing Decision(ESD) 제도를 통해 2005년 대비 약 10%의 감축을 목표로 하였다. 또한 감축의 기술적인 대표적인 방식은 에너지 효율성 개선과 재생에너지 생산 확대이다. 『2020 기후와 에너지 패키지』에서는 이 측면을 강조하면서 기본적 감축 목표로서 각각 제시한다. 에너지 효율성 개선은 감축 수단의 핵심 요소이기 때문에 최종 에너지 소비를 2020년까지 20% 감축하도록 하고, 면밀히 모니터링해야 한다. 또한 재생에너지 생산 확대가 특히 중요한 감축 수단이므로 재생에너지원의 에너지 사용 비중을 2020년까지 20%에 달하도록 한다. 부가적으로 바이오연료가 수송 수단의 연료로서 적어도 10% 이상 사용되도록 주문하였다. 각 회원국은 여건에 따라 재생에너지를 촉진하는 데 노력해야 한다.

독일의 경우 ESD를 통해 2020년까지 유럽연합의 평균인 2005년 대비 10% 감축보다 더 높은 14% 감축을 약속하였고,[98] 최종 에너지 소비의 재생에너지 비중을 유럽연합의 평균인 20%보다 조금 못 미친 18%까지 상향시켜야 하는 목표를 부여받는다.[99] 이에 독일 연방정부도 2007년 『통합 에너지-기후 프로그램』을 공포하면서 2020년까지 1990년 대비 40% 감축계획을 - 유럽연합의 20% 감축 목표보다 훨씬 높은 수준을 - 선도적으로 제시하였다.[100]

그 밖에도 주요 내용을 요약해보면, 첫째로, ESD 제도를 도입한 배경처럼 경제나 사회의 모든 분야에서 온실가스 감축에 기여해야 한다는 점을 강조하였고, 둘째로, 감축 제도로서는 EU-ETS와 ESD를 두 축으로 하고, 감축의 기술적 방식으로는 재생에너지 확대와 에너지 효율성 개선을 두 축으로 삼는다는 점이다. 셋째로, 에너지 효율성 개선이나 재생에너지 확대 등 중요한 지표(지수)들에 대한 보고와 그들의 개선 정도에 대한 평가 및 검증이 정확하고 일관성을 유지할 수 있는 보고 체계의 중요성을 강조한다는 점이다. 이에 유럽연합은 위임된 권한을 가지고 객관적으로 검증할 수 있으며, 이와 관련하여 각 회원국의 감축 정책이나 수단에 대해 평가할 수 있는 점을 명시한다. 넷째로, 『2020 기후와 에너지 패키지』에서 제시하는 기본 원칙과 고려 사항에 경제성과 사회 통합성의 가치가 포함되어 있다. 적용되는 감축 대책이나 수단은 비용 효과적인 방식이어야 하며, 경쟁력을 높일 수 있어야 하고, 또한 경제성장과 함께 일자리를 창출할 수 있어야 한다. 아울러 새롭고 혁신적인 기술 발전을 위해서는 지원을 보장해야 한다는 점도 강조하고 있다. 투자자들에게는 예측 가능성을 부여하도록 노력해야 한다. 국가 내에서 또한 각 회원국 사이에서 서로의 여건을 고려하면서 공정하고 형평성을 지키면서 사회적 연대와 통합을 중시할 것을 주문한

---

98   앞선 글, 부속서 2 참조.

99   European commission, 『Directive 2009/28/EC of the european parliament and of the council of 23 April 2009 on the promotion of the use of energy from renewable sources and amending and subsequently repealing Directives 2001/77/EC and 2003/30/EC』, 2009, 부속서 1, 16~18쪽 참조, http://eur-lex.europa.eu/legal-content/EN/TXT/?uri=CELEX:32009L0028 참조.

100   BMUB, 『Eckpunkte für ein integriertes Energie- und Klimaprogramm』, 2007, http://www.bmub.bund.de/fileadmin/bmu-import/files/pdfs/allgemein/application/pdf/klimapaket_aug2007.pdf 참조.

다. 아울러 모든 자료나 데이터를 일반 시민에게도 공개해야 하고, 이해당사자와 시민사회가 감축 과정에서 참여할 수 있도록 할 것을 요청한다. 각 회원국의 중앙정부나 주정부, 지방자치단체 등 국가 기관뿐 아니라, 시장 참여자, 지역 관계자, 가정 및 개인 소비자까지 모두 감축 활동에 참여해야 함을 명기하고 있다.

독일의 「통합 에너지-기후 프로그램」은 유럽연합이 「2020 기후와 에너지 패키지」의 기본적인 틀을 만드는 과정에서 지속적인 소통을 통해서 만들어졌다는 점을 알 수 있다. 「통합 에너지-기후 프로그램」역시 "2℃" 목표를 선언하면서, 기후변화 대응 정책과 에너지 정책을 하나의 통합된 체계 안에서 연계하여 운영하는 프로그램이다. 핵심 기술적 감축 수단으로는 유럽연합의 「2020 기후와 에너지 패키지」와 정합성을 가지면서 재생에너지 확대와 에너지 효율성의 증가로 압축할 수 있고, 핵심 제도적 방식으로는 EU-ETS와 ESD이다. 감축 시행의 기본 원칙 및 고려 사항을 비교해 보더라도 거의 동일하다. 「통합 에너지-기후 프로그램」은 경제 및 사회 전 분야를 아우르는 통합적인 미래 청사진을 제시함으로써, 독일 사회가 저탄소 에너지 및 신기술을 도입하여 경제, 에너지, 기술 영역을 혁신하는 기회로 삼고자 하였다. 이는 국가 경쟁력을 강화시켜 경제성장과 새로운 일자리를 창출하게 되고, 사회 구성원의 신뢰를 높이고 나아가 투자기회를 확대하는 데 기여하고자 기획하였다. 동 프로그램 역시 기술적, 재정적 지원을 구체적으로 명시하고 있고, 보고서 제출 등의 기한을 공유하고 있으며, 특히 바이오 재생에너지의 생산 확장을 주문하고 있다. 이해당사자, 시민사회가 감축 계획의 기획 단계 및 시행 결과에 대한 평가 과정에 참여할 수 있게끔 하였고, 전 사회적인 소통과 거버넌스(협치)를 강조하였다.

3.6.『에너지 기본계획』과 에너지 전환 – 재생에너지 시대의 선포

독일 연방정부는『통합 에너지-기후보호 프로그램』을 기반으로 하여 경제적인 저탄소 에너지를 안정적으로 공급하는 것을 가장 우선 과제로 삼았다. 한 걸음 더 나아가 이 과제를 해결하는 과정을 통해서 에너지 효율적이며 친환경적인 경제 구조를 구축하려는 기회로 삼고자 하였다. 21

세기 경쟁력 있는 산업 입지로서의 독일의 지위를 공고히 하면서 경제적 번영, 미래지향적 일자리 창출, 혁신과 현대화를 이루려는 비전을 제시하게 된다. 이는 기존 에너지 체계의 전면적인 전환을, "에너지 전환, Energiewende"을 뜻한다. 이 전환을 준비하기 위해 기본 토대가 되는 장기적인 계획이 필요하게 된다. 이런 배경하에 탄생한 계획이 독일 연방정부가 2010년 공포한『에너지 기본계획, Energiekonzept』이다. 독일 연방정부는 에너지 기본계획을 통하여 안정적이고 경제적(효율적)이며 저탄소 에너지 체계로 나아가는 기본 방향과 목표를 정하면서 처음으로 "재생에너지 시대의 길"을 분명하게 제시하고자 하였다. 재생에너지가 중심이 되는 2050년까지의 장기적인 에너지 통합 전략의 과정과 시행을 담았다.

새로운 에너지 체계의 가장 중요한 전략적 측면은 통합적 전략을 마련하는 것으로, 첫째, 재생에너지의 전력 부분의 확대를 어떻게 에너지 효율성 증가와 연계시킬 것이며, 동시에 어떻게 전력망의 확대와 새로운 전력 충전망의 건설과 연계시킬 것인가? 둘째, 감축 과정의 우선순위에 관한 것으로 주택 및 건물의 경우에 에너지 효율성 개선 수단을 통한 감축 잠재력 확장이 먼저인지, 재생에너지 설비의 투입이 먼저인지에 관한 시행과정의 우선순위를 결정하는 문제이며, 셋째, 재생에너지의 확대를 지원하면서, 동시에 이로 인한 비용 상승의 문제를 혁신과 가격 인하를 통해 상쇄할 수 있는 방식을 모색하는 것 등을 통합적으로 설계하고자 하였다.

에너지 기본계획이 제시하는 중·장기 목표의 계획과 기한을 통해 2050년도까지 1990년 대비 온실가스 80~95% 감축 목표를 재확인한다. 그리고 이 경로를 충실히 실행하기 위해서 일정표를 정하는바, 2020년까지 40%, 2030년까지 55%, 2040년까지 70% 감축하겠다는 목표를 제시한다. 이 목표를 달성하기 위해서 더 구체적으로는, 최종 에너지 소비의 재생에너지 비중을 2020년까지 18%, 2030년까지 30%, 2040년까지 45%, 2050년까지 60%로 상향시키는 목표를 제시한다. 동시에 최종 전력 수요의 재생에너지 비중을 2020년 35%, 2030년 50%, 2040년 65%, 2050년 80%까지 확대하는 목표를 제시하고 있다. 에너지 효율성의 증가 목표로 1차 에너지 소비를 2008년 대비 2020년까지 20%, 2050년까지 50% 정도 줄이기로 하였다.[101]

이 목표를 달성하는 주된 방식은 무엇보다도 재생에너지의 비중을 확대하여 재생에너지의 시대로 전환하는 것이며, 동시에 에너지 효율성을 높이는 것이다. 재생에너지 생산의 확대는 화석연료의 재생에너지로의 대체와 전력생산의 재생에너지화이다. 전자는 재생에너지의 총에너지 소비 비중을 2050년까지 60%로 확대하는 것이며, 후자의 전력생산의 경우는 거의 대부분을 재생에너지원을 활용한다는 의미이다. 에너지 효율성 목표를 달성하기 위한 주요 방식으로는 에너지생산성을 매년 2.1%씩 높이고, 동시에 전력소비를 2008년도 대비 2020년까지 약 10%, 2050년까지 25% 정도 줄이는 것이다. 이를 통해서 2050년까지 에너지 효율성을 약 2배로 높이는 것이다. 에너지 효율성 증대를 위해서는 특히 건축물의 정비 사업률이 매년 2% 정도로 2배가량 상승하여야 하고, 교통·수송 분야에서 최종 에너지 소비가 2005년 대비 2020년까지 약 10%, 2050년까지 약 40% 정도 줄어야 한다.

101　Bundesregierung, 『Energiekonzept fuer eine umweltschonende, zuverlaessige und bezahlbare Energieversorgung』, 2010, 3~7쪽 참조, https://www.bundesregierung.de/ContentArchiv/DE/Archiv17/_Anlagen/2012/02/energiekonzept-final.pdf?_blob=publicationFile&v=5.

요약하자면, 재생에너지 생산의 확대를 의미하며, 모든 영역에서 재생에너지 사용의 확대를 의미하며, 동시에 에너지 효율성 및 절약을 의미하는데, 특히 건축과 교통·수송 분야에서의 에너지 효율성 향상이 주된 과제임을 말해주고 있다. 따라서 중심과제로서 건축물의 개·보수 및 정비 사업률을 높이는 사업과 전력 분야에서 풍력에너지 생산과 수요를 확대하는 사업을 손꼽았다. 이를 위해서는 전력망의 확장이 필수적이다. 이러한 중·장기 전략은 기후보호라는 목표를 추진하면서, 이미 『통합 에너지-기후 프로그램』에서 방향을 제시했듯이, 사회 및 기술의 혁신, 경제성장, 새로운 일자리 창출의 기회로 포착하고 있다.

이 같은 복합적인 에너지 기본계획의 원활한 시행을 위해 구체적 기간을 설정하며 필요한 재정도 특별계정 『에너지 및 기후기금』을 통해 추가로 조성하기로 하였다. 그리고 매년 약 200억 유로에 상당하는 투자비용을 예상하였다. 『에너지 기본계획』의 시행 과정은 매 3년마다 투명한 모니터링 과정을 통하여 검증, 공개토론, 평가를 거치게 되고, 보완된다. 모든 사회 구성원의 참여하에서.[102]

동 목표를 위한 주요 과제로서는 재생에너지 생산, 유통, 비용 절감을 들수 있다. 첫째, 재생에너지를 에너지 공급의 중심 에너지원으로 자리매김함으로써 재생에너지를 확대하고, 둘째, 에너지 저장, 지능적 연결망, 신기술 등의 에너지 인프라를 구축하고, 셋째, 이 같은 새로운 에너지 체계의 전환을 합리적이고 비용효과적인 방식으로 조정하는 것에 맞추어져 있다.

이 주요 과제를 예를 들어 쉽게 설명해보자. 비용효과적인 방식과 관련

---

102   앞의 책, 2010, 3~7쪽 참조.

하여 풍력발전의 보상요율을 『재생에너지 법』 개정을 통해서 점차로 낮추어가고, 높은 학습효과로 인한 가격 하락의 잠재성을 반영하여 할인율을 9%에서 12%로 올리는 방식 등이다. 이처럼 『재생에너지 법』은 점차 시장의 원리에 따르도록 개정될 예정이다. 이러한 방식은 재생에너지의 공급과 수요를 지원 위주에서 시장 친화적인 메커니즘에 따라 작동하게끔 할 것이다.[103]

한편 재생에너지 생산의 확대를 위한 정책으로는 우선 연안 풍력발전을 급속히 확장하려는 프로그램을 들 수 있다. 2030년까지 25기가와트 규모를 공급할 수 있도록 하고, 이를 위하여 750억 유로 규모의 투자를 예상하고 있다. 이를 위해서 연방정부는 시범사업으로 10곳의 "연안 풍력발전 공원(Offshore Windpark)"을 건설하고자 하는데, 2011년 예산으로 "재건축 대출 지원금" 50억 유로를 배정할 계획이다. 이를 위해서 특히 전력 연결망이 시급히 조성되어야 하는데, 연방경제기술부의 주도하에 이해당사자(연결망 운영업자와 주정부 등)와의 소위 "연결망 플랫폼"을 구성하고 "2050 연결망"과 같은 기본계획을 마련할 예정이다.

풍력이나 태양광의 생산은 주변 여건에 따라 매우 변동성이 크다. 에너지 저장의 어려움이 적고 에너지 공급원이 다양한 바이오에너지의 확대가

---

103 '에너지 기본계획'에서 목표로 한 재생에너지 비중 확대나 정책은 2012년 '재생에너지 법'의 3차, 4차 개정에 반영이 된다. 2020년까지 재생에너지원의 발전 비중을 35%, 2030년까지 50%로, 2050년까지 80%까지 증가하기로, 그리고 총에너지 소비에 대한 비중을 2020년까지 18%로 상향하기로 정한다. 동법의 개정으로 재생에너지 전력, 특히 태양광 전력의 판매 방식이 기존의 수용에 의한 것과 시장에서의 직접 판매 방식의 두 가지 방식이 병행해서 적용될 수 있게 된다. 태양광 시장의 역동적인 발전으로 최저 보상요율이 낮아지고, 매월의 할인율도 새롭게 도입될 정도였다. https://www.erneuerbare-energien.de/EE/Redaktion/DE/Dossier/eeg.html?cms_docId=71802 (2022년 4월 26일 검색).

필요한 주요한 이유가 바로 여기에 있다. 또한 사용할 수 있는 분야도 열·난방, 전기, 연료, 열병합 발전 등 거의 모든 곳에 활용할 수 있기 때문에 주요한 에너지원이 된다. 그리고 지역마다의 고유한 바이오매스를 활용할 수 있는 점도 탈중앙 에너지 분산 정책과 지역경제 활성화 등에 기여할 수 있다. 바이오에너지 생산의 확대를 위한 고려 사항을 조세제도나 『재생에너지 난방 법』 등의 개정에 반영할 것이다.

동 목표를 달성하는 데 에너지 효율성 개선은 핵심 감축 대책이다. 모든 영역에 두루 적용되는 방식이다. 에너지 효율성 제고를 위해서는 무엇보다도 "에너지 효율성 이니셔티브"를 출범시켜 모든 영역에서의 에너지 감축의 잠재적인 부분을 활성화시키고자 하였으며, 기업과는 에너지 경영시스템의 운영을 위한 협력관계를 조성하였고, 2011년 이후 연방경제기술부 주도하에 "에너지 효율성 기금"을 조성하여 환경부의 동의하에서 소비자에게, 중소기업들에, 지방자치단체에 다양한 지원을 약속하였다. "에너지 효율성 기금"은 환경부 주도하에 운영되는 "국가 기후 이니셔티브"와 함께 병행하여 추진된다.

에너지 효율성 개선을 통해서 감축 잠재력이 큰 분야는 크게는 건물과 수송 분야이다. 건물의 열·난방 시설 같은 에너지 정비 사업과 에너지 효율적인 건설(축) 분야가 에너지 감축 잠재력이 매우 큰 곳으로 조사되었다. 최종에너지 수요의 40% 정도를 건물 영역이 차지하고 있고, 구 건축물의 3/4 정도가 열·난방 정비가 제대로 안 되어 있기 때문이다. 에너지 정비 사업이 감축의 중요한 열쇠라고 할 수 있다. 열·난방에 화석연료가 많이 사용되기 때문이다. 따라서 에너지 정비 사업률을 매년 1%에서 2%

로 올리고, 2050년까지 1차 에너지 소비를 80%까지 감축계획을 세운다. 이를 위해서는 법 개정과 시간과 투자가 필요하다. "신 건축물 에너지 절약 지침"이나 "재생에너지 난방 법"이 건물 분야의 에너지 및 이산화탄소 배출량 감축을 위한 주요한 정책으로 작동되기는 하였으나, 경제적인 수단이 더 보강되었어야만 했다. 에너지 (재)정비 사업을 위한 투자비용을 집주인들이 감당하기 어려운 점을 해결해야만 하였다.

　이런 배경하에 구체적 프로그램과 정책들이 제시되었는데, 첫째로, 건물의 1차 에너지 소비 계수의 표준지수를 마련하고, 2020년부터 2050년까지 단계별로 감축 수준을 높이면서 1차 에너지 소비를 80%까지 감축하는 장기적인 정비 로드맵을 세우고, 이와 병행하여 경제적 유인책 및 보상 체계를 수립하기로 하였다. 둘째로, 집주인은 에너지 정비 사업을 개·보수를 통하든지, 재생에너지의 설비를 통하든지, 또는 혼용하든지 하는 방식으로 선택할 수 있도록 하였다. 집주인이 목표를 조기 달성 또는 초과 달성하면 정부 지원을 받게 된다. 그 외에도 세제 혜택 등 다양한 인센티브가 제공된다. 셋째로, 재생에너지 추가 설비의 경우에는 "에너지 및 기후기금"에서 지원이 가능하게 하였다. 넷째로, "에너지 정비 도시계획"에는 "재건축 대출 지원금"을 사용하도록 하였다. 다섯째로, 에너지 정비 사업으로 인한 임대료 조정에 관한 사항도 고치도록 하여 사회적 통합성을 고려하도록 하였다. 여섯째로, 에너지 기준의 강화에 따라서 수공업자의 재교육이나 확대 교육을 의무화하였다.

　교통 및 수송 분야에서도 역시 재생에너지의 확대와 에너지 효율성 개선이 주요한 방식이다. 자동차업계와 연방정부와의 2010년도 공동선언에 힘입어 지속적으로 전기차의 확대생산을 목표로 하여 2020년까지 100

만 대, 2030년까지 600만 대가 보급되도록 하였다. "국가 발전계획"의 일환으로 전기차의 확산과 급속한 시장진입을 추진하면서, 재생에너지 수요공급의 완충장치로서 에너지 저장고의 역할을 강조하면서 전기차의 주차비용 면제 등의 실천적인 방안도 검토하고 있다. 연료전지나 수소차 역시 "국가 혁신 프로그램"의 일환으로 계속 지원하고 있다. 자동차의 이산화탄소 배출량 제한에 대한 유럽연합의 지침에 부응하여 저탄소 자동차의 개발과 시장 진입을 용이하게 하도록 천연가스나 바이오가스 자동차에 대한 지원도 하였다. 2007년도의 『통합 에너지-기후 프로그램』의 방향에 부합하여 자동차 연료의 바이오 성분이 10% 이상이 되도록 기술개발을 주문하였다. 철도 분야에도 바이오가스가 연료로 사용되도록 제반 여건을 마련하도록 하였으며, 철도 수송의 효율성을 위한 연결망 확충을 위한 투자를 확대하기로 하였다.

독일은 2010년 에너지 기본계획을 발표하면서 재생에너지의 시대를 활짝 열었다. 2011년 일본 후쿠시마 원전사태가 발생하자, 이에 대한 다차원적 토론과 평가를 통해서 최종적으로 2022년까지 원자력 발전소를 단계적으로 폐쇄하기로 결정하면서, 에너지 기본계획을 더 강화하는 차원에서 "미래 에너지로 가는 길, 에너지 전환, Energiewende"을 2011년 선포한다. 이는 재생에너지가 주류가 되는 전력체계로 더 빠른 전환을 요구하게 된다. 이는 재생에너지 시대로 전환하는 최초의 선진대국이 되는 것을 의미하는바, 재생에너지와 고효율 에너지 시대를 위해서는 혁신과 기술을 필요로 하고, 틈새시장이 대규모 시장으로 전환되어야 한다. 대전환이다. 이 전환이 빠를수록 성장 동력이 클 것이다. 에너지 전환의 현황과 개선상황은 매우 중요한 객관적 근거가 되기 때문에 정확하게 작성되고, 투명하게 일반에 공개하는 것을 원칙으로 하였다. 매년 모니터링하고, 각계의 기관들과 전문가 네 명으로 독립적인 위원회도 구성하여 과학적 자문과 모니터링을 하도록 하였다. 이 작업 역시 연방경제기술부와 환경부가 각각 분담하는데, 연방경제기술부는 송 · 배전망 확대, 발전소 건설, 대체투자, 에너지 효율성에 관해 보고하도록 하고, 연방환경부는 재생에너지의 확장에 관해 보고하도록 한다. 이 두 보고서에 기초하여 연방하원에 보고하고 개선안을 제출하도록 하였다.[104] 매년 에너지전환에 관한 모니터링은 『미래의 에너지, Energie der Zukunft』라는 연차 모니터링 보고서로서 발행된다. 2012년 1차 보고서에 이어 2016년 5차 모니터링 보고서가 제출되었다. 그리고 3년마다 『개선보고서, Fortschrittsbericht』도 제출하여야 하는데, 2014년에 1차 개선보고서가 제출되었다.[105] 이 두 보고서는 일반인에게 공개되어 그 진행과정에 대하여 관심을 갖게 하고, 참여를 할 수 있도록 하였다.

3.7. 『기후보호 행동프로그램 2020, Aktionsprogramm Klimaschutz 2020』- 2℃ 목표는 전 사회적 프로젝트

『에너지 기본계획』과 에너지 전환과 함께 독일 정부는 2014년도에 『기후보호 행동프로그램 2020, Aktionsprogramm Klimaschutz 2020』에서 기존의 정책 수단이나 프로그램을 강화하고 재정비한다. 이 프로그램을

---

104   BMWI, 『Der Weg zur Energie der Zukunft - sicher, bezahlbar und umweltfreundlich -』, https://www.bmwi.de/Redaktion/DE/Downloads/E/energiekonzept-2010-beschluesse-juni-2011.pdf?__blob=publicationFile&v=1 참조.

105   http://www.bmwi.de/Redaktion/DE/Artikel/Energie/monitoring-prozess.html 참조.

통해서 온실가스 배출을 12억 5,000만 톤(1990년)에서 7억 5,000만 톤 (2020년) 으로 감축하도록 하여 2020년까지의 감축 목표를 40%로 재확인한다. 동 프로그램은 정치적 수단, 장기적 계획, 주정부와 지방정부의 행동 방침 등을 모두 포함하고 있다. 특히 전문가, 주정부 대표자, 노동조합을 포함한 시민단체 등 거의 모든 이해관계 당사자의 직접 참여를 통해 과정을 검증하고, 개선하는 방식을 택하고 매년 『기후보호 보고서, Klimaschutzbericht der Bundesregierung』를 발간하도록 하였다.[106] 유럽연합의 2020년, 2030년, 2050년도의 중·장기 목표와 연계하여 추진하며, 또한 기후보호 정책을 독일의 현대화와 사회 통합성의 가치와 연계해서 추진하는 기본 원칙을 실현하면서 시행하고자 하였다.

연방환경부의 주관하에 『기후보호 행동프로그램 2020』을 발표한다. 그 배경을 살펴보면, 독일 연방정부는 우선 2020년까지 40% 감축 목표를 달성하기 위한 구체적 프로그램을 추가적으로 도입하고 시행할 필요성이 있었고, 한편으로는 2015년도 UNFCCC 파리 당사국 총회에서 지구 평균 기온 "2도" 상승 억제라는 글로벌 목표가 채택되도록 선도적인 역할을 하고자 하였다. '기후보호 행동프로그램 2020'이 제시된 또 하나의 근접한 배경은 독일이 약속한 2012년까지의 목표를 초과 달성하고 경제성장과 온실가스 감축의 두 마리 토끼를 동시에 달성하였으나, 2014년 현재까지 기존의 −시행되거나 채택된− 정책이나 프로그램으로는 2020년도까지 1990년 대비 33% 정도의 감축 수준에 미칠 것이라는 평가 때문이었다. 다시 말해서 40% 감축 목표를 달성하기에는 5~8%의 추가 감축 노력이 요구되므로 이에 필요한 추가 정책이나 강화된 프로그램을 담아서 기후보

106　BMUB, 『Aktionsprogramm Klimaschurz 2020』, 2014, 75쪽 참조.

호 행동프로그램 2020이 태동하게 된 것이다.[107]

추가적 정책이나 강화된 프로그램의 수립은 원칙적으로 2010년의『에너지 기본계획』에서 제시된 에너지 전환으로 재생에너지의 확대와 에너지 효율성의 개선에 기본 초점이 맞추어져 있으며, 독일 사회의 모든 사회적 주체들이 모든 분야에서 추가적 감축 노력을 기울이도록 하였다. 특히 교통·수송 분야, 에너지 분야, 주택 분야, 산업 분야 순으로 감축의 여지가 많은 것으로 나타났다. 2012년 현재 1990년 대비 각 분야에서 5.6%, 17.7%, 28.2%, 33% 수준으로 감축이 이루어져 전체적으로 24.7% 감축이 이루어졌다. 2012년 현재 기존의 감축 정책으로는 2020년까지 각 분야에서 6%, 33%, 39%, 34% 정도, 전체적으로 33% 정도가 감축될 것으로 추산되어 추가적으로 5~8% 정도의 감축이 더 요구되었다. 전체적으로 보면 온실가스 배출량이 1990년에 12억 4,900만 톤에서 2012년 현재 9억 4,000만 톤으로 24.7% 감축이 이루어졌고, 2020년도까지 8억 3,700만 톤으로 33% 정도 감축될 예상이다. 감축 목표인 40% 목표를 달성하려면 2020년 배출량 수준이 7억 4,900만 톤 수준이 되어야 하고, 이를 위해서는 8,800만 톤이 더 감축되어야 한다. 따라서 추가적인 대책이 필수적이고, 이 점이『기후보호 행동프로그램 2020』에 반영된 것이다. 예상 감축 잠재력에 대한 분석은 과학적 데이터와 분석에 기초하여 계획에 반영된다.[108]

---

107 여기서 기존(existing)이라 하면, 이미 시행(implemented)되거나 이전의 프로그램에서 채택(adopted)이 결정된 수단이나 대책을 말하고, 계획(planned)이라 함은 현재 논의 중이면서 채택될 가능성이 큰 수단을 말한다. 추가(additional)라고 하면 기존에서 새롭게 더해진 수단이나 대책을 의미한다. 이에 대해 유럽연합의 『에너지 연합과 기후 행동의 거버넌스에 관한 규정』, 2018, 제2조 참조.

108 이 데이터와 분석은『독일의 온실가스 배출 예상보고서 2013, Projektionsbericht der Bundesregierung 2013』에 기초하고 있다. 이 데이터에 기초한 과학적 분석을 바탕으로 '에너지

여기서 분야별 온실가스 배출량 측정에 있어서 주요한 원칙인 "근원 원칙, Quellprinzip, Source principle"에 대해 잠깐 언급해보자. 독일은 온실가스 목록에서 배출 분야의 규정과 배출 분야의 배출량을 측정할 때에 도표 4에 기술된 "국제 온실가스 보고, Common Reporting Format"의 일반적인 틀과 원칙을 따라서 한다. "근원 원칙"이라고 함은, 우선 온실가스가 직접적으로 배출된 발생 장소에 따르는 것을 말하고, 또는 유발자의 원칙을 따라서 직접적으로 온실가스를 유발한 것이나(전기, 철강, 식량 등의 상품), 유발하도록 한 향유자에게 귀속하도록 하는 것을 의미한다. 이에 따라 예를 들어보자면, 주택, 산업, 교통 부문에서 전기 기구를 사용함으로써 소비한 전력 및 열 공급으로 인하여 배출된 온실가스 배출량은 에너지 분야(부문)에 귀속된다. 주택 분야의 온실가스 배출량은 따라서 실내 공간의 난방이나 온수를 만들어낼 때 배출하는 배출량만 산정이 된다.[109]

추가적인 감축 잠재량은 기술 및 비용 효율적 방식으로 산정되었는데, 이 과정에 연방정부, 주정부, 지방자치단체 및 모든 사회적 세력이 참여하게 되었다. 독일 환경부는 2번의 「대화포럼, Dialogforen」을 개최하여 전 사회적 소통의 장으로 활용하였다. 첫 번째 대화포럼에서는 연방정부의 기획된 기후보호 행동프로그램의 내용과 방식을 알리고, 각 분야의 이해

기본계획'의 목표를 달성하고자 하며, 아울러 '기후보호 행동프로그램 2020'의 목표 설정에 활용한다. BMUB, 『Aktionsprogramm Klimaschutz 2020』, 16~17쪽 참조. 동 보고서는 유럽연합의 규정에 따라 각 회원국은 2013년을 처음으로 20년간의 총배출량과 부문별 배출량의 추이를 분석하여 격년마다 유럽연합 집행부에 제출하여야 한다. 2021년 5차 보고서가 현재 발간된 상태이다. https://www.bmuv.de/download/projektionsbericht-der-bundesregierung-2021 참조. (2022년 4월 22일 검색).

109 BMUB, 『Aktionsprogramm Klimaschutz 2020』, 2014, 14~15쪽 참조. 이와 관련한 "국제 온실가스 공통 보고 양식, Common Reporting Format"은 도표 4를 참조.

관계자들이 그들의 관점에서 이 프로그램과 적합성을 가진 구체적인 대책 수단을 마련할 수 있도록 하였다. 이 같은 구체적 대책 수단은 연방정부의 기후보호 행동프로그램을 수립하는 데 정확성과 상호 소통 측면에서 기여하게 되고, 동시에 추가 대책의 감축 잠재력에 대한 평가를 참여 속에서 할 수 있게 하였다. 두 번째 대화포럼에서는 기후보호 행동프로그램의 수립의 진행 과정에 대해 알리고,[110] 또한 각 이해관계자들이 2012년 이후 진행해온 기후보호 대책을 연방정부에 알려주도록 하였다.『기후보호 행동프로그램 2020』의 수립 과정에는 정부 기관 대표와 이해관계 당사자, 사회 시민단체와 대표 기관들이 많이 소통하고 참여하였는데, 특히 33개 단체와 기관들은 2012년 11월 이후부터 함께 준비하여 84개의 구체적인 기후보호 대책 목록을 작성하여 환경부에 제출하고, 이 목록은 기후보호 행동프로그램 2020에 많이 반영된다. 이 이해당사자 그룹, 시민단체와 기관들이「기후보호 행동연대, Aktionsbuendnis Klimaschutz」의 모태가 되면서, 2015년 3월에 확대 및 개편되어 상시적인「대화 포럼」을 지속적으로 개최하고 있다.[111] 주관 부처는 환경부이다.[112] 이 같은 과정을 거쳐 확정된 기후보호 행동프로그램에서 제시되는 각종 대책은 예산에 반영되게끔 설계되어 그 실효성을 보장하는 것을 원칙으로 하고 있다.

---

110   BMUB,『Aktionsprogramm Klimaschutz 2020』, 2014, 1~13쪽 참조.

111   자세한 것은 본서의 4장 3절의 시민사회 영역,「기후보호 행동연대, Aktionsbuendnis Klimaschutz」를 참고. 통상 6개월마다 전체 회의를 개최하는데, 2021년 5월, 12차 전체 회의를 열고, 5개의 분과 회의를 진행하였다. 동「대화 포럼」의 주제는 독일『기후변화 법』의 개정과『2030 기후보호 프로그램』에 관한 것이었다. https://www.bmuv.de/themen/klimaschutz-anpassung/klimaschutz/nationale-klimapolitik/aktionsprogramm-klimaschutz/aktionsbuendnis-klimaschutz 참조. (2022년 4월 22일 검색).

112   BMUB,『Aktionsprogramm Klimaschutz 2020』, 2014, 72~73쪽 참조.

『기후보호 행동프로그램 2020』의 목표를 달성하는 데 기본적인 방식은 기존의 핵심 제도들과 『통합 에너지-기후 프로그램 2007』, 『에너지 기본계획 2010』에서 제시한 정책 및 대책을 중심으로 하되, 더 강화되고 추가된 대책들로 진행된다. 또한 2014년 5차 개정된 『재생에너지 법』, 개정된 제3기 EU-ETS(2013~2020년)와 ESD의 제도와의 연계 속에서 강화된 형태로 진행된다. 각 분야의 추가 감축 잠재량은 교통·수송 분야에서 약 700~1,000만 톤, 기후 친화적인 건물과 주택을 통해서는 약 570~1,000만 톤, 전력 분야에서 2,200만 톤, 산업 및 폐기물, 농업 분야에서 660~1,130만 톤으로 평가하여 전체적으로 6,200~7,800만 톤으로 계획하였다.[113] 특히 주목할 점은 「국가 에너지 효율성 행동계획, Nationaler Aktionsplan Energieeffizienz(NAPE)」을 2014년 수립하여 에너지 공급 측면뿐 아니라 수요 측면에서 에너지 효율성을 높여 감축 잠재력을 넓히고자 하는 점이다. 주요 목표 대상으로는 건물 분야의 에너지 효율성 개선, 에너지 절약형 모델 수립, 개인행동의 변화를 통한 에너지 효율성 개선 방책을 들 수 있다.[114] 이 NAPE를 통한 추가 감축 잠재량을 2,500만 톤에서 3,000만 톤 정도로 높이 평가하고 있다.[115]

독일의 에너지 및 기후보호 프로그램은 EU의 에너지 및 기후보호 프로그램과 공조하면서 진행된다는 점을 이미 언급하였다. 독일 배출권거래제

---

113 여기에는 EU-ETS를 통한 감축 잠재량은 포함되어 있지 않다.

114 '에너지 기본계획'에서 에너지 효율성 개선을 강조하면서 2020년까지 1차 에너지 소비를 2008년 대비 20%, 2050년까지 50% 절약하는 계획을 공포하였다. 이 계획에 충실하면서 NAPE를 체계적으로 수립하게 된다. https://www.bundesregierung.de/Content/DE/Artikel/2014/12/2014-12-03-nationaler-aktionsplan-energieeffizienz.html 참조.

115 이 수치는 교통·수송 부분에서의 에너지 효율성을 통한 추가 감축량을 제외한 것이다.

도 역시 유럽연합의 배출권 거래제도 안에서 작동된다. 앞서 이산화탄소 배출권거래제도에서 언급하였듯이, 독일의 제3기(2013~2020년) 배출권 거래제도는 유럽연합이 시행의 주체가 되는 단일한 체계 안에서 운영된다. 유럽연합의 종합 감축 계획인 『2020 기후-에너지 패키지』의 틀 안에서 독일은 EU-ETS와 Non-ETS를 통해서 감축 목표를 달성하는데, 독일은 2020년까지 Non-ETS 부분에서 유럽연합 평균보다 훨씬 높은 14%를 감축하기로 약속하였다. 바로 이 목표가 『기후보호 행동프로그램 2020』에 연계되어 반영되는 것이다. EU-ETS 세도를 통해서 유럽연합은 2020년까지 2005년 대비 21% 감축하기로 결정하였다. 감축 방식을 요약하면 유럽연합 집행부가 직접 할당 계획을 설계하고 집행하는데, 2013년 약 20억 8,000만 톤의 총 허용배출권을 약 12,000개 기업에 - 독일의 경우 1,905개 기업에 - 할당하고, 매년 3,800만 톤, 즉 매년 1.74%씩(2010년 총배출량 기준) 총 허용배출량을 축소시키는 방식으로 2020까지 동 목표 - 2005년 대비 21% 감축 - 를 달성하고자 한다.

『재생에너지 법』은 2014년에 5차 개정을 한다. 에너지 전환을 시행하는 데 시장 친화적 방향으로 변경되는 새로운 개혁을 담고 있다. 추진 배경으로는 2000년 『재생에너지 법』 제정 이후 풍력, 태양광 등 재생에너지의 비중이 급증하여 - 발전 비중의 25% 정도 - 핵심 에너지원으로 성장하였으나, 재생에너지 발전업자에 대한 지원으로 인한 전기 소비자의 부담이 급격히 증가하자, 정치권, 산업계 및 가계 등 - 시민단체 등은 제외 - 사회 전반적으로 재생에너지원의 비싼 전기 가격을 고려해야 될 시점이라는 공감대가 형성되었기 때문이다.[116] 주요 개정 내용으로는 무엇보다도 에너지

---

116 특히 에너지 다소비 기업들이 전기 비용의 급상승으로 인해 글로벌 경쟁력 약화의 위험을 호

전환을 보다 계획적으로 추진하는 것으로서, 재생에너지 생산 목표는 기존보다 상향 조정하면서도 풍력, 태양광 등의 설치 용량과 발전차액지원(Feed in Tariff)의 수준은 제한하여 비용 상승을 억제하는 한편,[117] 재생에너지 발전사업자의 전력 시장으로의 진입을 수월하게 하고 에너지 다소비 기업에 대한 감면 제도 개선 등을 들 수 있다.

구체적으로 살펴보면, 2014년 현재 재생에너지 발전 사업자가 평균 17cents/kWh를 받고 있는 데 비해 2015년 신규사업자부터는 12cents/kWh로 대폭 감소될 예정이다. 재생에너지 설치 용량의 제한 방침으로 – 재생에너지의 전력생산 비중을 2025년까지 40~45%, 2035년까지 55~60%로 상향 조정하면서도 – 지나친 확산을 규율하기 위해 태양에너지는 매년 신규 설치 용량을 2.5GW까지, 육상풍력은 2.5GW까지로, 바이오매스는 100MW로, 해상 풍력 역시 2020년까지는 매년 6.5GW까지, 2030년까지는 15GW까지 제한하기로 하였다. 핵심 개정안으로서 재생에너지의 가격 경쟁력을 확보하기 위하여 경쟁적 경매 제도를 도입하기로 하면서 첫 시행 사례로서 태양광 전력에 대해서 경매 제도를 실시하기로 개정하였다. 재생에너지 발전사업자의 시장 진입을 추진하기로 한다. 일정 규모 이상의 재생에너지 발전사업자부터 단계적으로 전력망 운영업자를 거치지 않고 전력 시장에 직접 판매할 의무를 부과한다. 2014년 8월부터는 500kW 이상의 신규 재생에너지 설비 사업자, 2016년 1월부터는 100kW 이상의 신규 재생에너지 설비 사업자는 전력 시장에서 직접 판매

소하였다. https://www.erneuerbare-energien.de/EE/Redaktion/DE/Dossier/eeg.html?cms_docId=73930 참조. (2020. 11. 18. 검색).

117 2014년 FIT(발전차액지원금) 부과금 요율은 6.24cents/kWh이고, 전체 부과금 중에 기업이 74억 유로, 가계가 80억 유로 이상을 부담할 것으로 예상됨.

해야 한다. EU 집행위는 2013년 독일 재생에너지 법 개정안(EEG 2014)에 대한 조사결과를 발표하면서 재생에너지에 대한 FIT 보조금 지원은 연간 약 200억 유로에 달하는 것으로 추정하고, 풍력, 태양광 등 재생에너지에 대한 FIT 지원제도는 2016년 12월까지 승인되며, 태양광에 대한 경쟁 입찰을 시작으로 2017년부터는 법률 개정을 통해서 경쟁 입찰(tenders)을 일반화해야 한다고 주문하였다. 단, 100kW 규모 이하의 재생에너지 설비 발전업자는 전력 시장 직접 판매 의무를 10년간 면제해도 좋다고 승인하였다.[118, 119]

『기후보호 행동프로그램 2020』으로 추가(채택)된 구체적인 대책 수단을 들어보면,[120] NAPE를 통한 구체적인 프로그램이 다양한데, 난방 보일러에 대한 국가 효율성 라벨제도를 통해 2020년까지 70만 톤 감축, 재건축-에너지 효율성 프로그램의 확대로 인하여 200만 톤 추가 감축 프로그램 등이 있다. 기후 친화적 건축 및 주택 전략 프로그램은 연방경제기술부의 주관하에 에너지 효율성 전략을 개발하기로 하였다. 여기에는 사회 통합성 차원을 고려하여 사회적 취약계층이 지불할 수 있는 기후 친화적 임대주택의 활성화 방안이 논의되었다. 주택 보조금을 높이는 방안도 도입하고, 사회보장법의 개정을 통해 기초생활비 및 난방비용을 현실화하는 조치도 시행하여 40만 톤의 감축도 실현하고자 하였다. 또한 기후 친화적

---

118 http://www.erneuerbare-energien.de/EE/Redaktion/DE/Dossier/eeg.html 참조.

119 http://overseas.mofa.go.kr/de-ko/brd/m_7213/view.do?seq=1091845&srchFr=&srchTo=&srchWord=&srchTp=&multi_itm_seq=0&itm_seq_1=0&itm_seq_2=0&company_cd=&company_nm=&page=3 참조.

120 BMUB,『Aktionsprogramm Klimaschutz 2020』, 2014 참조.

주택 재정비 사업은 세금 감면 제도도 도입하여 210만 톤의 추가 감축을 세웠다. 미래 에너지의 모니터링사업을 통해 항상 점검한다. 수공업자, 건축업자에 대한 (재)교육 사업도 진행시킨다. 환경부는 비공식적이고 전통적인 친환경 건축 기술에 대한 교육 프로그램도 제공하였다. 2008년 이후 환경부 산하의 NKI를 통해서 2013년 현재 전국적으로 약 3,000개 지방자치단체에서, 6,000개 이상의 프로젝트가 시행되었다. 앞으로도 에너지 절약 도시정비계획을 통해 최대 120만 톤을 감축하고, 지방자치단체의 기후보호를 통해 최대 200만 톤을 감축하고자 하였다. 미니 열병합발전을 촉진시키는 조세감면제도를 실시하여 20만 톤을 감축하고자 하였다. 교통 분야에서 추가로 1,000만 톤을 감축하고자 하였는데, 전기 충전소 등의 인프라 구축에도 박차를 가하기로 하였다. 고속도로 통행세를 강화하는 방안, 철도 수송을 지원하는 방안, 지역 수송연결망을 강화하는 방안, 대중교통 수단의 전기자동차로의 교체 및 대중교통의 이용을 권장하는 방안, 걷기와 자전거 이용을 통하여 80만 톤을 감축하는 방안 등 다양한 프로그램이 동원되고 있다. 친환경 농경 방식의 농지의 2% 확대를 통하여 30만 톤을 감축하고, 산림보호 확대를 통해 200만 톤을 감축하고자 하였다.

기후보호 차원에서 연구 및 기술발전의 중요성을 매우 강조하면서 기후보호의 목표를 달성하기 위해 기술개발, 전략개발 및 시행과정에 대해 자연과학적 차원뿐 아니라 사회과학적 연구에 걸쳐서 전반적이고 복합적인 연구를 추진하고 있다. 기후보호에 연관된 영역은 사회, 경제, 에너지, 글로벌 전환, 자원과 지속가능성으로 매우 복합적인 성격을 띠고 있기 때문에, 전 사회적 영역의 협력, 국제적 공조, 그리고 사회 구성원들의 동의와 조정이 매우 필요하기 때문이다.

"기후보호를 위한 두 가지 핵심적인 연구 영역이 있는데 하나는 사회 전환에 관한 연구이고, 다른 하나는 에너지에 관한 연구이다. 전자는 기술과 사회 혁신과 연계되어 기후 친화적인 새로운 체계를 구축하는 일이고, 후자는 에너지 전환에 관한 것으로 새로운 에너지 기술의 연구, 개발, 전 사회적 확산에 관한 것이다. 이는 다시금 사회적 조건에 관한 연구를 필요로 한다."[121]

2011년 일본 후쿠시마 원전 사고의 심각성을 인지한 독일은 2022년까지 자국 내 모든 원자력 발전소를 폐쇄하겠다고 발표한 바 있다. 에너지 전환을 앞당기고, 2020년까지의 온실가스 감축 목표를 달성하기 위해서는 전력의 45%를 생산하는 화력발전소의 축소가 불가피하다고 판단하면서 2015년 중요한 결정을 하는바, 5개의 대형 석탄 화력발전소를 단계적으로 폐쇄하는 결정을 한다. 독일은 이번 석탄 화력발전소의 폐쇄 결정으로 전력 요금의 인상이 불가피하나, 그리고 많은 단체의 반대를 무릅쓰고, 한 번 더 온실가스 감축과 재생에너지 발전과 에너지 효율성 증가에 더 박차를 가하는 방향으로 나아간다. 독일 정부는 폐쇄 대상에 포함되는 석탄 화력발전소를 2020년까지 전력량이 부족할 때를 대비한 비상 가동용으로만 사용하기로 결정했다.[122]

---

121 앞의 책, 2020, 65쪽 인용.

122 독일 연방정부는 2020년이 되어서 석탄 화력발전소를 2038년까지 완전 폐쇄하기로 결정한다.

The division into sectors is based on the source categories of the Common Reporting Format (CRF) set out in the European Monitoring Mechanism Implementing Regulation or on an implementing act adopted on the basis of Article 26(7) of the European Governance Regulation (부문별 구분은 공통 보고 양식의 근원 목록에 따라서 이루어진다. 공통 보고 양식은 유럽연합 모니터링 메카니즘 이행 규정이나 유럽연합 거버넌스 규정의 26조 7항에 기초한 이행 법률에 근거한다).[123]

부문	공통 보고 양식의 근원 목록 규정	공통 보고 양식(CRF) 근원 목록
1. 에너지	에너지산업의 연료연소활동 배관 수송(기타 수송) 연료 누출 배출	1.A.1 1.A.3.e 1.B
2. 산업	제조업 및 건설 산업의 연료 연소 활동 산업공정과 상품 이용 이산화탄소 수송과 저장	1.A.2 2 1.C
3. 건물	연료 소비활동: 상업 및 공공 건물 주택 기타 건물(군시설 등)	1.A.4.a 1.A.4.b 1.A.5
4. 수송	수송 (국내민간항공, 도로수송, 철도수송, 국내 선박), 배관수송 제외	1.A.3.a, 1.A.3.b, 1.A.3.c and 1.A.3.d
5. 농업	농업 연료 소비 행위 (농업, 산림, 어업 분야)	3 1.A.4.c
6. 폐기물과 기타	폐기물과 폐수 기타	5 6
7. 토지이용, 토지이용변화, 산림	산림, 농지, 초지, 습지, 정주지, 목재, 토지이용변화	4

Annex 1 (부속서 1)

---

123 독일『기후보호 법』, 2019, 10쪽, 부속서 1 참조, https://www.bmu.de/fileadmin/Daten_BMU/Download_PDF/Gesetze/ksg_final_en_bf.pdf.

3.8. 『기후보호 계획 2050, Klimaschutzplan 2050』 - 2℃ 기후 거버넌스의 새로운 이정표

2016년도에 독일 정부는 『기후보호 계획 2050, Klimaschutzplan 2050』을 제시한다. 차후의 기후 전략과 대책을 수립하는 데 토대이자 근간이 되는 청사진을 제시한 것이다. 『기후보호 계획 2050, Klimaschutzplan 2050』을 통해 다시 한번 2050년도까지의 온실가스 감축 목표와 지구 평균기온 "2℃" 상승 억제라는 글로벌 목표, 유럽연합의 2030 감축 목표와 기본 지침을 확인하면서, 감축의 핵심적인 기술적 방식으로 재생에너지의 확장과 에너지 효율성의 개선을 확인하면서, 기본 방향과 이정표를 확실하게 세운다. 2050년까지 탄소 중립으로 가는 장기 목표를 천명하면서 모든 경제·사회 분야에 기본 비전과 전환의 경로를 제시하고, 온실가스 감축의 시행 과정에서 처음으로 2030년까지의 경제·사회 모든 분야 및 부문의 감축 목표를 설정하면서 이정표를 제시한다. 또한 동 계획은 투자와 전략적 선택을 위한 구체적인 방향을 제시한다. 독일 정부는 동 계획을 실현하는 데 전 사회적 동의와 참여가 필수적인 요소라고 간주하며 다양한 사회적 세력이나 단체가 참여할 수 있도록 한다. 나아가 독일 정부는 시행할(계획된) 정책과 프로그램의 경제적, 사회적, 환경적 결과를 각각 파악하고 정치적 최종 결정을 내리기로 한다. 이 계획을 통해 독일 정부는 파리협정에서 요구하는 기후보호-장기 전략을 처음으로 제시한 국가군에 속하게 되었다. 2050년도까지 온실가스 배출을 제로로 하는 야심 찬 장기 전략을 제시한 것이다.[124]

---

124   BMUB, 『Klimaschutzplan 2050, Klimaschutzpolitische Grundsaetze und Ziele der

3.8.1. 『기후보호 계획 2050』의 배경과 성립 과정

『기후보호 계획 2050』의 배경과 성립 과정을 짧게 살펴보자. 연방정부
가 『기후보호 계획 2050』을 수립하는데, 기독교민주당과 사회민주당의 연
립정부하에서 2013년 연정계약, Koalitionsvertrag을 통하여 2050년까지
의 기후보호 계획을 세우기로 체결한다. 기독교민주당, 기독교사회당, 사
회민주당 연정은 유럽연합의 『2030 기후-에너지 정책 기본 틀』에서 제시
한 40% 감축 목표와 2015년 파리 기후변화협약의 결과에 비추어[125] 2050
년도까지 80~95%, 2030년도까지 55% 감축하기로 약속하는 동시에 필
요한 정책 수단이나 프로그램을 광범위한 대화와 협의 과정을 거쳐서 달
성할 것을 약속했다. 파리 기후변화협약의 핵심 결정은 지구 평균기온을
2도(가능하면 1.5도) 이상 상승하지 않도록 억제하는 글로벌 협약이었다.
구속력을 가진 이 협약은 모든 당사국에 필요한 기후보호 프로그램을 일
관되게 시행하게끔 규제하였고, 이는 유럽연합 차원에서뿐 아니라 독일에
도 『2020 기후보호 행동프로그램』을 새롭게 정비하고, 2020년 이후의 프
로그램에는 더욱 진전된 목표를 - 후퇴 금지의 원칙에 입각하여 - 제시하
도록 하였다. 한편, 세계 각 국가가 2015년 제출한 INDC(국가 자율 감축
계획안)대로 100% 이행하더라도 파리협약에서 약속한 2도 목표를 달성
하기에는 불충분한 감축 수준으로 판명이 되자, 각 국가의 감축 계획은 더
강화될 필요성이 제기되었다. 이에 2015년 6월부터 2016년 3월까지 연

Bundesregierung』, 2016, 6쪽 이하 참조.

125 『기후보호 계획 2050, Klimaschutzplan 2050』 역시 유럽연합의 『2030 기후-에너지 정책 기본
     틀』과 파리 유엔기후변화협약에 부합되게 공조하면서 계획을 세운다. 이에 대해 글상자 4 참조.

방정부(환경부 주관)와 주정부, 지자체, 이해관계 당사자, 시민들이 함께 2030년까지 적용될 전략적인 기후보호 대책을 기획하였다. 2016년 참여자들은 이 과정에서 도출한 97개 대책 수단 목록을 연방 환경부 장관에게 제출하였다. 연방정부는 『기후보호 계획 2050』의 기획 과정에 동 목록과 다양한 과학적 연구 결과 및 자료를 고려하면서, 마침내 2016년 11월 『기후보호 계획 2050』을 채택하게 된다.[126]

글상자 4. 유럽연합의 2030 통합 감축 프로그램의 구조와 위상 -『2030 기후-에너지 정책 기본 틀, 2030 Climate and Energy Policy Framework』

유럽연합은 2007년 『2020 기후와 에너지 패키지, Climate and Energy Package』 종합 로드맵에 이어서 2014년 『2030 기후-에너지 정책 기본 틀, 2030 Climate and Energy Policy Framework』을 공포한다. 이는 2021~2030년까지 1990년 대비 온실가스 40% 감축을 목표로 하는데, 『2020 기후와 에너지 패키지』의 기본 전략을 그대로 유지하면서, EU-ETS 제도를 통해 2005년 대비 43% 감축을, Effort Sharing Decision(ESD) 제도를 통해 2005년 대비 약 30%의 감축을 목표로 하였다. 독일은 이 기간 동안에도 선도적으로 ESD를 통한 평균 감축 목표 30%를 훨씬 초과하는 38% 감축 목표를 제시한다.[127]

ESD를 통한 감축 방식 및 원칙은 2009년 『on the effort of Member States to reduce their

---

126 앞의 책, 6쪽 참조.

127 European Commission, 『Regulation (EU) 2018/842 of the european parliament and of the council of 30 may 2018 on binding annual greenhouse gas emission reductions by Member States from 2021 to 2030 contributing to climate action to meet commitments under the Paris Agreement and amending Regulation (EU) No 525/2013』, Annex I(부속 1서) 참조. https://eur-lex.europa.eu/legal-content/EN/TXT/?uri=uriserv:OJ.L_.2018.156.01.0026.01.ENG.

greenhouse gas emissions to meet the Community's greenhouse gas emission reduction commitments up to 2020』에 적용되었던 모든 요소를 그대로 이어받는다. 단지 2020년의 10% 감축 목표에서 2030년의 30% 감축 목표로 상향되고, 각 회원국의 감축 범위가 −20~20%에서 0~40%로 수정 및 강화되었다.[128]

감축의 기술적 핵심 방식은 『2020 기후와 에너지 패키지』와 마찬가지로 재생에너지 확대와 에너지 효율성 개선에 두고 있으며, 단지 목표치가 더 강화되어 20%에서 27%로 각각 상향 강화 되었다. 또 ESD를 통한 상향된 30% 감축 목표를 달성하기 위해 각 회원국은 2021~2030년 동안 건물, 수송, 농업, 폐기물 관리 영역 등에서 개선을 촉진하고자 한다.[129]

유럽이사회는 IPCC의 4차 보고서에 기초하여 지구 평균기온을 2℃ 상승을 억제하기 위한 목 적으로 2014년도에 『2030 기후와 에너지 기본 틀』이라는 중·장기적 기후 및 에너지 로드맵을 제시하였고, 이 목표에 공조하면서 독일은 2030년까지 1990년 대비 온실가스 55% 감축, 에너지 효율성을 30%까지 올리기로 약속하였다. 그리고 2015년 파리 유엔기후변화협약의 협정을 존중 하면서 2050년까지 80~95% 감축 목표를 재확인하였다.[130] 독일은 이미 2010년도의 『에너지 기 본계획』에서도 2030년도까지 55%, 2040년도까지 70%, 2050년도까지 80~95% 감축 목표안을 제시한 바 있다.[131] 즉 독일의 선도적인 감축 목표 계획안 제시는 EU 차원의 감축 목표를 설계하 는 데 반영이 되고, 회원국 간의 조정 후에 다시금 EU 공동의 차원에서 독일의 감축 몫으로 확정 이 되는데, 커다란 수정 없이 확정되기도 한다. 독일은 유럽연합의 『2030 기후와 에너지 기본 틀』 이 제시한 목표와 감축 방식에 상응하면서 2014년 『기후보호 행동프로그램 2020』, 2016년 『기후

---

128   앞의 문건, 1~2쪽 참조.

129   앞의 문건 참조.

130   BMUB, 『Klimaschutzplan 2050, Klimaschutzpolitische Grundsaetze und Ziele der Bundesregierung』, 2016, 23쪽 이하 참조, https://www.bmub.bund.de/fileadmin/Daten_BMU/ Download_PDF/Klimaschutz/klimaschutzplan_2050_bf.pdf 참조.

131   Bundesregierung, 『Energiekonzept für eine umwelt schonende, zuverlässige und bezahlbare Energieversorgung』, 2010, 4쪽 이하 참조, https://www.bundesregierung.de/ContentArchiv/ DE/Archiv17/_Anlagen/2012/02/energiekonzept-final.pdf?__blob=publicationFile&v=5 참조. 좀 더 구체적으로 재생에너지원의 에너지 총소비 비중이 2050년까지 60%가 되도록 목표를 세 운다.

보호 계획 2050』을 통해 감축 목표를 재확인하면서 구체적인 감축 로드맵을 제시한다. 이러한 상호 공조와 민주적인 피드백 과정 및 거버넌스를 구축하면서 독일과 유럽연합은 기후보호를 위해 노력을 경주하고 있으며, 특히 독일이 선도적인 노력을 하고 있음을 알 수 있다.

유럽집행부는 『2030 기후와 에너지 기본 틀』에 관하여 이미 2013년 녹서를 발간하는바, 동 기본 틀에 대한 회원국의 동의가 조기에 필요한 배경을 몇 가지로 언급한다. 첫째, 저탄소 시설에 대한 투자는, 특히 인프라 시설 투자는 2030년 혹은 그 이상으로 기간이 설정되기 때문에 투자자에게 위험을 줄이고 확실성을 높이기 위해서 필요하며, 둘째로, 저탄소 기술에 대한 수요와 연구 및 개발에 대한 수요를 진작시킴으로써 경쟁력 있는 경제와 안정적인 에너지 체계를 위해 지원하려는 목적이며, 셋째로, 유럽연합이 적극적이고 모범적인 역할을 함으로써 글로벌 협력을 수월하게 하려는 목적이다.[132] 유럽집행부는 동 녹서와 이해당사자들의 의견에 응답하면서, 일자리와 성장을 위한 새로운 기회와 안정적인 저탄소 에너지를 공급할 수 있는 경제를 위한 진보를 촉진할 필요성이 지금이라고 말한다. 『2020 기후와 에너지 패키지』의 감축의 전략과 방식을 충실히 이행하면서 더 야심 찬 감축 계획인 2030 목표 『2030 기후와 에너지 기본 틀』을 2014년 제시하게 된 것이다.

이는 몇 가지 기본 원칙과 고려 사항을 담보하고 있는데, 수용 가능하고, 안정적이며 경쟁력 있는 저탄소 에너지의 공급과 지속가능성을 담보할 수 있는 비용 효과적인 접근 관점을 기본 원칙으로 해야 한다. 그리고 동 기본 틀은 유럽연합 시장의 통합성과 협력을 증대할 수 있도록 하고, 데이터나 정책이 투명하여 투자자 및 이해당사자에게 분명한 신호를 줄 수 있도록 해야 하고, 회원국 간에 그리고 집행부와 회원국 간에 상호 신뢰와 공유의 이해를 주문하고 있다.

『2030 기후와 에너지 기본 틀』이 수행해야 될 주요 범위와 과제를 제시하고 있는바, 주요한 점만 간단히 언급해보자. 첫째로, 2030년까지 온실가스 배출량을 1990년 대비 40% 감축하되, ETS와 ESD를 통해서 감축한다. 둘째로, 핵심적인 기술적 감축 방식인 재생에너지 확대를 27%까지 상향하고, 에너지 효율성 개선을 27%까지 개선하기로 한다. 특히 재생에너지 확대를 통한 감축

---

132   European Commission, 『GREEN PAPER A 2030 framework for climate and energy policies』, 2013, 1쪽 참조. (2022년 4월 27일 검색).

경로는 ETS의 기능과 매우 연계되어 있고, 상호 보완적으로 진행되도록 개발되어야 한다. 셋째로, 회원국의 자율성을 살리면서 유럽연합의 재생에너지 확대 비중을 27% 목표로 하는 경우처럼 잘 조율할 수 있는 에너지 거버넌스가 필요하고, 아울러 공동의 검증 시스템도 필요하다. 동시에 데이터나 평가의 기초가 되는 표준화 작업도 필요하다. 넷째로, 감축의 핵심적 제도로서의 EU-ETS 개정 작업도 필요하고, 값싸고 안정적인 에너지 공급 역시 주요한 요소이며 – 여기에는 우선적으로 국내의 지역적 에너지 자원을 최대한 활용하면서 – 화석연료를 점차로 배제하고, 에너지 집중도를 개선하는 노력을 배가하는 것을 필요로 한다. 다섯째로, 『2030 기후와 에너지 기본 틀』에서 제시한 목표와 과제를 달성하기 위해서는 EU-ETS뿐만 아니라, ESD, 재생에너지 지침, 에너지 효율성 지침 등 모든 것이 개정되어야 하는 과제가 기다리고 있다.

유럽집행부는 수정 및 개정 작업을 효과적으로 진행하여 '2030 목표'를 성공적으로 시행하기 위해서는 새로운, 강력한 그리고 효율적인 유럽연합의 "2도" 기후 거버넌스가 필요하다는 점을 역설한다. 이는 유럽연합과 회원국 간의 긴밀한 협력에 바탕을 두어야 한다.[133] 이에 "2도" 기후 거버넌스 구축의 주요 조건을 제시하는데, 간략히 살펴보자. 첫째, 각 회원국의 국가적 에너지 및 기후 계획에는 유럽연합의 주요한 원칙과 상응해야 한다. 보고의(reporting, verifying, measurement) 체계가 공통적이고 단순해야 한다. 합의에 기초한 공통의 모니터링의 지표나 측정 방법이 있어야 한다. 유럽연합 시장의 통합성에 부합해야 하고, 유럽연합의 감축 목표에 상응해야 할 것이다. 그리고 투자자에게 확실성을 주도록 해야 한다. 그리고 에너지의 안정성, 비용효과성, 경쟁력 등 5가지를 지킨다. 둘째로, 각 회원국은 ESD 분야에서의 자국의 목표를 – 『2030 기후와 에너지 기본 틀』에서 약속한 목표를 – 달성하기 위해 분명한 접근 방식을 제시해야 한다. 이뿐만 아니라 재생에너지 확대, 에너지 효율성 개선, 에너지 안정성, 연구 및 혁신 분야에서도 계획을 신뢰할 수 있도록 분명한 목표나 수단 등을 제시해야 한다. 셋째, 이를 위해서 유럽 집행부와 회원국 간의 상호 주고받는 반복 과정을 담보하는 확실한 기후 거버넌스가 필요하다. 유럽 집행

---

133 European Commission, 『COMMUNICATION FROM THE COMMISSION TO THE EUROPEAN PARLIAMENT, THE COUNCIL, THE EUROPEAN ECONOMIC AND SOCIAL COMMITTEE AND THE COMMITTEE OF THE REGIONS, A policy framework for climate and energy in the period from 2020 to 2030』, 2014, 2쪽 이하 참조.

부가 우선 각 회원국의 에너지 및 기후 계획의 내용, 범위, 조건, 대책 수단 등에 관한 공통의 가이드라인을 만들고, 그다음 각 회원국은 자율성을 가지고 공통의 가이드라인에 상응하는 국가 계획을 반복적인 소통(자문)과정을 통하여 준비하고, 최종적으로 유럽 집행부가 각 회원국의 국가계획을 평가하고 자문할 수 있는 확실하고 효율적인 거버넌스가 필요하다. 여기에 각 국가의 계획이나 정책의 내용이나 평가가 보고되어 있는 「European Semester」 같은 수단도 도움이 될 것이다. 넷째, 정책 효과나 시행 결과를 평가하는 데는 핵심 지표에 대한 체계적 모니터링이 필요하다. 에너지 및 재생에너지 가격, 스마트 그리드 연계 정도, 연구개발 지출 규모 등 다차원의 지표로 권고하고 있다. 유럽이사회는 2014년 이 모든 것을 안정적으로 담보할 수 있는 "2도" 기후 거버넌스를 구성할 것을, 즉 유럽연합의 「에너지 연합」을 구성할 것을 승인한다.[134]

유럽연합의 『2030 기후와 에너지 기본 틀』에서 제시한 목표나 과제, 시행 방식 등은 직 · 간접적으로 독일의 『기후보호 계획 2050』에 반영되는 것을 아래에서 비교, 확인해볼 수 있을 것이다.[135]

EU의 『2030 기후와 에너지 기본 틀』은 「에너지 연합」의 구축과 함께 EU-ETS, ESD, 재생에너지 비중, 에너지 효율성 개선, 토지 및 산림 이용 규제 등 그 주요 내용이나 방식을 강화하는 방향으로 보완, 개정 등 수정을 거치면서 그 모습을 갖추어간다. EU 차원의 공동의 기후 거버넌스 체제를 구축하려는 노력의 결과를 집대성한 규정이 2018년에 구축되는바, 바로 EU의 『에너지 연합과 기후행동 거버넌스에 관한 규정, Regulation on the Governance of the Energy Union and Climate Action (EU) 2018/1999』이다. 유럽연합은 한 걸음 더 나가 기후 대응에 한 획을 그으며 2019년 말 『유럽 그린 딜, The European Green Deal』을 선포한다. 기후변화의 심각성을 재인식하면서, "1.5도" 한계선의 설정 필요성 및 탄소 중립의 필요성을 공감하면서, 다시 한번 더 『2030 기후와 에너지 기본 틀』의 온실가스 감축 목표량을 55%로 상향 조정할 것을 제시하고, 2021년 『유럽 기후 법, European Climate Law』을 제정하면서 이를 보장하고자 한다.

---

134 European Council (23 and 24 October 2014) – Conclusions, https://www.consilium.europa. eu/uedocs/cms_data/docs/pressdata/en/ec/145397.pdf (2022년 4월 26일 검색).

135 BMU, 『2030 Climate and Energy Framework』, 24쪽 이하 참조.

3.8.2. 『기후보호 계획 2050』의 목표와 주요 내용

『기후보호 계획 2050』 수립의 주요 목적은 파리 기후변화 협정에 발맞추고, 위 글상자 4에서 일견하듯이 유럽연합의 『2030 기후와 에너지 기본틀』의 목표에 상응하면서, 독일의 기후보호 목표를 달성하기 위해 전 사회적 영역이 전 과정에 걸쳐서 나아갈 기본 방향과 핵심 전략을 제시하고자 하는 것이다. 전 사회적 영역은 여태까지의 이행 과정에 일관되게 적용된 에너지 분야, 산업, 건물, 교통 · 수송 분야와 함께 농업 및 산림 분야를 포괄하고 있다.

『기후보호 계획 2050』의 주된 요소 및 내용은 2050년까지 독일의 탄소 중립을 위한 장기적 목표와 방향을 제시하면서, 기본 비전과 전환의 경로를 보여주고, 2030년도까지의 각 분야의 감축 목표와 이정표를 제시하고, 각 분야의 목표 달성을 위한 전략적 대책을 제시하고, 끝으로 파리협정에서 동의한 '더 진전된 목표 수립'의 원칙을 지키기 위하여 온실가스 감축 과정을 개혁과 학습의 전개 과정으로 구축하려는 관점이다.

제시된 주요 목표로서 독일 연방정부는 이미 유럽연합 차원 또는 『에너지 기본계획』 등을 통하여 밝힌 바 있는 기존의 장기 감축 목표 – 온실가스 배출량을 2050년도까지 1990년 대비 80~95%까지 감축 – 를 재확인하고, 강화하기로 하였다.

전략적 차원에서 빼놓을 수 없는 중요한 측면은 독일 정부가 『기후보호 계획 2050』을 독일 경제와 사회를 전반적인 혁신을 통해 질적 대전환과 현대화를 이루는 발전의 기회로 삼아서 추진한다는 측면이다. 패러다임의 전환을 이루려는 측면이다. 즉 기후보호라는 피할 수 없는 필연적인 경로를 단순히 일면적인 기후보호 차원으로만 추진하는 것이 아니라, 그것을 넘어서서 혁신을 통한 도약과 발전의 기회로 삼아서 추진하는 국가적 새로운 발전 모델로서 자리매김하는 차원이다. 이 대전환 과정에서 재생에너지와 에너지 효율성 개선은 단순히 온실가스 저감 배출을 위한 기술적 측면을 넘어서서 투자의 선택을 위한 미래의 표준이자 방향이 될 것이다.[136] 이로써 독일 경제는 저탄소 글로벌 사회에서 경쟁력을 갖추는 데 필수적인 여건을 마련하게 될 것이다.

"기후보호는 이제 경제적 성과와 경쟁력을 얻는 것과 동의어가 되는 것이다. 탈탄소화는 이제 탈산업이 아니라 산업의 전환을 의미한다. 앞으로 탄소 중립 사회로의 전환은 기후 정책만이 아니라 경제적 성공의 역사라는 관점을 가져야 한다. 기후보호 전략의 중심에는 독일, 유럽연합 및 세계적 차원의 기후보호의 목표가 있는 것이다."[137]

『기후보호 계획 2050』은 모든 대상 분야 및 영역에 관한 비전, 기본 전략, 이정표, 구체적 대책 수단을 제시하고 있다. 2050년도까지의 비전을 보여주며, 이정표와 구체적 대책 수단은 2030년도의 목표에 맞추고 있다. 기본 비전과 이정표는 기후보호 예상 시나리오의 평가와 각 분야의 필연적인 전환의 분석에 의거하여 준비되었다. 독일 정부는 기후 대응을 시작

136　이 점은 다양한 의미를 뜻한다. 첫째, 앞으로는 에너지 수요는 모든 분야에서 점차로, 지속적으로 감소될 것이기 때문이다. 둘째, 재생에너지의 사용은 비용이 적절해지면 모든 영역에서 가능할 것이고, 셋째, 재생에너지원의 전력은 모든 분야에서 효율적으로 사용될 수 있을 것이고, 넷째, 디지털 경제에는 스마트 전력이 필수적이기 때문이고, 다섯째, 화석연료에 기반을 둔 투자는 좌초자산이 될 가능성이 크기 때문에 투자 선택의 기준이 된다는 의미이다. BMU, 『2030 Climate and Energy Framework』, 14쪽 이하 참조.

137　BMUB, 『Klimaschutzplan 2050』, 17쪽 인용.

한 이래 처음으로 2030년도까지의 각 분야별 달성(감축) 목표를 설정하였는데, 도표 5에서 알 수 있다. 독일은 2030년도까지 전 분야에서 적어도 55% 감축을 이루어야 한다.[138] 각 부문별 감축 목표 및 대책 수단은 다양한 측면의 영향평가(impact assessment)를 받게 되고, 사회적 이해당사자들과의 토론을 거치며 2018년 조정을 거치도록 계획되어 있다.[139]

각 부문별로 전략적 수단 및 방식을 채택하는데, 간략히 언급해보자. 첫째, 독일 연방정부는 「성장, 구조전환, 지역 발전 위원회」를 새로 설립한다. 동 위원회는 독일 연방경제에너지부[140] 산하의 위원회로 다른 연방 부처, 주정부, 지자체, 노동조합, 관련 단체 및 지역 단체의 대표들과 협력하면서 재생에너지 시대로의 전환 과정에서 발생되는 다층적인 문제점들을 해결하기 위해서 새롭게 구성되었다. 동 위원회의 역할은 해당되는 각 부문, 업종, 지역의 현실적인 발전 계획을 도출하고, 기본 계획과 시행 과정을 수립하고 재정적인 계획을 마련하는 등 미래의 청사진을 마련해야 한다. 2018년까지 동 작업을 마치도록 해야 한다. 동 위원회는 구조적 전환을 지원하기 위하여 복합적인 수단을 총동원해야 하는데, 경제성장, 구조전환, 사회적 통합성, 그리고 기후보호라는 연계적이고 복합적인 목표들을 균형감 있게 달성하는 데 기여해야 한다.[141] 여기에는 필수적인 투자와

---

138 이 목표 역시 에너지 전환에 관하여 지속적으로 모니터링을 한 조사 및 연구 결과에 바탕을 둔다. 에너지 전환에 관한 2014년도 '1차 개선보고서'와 2015년도의 4차 '모니터링 보고서'에도 (미래의 에너지) 동 목표가 이미 제시되었다.

139 앞의 책, 7쪽 참조.

140 2013년 12월에 연방경제에너지부로 개칭되었다.

141 경제적이라 함은 결국 경제적 성공이 기후보호 대응을 매력적으로 평가할 것이기 때문이고, 사회적이라 함은 기후보호 대응은 국민적인 과제이고, 사회 엘리트들이 사회적 취약계층보다 책임을 많이 지고 가야 되기 때문이다. 앞의 책, 8쪽, 17쪽 참조.

재정이 포함된다. 둘째, 에너지 부문과 에너지 활동과 연계된 배출 영역에서 감축할 수 있는 잠재력이 압도적으로 크기 때문에 이 분야에 감축 노력이 집중되어야 한다. 따라서 3대 핵심 전략으로 에너지 효율성 개선, 재생에너지 확대, 재생에너지원의 전력화를 추진할 것이다. 재생에너지원의 전력화는 특히 새롭게 주목받는 핵심 전략이다. 대부분 영역에서 에너지 공급을 전력에너지로 대체할 수 있게 되었고, 재생에너지로 전력화할 수 있으면 감축의 영역을 크게 확장할 수 있기 때문이다. 셋째, 『기후보호 계획 2050』은 건물 분야의 탄소 제로를 목표로 한다. 이를 위해 기존의 정책과 프로그램을 강화하고 보완하는 수단이 주축으로서, 에너지 표준을 강화하고, 재정비 사업의 확대를 추진하며, 재생에너지원의 열·난방체계를 구축하고자 한다. 넷째, 교통·수송 분야에 대해서 저탄소 에너지원의 자동차, 전기차의 운행에 필요한 인프라의 구축이 주요 전략이다. 다섯째, 산업 분야에 대해서는 주로 산업 공정에서의 배출을 감축하고, 이산화탄소를 흡수하고 재활용하는 기술 개발에 중점을 둔다. 여섯째, 농업 분야에서는 화학 비료 사용을 제한하고 토지 이용과 산림 분야에서는 탄소 저장원으로서의 기능을 최대한 유지하도록 하고, 끝으로 조세제도를 친환경적으로 정비하는 작업을 시작할 것이며, 온실가스 배출을 감축하도록 경제적 인센티브를 강화하는 방향으로 개정할 것이며, 이 과정에서 환경오염을 가속화시키는 행위에 대한 조세 지원제도는 점차 줄여 나가도록 검토할 것이다.

이 계획은 기술, 경제, 산업, 사회 그리고 문화 등 전 사회 분야의 점진적인, 그러나 대전환에 대한 청사진을 제시하고 있다. 이 전환은 지속적인 학습 및 소통 과정을 통하여 달성되는 민주적인 거버넌스 체제의 구축 과정으로서 전문과학자들의 커뮤니티뿐 아니라 공공 토론 과정을 동반한다. 동 플랜은 파리협정의 규정에 발맞추어 정기적으로 점검하고 보완하는바, 후퇴 금지의 원칙에 따라서 국가기후정책의 목표를 상향적으로 제시할 것이며, 이에 상응하여 감축 목표, 이정표, 전환의 경로, 대책 수단 등을 지속적으로 평가할 것이다. 이는 독일뿐 아니라 유럽연합의 차원을 넘어서서 UNFCCC의 점검도 거쳐야 한다. 이뿐만 아니라 새로운 기술적, 사회적, 정치경제적 변화, 새로운 과학적 사실에 발맞추어 조정 작업도 거칠 것이다. 학습 과정은 이 모든 측면을 거치면서 이루어지는 전 사회적 과정이다.

동 계획은 기본적인 비전, 방향, 전략을 제시한바, 앞으로의 실행 프로그램은 독일 연방하원과 협력을 거쳐 채택될 감축 프로그램으로 구체화될 것이다. 첫 번째 감축 대책 프로그램은 2018년도에 채택될 예정이다. 부문별 감축 목표도 양적 지표로써 제시될 것이다. 구체적 프로그램의 목표 및 수단은 영향 평가를 거치게 되고, 이미 구성된 「기후보호 행동연대」와의 토론과 조정을 거치게끔 설계되어 있다. 영향 평가에는 경제적, 사회적, 환경적 영향 등의 측면이 모두 평가된다. 채택된 대책 수단들의 시행 수준 및 결과는 연간 『기후보호 보고서』에 기술될 것이다.[142]

---

142 앞의 책, 9쪽.

도표 5. 독일의 부문별 온실가스 배출량과 2030 목표 배출량 (단위: 백만 톤)
— Emissionen der in die Zieldefinition einbezogenen Handlungsfelder

부문	1990 (in Mio. Tonnen CO_2-Äq.)	2014 (in Mio. Tonnen CO_2-Äq.)	2030 (in Mio. Tonnen CO_2-Äq.)	2030 (Minderung in % gegenüber 1990, 1990년 대비 감축 %)
에너지경제	466	358	175 - 183	62 - 61 %
건물	209	119	70 - 72	67 - 66 %
교통	163	160	95 - 98	42 - 40 %
산업	283	181	140 - 143	51 - 49 %
농업	88	72	58 - 61	34 - 31 %
부문 합계	1.209	890	538 - 557	56 - 54 %
기타	39	12	5	87 %
총 합계	1.248	902	543 - 562	56 - 55 %

출처: 「Klimaschutzplan 2050 der Bundesregierung, 기후보호 계획 2050」 2016, 33쪽

2050년까지 지나갈 경로에 관해서 살펴보면, 유럽연합의 감축 목표에 기반을 두면서 21세기 후반에는 탄소 중립을 목표로 하고 있다. 그리고 "에너지 전환"의 1차 '개선보고서'(2014년도 발행)와 2015년도의 4차 '모니터링 보고서'에 기초해서 2030년까지 적어도 55% 감축, 2040년까지 적어도 70%의 감축,[143] 2050년까지 80~95%의 감축을 목표로 하고 있다. 파리협정에 따라 동 목표의 시행과정은 정기적인 이행점검을 거칠 것이다.

에너지 부문과 에너지 활동과 연계된 배출 영역에서 감축할 수 있는 잠재력이 압도적으로 크기 때문에 이 분야에 감축 노력이 집중되어야 한다. 따라서 3대 핵심 전략으로 에너지 효율성 개선, 재생에너지 확대, 재생에너지원의 전력화를 추진할 것이다. 재생에너지원의 전력화는 특히 새롭게 주목받는 핵심 전략이다. 대부분 영역에서 에너지 공급을 전력에너지로 대체할 수 있게 되었고, 재생에너지로 전력화할 수 있으면 – 재생에너지원의 전력으로 화석연료를 대체할 수 있는 영역이 질적으로 확장됨으

---

143 앞의 책, 28쪽.

로써 - 감축의 영역을 크게 확장할 수 있기 때문이다. 특히 교통 분야에서 구동기술의 전기화가 확산되고 재생에너지원의 전지연료로의 대체가 가능해짐에 따라 재생에너지원의 전력화 전략은 성장 탄력을 얻고 있다. 건물 분야에서도 재생에너지원의 전력은 점차 중요한 역할을 하는데, 난방펌프를 가동하거나 열·난방열을 공급할 수 있게 된다. 전기의 저장 수단도 확장되어서 자동차의 전기배터리로 전기 충전도 가능해지고, 난방열저장도 가능해진다. 에너지 체계에서의 재생에너지의 이용 가능성과 범위가 매우 커졌고 다양해졌다. 교통·수송, 건물, 산업 분야 등의 에너지 체계를 재생에너지원의 전력화를 통하여 상호 연계시키고 친환경적으로 바꾸는 전략을 강력히 추진할 계획이다. 따라서 재생에너지원의 에너지 효율성과 에너지 저장은 특히 주요한 목표로 간주되고 있다.[144]

이제 목표와 대책수단을 살펴보자. 2030년도의 감축 목표를 위의 표에서 보듯이 분야별로 제시하고 추진하게 되는데, 1990년 대비 55% 감축 목표는 커다란 변화를 뜻한다. 각 분야의 경제적, 사회적 발전 경로에 광범위한 영향을 끼치기 때문에 감축 목표는 사회적 대화를 통하여 2018년도에 조정의 과정을 거치게 된다. 과학적 근거와 기반 위에서 관련 분야, 기업가, 노동자, 노동조합 등과 소통하면서 시행 과정에 대한 영향, 결과 및 감축 잠재량과 위험 등에 대한 분석을 하고 2018년에 행동 시나리오와 조정의 필요성을 공개한다. 이 결론에 근거하여 각각의 분야는 책임을 갖고 2030년까지 감축 목표를 달성하도록 해야 한다. 이 계획은 주기적으로

---

144 앞의 책, 29쪽; International Energy Agency(IEA), 『Energy Technology Perspectives 2014』, 2014, 10~13쪽 참조.

새롭게 개선(updating)될 것인데, 기술적인 진보와 경제 전망 등의 새로운 여건에 맞추어 목표 달성의 범위 내에서 유연하게 조정된다. 이런 이유로 2030년까지의 대책 수단은 세부적인 차원에서는 제시되지는 않고, 『기후 보호 계획 2050』에서는 우선 핵심적인 것과 필수적인 전략적 대책이 집중적으로 제시된다.[145]

각 분야의 목표와 시행 대책 수단에 관한 설계는 첫째, 현재의 상태와 현황을 파악하고, 둘째, 2050의 기본 원칙과 비전 제시와 함께 전환의 경로를 밝히고, 셋째로, 2030년까지의 각 분야의 이정표와 목표를 제시하고, 넷째로, 각 분야의 시행 대책수단을 제시하고 있다.

우선 에너지 공급 분야를 살펴보자. 첫째, 에너지 분야의 현황을 보면, 에너지 공급은 2050년경에는 거의 탈탄소 체계로 전환될 것이며, 에너지 전환이 그 전환을 촉발시켜서, 재생에너지원의 전기 공급이 가장 중심적인 에너지 공급원이 될 것이다. 예를 들자면 재생에너지 열 · 난방 펌프나 전기 자동차가 주종이 될 것이다. 에너지 산업에서 부는 현대화에 대한 바람은 대규모 투자를 불러와 2014년에도 새로운 설비투자에 190억 유로, 연결망 등 인프라 투자에 80억 유로 상당의 새로운 투자가 이루어졌다. 2015년도에는 전기 수요에 대한 재생에너지 비중이 32%에 달할 정도였다. 2015/16년 『독일 예상보고서, Projektionsbericht』와 『기후보호 행동프로그램 2020』, 「국가 에너지효율 행동계획」에 따르면 에너지 분야에서 온실가스 배출량을 2020년까지 295백만 톤 수준으로, 즉 1990년 대비 37% 감축이 가능하다.

145　앞의 책, 32~33쪽.

둘째, 2050의 기본 원칙과 비전 제시와 함께 전환의 경로를 살펴보면 역시 재생에너지 확대, 에너지 효율성 증대, 재생에너지원의 전력화 등이 감축의 주된 방식이 된다. 에너지 분야의 이러한 전환이 교통, 건물, 제조업 분야의 감축 방법의 다양성을 크게 확대시킬 것이다. 재생에너지원의 전력사용이 큰 효과를 발휘할 수 없는 영역에서는(예를 들어 항공, 선박 수송이나 일부 제조업) 바이오매스로 대체할 수 있다. 바이오매스 및 폐기물, 바이오에너지 등의 활발한 기술개발이 기대된다. 재생에너지 전력의 안정적 공급이 2050년이면 기술적으로 충분히 가능할 것이고, 수요 충족을 위한 스마트 그리드 및 저장기술의 발전에 역점을 둘 것이며, 태양광과 풍력발전으로 전환하는 과정의 중간 단계로서 저탄소 열병합 발전, 천연가스 발전소 등이 역할을 할 것이다. 석(갈)탄 화력발전소는 점차로 폐쇄의 과정을 지날 수밖에 없는데, 그 지역의 경제적 전망과 일자리 창출 등이 고려되어야 한다. 폐쇄 결정이 나기 전에 그 지역의 미래 청사진을 제시하고 지역적 산업 전략을 마련하여 구조조정을 적극적으로 대처하고 새롭게 조성될 지역에 적응할 수 있도록 투자 유치와 일자리 창출을 위해 지원을 아끼지 말아야 한다. 그 해당 지역과 노동자가 고용, 경제성장, 사회 안전망에 대한 확실한 전망을 확보할 때 구조조정이 원활하게 이루어질 수 있기 때문이다. 그렇지 않을 경우 에너지 전환은 국가 차원뿐 아니라 유럽연합 차원에서도 신뢰를 얻기 어렵게 되기 때문이다. 「성장, 구조전환, 지역발전 위원회」의 역할이 그렇듯이, 독일 연방정부는 이미 2016년 주정부와 함께 "지역경제 구조의 개선"이라는 공동 과제의 틀 안에서 브란덴부르크주의 Lausitz라는 지역에 향후 4년 동안 730만 유로를 지원하기로 합의하였다.

셋째, 에너지 분야의 2030년까지의 이정표와 감축 목표를 살펴보자. 동 분야의 온실가스 감축 목표는 1억 7,500만~1억 8,300만 톤 정도로 제시되고 있다. 풍력과 태양광 발전은 전력 생산에서 획기적으로 증가할 것인데, 이는 기술적으로나 비용 측면에서 성장잠재력을 충분히 갖고 있기 때문이다. 천연가스 열병합 발전은 앞으로도 주요한 역할을 할 것이다. 중·장기적인 투자계획 시에도 기후보호의 측면을 고려하여 잘못된 투자를 하지 않도록 노력할 것이다. 그리고 기후보호 계획 2050은 투자를 결정할 때 예측 가능성을 높일 수 있게 하였다. 그리고 석(갈)탄 화력발전소가 폐쇄되는 Nordrhein-Westfalen, Lausitz, Mitteldeutschen Revier 해당 지역의 구조조정 과정에서 연방정부, 주정부, 지자체, 경제단체 및 노동조합 등은 지역의 새로운 발전 전략에 관하여 사회적 대화를 추진할 것이다. 유럽연합의 배출권 거래제도에 속한 독일 에너지다소비 기업들은 EU-ETS와 『재생에너지 법』, 『열병합 연계 법』, 에너지 효율성 개선과 같은 독일의 감축제도 안에서 감축 노력을 지속할 것이다. 앞으로도 재생에너지는 여전히 비싼 재화이기 때문에 에너지 효율성 개선에 관한 지침은 항시 에너지 감축의 핵심적인 한 축으로 작동할 것이다. 이에 발맞추어 총 전력 소비를 2030년까지 현재보다 낮은 수준으로 낮출 것이다. 앞으로 전력은 디지털화되어 스마트 그리드 등의 확산으로 발전의 효율성을 높일 것이다. 디지털화는 스마트 건물, 스마트 교통체계 및 생산체계를 통해 더 영역을 확장하여 감축에 더 큰 기여를 할 수 있을 것이다. 이는 새로운 전력망 건설수요를 줄이고, 투자 비용도 줄일 수 있게 할 것이다. 이 점에서 NAPE는 이미 큰 기여를 하고 있다.

넷째로, 대책 수단을 살펴보자. 주요한 방식과 대책은 이미 언급하였다. 기존의 정책이나 프로그램이 개정되거나, 강화되거나, 또는 추가 대책이 제시된다. 우선 2014년의 5차 개정에 이어서, 2017년 6차『재생에너지 법』개정을 통해 재생에너지 보상요율이 더 이상 정부가 정하는 것이 아니라 공모(입찰경쟁)를 통해서 정하도록 하였다. 근본적인 변화가 시작된 것이다. 이것은 재생에너지 생산의 경쟁력을 강화해야 할 시점이 도래했기 때문이다. 가격 인하 경쟁을 유도하고, 또한 적절한 생산량을 조정하도록 유도하기 위한 대책이다.[146] 지자체나 지역 단위의 "Bürgerenergie-Projekte"를[147] 통하여 재생에너지원의 개발에 지역주민의 자발적 참여를 지원할 것이다. 매우 새로운, 중요한 프로그램과 대책으로는 독일 연방경제에너지부는 포괄적인 자문과정인 "전력 2030, Strom 2030"을 출범시켰는데, 동 프로그램은 크게 두 가지 목적을 갖고 있다. 재생에너지 전반과 재생에너지 투자에 관한 자문을 제공하는 것이다. 그 배경으로는 첫째, 앞으로 재생에너지가 가장 주요한 에너지원이 되고, 또한 에너지 표준이 됨

---

146 재생에너지 지원은 2016년까지 국가의 조정하에서 이루어졌는데, 2017년부터는 새로운 질적 단계로 진입하게 되는바, 시장에서 경쟁을 통해서 지원이 된다. 이 점이 2017년 법 개정의 주된 내용이다. 북독일에서는 전력망 부족으로 육상 풍력을 제한하는 내용도 담고 있다. 그 후로 2022년 현재까지 법 개정은 없다. https://www.erneuerbare-energien.de/EE/Redaktion/DE/Standardartikel/EEG/eeg-2017.html (2022년 4월 25일 검색). 예외 규정이 있는바, 전력 설비 규모가 750kW(바이오매스 전력 설비는 150kW) 미만의 발전업자는 당분간 경매 대상에서 제외되고, 개정된 법률에 따라 보상을 받게 된다. https://www.erneuerbare-energien.de/EE/Redaktion/DE/Downloads/eeg-novelle-2017-eckpunkte-praesentation.pdf;jsessionid=AEA9C542873E1FCDC13EF90EF68F9056?_blob=publicationFile&v=5 참조. (2022년 5월 1일 검색).

147 '시민에너지 프로젝트'는 ―지역에 기반하고, 민주적으로, 그리고 생태적으로― 독일의 에너지 전환을 앞당긴다. 시민에너지 연대는 이러한 참여를 촉진하고 시민에너지-프로젝트를 위한 2017년 공모전을 개최한다. https://www.energiezukunft.eu/projekte/inland/erstmals-preis-fuer-buergerenergie-projekt-ausgeschrieben-gn104711/.

으로써, 그것의 활용 가능성과 에너지 효율성에 대하여 자문의 필요성이 급속히 커질 것이고, 둘째로, 건물, 발전소, 산업 시설들의 투자를 에너지 효율적으로 전환하는 데 도움을 제공하기 위해서이다. 건물, 발전소, 산업 시설들의 수명이 보통 40년 이상이기 때문에 –이는 화석연료 시설에 투자할 경우 좌초자산이 될 위험이 크고– 이 분야의 새로운 투자의 내용과 방향이 2050년대의 에너지 체계의 틀을 결정하게 되기 때문이며, 셋째로, 재생에너지원의 전력화 사업이 대폭 확장됨으로써 난방, 교통, 제조업 분야에서 재생에너지 전력의 이용 가능성에 대한 자문의 필요성이 커졌기 때문이다.

재생에너지원의 전력 공급이 경제성을 가질 수 있도록 제반 여건을 조성해야 하는 점은 중요한데, 이 점이 재생에너지원 전력의 경쟁력을 강화해주며 또한 시장진입을 수월하게 해준다. 전력, 난방, 수송 분야가 서로 연계되어 상호 성장할수록, 다양한 용도에 활용되는 다양한 에너지원의 가격이 기후보호의 관점에서 일관성을 유지하면서 책정되는 것이 더 중요해진다. 연방정부는 이런 점에서 에너지 보조금, 보상요율, 조세 체계를 정비할 것이다.

건(축)물 분야를 살펴보자. 우선 현재 현황에 대한 진단을 해보자면, 주택 및 건물 분야에서 감축 과정은 앞의 표에서 보듯이 순조롭게 진행되고 있다. 유엔 지속가능 발전의 11번째 목표인 '안전하고 지속가능한 도시와 주거지의 조성'에 의거하고, "건축물의 에너지 효율성 전략, Energieeffizienz-Strategie Gebaeude"과 "지불 가능한 주거와 건축을 위한 연대, Bündnisses für bezahlbares Wohnen und Bauen"에 따라서 진행하여

2050년에는 탄소 중립적인 주택과 도시를 만들 수 있다고 진단하고 있다. 특히 "지불 가능한 주거와 건축을 위한 연대"는 다자녀 가구와 사회 취약 계층을 위한 친환경 주택 공급을 주요 과제로 제시하고 있다. 주택 임대료가 과하게(비대칭적으로) 인상되지 않도록 고려해야 하고, 집주인이나 소규모 임대주택업자들의 – 이들은 임대주택 소유자의 2/3에 달하며 다수가 이미 연금 수령자에 속함 – 사회경제적 여건도 고려해야 한다.

건축물 분야의 기본 원칙과 전환의 경로를 보면, 『에너지 기본계획』에 따라서 2050년도까지 1차 에너지 수요를 재생에너지와 효율성 개선의 결합된 방식으로 2008년 대비 적어도 80%까지 줄일 계획이다. 기후관련 투자는 대개 시설물 및 인프라 등의 사용 연한이 20년 이상의 장기적 투자이므로 신축 건물이 화석연료에 기반을 두지 않고 비용효율적인 재생에너지 체계로 운영되도록 하는 것이 중요하다. "전력 2030"이나 "국가 에너지 계획", "주택 에너지 효율성 전략" 등의 자문이 도움이 될 것이다. 2015년에 공포된 "주택 에너지 효율성 전략"은 2050년까지 '건축물 에너지 제로'를 목표로 삼고 있으며, "친기후적 건축과 주거 전략"은 추가적으로 도시계획과 사회공간적인 측면을 연계시키고자 한다. 이 같은 노력으로 2050년도에는 1제곱미터당 40kWh의 전력 소비를 목표로 제시하고 있다. 자원 절약형 건축 방식이나 소재를 활용하도록 하고, 녹색 도시를 조성하고 친환경 교통수단을 장려하며 도시와 지방 간의 연결도 친환경적 대중 교통 수단을 확대한다. 기술발전의 빠른 속도를 감안하고 소위 자물쇠 효과 및 전환 비용을 고려한다면 화석에너지 설비보다 재생에너지 설비로 열·난방을 공급하는 것이 훨씬 효율적이다. 이 점을 반영한 지원체계를 정비할 것이다.

경제적, 환경적 고려 사항을 차치하더라도 건축물에 관해서는 복잡한 요인들을 종합적으로 고려하면서 진행해야 하는데, 시장 친화적인 조건과 정부 지원과의 균형뿐 아니라, 에너지 효율성 개선 수단과 재생에너지 도입 지원 대책과의 균형 역시 중요하다.

구체적 대책 수단으로는 2021년부터 신축물에 적용되는 저탄소 건물 규정은 2030년도까지 탄소 제로 수준에 이르도록 강화되고, 재생에너지원으로 효율적으로 사용하게 되는 새로운 난방 설비들은 화석연료로 운영되는 것보다 더 매력적이 될 것이다. 그리고 전력이 남아도는 건물은 지역 네트워크를 통해서 공급해주는 체계로 운영된다. 건물은 에너지 등급제를 실현할 것이고, 건물과 교통 분야나 산업(농업) 분야의 스마트한 연계 체계가 에너지 생산 및 사용 측면에서 중요해진다. 근교의 산업(농업) 분야에서 남는 에너지는 주택 차량의 전기에너지로 이용될 수 있고, 그 역도 가능해진다. 난방열 역시 같은 논리로 교환될 수 있다.

교통·수송 분야는 감축이 더디게 이루어진다. 2014년 현재 1990년도와 비슷하게 1억 6,000만 톤을 배출한다. 다행히도 2020년도에는 조사 자료들에 의하면, 온실가스 배출량이 1억 3,700만 톤가량으로 약 14% 정도 감축될 수 있음을 보여주고 있다. 나아가 2050년에는 화석연료를 거의 사용하지 않을 뿐 아니라 소음, 대기오염도 확연히 줄어들 수 있다는 밝은 전망도 보여준다. 계획적이고 연계된 도시 계획 발전("지름길의 도시" 계획)으로 거주지와 주요 서비스 시설(일터, 학교, 시장)과의 거리를 줄일 수 있도록 한다. 교통 분야는 바이오연료, 재생에너지원의 전기, 탄소 중립적인 연료로 전환하는 과정을 거칠 것이다. 자동차의 에너지 효율성 개선,

탄소 중립적 에너지 투입을 통해 배출량을 감축할 것인데, 플러그-인 하이브리드 구동기술의 개발과 전기자동차의 기술개발이 주요한 전략이 될 것이다. 자동차의 경량화 역시 주요한 개발과제이다. 동 기술개발에 연방정부는 현재까지 26억 유로를 지원하였고, 독일 자동차 업계에서도 전기차 개발에 150억 유로를 투자하였다. 바이오연료 및 재생에너지로 운행되는 근거리 대중교통 수단, Öffentlichen Personennahverkehr은 철도 선로 확장과 함께 연방정부와 주정부의 지원을 많이 받게 된다.

『기후보호 계획 2050』은 그 외에도 각 분야별 목표와 대책 수단을 가로지르는 공통의 포괄적인 목표와 대책 수단을 제시하는데 이는 기존의 에너지 및 기후보호 정책이나 프로그램과 크게 다르지 않고 거의 동일한 기준이나 고려 사항에 근거하고 있으므로 줄이도록 한다. 다음 장은 독일 기후보호 대응에서 탄소 가격제도와 부문별 탄소 예산제를 도입함으로써 다시금 한 획을 긋는『기후보호 프로그램 2030』을 다루고자 한다.

그 전에 3.9.절을 열어서 Excursion 형태로 독일과 유럽연합의 공조의 전개 과정에 관하여 먼저 살펴보고자 한다. 그 까닭은 기후 위기가 예상보다 더욱 심화되고, 지역적, 글로벌 차원에서 협력과 공조의 필요성은 더욱 요구되고 있기 때문이다. IPCC가『1.5℃ 특별 보고서』를 2018년에 발표한 이후 특히 더 높고, 넓은 공조의 수준을 요구하기 때문이다. 이에 기후 대응에 앞장서 노력하는 독일과 유럽연합의 최근 공조의 내용, 방식과 수준을 분석해보는 것은 독일의 2℃ 기후 거버넌스가 1.5℃ 거버넌스로 이행하는 최근의 역동적 과정을 이해하는 데 매우 유익할 뿐 아니라, 필수적인 작업이기 때문이기도 하다.

3.9. 독일과 유럽연합의 공조의 전개 과정

독일 연방정부는 기후변화에 적극적으로 대응하면서 「유엔기후변화협약」의 결정을 존중하는 동시에 EU의 결정이나 지침에 맞추어서 일정표대로 계획을 시행해나가는 모범적인 국가에 속한다. UNFCCC와 EU 차원에서 회원 당사국들과 상호 공조하면서 선도적인 역할을 해나가고 있다.

앞서 글상자 3, 4에서 보았듯이 EU의 회원국은 EU의 『2020 기후와 에너지 패키지, 2020 Climate & Energy Package』라는 종합적인 감축 정책과 감축 목표의 틀 안에서 핵심 감축 제도와 방식에 공동보조를 맞추면서 각 국가에 부여된 목표를 달성해나가야 한다. EU는 2020년도까지 1990년 대비 20%까지 –2005년 대비 14% 감축 – 감축하려는 목표를 정한다. EU-ETS를 통하여 2005년 대비 21%까지 감축할 계획이며, Non-ETS를 통해 10% 감축하는 것을 목표로 하였다. 독일은 EU-ETS라는 단일 감축 제도 안에서 감축하고, Non-ETS에서 EU 평균보다 높은 14% 감축을 하기로 했다. EU는 2014년 『2030 기후-에너지 정책 기본 틀, 2030 Climate and Energy Policy Framework』에서는 2030년까지 1990년 대비 온실가스 40% 감축을 목표로 하는데, EU-ETS 영역을 통해 2005년 대비 43% 감축하고, Non-ETS(ESD) 영역을 통해 2005년 대비 30% 감축을 하고자 한다. 독일은 선도적으로 ESD에서 EU 평균 감축 목표 30%를 훨씬 초과하는 38% 감축 목표를 약속한다.

EU는 『2030 기후-에너지 정책 기본 틀』에서 약속한 감축 목표를 달성하려는 의지를 확고히 하고, 2015년 파리협약에서 약속한 "2도" 목표를 달성하기 위해 『2030 기후-에너지 정책 기본 틀』을 검토하면서 좀 더 견고한 EU의 기후 거버넌스를 향해 새로운 걸음을 내디딘다. EU는 2015년도에 에너지 공동체의 성격을 갖는 EU「에너지 연합」을 구축하고자 한다. 이는 EU의 청정에너지 체제로의 전환을 알리는 첫 발걸음이 되었다. EU는 2018년에 2050년까지 탄소 중립을 달성하려는 새로운 장기 감축 목표를 2018년에 선언하고, 21세기 이내에 지구 평균기온 상승을 "2도"에서 "1.5도"까지 억제하겠다는 선언도 한다. 에너지 연합의 구축 과정에서 지속적인 협력과 소통을 통하여 2018년에는 EU 차원의「통합 에너지-기후 거버넌스」구축을 위한 주춧돌을 놓으면서 『2030 기후-에너지 정책 기본 틀』의 '2030 목표'와 '2050 탄소 중립'을 달성할 수 있도록 EU 차원의 기후 거버넌스의 수준을 질적으로 한 단계 올린다. 그리고 더욱 견고해지고 공동보조의 깊이와 폭도 넓어진다. 회원국인 독일의 기후 거버넌스 구조와 EU 기후 거버넌스 구조의 공통부분은 더 넓어지고, 견고해진다.

독일 『기후보호 프로그램 2030』의 시행 기간 역시 EU의 『2030 기후-에너지 정책 기본 틀』의 시행 기간과 동일하다. 회원국 독일의 주된 감축 방식은 EU의 감축 방식과 대동소이하다. 독일의 감축 목표는 EU의 공동 목표하에서 결정되었고, 공동 목표의 한 부분이다. 감축의 원칙이나 주요 내용이 서로 다르지 않고, 공통적이다. 단적인 예로써 2018년에 완성된 EU 차원의「통합 에너지-기후 거버넌스」에 관한 규정을 들 수 있다. 독일을 포함하여 각 회원국은 에너지-기후 거버넌스가 제시한 공통의 양식과 기준에 따라서 2021~2030년 기간 동안의 『국가 에너지-기후 계획, National Energy and Climate Plans(NECPs)』을 EU 집행위원회에 제출해야 한다. 따라서 2015년부터 시작된 EU의「에너지 연합」부터 새로운 기후 거버넌스 구축의 역동적인 전개 과정을 살펴보는 것은 독일의 2℃

~1.5℃ 기후 거버넌스의 역동적인 과정을 이해하는 데 꼭 필요한 작업이다. 특히 역동적인 변화 과정을 이해하는 데 세 가지의 주요한 내용에 중점적으로 접근하고자 한다.

그 하나는 EDS에 관한 것이다. EU-ETS와 EDS는 각 회원국과 EU 감축 제도의 양 축이 되는 부분이다. EU-ETS는 앞서 설명하였고, 여기서는 ESD에 대해서 설명하고자 한다. 두 번째는 '2030 목표', 파리협정의 목표를 더욱 예측 가능하고 확실하게 달성하기 위해서 감축의 핵심 요소들 - ETS, ESD, 재생에너지 확대 지침, 에너지 효율성 지침 - 을 성비하고 개정하는 배경과 과정, 그 의의를 살펴볼 것이다. 그리고 끝으로 이러한 정비와 개정을 통한 강화작업을 거친 후에 EU의 「통합 에너지-기후 거버넌스」의 구축 과정과 그 의의를 살펴볼 것이다. 이때 비로소 우리는 독일의 2019년의 『기후보호 프로그램 2030』, 2019년 독일 『기후보호 법』의 탄생 배경과 그 의의를 더 잘 이해할 수 있을 것이다.

3.9.1. EU의 노력공유결정, Effort Sharing Decision(ESD)

「유럽이사회」는 2003년 감축의 주요한 이행 방식으로 『유럽연합의 이산화탄소 배출권거래를 위한 지침, Directive 2003/87EC of the european parliament and of the council of 13. October 2003』을 공포한다.[148] 독일의 이산화탄소 배출권 거래제 시행에 관한 『독일 할당 계획안, Nationaler

---

148   유럽연합 배출권 거래제도에 관한 제1호 지침이자 시행령이라 할 수 있고, 독일의 2004년 '국가 할당 계획안'은 이 지침에 충실하게 따른다. http://eur-lex.europa.eu/legal-content/EN/TXT/?uri=CELEX:32003L0087 (2017년 12월 1일 검색).

Allokationsplan fuer die Bundesrepublik Deutschland 2005-2007, NAP』
은 EU의 상호 노력공유의 원칙, 기술 잠재력의 고려 지침, EU의 법과 제
도와의 정합성의 유지 등 EU-ETS의 지침에 충실하게 근거하여 설계가
되었다.[149]

독일 이산화탄소 배출권 거래제도는 EU-ETS 안에서 협력과 공조
를 통해 시행되고 있는 점을 이미 언급하였다. 1기, 2기 EU-ETS를 거치
고 제3기부터는(2013~2020년)「유럽연합 집행위원회」가 직접 각 기업
별 할당량을 정하는 체계로 진화되었다. 그리고 3기의 감축 목표와 할당
량은 유럽연합의『2020 기후와 에너지 패키지, 2020 Climate & Energy
Package』라는 감축 정책과 목표의 틀에서 정해졌다. 2020년도까지 1990
년 대비 20%까지 - 2005년 대비 14% 감축 - 감축하려는 목표를 정하게
되는바, 제도적 차원에서 EU-ETS를 통하여 2005년 대비 21%까지 감축
할 계획이며, Non-ETS를 통해 10% 감축을 하는 것을 목표로 하였다. 특
히 후자의 Non-ETS 부분은 각 회원국이「노력공유결정, Effort Sharing
Decision(ESD)」을 통하여 각 국가의 능력과 책임에 맞게 감축하는 것을
말한다. 기술적 차원에서 핵심적 감축 방식으로 에너지 효율성 증가를 통
한 에너지 소비의 20% 감축과 재생에너지원의 에너지 생산 비중의 20%
확대가 제시되었다.[150] 독일은 ESD를 통해서 선도적인 책임감을 갖고

149   BMUB, 『Nationaler Allokationsplan fuer die Bundesrepublik Deutschland 2005-2007, NAP』,
       2004, http://www.bmub.bund.de/fileadmin/Daten_BMU/Download_PDF/Emissionshandel/
       nap_kabinettsbeschluss.pdf (2017년 7월 15일 검색).

150   2007년도 유럽이사회와 유럽의회에서 논의되고 확정된 안건이 비로소 2009년 법제화가 된
       다.『Decision No 406/2009/EC of the European Parliament and of the Council of 23 April
       2009 on the effort of Member States to reduce their greenhouse gas emissions to meet the
       Community's greenhouse gas emission reduction commitments up to 2020』, 2009, http://eur-

14% 감축을 약속하였다. 감축 의무인 셈이다.[151]

유럽연합은 2007년 이미 "2도" 상승 억제를 공식 목표로 선언하였다. 「유럽이사회」는 '2도' 목표를 위해 2009년 『2020 기후와 에너지 패키지』라는 종합계획에서 교토협정 체제 이후의 감축 목표를 미리 약속하는바, 온실가스 감축을 2020년까지 1990년 대비 적어도 20%까지 달성한다는 목표를 천명한다.

이에 감축 전략으로서 온실가스 감축 영역을 크게 두 영역으로 나누었다. 하나는 유럽연합의 EU-ETS 제도를 통해 2005년 대비 21% 감축을 목표로 하였고, 다른 하나는 「노력공유결정, Effort Sharing Decision(ESD)」 제도를 통해 2005년 대비 10%의 감축을 목표로 하였다. EU-ETS와 Non-ETS의 2개의 감축 경로를 통하는 방식은 EU의 기본적인 감축 전략이 된다. 이후로도 적용되는 감축의 핵심 틀이자 전략으로 구축된다.

지침 『2003/87/EC』는 EU-ETS의 틀을 만들고, 에너지와 제조업 부문의 대기업이 이산화탄소 배출권을 거래하면서 온실가스 감축을 경제적으로 할 수 있는 제도를 구축하였다. 경제와 사회의 모든 영역이 20% 감축을 위해 비용효과적인 방식으로 감축하는 데 기여를 해야 하므로, EU-ETS 영역 밖의 Non-ETS, 즉 EDS 영역에서 감축할 수 있도록 추가적인 정책이나 수단을 도입해야만 했다. 이에 유럽이사회는 ESD의 역할, 기능, 방식과 원칙에 관하여 2009년 『on the effort of Member States to reduce

---

lex.europa.eu/legal-content/EN/TXT/PDF/?uri=CELEX:32009D0406&from=EN (PDF 파일) 참조. (2018년 1월 28일 검색).

151 European Commission, 『Decision No 406/2009/EC』, ANNEX II, MEMBER STATE GREENHOUSE GAS EMISSION LIMITS UNDER ARTICLE 3 참조.

their greenhouse gas emissions to meet the Community's greenhouse gas emission reduction commitments up to 2020』을 통하여 결정한다.[152]

주목할 점은 어떤 이유로 두 영역으로 나누고, 각각의 감축 비율을 정하였는지 하는 점이다. EU-ETS 영역은 화석연료를 20MW 상당 이상 연소하는 제조업 및 에너지 산업의 대기업 11,000여 개만을 포함하며,[153] ESD 영역은 여타 부문으로 교통·수송, 주택·건물, 중소기업, 농업, 폐기물 분야 등이다. EU-ETS 영역이 포괄하는 제조업 및 에너지 산업 분야는 에너지 다소비 기업이며, 대규모 기업이다. 대규모 기업은 배출을 많이 하는 (한) 책임이 있으며, 또한 ETS 제도의 특성을 잘 살려서 경제적이며 비용 효과적으로 감축할 수 있기 때문에 Non-ETS보다 높은 21% 감축을 목표로 하였다. 한편 ESD 영역은 다수의 소규모 배출원이지만 전체 배출의 약 55%를 차지하고 있고, 각 국가와 시민 모두가 노력과 부담을 공유한다는 원칙하에 10% 감축 목표를 설정하였다. 개인과 시민사회도 이런 방식으로 감축에 동참하는 것이다. ESD 영역은 이런 방식으로 EU의 에너지 및 기후 로드맵의 주요한 한 축을 맡고 있는 것이다.

EU-ETS는 각 회원국에 법적 구속력이 있다. 「노력공유결정」 제도는 유럽연합의 각 회원국에 2013~2020년 기간 동안의 구속성 있는 연간 온

152　European Commission, 『Decision No 406/2009/EC of the European Parliament and of the Council of 23 April 2009 on the effort of Member States to reduce their greenhouse gas emissions to meet the Community's greenhouse gas emission reduction commitments up to 2020』, 2009, http://eur-lex.europa.eu/legal-content/EN/TXT/?uri=uriserv:OJ.L_2009.140.01.0136.01.ENG#page=12 참조.

153　EU ETS 제3기(2013~2020년)부터 이 규모를 적용함. EU ETS Handbook, European Commission, https://ec.europa.eu/clima/system/files/2017-03/ets_handbook_en.pdf 20쪽 참조. (2022년 2월 06일 검색).

실가스 배출 목표량을 최종적으로 규정해주는 제도이다. 각 회원국이 정해진 연간 배출 목표량 범위 내에서 자율적인 방식으로 달성하도록 구조화되어 있어, 유럽연합 차원의 구속력이 제한적으로 적용된다. 하지만 유럽연합 차원의 규정 및 표준 제도나 지원 체계는 구속력을 발휘하면서 각 회원국의 정책 결정에 커다란 영향을 미친다. EU-ETS 제3기가 2013~2020년 기간이므로 ESD 기간 역시 여기에 연동되어 설계가 된다.

ESD의 각 국가의 분담 비율은 "공동의, 그러나 차별적인 책임"의 원칙, 연대의 원칙, 지속가능한 성장의 원칙에 입각하여 합리적이고, 유럽연합의 사회 통합적인 방식으로 배분된다. 따라서 1인당 국민소득이 상대적으로 낮은 국가는 배출량 증가가 허용된 반면에, 높은 국가는 감축을 많이 하도록 설계된다. 각 회원국은 감축 또는 증가 목표를 독립적으로, 자율적으로 정한다. 이는 유럽연합의 주요한 원칙인 보충성의 원칙과 비례성의 원칙에 따라 각 회원국의 자율성을 존중하고, 도와주는 역할에 충실하려는 가치에 바탕을 두고 있다.

공정한 분담을 보장하기 위해서는 어떤 회원국에도 20% 이상의 감축 노력을 요구해서도 안 되고, 20% 이상 증가를 허용해서도 안 된다. 20% 감축~20% 증가까지의 편차의 범위로 배분되고 있다.

"이를 통해 실제적인 감축 노력과 이와 관련되는 제반 비용은 공정하고 공평한 방식으로 배분되는 것을 보증한다. 나아가 이는 앞선 국가들을 따라갈 수 있도록 경제성장이 여전히 필요한 덜 부유한 국가에 계속 성장을 허용하도록 한다."[154]

배려와 연대를 통한 EU 차원의 사회 통합성을 확장하면서 이행하는 모

---

154   https://ec.europa.eu/clima/policies/effort_en#tab-0-3에서 인용 (2017년 2월 19일 검색).

범을 보여주고 있다. 또한 앞서 보았듯이 EU는 경제성장도 이루면서, 온실가스 감축도 세계에서 가장 성공적으로 이루어내고 있다. 합리적이면서도, 사실 놀랍다.

ESD를 통한 감축의 시행 방식을 살펴보자. 2020 목표를 위한 지속적 진보를 보증할 수 있도록, ESD 역시 각 회원국의 연간 배출 한계선을 고정시킨다. 동 한계선을 연간 배출 할당량(Annual Emission Allocations, AEAs)이라고 부른다. 동시에 중요한 원칙인 '비용 효율적인 방식'으로 감축을 할 수 있도록 '융통성' 역시 일정 범위 내에서 각 회원국에 허용한다. 각 회원국은 특정 연도의 AEA의 5% 범위 내에서 그다음 연도의 AEA에서 빌려 올 수 있고, 타 회원국에서 사올 수도 있거나, 기타 감축 사업으로부터 인증서를 사올 수도 있다. 자국 AEA보다 적게 배출할 경우, 2020년까지 이월할 수 있거나 타 회원국에 팔 수도 있다.

각 회원국은 반드시 연간 배출량과 개선 사항을 매년 유럽집행부에 보고해야 하고 매년 평가를 받아야 한다. 전반적인 평가는 격년에 시행되고, 2016년도에 이루어진다. AEA보다 더 많이 배출한 해당 회원국은 반드시 유럽집행부에 보고할 의무가 있고, 정상 경로로 돌아올 수 있는 계획을, 엄격한 감축 목표를 제출해야 한다.

각 회원국의 중앙정부나 지방자치단체 등 국가 기관뿐 아니라, 시장참여자, 가정 및 개인 소비자까지 모두 감축 활동에 참여해야 함을 명기하고 있다.

에너지 효율성 개선은 감축 수단의 핵심 요소이기 때문에 최종 에너지 소비를 20% 감축하도록 면밀히 모니터링해야 한다. 또한 재생에너지 생산 확대가 특히 중요한 감축 수단이므로 각 회원국은 재생에너지를 촉진하는 데 노력해야 한다.

　EU는 『2020 기후와 에너지 패키지』 종합 로드맵에 이어서, 2021~2030
년까지의 중기적인 종합 감축 계획 『2030 기후-에너지 정책 기본 틀,
2030 Climate and Energy Policy Framework』을 2014년 발표한다. 2030
년까지 온실가스 배출의 대폭적인 감축을 약속하면서 1990년 대비 40%
감축을 목표로 하였다. EU-ETS 영역을 통해 2005년 대비 43% 감축하
고, ESD 영역을 통해 2005년 대비 30% 감축하고자 한다. 2050년노까지
는 EU-ETS와 ESD를 통하여 1990년 대비 80~95%까지 감축하고자 하
였다.[155] 독일은 이 기간 동안에도 선도적으로 ESD를 통한 EU의 평균 감
축 목표 30%를 훨씬 초과하는 38% 감축 목표를 제시한다.[156]

　유럽이사회는 2014년 10월 『2030 기후-에너지 정책 기본 틀, 2030
Climate and Energy Policy Framework』을 결정한다. 『2020 기후와 에너
지 패키지』의 기본 전략을 그대로 유지하면서, 기본적인 감축 전략으로서
온실가스 감축 영역을 크게 두 영역으로 나누었다. EU-ETS 제도를 통해
2005년 대비 43% 감축을 목표로 하였고, ESD 제도를 통해 2005년 대비
약 30%의 감축을 목표로 하였다. 2020 목표보다 2030 목표치가 상향되면
서, 연관된 많은 다양한 목표들도 수정이나 개정을 통해 상향적으로 강화

155　European Commission, 『EU ETS Handbook』, https://ec.europa.eu/clima/sites/clima/files/
　　docs/ets_handbook_en.pdf 참조. (2017년 2월 25일 검색).

156　European Commission, 『Regulation (EU) 2018/842 of the european parliament and of the
　　council of 30 may 2018 on binding annual greenhouse gas emission reductions by Member
　　States from 2021 to 2030 contributing to climate action to meet commitments under the Paris
　　Agreement and amending Regulation (EU) No 525/2013』, Annex I(부속 1서) 참조. https://
　　eur-lex.europa.eu/legal-content/EN/TXT/?uri=uriserv:OJ.L_.2018.156.01.0026.01.ENG.

되어야 한다.

ESD를 통한 감축 방식 및 원칙은 2009년 『on the effort of Member States to reduce their greenhouse gas emissions to meet the Community's greenhouse gas emission reduction commitments up to 2020』에 적용되었던 모든 요소를 그대로 이어받는다. 단지 2020년의 10% 감축 목표에서 2030년의 30% 감축 목표로 상향되고, 각 회원국의 감축 범위가 20% 증가~20% 감축에서 0~40% 감축으로 수정 및 강화되었다.[157], [158] 감축의 대표적인 기술적 방식 및 수단은 『2020 기후와 에너지 패키지』의 경우와 마찬가지로 재생에너지 확대와 에너지 효율성 개선에 두고 있다. 목표치가 더 강화되어 20%에서 27%로 각각 상향 강화되었다.

2018년 EU-ETS 개정과 함께 ESD도 개정 작업을 거치게 된다. Effort Sharing Decision(ESD)이 Effort Sharing Regulation(ESR)으로 개정된다. ESD의 연장선인 ESR 제도는 EU의 각 회원국에 2021~2030년 기간 동안의 구속성 있는 연간 온실가스 배출 목표량(AEA)을 규정해주는 제도이다. 2005년 대비 30% 감축으로 상향된 목표를 달성하기 위해 각 회원국은 2021~2030년 기간 동안의 연간 감축 노력을 공정성, 비용 효과성, 환경적 통합성의 원칙에 기초하여 자율적으로 제시한다. 2018년 5월 14일에 ESR 규정이 채택된다. 특히 주택·건물, 교통·수송, 농업 분야, 폐기

---

157 European Council (23 and 24 October 2014), 『Conclusions』, https://www.consilium.europa. eu/uedocs/cms_data/docs/pressdata/en/ec/145397.pdf (2022년 2월 8일 검색).

158 『Regulation (EU) 2018/842 of the european parliament and of the council of 30 may 2018 on binding annual greenhouse gas emission reductions by Member States from 2021 to 2030 contributing to climate action to meet commitments under the Paris Agreement and amending Regulation (EU) No 525/2013』, 1~2쪽 참조. https://eur-lex.europa.eu/legal-content/EN/ TXT/?uri=uriserv:OJ.L_.2018.156.01.0026.01.ENG.

물 관리 영역 등에서 개선을 촉진하고자 한다.[159]

2015년 파리협정이 채택되자, 파리협정의 "2도" 목표에 부응하고자 EU도 상응하는 노력을 취한다. 두 종류의 새로운 융통성이 주어지는바, 스웨덴 등 9개 회원국은 EU-ETS에서 일정 분량을 ESR 영역의 목표 달성을 위해서 활용할 수 있도록 하였다. 다른 하나는 LULUCF(Land Use Land Use Change and Forestry) 영역에서 2억 6,200만 톤까지 인증서를 ESR 영역의 감축 목표에 활용할 수 있도록 하였다. 물론 각 회원국 간에 AEA보다 남거나 모자라는 배출량을 거래할 수 있다. 이러한 모든 융통성을 활용해서라도 목표치를 초과한 배출량이 있다면, 1.08을 곱한 양을 다음 연도에 더 감축하도록 하는 페널티를 부과한다. 각 회원국이 목표를 달성하지 못했을 경우 3개월 이내에 유럽연합 집행위원회에 '수정 행동계획안'을 제출해야 한다. 유럽집행부는 동 규정에 관련된 대표자 역할을 수행할 권한을 가지며, 「기후변화위원회」의 도움을 받을 수 있다.[160]

유럽연합의 ESD 결정과 ESR 규정은 Non-ETS 영역에서의 감축 목표 및 방식을 포괄하는 제도로서 EU-ETS 제도와 함께 유럽연합의 감축 노력의 핵심적인 한 축이다. 따라서 EU의 감축 목표가 강화될 경우 ESR과 EU-ETS 제도는 전반적으로 감축을 강화하는 방향으로 수정된다. IPCC가 2018년 『1.5℃ 특별 보고서』를 발간한 이후, EU 역시 감축 목표를 "1.5℃"로 강화할 것을 결정하면서 유럽연합 집행부는 2021년 7월 14일

---

159   앞의 글 참조.

160   https://ec.europa.eu/clima/eu-action/effort-sharing-member-states-emission-targets/effort-sharing-2021-2030-targets-and-flexibilities_en (2022년 2월 7일 검색).

에 '2050 탄소 중립'을 달성하기 위한 연계된 법적 제안들을 채택한다. 실제로 『2030 기후에너지 정책 기본 틀』의 감축 목표가 40%에서 55%로 상향 강화되면서, 두 핵심 제도를 통한 감축 목표 역시 상향 강화되며, 동시에 그와 밀접히 연관된 기술적인 핵심 감축 제도인 재생에너지 확대와 에너지 효율성 개선 비중의 목표도 모두 강화되는 쪽으로 개정이 된다. EU-ETS를 통한 43% 감축 목표에서 61% 감축 목표로 강화한다.[161] ESR을 통하여 30% 목표에서 40% 감축 목표로 상향 조정한다. 각 회원국의 감축 수준도 0~40%에서 10~50%로 전반적으로 강화되는 중에 독일의 감축 목표도 38%에서 50%로 최고 감축 수준으로 상향 조정된다.[162] 재생에너지 비중도 32%에서 40%로 확대되고,[163] 에너지 효율성 개선 수준도 32%

---

161 European Commission, 2021. 7. 14., 『Proposal for a DIRECTIVE OF THE EUROPEAN PARLIAMENT AND OF THE COUNCIL amending Directive 2003/87/EC establishing a system for greenhouse gas emission allowance trading within the Union, Decision (EU) 2015/1814 concerning the establishment and operation of a market stability reserve for the Union greenhouse gas emission trading scheme and Regulation (EU) 2015/757』, https://ec.europa.eu/info/sites/default/files/revision-eu-ets_with-annex_en_0.pdf.

162 European Commission, 2021. 7. 14., 『Proposal for a REGULATION OF THE EUROPEAN PARLIAMENT AND OF THE COUNCIL amending Regulation (EU) 2018/842 on binding annual greenhouse gas emission reductions by Member States from 2021 to 2030 contributing to climate action to meet commitments under the Paris Agreement』, https://eur-lex.europa.eu/legal-content/EN/TXT/?uri=COM%3A2021%3A555%3AFIN.

163 European Commission, 2021. 7. 14., 『Proposal for a DIRECTIVE OF THE EUROPEAN PARLIAMENT AND OF THE COUNCIL amending Directive (EU) 2018/2001 of the European Parliament and of the Council, Regulation (EU) 2018/1999 of the European Parliament and of the Council and Directive 98/70/EC of the European Parliament and of the Council as regards the promotion of energy from renewable sources, and repealing Council Directive (EU) 2015/652』, https://eur-lex.europa.eu/legal-content/EN/TXT/?uri=CELEX%3A52021PC0557.

에서 36~39%로 강화된다.[164] 모든 지침이나 규정이 더 높은 55% 감축 목표를 위해서 수정이나 개정 작업을 통해 강화된다. 이러한 또 한 번의 개정 작업은 ─유럽연합이 2019년 『유럽 그린 딜, European Green Deal』 선언과 함께 2050년까지 탄소 중립을 이루고, 1.5도 목표를 달성하려는 목표를 세우고, 이와 연계되어 2030 감축 목표를 55%로 상향 조정하면서─ 일관성 있게 이루어진다. 이 개정된 작업의 결과들은 상향된 2030의 55% 감축 목표를 달성하려는 계획인 『Fit for 55: delivering the EU's 2030 Climate Target on the way to climate neutrality』에 녹아 있다.[165]

짧게 요약해보자. EU는 2007년 IPCC의 4차 보고서에 기초하여 지구 평균기온 2℃ 상승을 억제하기 위해 『2020 기후와 에너지 패키지』를 종합 감축 계획으로 제시하였고, 이어서 2014년도에 『2030 기후와 에너지 기본 틀』이라는 중·장기적 기후 및 에너지 로드맵을 통하여 2030년까지 1990년 대비 온실가스 40% 감축 목표로 상향하고, 재생에너지의 최종 에너지 소비 비중을 27%로 확대하고, 에너지 효율성을 27% 증가시키는 목표를 제시하였다. 이 목표에 상응하여 독일은 2030년까지 1990년 대비 온

---

164 European Commission, 2021. 7. 14., 『Proposal for a DIRECTIVE OF THE EUROPEAN PARLIAMENT AND OF THE COUNCIL on energy efficiency (recast)』, https://eur-lex. europa.eu/legal-content/EN/TXT/?uri=CELEX%3A52021PC0558.

165 European Commission, Brussels, 2021. 7. 14., COM(2021) 550 final COMMUNICATION FROM THE COMMISSION TO THE EUROPEAN PARLIAMENT, THE COUNCIL, THE EUROPEAN ECONOMIC AND SOCIAL COMMITTEE AND THE COMMITTEE OF THE REGIONS, 『'Fit for 55': delivering the EU's 2030 Climate Target on the way to climate neutrality』, https://eur-lex.europa.eu/legal-content/EN/ TXT/?uri=CELEX%3A52021DC0550.

실가스 55% 감축, 에너지 효율성을 30%까지 올리기로 약속하였다.[166] 또한 EU의 2030 목표가 강화되자 독일은 ESR을 통해 최고 감축 수준인 50%로 자국의 감축 의무를 약속한다. 독일의 선도적인 감축 목표 계획안 제시는 EU 차원의 감축 목표를 설계하는 데 반영이 되고, 회원국 간의 의견 조정 후에 다시금 유럽연합 공동의 차원에서 독일의 감축 몫으로 확정이 되는데, 커다란 수정 없이 확정되기도 한다. 뿐만 아니라 독일의 선도적인 역할은 EU의 감축 전략을 설계하는 데 적지 않은 기여를 하고 있음을 알 수 있다.

또 하나는 EU-ETS 제도뿐만 아니라, EDS나 ESR 제도를 통하여 EU와 공동보조를 통해 감축 계획을 수립하고 있는 것을 알 수 있다. 후자의 제도를 통한 2030년도까지의 각 회원국의 배출량 수준뿐만 아니라 연간 배출량(AEAs) 수준도 사전 논의를 통해서 결정되는 정도로 공조의 수준이 높다. 다음 장에서 살펴볼 독일의 『기후보호 프로그램 2030』에서 제시하는 '부문별 연간 배출허용량'도 EU의 연간 배출량 수준에 연동되어 결정되는 셈이다. 독일과 유럽연합은 이러한 민주적인 피드백 과정을 수없이 반복하면서 공동의 "2℃~1.5℃" 기후 거버넌스를 구축하면서 기후보호를 위해 협력과 공조를 아끼지 않으며, 특히 독일이 선도적인 노력을 하고 있음을 알 수 있다. EU와 회원국의 에너지-기후 관련 공조 수준은 매우 다

---

166 Bundesregierung, 『Energiekonzept für eine umwelt schonende, zuverlässige und bezahlbare Energieversorgung』, 2010, 4쪽 이하 참조, https://www.bundesregierung.de/ContentArchiv/ DE/Archiv17/_Anlagen/2012/02/energiekonzept-final.pdf?_blob=publicationFile&v=5 참조. 독일은 2010년 『에너지 기본계획』에서 이미 재생에너지의 에너지 소비 비중을 2030년까지 30%, 2040년까지 45%, 2050년까지 60%로 확대하기로 밝혔다. 이와 동시에 재생에너지의 전력소비 비중을 2030년까지 50%, 2050년까지 80%로 증가하기로 하였다.

층적 층위에서 이루어지며 그 수준 역시 높은 수준임을 알 수 있다.

3.9.2. EU-ETS와 EU 재생에너지 지침 개정의 역동적 변화 과정과 의의 - 1.5℃ 기후 거버넌스 구축의 토대

유럽연합은 파리협약이 체결된 후에 "2도" 목표를 지키기 위해 분명한 의지를 갖고 기후변화 대응에 선도적인 역할을 하고 있다. EU는 2015년 도에 에너지 공동체의 성격을 갖는 「에너지 연합」을 구축한다. 이는 청정 에너지 체제로의 전환을 알리는 첫 발걸음이 되었다. EU는 2050년까지 탄소 중립을 달성하려는 새로운 장기 감축 목표를 2018년에 선언하고, 21 세기 이내에 지구 평균기온 상승을 "2도"에서 "1.5도"까지 억제하겠다는 선언도 하였다. 「에너지 연합」의 구축 과정에서 2018년에는 EU 차원의 「통합 에너지-기후 거버넌스」 구축을 제안하며 '2030 목표'와 '2050 탄소 중립'을 달성할 수 있도록 공조의 수준을 질적으로 한 단계 올린다. 공동의 「통합 에너지-기후 거버넌스」를 바탕으로 하여 2019년도에는 『유럽 그린 딜, European Green Deal』을 공포한다. 이전의 에너지 및 기후 목표를 상향 조정하면서 경제, 사회, 정치를 포괄하는 유럽연합 차원의 포용적인 새로운 발전 전략을 야심 차게 제시하기에 이른다. 2030 온실가스 감축 목표를 40%에서 55%로 상향하고, 이 야심 찬 목표를 이룰 수 있도록 유럽연합의 전반적인 정책 분야에서 상응한 후속 대책 및 개정 조치를 주문한다. 『유럽 기후 법』 제정도 주문한다. 유럽연합의 에너지-기후 대응의 핵심적인 제도인 EU-ETS, ESR, 재생에너지 지침, 에너지 효율성 지침 등을 연계적으로 개정 또는 강화하면서, 2021년 7월 '2030 감축 목표'

를 55%로 상향 확정한다. 이러한 일련의 체계적이고 역동적인 상호 작용은 EU 회원국의 공조를 통하여 현재까지 잘 작동하고 있다. 독일은 이 과정에서 변함없이 선도적인 역할을 하고 있다. 『독일 기후 법』을 2019년에 제정하고, 2021년에 개정까지 한다. 여기서 독일은 EU의 감축 목표 상향 조정에 상응하여 자국의 2030 감축 목표를 65%까지 상향 조정한다. 최근의 유럽연합의 기후변화 대응과 독일과의 공조를 살펴봐야 할 까닭은 분명하다. 파리협정 이후에 기후변화의 속도가 예측보다 빠르게 진행되고, 그 피해가 더 심각해지기 때문이다. 최근 언젠가부터 기후변화 대신에 '기후위기' 또는 '기후 비상사태'라고 불리는 까닭이기도 하다. 이에 대한 유럽연합과 독일의 공조 역시 긴박하면서도 질적으로 한 단계 성숙한 새로운 차원으로 – 요약하자면 "1.5℃" 기후 거버넌스로 – 진입하고 있기 때문이다.

파리협정 이후 현재 "1.5도" 기후 거버넌스 구축의 역사적 전개 과정을 서술해보자. 한편으로는 "1.5도" 거버넌스의 역사적 배경, 목표, 감축 전략, 의의를 서술하면서, 다른 한편으로는 EU의 공조하는 에너지-기후 대응의 주요 내용과 방식을 중심으로 살펴보자.

우선 EU 공조의 제도적 핵심 축인 EU-ETS, ESR, 그리고 기술적인 대표적 방식인 재생에너지 사용 지침, 에너지 효율성 지침 등을 연계적으로 개정 또는 강화하는 과정, 배경, 의의, 목적 등에 초점을 맞추어 최근의 역동적인 변화 과정을 살펴본다. 먼저 EU-ETS의 개정 과정을 살펴보는데, 그 이유는 EU-ETS 분야가 감축의 가장 큰 부분을 차지하기 때문이다. 따라서 이 부분에서 개정 및 강화의 범위가 정해질 때-그 이후의 또는 동시에 – ESR, 재생에너지 지침, 에너지 효율성 지침 등의 일련의 개정을 통한 강화의 범위나 과정이 실질적으로 진행될 수 있기 때문이다.

먼저 EU-ETS의 개정 과정을 살펴보자.

독일의 제3기(2013~2020년) 배출권 거래제도는 유럽연합이 직접 주체
가 되어 시행하는 단일한 EU—ETS 체계 안에서 운영되고 있다. 유럽연합
의 감축 계획인 『기후-에너지 패키지 2020』 내에서 독일은 EU-ETS 제
도와 EDS를 통해서 감축 목표를 달성하는데, 독일은 2020년까지 Non-
ETS 부분에서 유럽 평균보다 훨씬 높은 14%를 감축하기로 약속하였
다.[167] 이 목표는 독일의 『기후보호 행동프로그램 2020』에 연계되어 반영
되었다. EU-ETS 제도를 통해 EU는 2020년까지 2005년 대비 21% 감축
하기로 결정하였다. 감축 방식을 요약하면 유럽연합 집행부가 직접 할당
계획을 설계하고 집행하는데, 2013년 약 20억 8,000만 톤의 총 허용배출
권을 약 12,000개 기업에(독일 1,905개) 할당하고, 매년 3,800만 톤, 즉 매
년 1.74%씩(2010년 총배출량 기준) 총 허용배출량을 축소시키는 방식으
로 2020년까지 동 목표를(2005년 대비 21% 감축) 달성하고자 한다.[168]

EU-ETS 4기 제도는 2021~2030년도 기간 동안으로 아래와 같이 기

---

167 『Decision No 406/2009/EC of the European Parliament and of the Council of 23 April 2009 on
the effort of Member States to reduce their greenhouse gas emissions to meet the Community's
greenhouse gas emission reduction commitments up to 2020』, http://eur-lex.europa.eu/legal-
content/EN/TXT/?uri=uriserv:OJ.L_.2009.140.01.0136.01.ENG#page=12 참조.

168 독일 기업에 할당된 배출권 허용량은 1기(2005~2007년)에는 평균 4억 9,900만 톤, 2기
(2008~2012년)에는 평균 4억 4,400만 톤, 3기(2013~2020년)에는 평균 4억 1,600만 톤으
로 책정되었다. Deutsche Emissionshandelsstelle, 'Emissionshandel in Zahlen', 2015, https://
www.dehst.de/SharedDocs/downloads/DE/publikationen/Broschuere_EH-in-Zahlen.pdf?__
blob=publicationFile&v=1 참조.

획되었다. 유럽이사회는 2014년 『2030 기후와 에너지 기본 틀』을 통하여 EU의 온실가스 배출량을 2030년까지 1990년 대비 40% 감축하겠다는 약속을 공식화한다. 2020년까지 20% 감축 목표에서 2030년까지 40% 감축 목표로 상향 조정하였다. 여기서 비용효과적 감축 방식인 EU-ETS 제도를 주된 감축 제도로서 자리매김하면서, 2030년까지 2005년 대비 43% 감축하기로 한다. 이에 유럽연합의 『지침 2003/87/EC』를 몇 가지 측면에서 수정, 보완하는 개정을 함으로써 2030년까지 1990년 대비 최소 40%를 감축하는 데 상응하도록 하였다. EU-ETS는 여기서 2021년부터 2005년 대비 매년 2.2%-3기 때의 1.74% 감축 목표에서 강화된 목표로 – 감축을 하도록 설계가 된다.

유럽이사회는 2014년 10월, 파리협약에서 약속한 "2도" 목표와 EU의 『2030 기후와 에너지 기본 틀』을 달성하기 위해 유럽연합(European Union)이 유럽 에너지 연합(Energy Union)의 성격도 지니도록 변화를 모색한다.[169] 여기서도 EU-ETS를 기후 정책의 초석으로 자리매김한다. 유럽연합 집행부가 2015년 7월 제4기 EU-ETS 개정안을 제출하면서 개정 작업을 진행하는데, EU의 파리협정에 대한 약속 이행의 부분으로서 진행된다. 개정안의 주요 내용은 아래와 같다:

EU-ETS를 투자의 촉진자로서 강화하되, 2021년부터 2005년 대비 매년 2.2% 감축하는 것으로 강화하고, 「시장 안정화 유보」 제도를 강화시키기로 한다. 산업 부문의 국제경쟁력 보호 차원에서 배출권의 무상 할당제

---

169 2015년에 구축된 유럽 『에너지 연합』은 다섯 가지 핵심 차원을 제시하는데, 탈탄소화를 통한 온실가스 감축, 에너지 효율성, 안정적 에너지 공급, 에너지 역내 시장, 경쟁력 향상을 위한 연구와 혁신 등이다.

를 존속시키되 기술진보를 고려하면서 무상 할당 수준을 줄여나간다. 산업 및 발전 부문을 지원하되, 저탄소 전환의 기회를 잡기 위한 혁신과 투자를 충분히 할 수 있도록 기금을 마련하여 지원하기로 한다. 유럽의회와 유럽이사회는 2018년 2월 공식적으로 EU-ETS 개정 지침에 대해 승인한다.[170]

2030 목표 달성을 위한 초석이 되는 EU-ETS 제도의 개정을 거치고 재정비되면서, EU-ETS를 통한 온실가스 감축 수준이 2005년 대비 43%로 2018년에 상향 확정되자, 이와 함께 전반직인 모든 차원에서 감축 수준이 강화되고 개정되는 작업들이 추진력을 갖게 된다. 2018년 12월에 재생에너지 비중 상향, 에너지 효율성 개선 목표 상향 등 전면적인 지침 및 규정을 강화하는 개정 작업이 완료된다.

2009년도의 재생에너지에 관련된 지침 『Renewable Energy Directive(2009/28/EC)』을 2018년에 개정한다. 아래에서 살펴보겠지만, 2018년도에 개정된 『재생에너지 지침 2018, Renewable Energy Directive(2018/2001/EU)』 제(8)항을 참조해보자. 2016년 『모든 유럽인을 위한 청정에너지, the Clean energy for all Europeans』에서 에너지 효율성 개선 목표 상향과 함께 재생에너지 비중의 상향을 제안한다. 이 제안은 2018년 EU-ETS 제도의 지침 개정, 2018년 12월 에너지 효율성 개선의

---

170 https://ec.europa.eu/clima/policies/ets/revision_en, Revision for phase 4; 『DIRECTIVE (EU) 2018/410 OF THE EUROPEAN PARLIAMENT AND OF THE COUNCIL of 14 March 2018 amending Directive 2003/87/EC to enhance cost-effective emission reductions and low-carbon investments, and Decision (EU) 2015/1814』. 특히 이 문건의 항목 (5), (6)에서 EU-ETS의 감축 제도로서의 중요한 위상을 잘 이해할 수 있다. https://eur-lex.europa.eu/legal-content/EN/TXT/PDF/?uri=CELEX:32018L0410&from=EN.

목표 상향과 함께 채택되는데, 재생에너지 비중의 상향된 지침이 『재생에너지 지침 2018, Renewable Energy Directive(2018/2001/EU)』에 반영된다. 이렇게 EU의 『2030 기후와 에너지 기본 틀』은 EU-ETS, 재생에너지 비중, 에너지 효율성 개선, ESD, 토지 및 산림 이용 규제 등 그 주요 내용이나 방식을 강화하는 방향으로 수정, 보완을 거치면서 그 모습을 갖추어 간다. 재생에너지 비중이 초기 목표인 27%에서 32%로 상향되고, 에너지 효율성 개선 수준 역시 27%에서 32.5%로 상향 개정된다.

『2030 기후와 에너지 기본 틀』의 초석이 되는 감축 제도들과 주된 기술적 감축 방식이 체계적으로 연계되어 강화됨으로써, 강화된 지침 및 개정을 기반으로 유럽연합은 『유럽 그린 딜, The European Green Deal』을 2019년 말 선포한다. 기후변화의 심각성을 재인식하면서, "1.5도" 상승 한계선의 설정 필요성 및 탄소 중립의 필요성을 공감하면서, 다시 한번 더 온실가스 감축 목표량을 상향 조정할 것을 제시하고, 2021년 『유럽 기후법, European Climate Law』을 제정하면서 확정하고자 한다. 2019년 『유럽 그린 딜』에 따르면, 유럽연합의 기존의 2030 감축 목표-1990년 대비 40% 감축-를 갱신하는 계획을 EU-ETS 제도를 포함하여 책임 있는 방식으로 제시하고자 하였다. EU-ETS를 근간으로 하여 유럽연합 집행위원회는 2020년 9월에 2030년도의 온실가스 감축 목표를 1990년 대비 55%로 -기존의 40%에서- 한 번 더 상향하는 것을 제안하였다. 유럽집행부는 EU-ETS, 에너지 효율성의 개선과 재생에너지 확대를 포함한 모든 분야의 감축행동을, 즉 ESD와 토지 및 산림 이용 규제 강화를 요구하면서, 구체적인 입법 과정으로 돌입하여 2021년 6월에 『유럽 기후 법, European

Climate Law』을 제정함으로써 시행하고자 한다.[171]

　EU집행위원회는 2020년 3월 『유럽 기후 법, European Climate Law』 초안을 제시하고, 영향평가(impact assessment)를 거치면서 2020년 9월에 EU의 2030년 온실가스 감축 목표를 상향 검토하고, 새로운 2030년 온실가스 감축 목표인, 1990년 대비 50~55% 감축 목표를 제시하였다. 이에 EU 집행위원회는 2021년 6월 30일까지 필요한 법률을 어떻게 개정할 것인지를 검토할 것이며, 이 경우 감축의 주된 제도로서의 EU-ETS 감축 목표도 - 재생에너지 비중과 에너지 효율성 개선 목표와 함께 - 다시금 설정할 것이다.

　유럽집행위원회는 2021년 7월, 『55% 목표에 맞추어서: EU의 기후중립을 향한 2030 기후 목표를 전달하며, 'Fit for 55': delivering the EU's 2030 Climate Target on the way to climate neutrality』에서 밝히듯이, 실제로 EU-ETS 제도를 통한 감축 목표를 상향 조정하여 2005년 대비 43%에서 61%로 야심 차게 제안하였다. ESR 제도를 통한 감축 목표 역시 30%에서 40%로 상향 조정하였다. 이 상향된 목표를 달성하기 위해 감축의 핵심적인 기술적 방식인 재생에너지 비중을 상향하고, 에너지 효율성 개선 수준도 상향할 것을 연계해서 제안하였다.[172] 유럽 집행위원회는 재생에너

171　https://ec.europa.eu/clima/policies/ets_en.

172　Brussels, 14.7.2021, COM(2021) 550 final COMMUNICATION FROM THE COMMISSION TO THE EUROPEAN PARLIAMENT, THE COUNCIL, THE EUROPEAN ECONOMIC AND SOCIAL COMMITTEE AND THE COMMITTEE OF THE REGIONS, 『'Fit for 55': delivering the EU's 2030 Climate Target on the way to climate neutrality』.

지 비중을 32%에서 40%로, 에너지 효율성 개선 수준을 36~39%로 상향할 것을 제안하였다.[173]

『'Fit for 55': delivering the EU's 2030 Climate Target on the way to climate neutrality』는 『2030 기후와 에너지 기본 틀, 2030 Climate and Energy Framework』을 강화한 새로운 구체적 이름이다. 유럽집행위원회는 『'Fit for 55': delivering the EU's 2030 Climate Target on the way to climate neutrality』를 바탕으로 『유럽 기후 법』을 제정할 것이다. 이는 동 선언이 일관성 있는 정책 묶음이며, 연계된 정책이라는 점을 확신시키려는 목적을 갖고 있으며, 2050년까지 탄소 중립을 최초로 실현하려는 대륙임을 확실히 하고자 함이다. 위의 일련의 개정 작업과 『유럽 기후 법』 제정 계획은 2019년 유럽연합이 천명한 『유럽 그린 딜』에서 요청한 것이었다. 이는 2050년 탄소 중립 목표를 선언하고, "1.5℃"를 넘지 않도록 약속하고, 새로운 저탄소 경제 발전 모델, 그리고 이 모든 것을 보장할 수 있는 『유럽 기후 법』 제정을 약속하였다. 2030 목표를 새롭게 디자인한 『'Fit for 55': delivering the EU's 2030 Climate Target on the way to climate neutrality』는 따라서 『유럽 그린 딜』의 다른 이름인 것이다. 2030년까지 유효한 이름이다.

이제까지 EU-ETS 제도의 개정의 배경, 과정과 그 의의를 살펴보았다. 이제는 독일과 유럽연합의 공조의 기술적 한 축인 재생에너지 지침을 중심으로 그 개정 과정과 의미를 살펴보자.

---

173   https://ec.europa.eu/info/strategy/priorities-2019-2024/european-green-deal/delivering-european-green-deal_en (2021년 12월 1일 검색).

EU는 2009년 『재생에너지 지침, Renewable Energy Directive(2009/28/ EC)』를 통해 재생에너지 생산과 확대를 위한 광범위한 정책을 수립하였다. 2020년까지 총에너지 수요 중 재생에너지 비중을 20% 이상이 되도록 요구하였고, 수송 연료의 10% 이상은 재생에너지원으로 충당하도록 규정하였다.

앞서 EU-ETS와 ESR 제도의 2018년도의 개정 작업 과정에서 언급하였듯이, 이 개정 과정과 병행하여 2009년의 재생에너지 지침을 2018년 12월 『Renewable Energy Directive(2018/2001/EU)』로 개성한다. 특히 『모든 유럽인을 위한 청정에너지, the Clean energy for all Europeans』 선언의 한 부분으로 유럽연합이 재생에너지 분야에서 글로벌 리더로서의 지위를 유지하고자 한 대책이었다.

개정된 재생에너지 지침은 『2030 기후와 에너지 기본 틀』 내에서 재생에너지 비중을 기존의 27%에서 32%로 상향하도록 지원을 하는 셈이다. 이와 연계된 분야에서도 상응한 노력을 해줄 것을 주문하였고, 동시에 재생에너지원의 수송 연료 비중 역시 14%로 상향시켰다. 바이오 에너지의 지속성을 강화하는 표준과 함께.[174]

EU는 파리 기후협약에서 약속한 목표를 실천하고, 『2030 기후와 에너지 기본 틀』에서 약속한 40% 감축 목표를 실현하기 위해 EU의 「에너지 연합」을 결성하면서 공동의 「통합 에너지-기후 거버넌스」 체제를 구축하고자 협의를 해왔다. 그 결과를 집대성한 규정이 바로 2018년 비로소 빛을 보게 된 EU의 『에너지 연합과 기후행동 거버넌스에 관한 규정,

---

174 https://eur-lex.europa.eu/legal-content/EN/TXT/PDF/?uri=CELEX:32018L2001&from=EN, 8항 참조.

Regulation on the Governance of the Energy Union and Climate Action (EU) 2018/1999』이다. 동 거버넌스 체제하에서 EU의 각 회원국들은 공통의 양식과 기준에 따라서 2021~2030년 기간 동안의『국가 에너지-기후 플랜, National Energy and Climate Plans(NECPs)』을 제출해야만 한다. 초안을 2018년 말까지, 최종안을 2019년 말까지 제출해야만 한다. 유럽연합 집행위원회는 각 회원국의 초안이 유럽연합의『2030 기후와 에너지 기본 틀』에서 약속한 목표와 핵심적인 감축 방식에 부합하는지를 평가하는데, 특히 각 회원국의 재생에너지 비중 목표와 에너지 효율성 개선의 수준에 대해 평가와 권고 사항을 제시한다. 각 회원국은 이를 반영하면서 2019년 말까지 NECP 최종안을 제출해야만 한다. 이렇게 재생에너지 비중 확대와 에너지 효율성 개선 수단은 감축의 주요한 두 개의 중심축으로서 작동한다. 두 개 중심축의 역할과 지위는 여기에만 그치지 않고, 이와 연계된 범위와 외연은 상당히 폭넓다. 부연해보면, 각 회원국은 매 2년마다『국가 에너지-기후 플랜 개선보고서』를 제출해야 하고, 유럽연합 집행부는 모니터링을 해야 하며, 각 회원국은 NECP를 잘 수행하기 위해서 시민, 기업인, 지역 관계자들과 NECP를 세울 때 협의하도록 되어 있다. 유럽연합 집행부는 최종안에 대해 평가와 실무진의 워킹 다큐멘트를 누구에게나 공개하고 있다. 물론 각 회원국의 재생에너지 비중과 에너지 효율성 개선 방법론에 관해서도 공개하고 있다.[175, 176]

---

175 https://ec.europa.eu/energy/topics/energy-strategy/national-energy-climate-plans_en#the-process.

176 https://eur-lex.europa.eu/legal-content/EN/TXT/?uri=uriserv:OJ.L_.2018.328.01.0001.01. ENG&toc=OJ:L:2018:328:TOC.

재생에너지의 역할과 지위에 대해서 『유럽 그린 딜』에서도 분명하게 확인할 수 있다. 『유럽 그린 딜』은 EU의 새로운 발전 전략이며, EU를 현대적이며, 자원 효율적이며, 경쟁력 있는 경제 구조로 전환할 것을 목표로 한다. 이를 통해 2030 감축 목표를 40%에서 55%로 상향 및 수정하면서 「2050 넷 제로」목표를 선언하였다. 이에 발맞추어 집행위원회는 기존의 법규를 손질하면서 필요한 곳을 개정하기로 한다. 대책 중 하나는 재생에너지를 최대한도로 활용하여 탄소 제로의 목표를 달성하도록 하는 것이었다. 2020년 9월에 선언한 『2030 Climate Target Plan』에 부합하여, 에너지 전환을 더욱 가속화하고, 수소에너지 전략 및 통합된 에너지 체계로의 편입을 수월하게 하고자 하였다. 집행위원회는 2020년 8월 우선 『Renewable Energy Directive(2018/2001/EU)』 지침의 또 한 번의 개정에 관한 로드맵을 제시하면서 무려 7주간의 공론화 과정을 두면서 대중들의 피드백을 수집하였다.[177]

『유럽 그린 딜』의[178, 179] 요청에 따라 유럽집행위원회는 유럽연합의 온실가스 감축 목표 상향에 대해 검토를 마친 후 2020년 9월에 2030년도까지 적어도 55% 감축할 것을 제시하면서, EU-ETS와 ESR 개정을 포함하여 재생에너지 비중 확대와 에너지 효율성 개선을 포함한 모든 영역에서의 감축 활동을 강화할 것을 주문하였다. 2021년 6월까지 『유럽 기후 법』을 통해 이 개정 및 강화 과정을 규정할 예정이다.

---

177 https://ec.europa.eu/energy/topics/renewable-energy/renewable-energy-directive/overview_en
(2020. 9. 29. 검색).

178 https://ec.europa.eu/info/strategy/priorities-2019-2024/european-green-deal_en.

179 https://ec.europa.eu/commission/presscorner/detail/e%20n/ip_19_6691.

실제로 『2030 기후와 에너지 기본 틀』의 감축 목표가 40%에서 55%로 상향 강화되면서, 그와 밀접히 연관된 기술적인 핵심 감축 제도인 재생에너지 확대와 에너지 효율성 개선 비중의 목표도 모두 강화되는 쪽으로 개정이 된다. EU는 EU-ETS 제도를 통하여 2005년 대비 43% 목표에서 61% 감축 목표로 강화한다.[180] ESR 제도를 통하여 30% 목표에서 40% 감축 목표를 상향 조정한다. 재생에너지 비중도 32%에서 40%로 확대되고,[181] 에너지 효율성 개선 수준도 32%에서 36~39%로 강화된다.[182] 모든 지침이나 규정이 더 높은 55% 감축 목표를 위해서 수정이나 개정 작업을 거치게 되는 것이다. 이러한 또 한 번의 개정 작업은 유럽연합이 2019년 『유럽 그린 딜』을 선언하면서 2050년까지 탄소 중립을 이루고, "1.5℃" 목표를 달성하려는 목표를 세우고, 이에 따라 자동적으로 연계되어 2030 목표를 상향 조정하면

---

180 European Commission, 2021. 7. 14., 『Proposal for a DIRECTIVE OF THE EUROPEAN PARLIAMENT AND OF THE COUNCIL amending Directive 2003/87/EC establishing a system for greenhouse gas emission allowance trading within the Union, Decision (EU) 2015/1814 concerning the establishment and operation of a market stability reserve for the Union greenhouse gas emission trading scheme and Regulation (EU) 2015/757』, https://ec.europa.eu/info/sites/default/files/revision-eu-ets_with-annex_en_0.pdf.

181 European Commission, 2021. 7. 14., 『Proposal for a DIRECTIVE OF THE EUROPEAN PARLIAMENT AND OF THE COUNCIL amending Directive (EU) 2018/2001 of the European Parliament and of the Council, Regulation (EU) 2018/1999 of the European Parliament and of the Council and Directive 98/70/EC of the European Parliament and of the Council as regards the promotion of energy from renewable sources, and repealing Council Directive (EU) 2015/652』, https://eur-lex.europa.eu/legal-content/EN/TXT/?uri=CELEX%3A52021PC0557.

182 European Commission, 2021. 7. 14., 『Proposal for a DIRECTIVE OF THE EUROPEAN PARLIAMENT AND OF THE COUNCIL on energy efficiency (recast)』, https://eur-lex.europa.eu/legal-content/EN/TXT/?uri=CELEX%3A52021PC0558.

서 일관성 있게 이루어진다. 이 개정된 작업의 결과들은 상향된 2030 목표를 달성하려는 계획인 『Fit for 55: delivering the EU's 2030 Climate Target on the way to climate neutrality』에 녹아 있다.[183] 독일 역시 EU의 회원국으로서 이 개정 작업에 선도적으로 참여한다. 2030년도까지 자국의 온실가스 감축 목표를 55%에서 65%로 상향 조정하면서, 재생에너지 비중 등 관련 규정을 개정하는 작업에 돌입하게 된다.

3.9.3. EU의 「통합 에너지-기후 거버넌스」와 『국가 에너지-기후 플랜, National Energy and Climate Plans(NECPs)』

EU는 『2030 기후와 에너지 기본 틀』에서 약속한 40% 감축 목표를 확실하게 실현하기 위해 EU의 「에너지 연합」을 결성하면서 공동의 에너지-기후 거버넌스 체제를 구축하고자 협의를 해왔다. 그 결과를 집대성한 규정이 바로 EU가 2018년 제시한 『에너지 연합과 기후행동 거버넌스에 관한 규정 (EU) 2018/1999』이다. 동 거버넌스 체제하에서 EU의 각 회원국들은 공통의 양식과 기준에 따라서 2021~2030년 기간 동안의 『국가 에너지-기후 플랜, National Energy and Climate Plans(NECPs)』을 제출해야만 한다. 유럽연합 집행위원회는 각 회원국의 초안이 유럽연합의 『2030 기후와 에너지 기본 틀』에서 약속한 목표와 핵심적인 감축 방식에 부합하

---

183 European Commission, Brussels, 2021. 7. 14., COM(2021) 550 final COMMUNICATION FROM THE COMMISSION TO THE EUROPEAN PARLIAMENT, THE COUNCIL, THE EUROPEAN ECONOMIC AND SOCIAL COMMITTEE AND THE COMMITTEE OF THE REGIONS, 『'Fit for 55': delivering the EU's 2030 Climate Target on the way to climate neutrality』, https://eur-lex.europa.eu/legal-content/EN/TXT/?uri=CELEX%3A52021DC0550.

는지를 평가하는데, 특히 각 회원국의 재생에너지 비중 목표와 에너지 효율성 개선의 수준에 대해 평가와 권고 사항을 제시한다. 각 회원국은 이를 반영하면서 2019년 말까지 NECP 최종안을 제출해야만 한다.

독일을 포함하여 각 회원국은 통합 에너지-기후 거버넌스가 제시한 공통의 양식과 기준에 따라서 2021~2030년 기간 동안의『국가 에너지-기후 계획』을 제출해야 한다. 따라서 EU의「에너지 연합」부터 새로운 기후 거버넌스 구축의 역동적인 변화 과정을 살펴보는 것은 독일의 2~1.5도 기후 거버넌스의 역동적인 과정을 이해하는 데 꼭 필요한 작업이다. 이에 EU의「통합된 에너지-기후 거버넌스」의 구축 과정과 그 의의를 살펴볼 것이다. 그러면 우리는 독일의 2021~2030년 기간 동안의 감축 프로그램인『2030 기후보호 프로그램』의 탄생 배경과 그 의의를 더 잘 이해할 수 있을 것이다.

유럽이사회는 2014년 10월 "2도" 목표와 EU의 2030 목표를 달성하기 위해 유럽연합(European Union)이 에너지 연합(Energy Union)이 되도록 구축하기로 한다. 2015년의『A Framework Strategy for a Resilient Energy Union with a Forward-Looking Climate Change Policy』를 통하여 유럽연합의「에너지 연합」전략을 제시한다.[184] 그리고 지속적인 보완과 개정을 통해 더욱 체계적으로 만들어간다. 하나의 과정으로 2016년 11월『Clean Energy for All European Package』를 선언한다.[185]

---

184 https://ec.europa.eu/energy/topics/energy-strategy/energy-union_en; https://eur-lex.europa.eu/legal-content/EN/TXT/?uri=COM:2015:80:FIN.

185 『COMMUNICATION FROM THE COMMISSION, Clean Energy For All Europeans』, 2016, https://ec.europa.eu/energy/topics/energy-strategy/clean-energy-all-europeans_en.

EU는 동 문건을 통해 청정에너지 체계로의 전환과 경제성장 및 일자리 창출이라는 과제에 대한 중요한 밑그림을 제안하고, 이를 위한 입법 절차 의 필요성과 상응하는 대책을 요구한다. 이 문건에 기초하여 에너지 효율 성 지침, 재생에너지 지침, 건물의 에너지 효율성, 에너지 연합의 거버넌 스 구축 등을 포함해서 8개 분야의 법 규정을 제안하였고, 사회 통합성 증 진을 위한 이니셔티브 차원에서 세 가지 대책 및 수단-석탄 공업 지대에 서의 전환, 유럽연합 도서 지역의 청정에너지 구축, 에너지 빈곤층에 대한 모니터링 개선 등-을 제안하였다.

8개의 주요 제안은 2018~2019년 집중적으로 논의를 거치면서 유럽 의회와 이사회의 정치적인 동의와 결정으로 2018~2019년 입법 절차 를 거쳐 새로운 규정이나 지침을 제시한다. 앞서 보았던 『에너지 효율 성 지침, Directive on Energy Efficiency(EU/2018/844)』 개정이나-27% 에서 32.5%로 상향-『재생에너지 지침, Renewable Energy Directive (2018/2001/EU)』의 개정-27%에서 32%로 목표 상향- 등이 바로 그 것이다.[186] 그리고 이 장에서 다룰 에너지-기후 거버넌스에 관련된 규정 『The Regulation on the Governance of the Energy Union and Climate Action (EU) 2018/1999』이 그것이다.

유럽연합 집행위원회는 2018년 11월, 『모두를 위한 깨끗한 지구. 유 럽의 번영하는, 현대적이며, 경쟁력 있는 탄소 중립 경제를 위한 장기 전 략, A Clean Planet for All. A European strategic long-term vision for a prosperous, modern, competitive and climate neutral economy』을[187] 통하

---

186 https://energy.ec.europa.eu/topics/energy-strategy/clean-energy-all-europeans-package_en.

187 European Commission, COM(2018) 773 final, COMMUNICATION FROM THE

여 2050년까지 유럽연합의 기후(탄소) 중립을 달성하려는 장기적 비전과 전략을 제시한다. 이전의 판단보다 기후변화 피해의 위험이 더 심각하고, 더 빠르게 진행되고 있다는 사실에 주목하면서 지구 평균기온 상승을 "1.5도" 이하로 억제할 필요성을 제시하면서, 이를 위해서 2050년까지 탄소 중립이 필요하다는 점을 역설한다. 나아가 2050 탄소 중립의 목표를 달성할 수 있는 장기적 비전과 전략을 제시하며, 그 의의와 함께 중·장기적 목표, 요구되는 과제, 필요한 대책 및 수단, 전략적 우선순위 등을 포괄적으로 제시하는 종합적 전략을 처음으로 제시한다. 전략 제시의 목적은 유럽연합이 약속한 탄소 중립, 사회의 공정 전환, 비용 효과적인 경제적 방식에 대한 비전을 제시하고, 전 지구적 기후행동을 선도하겠다는 유럽연합의 약속에 신뢰감을 부여하기 위해서이다. 전환의 위기와 함께 전환의 기회도 강조하고자 한다. 동 문건 또한 IPCC가 2018년 보고한 『1.5℃ 특별 보고서』의 과학적 증거에 기초하면서 1.5도 억제와 2050년 탄소 중립이라는 새로운 목표를 제시하게 된다.[188] 이로써 공식적으로 "2℃" 기후 거버넌스에서 "1.5℃" 기후 거버넌스로 이행을 의미하게 된다.

COMMISSION TO THE EUROPEAN PARLIAMENT, THE EUROPEAN COUNCIL, THE COUNCIL, THE EUROPEAN ECONOMIC AND SOCIAL COMMITTEE, THE COMMITTEE OF THE REGIONS AND THE EUROPEAN INVESTMENT BANK. 『A Clean Planet for all. A European strategic long-term vision for a prosperous, modern, competitive and climate neutral economy』, 2018, https://eur-lex.europa.eu/legal-content/EN/TXT/?uri=CELEX:52018DC0773.

188 앞의 책, 2~3쪽 참조. 동 문건은 다양한 측면에서 매우 중요한 자료인데, 유럽연합이 공식적으로 "1.5도" 목표와 탄소 중립이라는 새로운 목표를 선언한 것 외에도, 이 목표를 달성하기 위한 원칙, 대상, 과제, 대책 등이 총 망라되어 있고, 필요한 거버넌스의 구조에 대해 서술하고 있으며, 이 모든 구성 요소의 효율적인 연계와 시행 체계, 나아가 시행의 우선순위를 제시하고 있는 종합 전략과 기본 틀인 것이다.

글상자 5. IPCC 『1.5℃ 특별 보고서』와 "1.5℃" 목표의 등장

"1.5℃" 목표 및 "탄소 중립" 개념은 언제부터 등장하는가?

2015년 제21차 「유엔기후변화협약」 파리 당사국 총회에서 전 세계 국가들이 21세기 말까지 지구 평균기온 상승을 "2℃" 이하로, 가능한 한 "1.5℃" 이하로 억제하자는 목표에 처음으로 동의하였다. 비로소 2℃ 목표를 향한 글로벌 수준의 새로운 기후 거버넌스가 출범한 것이다. 『파리협정』 2조 1항에서 지속가능한 발전과 빈곤 퇴치라는 목표의 큰 틀 안에서 기후변화의 위협에 대응 전략으로 지구 평균기온 상승을 '2도' 이하로 지키고, 가능한 한 '1.5도' 이하로 억제하고자 노력한다는 점을 명시한다. 4조는 주로 기후변화 완화에 관한 사항으로서, 1항에서는 온실가스 최대배출 연도(peak time)를 최대한 조속히 도달하도록 하며, 21세기 후반부에 실질(순) 배출이 제로가 되도록 한다는 점을 명기한다.

탄소 중립 개념이 등장하는 결정적인 배경은 파리협정 체결 이후, 기후재난이 급증하고, 그 피해가 갈수록 위협적이 되고, 「유엔기후변화협약」의 전문 과학자 기관인 IPCC(International Panel on Climate Change)가 『1.5℃ 특별 보고서』[189]를 2018년에 출간하면서 최신의 과학적 증거들을 제시하고 난 이후부터라고 할 수 있다. 2015년 파리 당사국 총회가 IPCC에 '1.5℃' 지구 온도 상승의 결과와 연관 경로에 대해서 연구를 의뢰한다. IPCC 『1.5℃ 특별 보고서』는 지구온난화가 높아질수록 재난과 피해도 증가한다는 관계를 일반적으로 증거를 마련하고, '2도' 목표조차도 안전하지 않을 수 있다고 진단하며 '1.5도' 목표를 권고한다(도표 6 참조). '1.5도' 상승은 특별한 추가 조치가 없는 한 2030~2052년 사이에 일어날 수 있으며, 과학자들의 기존 판단보다 더 위험한 결과를 가져올 수 있다고 경고한다. 즉 '1.5도' 상승으로 이미 불가역적인 손실과 티핑 포인트를 넘어설 수도 있다는 분석이 도출된 것이다.

---

189   IPCC, 2018: 『Summary for Policymakers. In: Global Warming of 1.5°C. An IPCC Special Report on the impacts of global warming of 1.5°C above pre-industrial levels and related global greenhouse gas emission pathways, in the context of strengthening the global response to the threat of climate change, sustainable development, and efforts to eradicate poverty』, Masson-Delmotte, V., P. Zhai et al. (eds.), In Press.

기후모델 전망은 지역적 기후특성이 1.5도와 2도 상승의 경우 유의미한 차이가 있음을 보여준다. 도표 6에서도 확인할 수 있듯이 중위도 및 고위도 극한일 온도는 1.5도의 경우에는 4.5도 상승하는 데 비해 2도 상승의 경우는 무려 6도까지 치솟을 수 있다. 북극 빙하가 완전 소멸할 빈도수를 비교해보면 더욱 그 차이를 분명하게 알 수 있다. 1.5도의 경우, 100년에 한 번 정도로 소멸하고 복원이 가능하지만, 2도 상승의 경우, 10년에 한 번 정도이며 복원이 어렵다는 평가이다. 90% 이상의 높은 신뢰도를 가지는 과학적 분석에 기초한 평가이다.[190] IPCC는 3차 평가보고서부터 "다섯 가지 통합 우려 단계, Reasons for Concerns"라는 준거 틀을 도입하였는데, 이 준거 틀은 1.5도 경우보다 2도 상승했을 경우에 네 가지 분야에서 리스크가 증가한다는 많은 과학적 증거들을 높은 신뢰도를 가지고 말해주고 있다. 위에서 언급한 '북극 빙하 해빙' 수준의 위험은 높음에서 매우 높음 수준으로 증가한다고 증거들이 말해주고 있는 셈이다.[191]

도표 6. 지구 평균기온 1.5℃ 상승과 2℃ 상승 시의 위험 수준 비교

구분	중위도 폭염일	고위도 극한일 온도	산호 소멸	기후 변화 · 빈곤 취약 인구	물부족 인구	해수면 상승	북극 해빙 완전 소멸 빈도
1.5℃	3℃ 상승	4.5℃	70~90%	2℃에서 2050년까지 수억 명 증가	2℃에서 최대 50% 증가	0.26~0.77m	100년에 한번 (복원 가능)
2℃	4℃ 상승	6℃	99%			0.3~0.93m	10년에 한번 (복원 어려움)

출처: IPCC, 『1.5℃ 특별 보고서』, 2018

2018년 IPCC 『1.5도 특별 보고서』에서 "1.5도"의 함의에 대해 그 영향뿐 – 2℃와의 비교를 통하여 – 아니라 1.5도 목표에 도달할 수 있는 그 경로에 관해서도 과학적 연구 결과를 내놓는다. 기후변화는 우리보다 더 빨리 움직이고 있다. 우리의 노력과 현재의 배출 추세를 보면 '2도' 이하로 억제할 수 있는 궤도를 벗어났다. 2030년까지 매우 강력한 감축 노력이 전개되지 않는다면 2030~2052년 안에 1.5도 상승할 가능성이 높고 생태계의 돌이킬 수 없는 손실을 불러올 것이고, 특히 사회적 취약 계층과 개발도상국에 상당한 위험과 피해를 끼칠 것이다. '1.5도'에 이르는 경로

---

190 앞의 책, 7~11쪽.

191 앞의 책, 10~11쪽.

를 달성하려면, 이산화탄소 배출량을 2030년도까지 2010년 대비 최소 45% 감축하고, 2050년까지 탄소 중립에 도달해야 한다. '2도' 목표 달성 경로는 2010년 대비 최소 25% 감축하고, 2075년 경에 탄소 중립에 도달해야 한다. 21세기 이내에 지구 평균기온 상승을 1.5도 이내로 억제하기 위해서는 더 빨리 탄소 중립을 실현해야 하며, 2050년도까지 달성할 것을 권고한다. 탄소 중립의 실현이 21세기 후반부 중엽이 아니라, 2050년도로 앞당겨진 셈이다. 1.5도 목표는 2도 목표와 비교해보면 감축 경로의 방향은 유사하지만, "2도" 목표도 안전하지 않을 수 있고, '다섯 가지 우려 단계'의 수준이 높아지기 때문에, 2도 목표 달성의 감축 수준보다 모든 분야에서 더 강력한 감축 목표가 있어야 한다고 분석한다. IPCC는 『1.5도 특별 보고서』에서 탄소 중립에 이르는 사회경제적, 그리고 기술적 감축 경로를 제시한다. 다양한 감축 시나리오와 부분별 감축 목표를 제시하였다.[192] 지구온난화를 '1.5도'로 억제하는 이산화탄소 배출량 감축은 -EU나 독일과 다르지 않게- 에너지 및 자원 집약도의 저감(에너지 효율성의 개선), 탈탄소화 속도(재생에너지 비중 증가 속도), 이산화탄소 흡수라는 세 가지 방식에 달려 있고, 세 가지 방식의 Mix 비중에 따라 다양한 경로를 띠게 될 것이라고 분석한다. 어떤 경로에도 상관없이 1.5도 경로에서는 에너지, 수송, 건물, 산업 모든 부문에서 빠르고 광범위한 전환이 필요하며, 그 규모 측면에서는 전례가 없을 정도로 전반적인 전환이 일어나야 한다고 충고한다.

　　「국제 에너지 기구, International Energy Agency, IEA」의 탄소 중립 로드맵도 IPCC와 대동소이하다. IEA의 평가를 짧게 요약해보면, 탄소 중립으로 가려면 모든 효율적이며 청정한 에너지 기술을 즉각적으로 총동원해야 한다. 다행히도 기술은 이미 있고, 정책의 유효성도 입증되었다. 효율적이며 청정에너지 기술이 총동원되어야 하는데, 이는 기술 혁신과 첨단 기술을 위해 대규모의 투자를 요구한다. 이 전환은 시민의 참여와 지지를 필요로 한다. 목표 감축량의 55% 정도가 일상의 소비자 선택-수송, 열난방, 음식 조리부터 도시계획까지-과 연관이 되어 있기 때문이다. 전 지구적 취약계층 8억 명에게 전기를 제공할 수 있어야 하고, 26억 명에게 깨끗한 부엌을 사용할 수 있도록 매년 4조 달러를 지원하는 것도 필요한 조건이다. 에너지 지원 보조금을 제공하는 것도 사회적 통합성을 유지하며 탄소 중립으로 가는 경로에 필요한 국제협력 수단이다. 이 전환은

192　앞의 책, 12~16쪽.

다행히도 비용과 투자만 요구하는 것은 아니다. 다양한 편익도 제공한다. 2030년까지 1400만 개의 새로운 일자리가 생긴다. 구조조정으로 500만 개의 일자리를 잃기도 하지만, 합리적 구조조정을 통해 낙후 지역의 발전을 설계해야 한다.[193] 독일 연방정부와 EU가 지향하는 원칙, 방식, 목표와 방향이 다르지 않음을 확인할 수 있다.

이에 유럽연합은 2018년 『에너지 연합과 기후행동 거버넌스』의 구축과 『모두를 위한 청정에너지 선언』 등을 통해서 지구 평균기온 상승을 1.5℃ 이하로 억제하기로 하면서, 2050년까지 탄소 중립을 달성하려는 목표를 제시하였다. 이러한 선도적이고 야심 찬 감축 목표들은 후속 조치 등에 반영된다. 2021년 7월, 유럽연합이 『Fit for 55...』에서 밝히듯이, 40% 감축 목표에서 상향된 55% 감축 목표를 달성하기 위해서는 재생에너지 비중 상향(32%에서 40%로), 에너지 효율성 개선 목표 상향(32.5%에서 36~39%로)이 연계되어서 이루어질 것이다. 이러한 상향 조정된 목표들은 유럽연합의 각 회원 국가들의 『국가 에너지 기후 계획(NECP)』에 반영되어 실행될 것이다.

2018년 IPCC 『1.5℃ 특별 보고서』의 결과는 독일의 2019년 『2030 기후보호 프로그램』을 탄생시키는 데 배경이 되었다. 독일 정부는 2019년 뉴욕에서 개최된 『유엔 기후보호 정상회의』에서 장기 목표로서 온실가스 감축 의지를 다지면서 2050년 넷 제로를 분명하게 공포하였다. 유럽연합의 목표 상향과 공조하면서, 독일 『기후보호 법』을 2021년 개정하면서 감축 목표를 상향 조정한다. 기존의 2030년 감축 목표인 55%를 65%로 상향 조정한다. 그리고 탄소 중립 원년을 2050년에서 2045년으로 5년간 더 앞당긴다. 재생에너지 비중과 에너지 효율성 개선 목표가 더 강화되는 것은 물론이며, 2045년에는 탄소 제로 사회가 되기 위해서는 사실상 모두 효율성 높은 재생에너지로 운영되어야 한다는 의미이다.

---

193 IEA, 『Net Zero by 2050, A Roadmap for the Global Energy Sector, Summary for policy Makers』, 2021년, 10쪽. Net Zero by 2050 Interactive, iea.li/nzeroadmap. http://iea.li/nzeroadmap.

탄소 중립으로 가는 경로에 필요한 일곱 가지 통합적, 전략적 우선순위를 짧게 요약하면 도표 7과 같다.

도표 7. 탄소 중립의 경로에 필요한 일곱 가지 전략적 우선순위

조세
외부효과에 대한 효율적인 가격부과와 전환 비용의 공정한 분배

에너지연합과 기후행동
에너지, 건물과 이동수단의 신기술 개발에 대한 적절한 상업적 규칙 제정

유럽연합 예산과 지속가능 금융
핵심 인프라의 공개 준비와 지속 가능 비즈니스 모델에 대한 투자 유인책

지역 행동
지역과 경제 부문의 전환 노력

연구와 혁신
전환의 핵심 기술 확정과 홍보 촉진

산업 전략과 순환 경제
기술, 전략적 가치 사슬의 공개와 증가된 순환성

자유로운 공정한 무역
경쟁력을 위한 세계시장 지향적 노동

사회적 보호 기둥
새로운 비즈니스 모델 적응을 위한 기술 역량강화 교육

디지털 역내 시장
체계 통합과 새로운 비즈니스 모델을 위한 디지털 운영 체계의 달성

경쟁 정책과 국가 지원
유럽연합의 기후 및 환경 목적과 정합성 보장

『모두를 위한 깨끗한 지구. 유럽의 번영하고, 현대적이며, 경쟁력 있는 탄소 중립 경제를 위한 장기 전략』에서 제안한 각종 핵심 감축 제도 및 규정의 개정을 통한 새로운 지침과 규정 등을 모두 체계적으로 정리하여 유럽연합의 『에너지 연합과 기후 행동의 거버넌스에 관한 규정 (EU) 2018/1999』에[194, 195] 2018년 새롭게 담는다.

도표 7에서 알 수 있듯이, 빼놓아서는 안 될 중요한 측면은 정치적 측면으로, 주요 전략들을 원활하게 진행하도록 중심에는 종합적 기후 거버넌스가 구축되어야 한다. 모든 필요한 과제와 효율적인 수행을 위해 다양한

---

194 https://eur-lex.europa.eu/legal-content/EN/TXT/?uri=uriserv:OJ.L_2018.328.01.0001.01. ENG&toc=OJ:L:2018:328:TOC.

195 https://ec.europa.eu/clima/eu-action/climate-strategies-targets/progress-made-cutting-emissions/governance-energy-union-and-climate-action_en (2021. 12. 05. 검색).

장애물과 갈등을 조정하고, 신뢰를 부여할 수 있는 정치적 거버넌스의 역할과 조정이 필요하다. 이는 감축 목표 달성, 주요 감축 방식, 공동의 모니터링 및 리포트 양식, 그리고 감축의 핵심 방식을 실질적으로 지원할 수 있는 기술 혁신, 사적 투자, 적절한 가격 신호 전달, 사회 통합성 증진에 동력을 불어넣고 투명성을 제고할 수 있도록 하는 가능한 기본 틀을 제공할 것이다. 이와 관련된 주요 규정이 바로 『에너지 연합과 기후 행동의 거버넌스에 관한 규정』이다.

2018년에 구축된 유럽연합의 『에너지 연합과 기후 행동의 거버넌스에 관한 규정』 체제하에서 가장 주요하면서도 핵심적인 내용은 무엇보다 『국가 에너지-기후 플랜, National Energy and Climate Plans(NECP)』에 관한 내용과 시행 방식일 것이다. 유럽연합 집행위원회는 하나의 공통의 통합적인 에너지-기후 플랜에 관하여 기본 틀 및 작성 방식을 제시한다. 유럽연합의 회원국들은 이를 기초로 하여 2021~2030년 기간 동안의 각 회원국의 사정과 여건에 따라 『국가 에너지-기후 플랜』 초안을 2018년 말까지 제출해야만 한다. 주요 내용은 유럽 「에너지 연합」의 5개 주요 요소들 – 에너지 효율성, 재생에너지, 온실가스 감축, 회원국의 연계성, 연구 및 혁신 – 을 종합적으로 잘 실행하여 2℃ ~ 1.5℃ 목표와 2030 목표를 달성하는 전략과 방식에 관한 것이다. 유럽연합 집행위원회는 각 회원국의 초안을 검토한 후에 유럽연합의 '2030 목표'에 부합하는 각 회원국의 재생에너지 비중과 에너지 효율성 개선의 수준에 대해 평가와 권고 사항을 제시한다. 이를 반영하면서 각 회원국은 2019년 말까지 NECP 최종안을 제출해야만 한다. 재생에너지 비중 확대와 에너지 효율성 개선 수단은 감축의 주요한 두 개의 중심축으로서 작동한다. 따라서 이와 연계된 범위와 외연은 상당히 폭넓다. 각 회원국은 매 2년마다 『개선 보고서』를 제출해야 하고, 유럽연합 집행부는 매년 모니터링을 하게 되어 있다. 유럽『에너지 연합 현황 보고서』보고 의무와 연계해서 이루어진다. 각 회원국은 NECP를 잘 수행하기 위해서 시민, 기업인, 지역 관계자들과 NECP를 만들 때 협의하도록 되어 있다. 유럽연합 집행부는 최종안에 대해 평가 및 권고를 담은 구체적인 『실무진 워킹 다큐멘트, Staff Working Document』를 누구에게나 공개하고 있다. 물론 각 회원국의 재생에너지 비중과 에너지 효율성 개선 방법론에 관해서도 공개하고 있다.[196]

이제 EU가 공포한 EU의 『에너지 연합과 기후 행동의 거버넌스』에 관한 규정을 분석하면서, EU의 통합된 에너지-기후 체제가 작동하는 원칙과 방식에 대해 알아보자. 이어서 이『에너지 연합과 기후 행동의 거버넌스』의 압축적 핵심 수단이라고 할 수 있는『국가 에너지-기후 플랜, National Energy and Climate Plans(NECP)』에 관한 내용과 시행 방식을 알아보자. 이를 통해서 회원국 독일과 유럽연합의 공조의 수준을 충분히 가늠할 수 있을 것이다.

『에너지 연합과 기후 행동의 거버넌스에 관한 규정』의 의의를 먼저 찾

---

196 https://ec.europa.eu/energy/topics/energy-strategy/national-energy-climate-plans_en#the-process. 2020년 회원국인 27개 국가의 NECP를 종합 평가한 사례에서, 재생에너지 비중은 목표치인 32%를 초과하여 33.7%까지 가능할 것이며, 에너지 효율성의 경우는 목표치인 32.5%보다 조금 못 미친 29.7% 정도에 그칠 것이라고 평가했다. 다른 항목 평가와 더불어 종합적으로는 2030 목표인 40% 감축 목표를 초과 달성하여 41% 정도까지 감축할 수 있다고 평가했다.

아보자. 동 규정은 EU가 에너지 연합과 기후 행동의 거버넌스를 구축하여 잘 작동시킬 수 있도록 필요한 법적 토대를 제공하고자 한다. 동 규정은 신뢰할 수 있고, 포괄적이며, 비용 효과적이며, 투명하고, 예측 가능한 에너지-기후 거버넌스로서 작동할 수 있도록 법적 기초를 제공함으로써, 2015 파리협정의 목표에 상응하면서 『2030 기후와 에너지 기본 틀』과 「2050 장기 목표」를 달성하도록 보장하고자 한다. EU 차원의 복잡한 행정적 규제를 제한하면서, 회원국의 자율성을 보장하는 것을 기본으로 한다.

『에너지 연합과 기후 행동의 거버넌스에 관한 규정』은 사실상 『2030 기후와 에너지 기본 틀』과 「2050 장기 목표」를 위한 기본 헌장이라고 부를 수 있다. 에너지-기후 거버넌스의 작동 기제 및 방식에 대한 법적 토대를 제공하는 것으로 경제적, 사회적, 정치적 행동에 대한 전반적인 규정을 담은 것이기 때문이다. 유럽연합의 2030 목표와 2050 목표는 달성되어야 하기 때문에 법적 토대를 마련하여 목표를 실현시키고자 하는 것이다.

이는 각 회원국이 2021~2030년 기한 내에, 그리고 2050년 이내에 지켜야 할 목표와 의무를 부과하는 셈이다. 각 회원국이 각자의 의무를 다 수행하지 못할 경우 EU의 목표 역시 지키지 못하기 때문이다. 따라서 각 회원국이 에너지-기후 목표를 계획하고, 시행하는 기준이나 방식, 또 적용하는(할) 주요 정책이나 수단, 그리고 모니터링 및 평가 체계 등 사실상 모든 에너지-기후 거버넌스 작동 기제를 구축하는 일련의 과정을 공동의 규범과 양식으로 통일적으로 설계하고 규율할 수 있어야 한다. 즉 공동의 규정하에서 각 회원국이 공통의 방식으로 실현 가능한 계획을 수립할 수 있도록 하고, 공통의 적절한 정책 및 수단으로 합리적으로 시행할 수 있도록 하고, 시행 결과에 대해 유럽집행위원회가 공통의 일관된 기준으로 측정하고, 상호 공유하고, 평가하고, 권고할 수 있도록 해야 한다. 각 회원국은 공통 규범 내에서 자율적 재량을 발휘할 수 있다. 이 모든 포괄적인 규정이 집약적으로 구현된 것이 바로 NECP라고 할 수 있다.

『에너지 연합과 기후 행동의 거버넌스에 관한 규정』이 견지하는 주요한 차원은 EU의「에너지 연합」의 주요 5가지 차원과 대동소이하다. 에너지 안정성, 에너지 효율성, 재생에너지 및 탈탄소화, 유럽 에너지 시장, 연구·혁신·경쟁력 유지 등은 반드시 포함되고 유지되어야 할 주요 차원이다.

『에너지 연합과 기후 행동의 거버넌스에 관한 규정』의 목적, 주요 방식 및 수단을 들어보면, 에너지 연합과 기후 정책의 목적은 무엇보다도 유럽의 개인과 기업을 포함한 소비자에게 안정적, 지속적, 경쟁적, 지불 가능한 에너지를 공급하는 것이고, 연구 및 혁신을 촉진하고자 하는 것이다. 이는 유럽의 에너지 체계를 근본적으로 전환하고자 하며, 이에 요구되는 막대한 투자를 유치함으로써 이루고자 한다. 이 전환은 환경의 질을 보호하고, 자연 자원의 합리적 활용을 지원하는 요구와 밀접하게 연계되어 있고, 특히 에너지 효율성 개선, 에너지 절약, 재생에너지 확대를 통해서 이루고자 한다. 동 목표는 상호 협력적 행동을 통해서 달성되는바, 이는 지방, 국가, 지역, 유럽연합 차원의 법적 규제와 자율적 행동들을 연계함으로써 이룰 수 있다.

기대효과로서는 동 목표가 잘 구현되면, 유럽연합은 혁신이 넘치며, 투자와 성장이 따라오고, 사회경제적 발전을 이루는 선도적인 지역으로 변모될 것이다. 이는 동시에 하나의 모범 선례를 보여줄 수 있는바, 기후변화 완화를 위한 야심 찬 계획이 혁신, 투자와 성장을 촉진할 수 있는 수단들과 연계·융합되는 한 성공적인 예를 보여줄 수 있을 것이다.

추가적인 에너지-기후 정책의 대상과 목표로서는 부문별 에너지 효율성 개선 정책과 재생에너지 확대 정책을 고려하면서 에너지 빈곤층 대책과 역내 시장의 공정한 경쟁 촉진을 포함하고자 한다. 공정하고 사회 통합적인 원칙을 견지하고자 한다.

『에너지 연합과 기후 행동의 거버넌스』의 네 가지 핵심 목표를 들자면 『2030 기후와 에너지 기본 틀』의 네 가지 핵심 목표와 대동소이하다. 1990년 대비 40% 감축, 에너지 효율성 개선 목표를 27%에서 32.5%로 상향, 재생에너지 비중을 27%에서 32%로 상향, 역내 전력 연계 비중을 15%로 상향하면서 강화하는 것이다. 장기 목표로서는 파리협정에서 약속한 지구 평균기온 상승 한계점(2℃~1.5℃)을 지키고자 노력하면서 가능한 한 빨리 「탄소 중립」에 도달하고자 한다. 탄소 중립 목표를 분명히 한다. 이를 위해 유럽연합의 2050년도까지의 남은 '탄소 예산'의 함의도 분석할 것이다. 그리고 글로벌 차원에서의 협력을 추구해야 함을 명기한다.

이제 『에너지 연합과 기후 행동의 거버넌스』의 구축 필요성과 작동 기제에 관한 몇 가지 원칙에 대해 알아보자. 유럽집행위원회의 불필요한 행정적 부담을 없애고, 회원국에 필요한 융통성을 부여하면서 에너지 믹스에 대한 독립적 결정을 허용하여 에너지-기후 정책 목표를 달성하도록 돕고자 하였다. 동 거버넌스는 몇 가지 원칙에서 출발한다.[197]

---

197 European Council (23 and 24 October 2014) – 『Conclusions』, https://www.consilium.europa.eu/uedocs/cms_data/docs/pressdata/en/ec/145397.pdf, 9~10쪽 참조; 『Regulation (EU) 2018/1999 of the European Parliament and of the Council of 11 December 2018 on the Governance of the Energy Union and Climate Action, amending Regulations (EC) No 663/2009 and (EC) No 715/2009 of the European Parliament and of the Council, Directives

먼저는 EU 각 회원국의 현존하는 기후 프로그램이나 에너지 계획 등을 토대로 하고, 분산되어 있는 계획이나 보고서들을 한데 묶어서 정리하여 구축한다. 소비자의 역할과 권리를 증대시키고, 동 거버넌스의 핵심 지표에 대한 체계적인 모니터링을 통해서 투자자에게 높은 투명성과 예측 가능성을 제공하고자 한다. 회원국의 기후-에너지 정책의 공조를 쉽게 하고, 회원국들의 지역적 협력을 촉진시키고자 한다. 지역적 협력이 매우 중요한데, 이는 비용 효과적으로 목표를 달성할 수 있도록 한다. 타 회원국에 조언할 수 있는 기회도 허락하고, 집단 지성을 발휘할 수 있도록 한다. 동시에 시장 통합과 에너지의 안정적 수급을 촉진시키는 데 노력한다.

회원국이 기후변화 적응, 개발도상국에 대한 재정적, 기술적, 역량 배양 지원에 대하여 보고할 의무 역시 규정하고 있다. 적응 대책이나 지원에 대한 정보 역시 NECP에서 매우 중요한 항목이다. 인권과 양성평등의 원칙을 준수하면서 NECP를 진행해야 하며, 개선보고서에 관련 사항을 보고해야만 한다. 행정 간소화의 규정에 따라 소통, 공조 및 시민 참여를 원활하게 하기 위해 온라인 플랫폼을 구축하여야 한다.

경제적, 사회적, 환경적 측면에서 견지해야 할 원칙 및 가치도 적지 않다. 저탄소 경제로의 전환이 불러올 수 있는 부정적인 피해를 입을 수 있는 집단과 지역을 고려해야 한다는 점에서 사회적 수용성과 공정한 전환을 이루도록 해야 한다. 이는 투자 행위에도 변화를 요구한다. 또한 에너

94/22/EC, 98/70/EC, 2009/31/EC, 2009/73/EC, 2010/31/EU, 2012/27/EU and 2013/30/EU of the European Parliament and of the Council, Council Directives 2009/119/EC and (EU) 2015/652 and repealing Regulation (EU) No 525/2013 of the European Parliament and of the Council』, (12)번 항목 참조, https://eur-lex.europa.eu/legal-content/EN/TXT/?toc=OJ:L:2018:328:TOC&uri=uriserv:OJ.L_.2018.328.01.0001.01.ENG.

지 빈곤층의 기본 수준의 삶을 - 현재의 사회정책 등과 연관해서 - 보장하는 데 필요한 에너지 서비스를 제공하도록 해야 한다. NECP의 시행 과정은 환경에 영향을 끼친다. 따라서 시민이 NECP를 수립하는 과정에서 초기에 효과적으로 참여할 수 있는 기회를 가지도록 해야 한다. 시민의 참여와 정보에 대한 접근이 "Aarhus 협약"에 따라 보장되어야 한다. 사회적 이해관계자의 참여를 보장해야 한다. 공청회 참여 시에 동일한 기회를 주어야 한다. 항목 (30)에서 잘 알 수 있듯이, 각 회원국은 영속적이고, 다층적인 에너지 대화 체계를 구축해야 하며, 지자체의 관계자, 시민사회 및 단체, 기업 집단, 투자자 및 이해관계 당사자가 모여서 NECP에 대한 다양한 의견을 논의할 수 있도록 해야 한다.[198]

유럽집행부는 NECP의 초안, 최종안 등을 평가하고, 개선보고서를 토대로 시행 결과에 대해 평가하는데, 이것은 매우 본질적인 사항이다. 동 평가는 격년에 걸쳐서 이루어지나, 필요시에는 매년 이루어질 수도 있다. 이는 집행부의 『에너지 연합 보고서 현황』을 통해 강화될 수 있다. 회원국의 정책, EU의 정책, 에너지 연합의 목표 간의 내적 통일성을 보장하기 위해서 관계인들은 긴밀한 소통을 해야 한다. NECP 초안에 대해 권고 사항을 적시해야 하고, 시행 결과에 대해서도 평가를 한다. 물론 권고 사항은 구속력은 없지만, 회원국은 이에 대해 적절히 고려하고, 개선 보고서에서 해결 방안을 설명해야 한다. 각 회원국은 권고 사항에 대해 가능한 한 빨리

---

198 1998년 체결된 유엔의 "오르후스 협약"에 따라서 각 회원국의 시민은 환경문제에 관하여 의사결정 과정에 참여할 권리를 갖는다. https://energy.ec.europa.eu/topics/energy-strategy/national-energy-and-climate-plans-necps_en#the-process 참조. 독일의 「기후보호 행동연대」나 「에너지 전환 에너지 효율성 플랫폼」 형태는 이러한 원칙을 잘 구현하는 시민단체의 모범적 기구라고 평가할 수 있다.

대응하여 관계자들이 목표를 원활하게 수행하도록 협조해야 한다.

비용효과적인 재생에너지 이용은 회원국의 기여도를 평가하는 데 주요한 기준의 하나이다. NECP 목표나 수정 목표 등이 EU의 2030 목표 수준에, 특히 재생에너지나 에너지 효율성 목표 수준에 미흡하면, 유럽집행부는 대책 마련을 해야 한다. 회원국의 개선 조치가 충분치 않다면 집행부는 역시 조치를 취해야 한다. 2020년 재생에너지 목표 수준을 기준선으로 삼고 계속 상향된 목표를 제시해야 한다.[199] 에너지 효율성 개선은 건물과 수송, 상품 등의 분야에서 추가적인 노력이 취해질 수 있다. 이런 원칙은 독일의 『기후보호 프로그램 2030』 수립에 직·간접적으로 영향을 끼친다. 연간 부문별 탄소 예산 수립 시에 고려되어야만 하는 사항들이다.

최종 에너지 소비에 대한 재생에너지 비중이 32%가 될 수 있도록 각 회원국은 2030 재생에너지 비중 확대 목표를 계획할 때, 2021년부터 증가하는 경로를 수립해야 한다. 각 회원국의 성과를 2022년, 2025년, 2027년 합산하여 EU 에너지 연합의 목표에 비추어 보고, 나아가 2030 목표치에 도달하도록 한다. 이는 상당히 세부적이고 구체적으로 가이드라인을 제시하여 '무임승차' 효과를 방지하고자 한다. 가이드라인 수준을 달성하지 못한 회원국은 개선보고서에 갭을 메꿀 수 있는 대책을 설명해야 한다. 이 규정 역시 독일의 『2030 기후보호 프로그램』 수립에 직·간접적으로 영

---

199 앞의 글, 항목 (56), (57) 참조; 『DIRECTIVE (EU) 2018/2001 OF THE EUROPEAN PARLIAMENT AND OF THE COUNCIL of 11 December 2018 on the promotion of the use of energy from renewable sources (recast), ANNEX I, NATIONAL OVERALL TARGETS FOR THE SHARE OF ENERGY FROM RENEWABLE SOURCES IN GROSS FINAL CONSUMPTION OF ENERGY IN 2020』. 독일의 경우 2005년 5.8%, 2020년 18%로 목표를 제시하였다. https://eur-lex.europa.eu/legal-content/EN/TXT/PDF/?uri=CELEX:32018L2001 (2022년 2월 21일 검색).

향을 끼친다.

『에너지 연합과 기후 행동의 거버넌스에 관한 규정』의 항목 (61)에서 밝히듯이, ESD의 원칙과 기준은 2018년의 ESR에도 적용되어 연간 감축 목표를 제시하는 방식은 계속 유지된다. 이는 2030 목표가 믿을 만하고, 투명하고, 일관되면서 일정에 맞게끔 진행되도록 보장하는 것이다.

EU는 2015년 에너지 연합의 장기 목표에 대한 전략을 논의하는 과정에서 2030 목표를 넘어서서 2050 목표 달성을 위해 에너지-기후 거버넌스의 범위를 더 확대할 필요성을 제기하며 통합적인 거버넌스 작동 기제의 필요성을 언급한다. 「에너지 연합」의 5가지 핵심 차원의 실현을 위해서는 『통합 국가 에너지-기후 계획, Integrated National Energy and Climate Plan』의 구축이 전략적 에너지-기후 정책 수립에 필수적인 수단임을 밝힌다. 각 회원국은 유럽집행부의 가이드라인에 따라서 2021~2030년 기간 동안의 통합된 『국가 에너지-기후 계획(NECP)』을 수립하기 시작한다. 유럽집행부는 거버넌스 작동 기제의 주요 축 및 요소들을 제시하고, 이것이 각 회원국의 법률로 규정될 수 있도록 구체화하기 시작한다.

유럽 이사회 역시 2015년 에너지 연합의 거버넌스가 목표 달성을 위한 본질적 도구임을 인정하면서, 다음을 강조한다:

"거버넌스 작동 기제는 기본 원칙들 위에 세워져야 한다. 유럽연합, 지역, 국가적 수준에서 통합 에너지-기후 정책에 관하여 전략적 계획의 통합의 원칙, 시행 보고의 통합의 원칙, 행위자들 간의 공조의 원칙이 그것이다. 또한 이는 2030 목표를 성공적으로 수행하도록 해야 하며, 유럽연합의 집단적 개선 상황을 모니터링해야만 한다."[200]

즉, 유럽「에너지 연합」차원에서 각 회원국이 통합적 에너지-기후 계획을 수립하고, 시행 과정 및 결과를 보고하고, 모든 과정에 대해 유럽집행부가 모니터링을 하는 거버넌스 작동 기제와 체계가 필수적이며 본질적인 수단임을 밝히고, 이를 구축하고자 하는 것이다. 계획 수립, 공통의 시행 내용과 방식, 시행 과정과 결과의 보고, 모니터링 및 평가의 공유 체계를 구축하는 것으로 사실상 에너지-기후 대책의 시작과 끝을 모두 공유하는 것이다. 이는 그 과정에서 요구되는 거의 모든 것, 측정 요소 및 방식, 적용 정책이나 기술, 제도 등이 공통의 원칙과 기준을 가지고 적용되는 것이나 마찬가지이다.

『에너지 연합과 기후 행동의 거버넌스에 관한 규정』의 조항 1조에서 이 점을 분명히 밝힌다. 동 규정은 거버넌스 메커니즘(작동 기제)을 구축하고자 하는바, 거버넌스 메커니즘은 장기 전략과 2021~2030 동안의 「통합 국가 에너지-기후 계획」에 토대를 두고 있는바, 이에 상응하여 각 회원국은 통합 『국가 에너지-기후 개선보고서』를 제출해야 하고 유럽집행부는 통합 모니터링 조정을 해야 한다. 동 거버넌스 메커니즘은 국가 계획과 장기 목표 전략을 준비하는 데 참여하는 모든 이들에게 효과적인 기회를 보장하고자 한다. 이는 유럽집행부와 회원국 사이의 하나의 구조화된, 투명하고, 반복적인 과정으로 구성되어 있어서, 통합 에너지-기후 계획을 수립하고, 연속적인 시행 과정을 수행하는 목적을 갖고 있다. 이는 측정 용어 및 도구, 보고, 모니터링의 주요 원칙과 기준이 되는 연속성, 투명성, 정확

---

200   앞의 글 항목 (15), 3쪽.

성, 일관성, 완전성, 준거성 등에 대하여 보장해야 한다.[201]

끝으로 『에너지 연합과 기후 행동의 거버넌스에 관한 규정』의 구성과 주요 내용을 개괄해보자. 『에너지 연합과 기후 행동의 거버넌스에 관한 규정』은 1장에서 거버넌스 작동 기제의 일반 사항으로 주제와 범위에 대해 약술하고, 개념 정의에 대해 설명한다. 2장에서는 동 규정의 핵심 주제인 『국가 통합 에너지-기후 계획(NECP)』과 관련하여 조항으로 기술한다. 3 장에서는 2050 탄소 중립의 장기 전략에 대해서 짧게 언급한다. 4장에서는 NECP와 연관된 보고서 체계와 제출에 관한 장이고, 5장에서는 유럽집행부의 평가와 모니터링에 관한 장이다. 6장은 온실가스 목록 체계 구축, 보고 및 작동 방식에 대해 기술하고 있으며, 7장은 「에너지 연합」의 공조와 유럽집행부의 지원 체계에 대해 규정하고 있다. 8장에서는 유럽집행부의 역할과 권한에 대해 기술하고, 관련 규정이나 개정된 규정에 대해 언급한다.

주요한 사항은 부속서(ANNEX)에서 세부 규정이나 기준을 설명하고 있는 점이다. 제1 부속서는 NECP 수립과 시행에 관한 통일적 양식을 제시하면서, 그 구성과 주요 내용 및 방식, 그리고 필요한 기준이나 변수 등에 관해서 설명하고 있다. 제1 부속서의 제1 부분은 각 회원국이 NECP를 수립하면서 포함해야 할 주요 내용과 방식에 대한 통일적이고 일반적인

---

201 측정 수단, 보고, 모니터링의 의의, 원칙과 기준, 고려 사항 등에 대해서는 아래 규정을 참조. EU, 『Regulation (EU) No 525/2013 OF THE EUROPEAN PARLIAMENT AND OF THE COUNCIL of 21 May 2013 on a mechanism for monitoring and reporting greenhouse gas emissions and for reporting other information at national and Union level relevant to climate change and repealing Decision No 280/2004/EC』", https://eur-lex.europa.eu/legal-content/EN/TXT/?uri=celex%3A32013R0525 (2022년 2월 15일 검색).

기본 틀에 관하여 제시하고 있고, 제2 부분은 다양한 분석에 적용되는 변수나 요소들의 목록에 – 예를 들어 가구 수나 EU-ETS의 탄소 가격 등 – 관하여 제시하고 있다. 기타 부속서 2~13까지 NECP 수립과 작동 방식에 대해 필요한 세부 사항에 대한 일정 양식이나 설명을 하고 있다.

『에너지 연합과 기후 행동의 거버넌스에 관한 규정』 중에서 통합『국가 에너지-기후 계획, National Energy and Climate Plans(NECP)』에 관한 규정이 핵심적 요소이며, 실제로 거의 대부분을 차지하고 있다. 이제 NECP의 구성, 주요 내용, 그 의의에 대해서 좀 더 알아보자.

3.9.3.1.『국가 에너지-기후 계획, National Energy and Climate Plan(NECP)』

이제 NECP에 관하여 중점적으로 살펴보는 이유는, NECP는『에너지 연합과 기후 행동의 거버넌스에 관한 규정』의 핵심 토대이자 본질적 도구이기 때문이다. 동 규정의 원칙, 기준 및 지향점을 준수하면서 동일한 목표와 목적을 구현하는 방식이 NECP에 집약되어 있기 때문이다. 더불어 NECP가 EU「에너지 연합」차원의 통합적인 거버넌스의 본질적 요소이면서 또한 그 범위가 매우 광범위하기 때문에 NECP의 의의, 주요 내용, 범위 및 작동 방식, 주요 고려 사항, 기대효과에 대해서 살펴보는 것 역시 필요하다. EU의 2030 목표와 2050 목표의 달성 여부를 판가름하는 핵심적 방법론이기 때문이다.

NECP의 의의와 위상을 말해보자면, 이미 언급하였듯이, NECP가 EU

의 2℃~1.5℃ 기후 거버넌스의 필수적 도구이자 핵심적 방법론이다. 2015년 EU는 2030 목표와 2050 목표 달성을 위해 에너지-기후 거버넌스의 범위를 더 확대할 필요성을 제기하면서 통합적인 거버넌스 작동 기제의 필요성을 언급한다. 「에너지 연합」의 5가지 핵심 차원의 실현을 위해서는 『통합 국가 에너지-기후 계획, Integrated National Energy and Climate Plan』의 구축이 전략적 에너지-기후 정책 수립에 필수적인 도구임을 밝힌다. 각 회원국은 유럽집행부의 가이드라인에 따라서 2021~2030년 기간 동안의 국가 통합 에너지-기후 계획을 수립하기 시작한다. 유럽집행부는 거버넌스 작동 기제의 주요 축 및 요소들을 제시하고, 이것이 각 회원국의 법률로 규정될 수 있도록 구체화하기 시작하였고, 마침내 『국가 에너지-기후 계획, National Energy and Climate Plan』으로 구현하였다.[202] 유럽 이사회 역시 그 점을 인정하면서, 유럽연합, 지역, 국가적 수준에서 통합 에너지-기후 정책에 관하여 전략적 계획의 통합의 원칙, 시행 보고의 통합의 원칙, 행위자들 간의 공조의 원칙에 대해 강조한다. 이를 통해 2030 목표를 성공적으로 수행하도록 해야 하며, 유럽연합의 집단적 개선 상황을 점검할 수 있어야만 하는 것이다.[203] 즉 유럽 「에너지 연합」 차원에서 각 회원국이 공통의 원칙, 기준, 방식에 따라서 『국가 에너지-기후 계획(NECP)』을 수립하고, 시행 과정 및 결과를 보고하고, 그 모든 과정에 대해 유럽집행부가 모니터링하는 거버넌스 작동 기제 및 체계가 필수적이며 본질적인 도구임을 밝히고, 이를 구축하고자 하는 것이다. 계획 수립, 시행 과정 보고, 모니터링의 공유 체계를 구축하는 것으로 사실상 시작과 끝을

---

202   항목 (14), (15) 참조.

203   항목 (15)에서 인용.

모두 공유하는 것이다. 이는 그 과정에서 요구되는 측정 요소 및 방식, 적용 정책이나 기술, 제도 등을 공동의 기준을 가지고 공유하는 셈이다.

『국가 통합 에너지-기후 계획』이『에너지 연합과 기후 행동의 거버넌스』작동 방식의 토대라는 것을 동 규정의 조항 1조에서 밝히고 있기를, 동 규정은 장기 전략과 2021~2030 동안의 통합『국가 에너지-기후 계획』에 토대를 두고 있는바, 이에 상응하여 각 회원국은 통합 국가 에너지-기후 개선 리포트를 제출해야 하고 유럽집행부는 통합 모니터링 조정을 해야 한다. 이는 유럽집행부와 회원국 사이의 하나의 구소화된, 투명하고, 반복적인 과정으로 구성되어 있어서, 통합 에너지-기후 계획을 수립하고, 연속적인 시행과정을 수행하는 목적을 갖고 있다.[204]

『국가 에너지-기후 계획, National Energy and Climate Plans(NECP)』의 특성 중 한 가지 예를 들면, 동 규정의 2장 조항 4에서 재생에너지를 통한 감축 수준에 대한 가이드라인을 제시한다. 2021년부터 2030년까지의 재생에너지 확대 비중의 수준에 대한 가이드라인을 제시한다. 각 회원국은 유럽연합의 2030 목표 달성을 위한 재생에너지의 최종 에너지 소비의 32% 목표에 부응하면서 각 회원국의 2030 재생에너지 비중의 증가 목표를 계획할 때, 2021년부터 증가하는 경로를 수립해야 한다. 2022년도까

---

204 측정 수단, 보고, 모니터링의 의의, 원칙과 기준, 고려 사항 등에 대해서는 아래 규정을 참조. 『REGULATION (EU) No 525/2013 OF THE EUROPEAN PARLIAMENT AND OF THE COUNCIL of 21 May 2013 on a mechanism for monitoring and reporting greenhouse gas emissions and for reporting other information at national and Union level relevant to climate change and repealing Decision No 280/2004/EC』, https://eur-lex.europa.eu/legal-content/EN/TXT/?uri=celex%3A32013R0525 (2022년 2월 15일 검색).

지 재생에너지 비중의 총 증가폭(2030년의 비중－2020년의 비중)의 적어도 18%가 증가되도록 계획해야 하고, 2025년도까지는 적어도 43%가 증가되도록 하고, 2027년까지는 적어도 65%가 증가되도록 하고 2030년까지는 적어도 회원국의 계획된 기여도(목표치)를 달성하도록 경로를 설계해야 한다. 각 회원국의 성과를 2022년, 2025년, 2027년 합산하여 에너지 연합 차원의 목표에 비추어 보고, 나아가 2030 목표치에 도달하도록 한다.[205] 이렇게 세분화되고, 연속적 개선을 하도록 경로 설정에 대한 가이드라인이나 지침은 촘촘하다.

에너지 효율성 개선 방식도 재생에너지 경로와 유사하게 해를 거듭할수록 상향시키는 방식이다. 각 회원국의 Non-ETS(ESR) 부분의 －주택·건물, 교통·수송, 폐기물 부문, 농축산업 등－ 연간 배출 허용량(AEA) 제도와 연계하여 시행되면 각 회원국의 자율성은 사실상 그리 크지 않다는 것을 알 수 있다. 그만큼 공동의 협력과 공조의 부분이 크다는 방증이기도 하고, 그럴 때 목표 달성의 가능성은 더 커진다고 할 수 있을 것이다. 독일의 2℃~1.5℃ 기후 거버넌스의 역동적 상향식 구조의 일면을 여기서도 확인할 수 있다.

NECP의 지위와 역할을 살펴보면, 국가의 감축 계획, 시행 과정, 결과에 대한 평가 및 보고의 통일적 양식을 제공한다. NECP는 구속력 있는 통일적 양식을 제공하여, 모든 회원국이 이를 토대로 작성하여 충분히 이해할 수 있고, 서로 비교하고 통합할 수 있어야 하며, 동시에 회원 국가에 충분한 융통성을 부여하여 각 회원국의 선호도와 특수성을 반영한 NECP를 제출할 수 있도록 한다.

---

205 2장 조항 4 참조; 항목 (59) 참조.

NECP 작동의 과정과 절차에 대하여 살펴보면, 첫째로, 회원국은 2018년까지 NECP 초안을 제출해야 하고, 집행부는 각 회원국의 초안을 평가하여 회원국에 해당하는 권고를 할 수 있다. 회원국은 이 권고를 반영하여 2019년까지 최종안을 제시해야 한다. 둘째로, 행정 간소화 등 여러 가지 사항을 고려하여 NECP의 『개선보고서』 및 기타 에너지 체계에 대한 보고서를 격년에 걸쳐 제출하도록 한다. 여타의 보고 사항은 연간 보고서로 제출할 수 있다. 첫 보고서는 2023년도에 제출한다. 셋째로, 2013년의 모니터링과 보고에 대한 규정에[206] 의거하여서, 투명하고 정확하게 보고하여야 한다. 일관된 데이터, 변수, 가정들을 사용하고, 상업적으로 민감한 데이터는 엄격하게 적용되어야 한다.

넷째로, 주요 개념의 정리가 필요한데, 2030년도까지 연간 목표를 세우고, 달성하기 위해서는 NECP는 다양한 감축 정책이나 수단들을 시행한다. 정책이나 수단은 크게 세 가지로 구분할 수 있다. '기존의 시행'된 정책이나 수단, '기존의 채택'된 정책이나 수단, 또는 '계획한' 정책이나 수단으로 구별한다. 기존의 시행된(implemented) 정책이나 수단은 NECP 제출일까지 또는 NECP 개선보고서 제출일까지 시행된 정책이나 수단을 가리킨다. 기존의 채택된(adopted) 정책이나 수단은 NECP 제출일까지 또는 NECP 개선보고서 제출일까지 정부 승인이 내려진 정책이나 수단으로, 정부의 분명한 약속이 있는 경우이다. 계획된(planned) 정책이나 수단

---

206 『REGULATION (EU) No 525/2013 OF THE EUROPEAN PARLIAMENT AND OF THE COUNCIL of 21 May 2013 on a mechanism for monitoring and reporting greenhouse gas emissions and for reporting other information at national and Union level relevant to climate change and repealing Decision No 280/2004/EC』, https://eur-lex.europa.eu/legal-content/EN/TXT/?uri=celex%3A32013R0525 (2022년 2월 15일 검색).

은 현재 논의 중인 선택으로서 NECP 제출 후 또는 NECP 개선보고서 제출 후 현실적으로 선택되거나 시행될 수 있는 정책이나 수단을 말한다.

'projection'은 예상을 뜻하며, 온실가스 감축 예상이나 에너지 체계 발전의 예상 등에 사용된다. a) 'projection without measures', b) 'projection with measures', 또는 c) 'projection with additional measures'로 세 종류가 자주 이용된다. a)는 앞서 설명한 세 가지 모든 정책이나 수단이 가져올 감축 효과 등을 배제한 것을 뜻하고, b)는 시행되거나 채택된 정책이나 수단의 효과를 포함한 것을 말하고, c)는 시행되거나 채택된 것 이외에 계획된 정책이나 수단을 포함한 측정된 예상을 말한다.[207]

이제 『국가 에너지-기후 계획, National Energy and Climate Plan』이 담아야 할 필수 항목이나 요소를 살펴보자. 2021~2030년 동안의 10년 기간을 대상으로 하고, 에너지 체계와 정책의 현황에 대한 개요를 보여주고, 「에너지 연합」의 5가지 주요 차원에 대한 국가적 2030 목표와 그에 수반되는 정책 및 수단을 제시하고 아울러 분석 근거를 제시해야만 한다. NECP는 2030 목표인 온실가스 감축, 재생에너지, 에너지 효율성 개선, 전력 연계성, 연구·혁신·경쟁력 등의 목표 달성에 관심을 집중해야 한다. 나아가 UNSDGs 목표와 상응하면서, 각 회원국의 기존의 국가 전략

---

207 1장 조항 2 참조. 이러한 감축 시나리오들에 따라서 감축 예상량을 예측함으로써 감축 수단과 감축 잠재량에 대한 예측을 과학적으로 할 수 있게 한다. 매우 적절하고 유익한 감축 방법론이라고 할 수 있다. 이러한 감축 방법론과 개념은 앞서 살펴보았듯이, 독일의 감축 정책이나 평가 체계에서 활용했던 것과 동일하고, 앞으로도 동일하게 사용된다. 이에 대해 앞서 언급했던 G. Stein, B. Strobel (Ed.), 『Szenarien und Massnahmen zur Minderung von CO_2-Emissionen in deutschland bis zum Jahre 2005』, 「Politikszenarien fuer den Klimaschutz」, Bd. 1, 1997, 34쪽, 서문 참조.

및 계획에 토대를 두면서 수립되어야 한다.

주요한 필수 항목이나 내용은 제1 부속서에서 세부적으로 설명하고 있다. 제1 부속서의 1 부분은 NECP 수립의 과정이나 개요 - 시행 요약, 정책 현황에 대한 개요, 관련 당사자와 소통 과정, 지역 공조 등 - 를 적시하고, NECP의 목표와 대상에 - 온실가스 감축 목표, 재생에너지 비중, 에너지 효율성 차원, 에너지 안정성 측면, 역내 시장 연계성 차원, 연구·혁신·경쟁력 등 에너지 연합의 5대 차원 - 대하여 언급한다. 이 목표를 달성하기 위해 적용될 정책이나 수단에 내해 언급하면서 5대 차원에 연계 및 적용되는 방식, 관계자들의 지원 체계, 고려 사항에 대해 기술한다. 계획된 정책이나 대책의 기대효과나 효과를 파악하기 위해 현황에 대한 조사와 평가가 필수적이다. 이에 기존의 정책이나 대책이 2021~2030년 동안 가져올 예상 감축 효과와 현황에 대한 분석이 필요하다. 이를 위한 분석적 기반에 대해서 기술하고 있다. 끝으로 앞으로 새롭게 적용될 계획된 정책이나 대책의 예상 효과에 대해서 기술하고 있다. 여기에는 건강, 고용이나 교육에 대한 기대 효과와 함께 투자 규모나 전망에 대해서도 기술하고 있다.

제2 부분에서는 NECP 수립 및 시행 시에 적용되는 변수나 요소, 측량 자료 등의 목록에 관한 것이다. 국민 총생산 및 가계 수 등의 일반적인 자료, 총 전력 생산이나 에너지 수입 의존과 같은 에너지 균형과 지수, 에너지 전환 투자비용 규모나 최종 에너지 소비에 대한 재생에너지 비중 등과 같이 주요한 자료 및 요소들이다.

제1 부속서에 언급한 범위 내에서 기술된 요소나 내용을 중점적으로 NECP를 수립해나가야 한다. 다음 내용을 포함해야 한다. 수립 과정의 개요를 기술해야 하는데, 시행 개요, 공청회 및 자문 과정, 이해당사자와의

참여 및 결과, 지역 협력 방안 등에 관해 제시해야 한다. 기후 정책의 시행에 있어서 민주적 의사결정과 지역 발전의 가치를 유지할 것을 주문한다. 2030 목표, 대상, 기여도에 관하여 기술하고, 2050 장기 전략에 대해서도 기술한다. 이 목표 달성을 위한 계획(planned)된 정책이나 대책에 대해 제시하면서 동시에 필요한 투자에 대한 일반적 개요를 설명한다. 「에너지 연합」의 5가지 차원에 대한 현황과 '기존(existing)' 정책과 대책의 예상 기대치에 대해서 평가하고 제시한다. 재생에너지와 에너지 효율성에 관련된 규제 및 비규제 장애요인에 대해서 기술해야 한다. '계획된' 정책이나 대책에 대한 기대 효과에 대해서 - 경쟁력이나 영향 등 - 평가한다. 그리고 에너지 절약을 위한 정책 수단이나 방법론도 제시해야 한다.

각국의 의무사항도 준수해야 하는데, 사회 구성원에게 비용 부담을 최소화하도록 노력하고, 에너지 효율성 개선을 우선순위로 추구해야 하고, 기본 데이터나 가정 등을 적용할 때 일관성을 유지해야 하고, 에너지 빈곤층을 파악하여 그들의 기본적인 삶을 보장하도록 하면서 사회정책과 연계해서 정책과 대책을 수립하도록 하고 있다. 사회 통합적 가치를 존중할 것을 요청한다.

각국의 NECP는 공개되어, 누구나 접근할 수 있도록 해야 하며, 집행부는 대리인의 역할을 충실히 하면서 회원국의 NECP가 목적한 바대로 잘 진행되어 유럽 「에너지 연합」의 목표를 달성하고, unfccc와 파리협정의 약속에 부응하도록 위임된 권한을 행사해야 한다.

각 회원국은 2030 목표 달성을 위해 노력하면서 다섯 가지 차원에 관련된 목표, 대상, 기여도를 제1 부속서에서 예시한 방식을 토대로 계획서를 수립해야 한다. 우선 재생에너지 및 탈탄소화 차원과 관련하여 앞서 설명한 ESD와 ESR 규정에 따라 각 회원국의 Non-ETS를 통한 '2030 목표'에 -2030 감축 목표 및 연간 감축량[208] - 연계되어 계획을 세울 것을 주문한다. 각 회원국에 가능하다면 부문별 연간 감축량 계획도 제시해줄 것을 주문하고 있다. 그리고 앞서 NECP의 한 가지 특성의 예시에서 밝혔듯이, 재생에너지 사용 확대 과정에 대해서는 기한과 목표치를 상당히 세부적으로 규정하기도 한다. 에너지 효율성 차원과 관련하여서도 몇 가지 준수할 사항을 제시하는데, 우선 2030 목표 중 하나인 32.5% 에너지 효율성 개선 목표를 달성하도록 NECP를 수립해야 한다. 2021년부터 연간 개선 목표를 상향시키면서, 최종 에너지 소비나 1차 에너지 소비량의 절대 수준을 제시하도록 하였다. 연구·혁신·경쟁력 차원에 관해서 어떤 분야에 우선 순위를 둘 것인지, 그 기한을 제시하면서 재정 지원의 규모나 수준을 밝혀야 한다. 이 과정은 국가적 현존 전략이나 계획을 토대로 수립해야 한다.

재생에너지 사용 목표나 에너지 효율성 개선 목표를 수립할 때에 각 회원국은 약속한 몫을 달성하도록 노력하되, 기술 잠재력이나 비용 추이 등 관련된 여러 사항들을 고려하기를 권고하고 있다. 기존(existing)의 정책 및 수단과 계획된(planned) 정책 및 수단의 결과의 비교 등을 통해서 NECP의 영향에 대한 평가를 제시하라고 주문하고 있다.

시민이나 이해당사자는 NECP 초안을 수립할 때 충분히 참여할 수 있는 기회를 보장받아야 하고, 장기 전략 수립 때에도 이와 같다. 그리고 동

208　『Regulation (EU) 2018/842 of the european parliament and of the council of 30 may 2018 on binding annual greenhouse gas emission reductions by Member States from 2021 to 2030 contributing to climate action to meet commitments under the Paris Agreement and amending Regulation (EU) No 525/2013』, Annex I(부속 1서) 참조. https://eur-lex.europa.eu/legal-content/EN/TXT/?uri=uriserv:OJ.L_.2018.156.01.0026.01.ENG.

문서에 대중들이 쉽게 접근할 수 있도록 해야 한다. 또한 대중이 공청회 등을 통해 정보를 충분히 숙지할 시간도 제공되어야 한다. 같은 연장선에서 기후 및 에너지에 관한 대화와 토론의 창이 여러 형태로 이해관계 당사자와 일반 시민에게 제공되어야 한다.

NECP의 『갱신 보고서』 초안을 2023년 6월까지 제출해야 하고, 2024년 6월까지 최종안을 제시해야 한다. 10년 후 『갱신 보고서』 초안을 2033년 6월까지, 최종안을 2034년 6월까지 제출해야 한다.

4장은 각종 보고서 작성에 관한 장이다. NECP의 『개선보고서, progress report』를 격년마다 보고해야 하는데, 첫 번째로 2023년 3월 15일까지 보고서를 제출해야 한다. 앞서 언급한 부속서 1의 통일된 지침과 양식을 참고하여 NECP 시행에 대한 현황을 보고해야 한다. 특히 5개 차원을 포괄하면서 2030 목표, 대상, 기여도와 관련하여 달성한 업적에 대해 보고해야 한다. 예를 들자면, 최종에너지 소비의 재생에너지 비중 현황과 예상 수준을 전 영역과 부문별로 제시해야 하고, 주택·건물 부문의 에너지 효율성을 촉진할 수 있는 정책과 수단의 시행결과에 대해서 제시해야 한다. 또한 에너지 빈곤층 가계의 수가 줄었는지, 에너지 빈곤 정책과 수단에 대해서 정보를 제공해야 한다. 연구·혁신·경쟁력 영역에서도 청정에너지 기술이나 비용, 발전에 관하여 정보를 제시해야 한다. 이를 위한 재정적 수단도 제시해야 한다. 이는 일종의 중간 평가의 성격을 가진 보고서로 지난 기간의 업적의 공과를 평가하고, 앞으로 개선할 부분을 제시하도록 한다.

2021년 3월 15일까지, 그리고 격년마다, 부속서 6에 명시된 온실가스 배출과 관련된 정책과 수단에 대해서 보고하고, 동 정책과 수단의 예상 배출량을 보고한다. 정책과 수단의 비용과 효과에 대한 평가도 일반 시민에게 공개하도록 한다. 이 점은 투입된 정책이나 수단의 효과에 -감축 목표, 경제적 비용 효과성 등- 대해 직접적으로 평가하는 것으로, 매우 중요한 항목이다. 실효성이 있는 대책인가를 판가름할 수 있는 평가 기준이다.

2021년 3월 15일까지, 그리고 격년마다, 『국가 기후변화 적응 계획과 전략』을 제출해야 한다. 아울러 개발도상국에 대한 지원에 관한 정보도 매년 제출해야 하고, 일반 시민에게 정보들을 제공해야 한다. 『연간 보고서』도 제출해야 한다. 첫 번째로 2021년 3월 15일에, 그 후 매년 제출해야 한다. 2021년 6월 15일까지, 그 후 매년 온실가스 인벤토리(목록)를 제출해야 한다.

유럽집행부는 2021년 10월 31일까지, 그 후 격년마다 각 회원국이 제출한 『NECP 개선보고서』를 토대로 평가를 해야 한다. 2030 목표 및 기간별 목표와 시행 결과를, 특히 재생에너지 비중과 에너지 효율성 개선 차원에서, 비교하면서 여러 주요 항목을 -개선의 수준, 정책 및 대책의 효과, EU-ETS를 통한 감축 효과, ESR을 통한 감축 효과 등을- 평가한다. 동시에 2021년 10월 31일까지, 그 후 매년 ESR에서 약속한 연간 감축 의무 수준에 대해서도 평가한다. 집행부는 각 회원국이 제시한 목표 수준이나 개선 수준이 2030 목표를 달성하는 데 미치지 못할 경우에 평가를 하고 권고할 수 있다. 각 회원국은 그러한 권고 내용을 고려하여 개선보고서나 그 외의 관련 보고서에 수정 또는 보완해야 한다. 집행부는 이와 더불어 『에너지 연합 현황 보고서』를 매년 10월 말까지 제출해야 한다. 여기에는 에너지 및 기후변화 대응에 관한 전반적인 현황, NECP 수행의 현황, EU-

ETS나 ESR의 주요 내용 및 방식에 대한 개선 상황을 보고해야 한다.

끝으로, 이러한 모니터링 및 보고 시스템은 NECP가 투명하고 일관되고 신뢰를 줄 수 있는 에너지-기후 계획으로 인정받을 수 있도록 한다. 이로써 NECP는 이행되는 정책과 수단의 투명성과 예측 가능성을 보장하여 투자에 대한 신뢰성을 확보하여야 한다. 한편 유의미한 여건의 변동에 적응도 해야 하기 때문에, 2024년 6월까지 업데이트도 해야 한다. 후퇴하지 않고 진전된 목표로만 수정할 수 있다. 장기 전략이 중요한데, 2020년 현재까지 unfccc에 EU의 「2050년 장기 전략 목표」를 제출해야 한다. 따라서 NECP와 EU의 「2050년 장기 전략」은 일치성을 가져야 한다.[209]

『국가 에너지-기후 계획』에 관하여 적절하게 압축한 한 해석을 빌려보면, 『국가 에너지-기후 계획』은 유럽의 에너지-기후 정책에서 획기적인 기본 틀을 구축한 것으로, 각 회원국의 모든 부처가 이 계획을 실현시키기 위해 원활하게 조율하도록 하여, 정부 정책이나 투자를 포함한 경제 분야가 모두 같은 한 방향으로 움직이게 하도록 하는 것이다. 이는 유럽연합

---

209 European Council (23 and 24 October 2014) – 『Conclusions』, https://www.consilium.europa. eu/uedocs/cms_data/docs/pressdata/en/ec/145397.pdf 참조; 『Regulation (EU) 2018/1999 of the European Parliament and of the Council of 11 December 2018 on the Governance of the Energy Union and Climate Action, amending Regulations (EC) No 663/2009 and (EC) No 715/2009 of the European Parliament and of the Council, Directives 94/22/EC, 98/70/EC, 2009/31/EC, 2009/73/EC, 2010/31/EU, 2012/27/EU and 2013/30/EU of the European Parliament and of the Council, Council Directives 2009/119/EC and (EU) 2015/652 and repealing Regulation (EU) No 525/2013 of the European Parliament and of the Council』, https://eur-lex.europa.eu/legal-content/EN/TXT/?toc=OJ:L:2018:328:TOC&uri=uriserv:OJ. L_.2018.328.01.0001.01.ENG 참조.

전체에도 해당되는 것이다.[210]

이는 회원국 독일에도 적용되는 것이다. 어떤 측면에서, 어느 수준으로 영향을 주는지 다음 절에서 다룰『기후보호 프로그램 2030, Klimaschutzprogramm 2030』에서 좀 더 살펴보자. 또 다른 한편으로는 회원국 독일의 에너지-기후 대책에 관한 기본 원칙, 관점, 주요 시행 방식에 대한 입장은『국가 에너지-기후 계획, National Energy and Climate Plan』 수립에 영향을 미쳤다. EU와 회원국은 에너지-기후 영역에서 지속적으로, 반복하여 상호 소통을 통해서 의사결정을 해왔고, 더욱이 독일은 이 영역에서 선도적인 역할을 해오고 있기 때문이다.

3.10.『기후보호 프로그램 2030, Klimaschutzprogramm 2030』

『기후보호 계획 2050, Klimaschutzplan 2050』에서 2016년 약속한 2030년도까지의 중기적 기후 목표 및 감축 프로그램은 2019년 9월에서야 구체화되어,『기후보호 프로그램 2030, Klimaschutzprogramm 2030』으로 제시된다.[211] 장기적 기후보호 및 감축 계획『기후보호 계획 2050』이 중기적 목표를 담은 2030년까지의 중·단기적 시행 프로그램으로 구체적으로 제시되는 것이다. 연방정부 기후내각은[212] 2019년 9월 20일『기후보호 프

---

210 https://ec.europa.eu/info/news/focus-national-energy-and-climate-plans-2020-jun-16_en, 2020.

211 Bundesregierung, 『Klimaschutzprogramm 2030 der Bundesregierung zur Umsetzung des Klimaschutzplans 2050』, 2019.

212 기후내각은 2019년 3월 20일 소집되었으며, 기존의 임시적인 기후내각을 발전적으로 해제하

로그램 2030』에 합의하고 발표한다. 동 프로그램은 유럽연합의 『2030 기후-에너지 정책 기본 틀』에서 약속한 40% 감축 목표와의 연계 속에서 공조하면서 제시된다.[213] 독일은 『기후보호 프로그램 2030』에서 2030년까지 55% 감축을 재확인하고, 2050년까지 탄소 중립 목표를 재확인한다.

『기후보호 프로그램 2030』의 등장 배경을 우선 살펴보자. 독일 연방 정부는 2019년 뉴욕에서 개최된 유엔 기후보호 정상회의에서 장기 목표로서 '2050년 넷 제로, Net Zero'를 분명하게 공포하였다.[214] IPCC가 2018년 10월에 제출한 『1.5℃ 특별 보고서』에서 지구 평균기온 '1.5도' 상승의 결과와 연관 경로에 대해 분석 결과를 제시하면서, 1.5도 상승은 2030~2052년 사이에 일어날 수 있으며, 이전의 예측보다 더 위험한 결과를 가져올 수 있다고 분석하였다. 1.5도 상승으로 이미 불가역적인 손실과 티핑 포인트를 넘어설 수도 있다는 분석이 도출된 것이다. '1.5도' 억제 목표는 '2도' 억제 목표보다 더 야심 찬 감축 경로를 제시해야 하고, 따라서

여 지속적인 기후내각으로 변경하면서 매년 감축 대책의 실행 및 달성 수준, 효율성, 목적 정확성을 검증하는 역할을 부여하였다. 각 부문별(담당 연방부처별)로 목표 달성을 하지 못하면 3 개월 이내에 보다 강화된 긴급 프로그램을 제시하도록 하였다. 기후내각은 연방 총리, 6개 기후 관련 부처 장관(환경, 경제, 건설, 교통, 농업, 재무), 연방 총리실장 및 정부 대변인 등 9인으로 구성된다.

213 유럽연합의 『2030 기후에너지 정책 기본 틀, 2030 Climate and Energy Policy Framework』에서 2030년까지 1990년 대비 온실가스 40% 감축을 목표로 하는데, EU-ETS 영역을 통해 2005년 대비 43% 감축하고, ESD 영역을 통해 2005년 대비 30% 감축을 하고자 한다. 독일은 선도적으로 유럽연합의 ESD를 통한 평균 감축 목표 30%를 훨씬 초과하는 38% 감축 목표를 제시한다. 본서 3.9.절 '독일과 유럽과의 공조의 전개과정' 참조.

214 Bundesregierung, 『Klimaschutzprogramm 2030 der Bundesregierung zur Umsetzung des Klimaschutzplans 2050』, 2016, 7~10쪽 참조.

더 강화되고 추가로 감축 대책이 필요하게 된 것이다.[215]

유럽연합은, 바로 앞 절에서 살펴보았듯이, 『2030 기후와 에너지 기본 틀』에서 약속한 40% 감축 목표를 실현하기 위해, 그리고 탄소 중립을 위해 유럽연합 차원의 공동의 기후 거버넌스 체제를 구축하고자 협의를 해왔다. 그 결과를 집대성한 규정이 2018년에 구축된 유럽연합의 『에너지 연합과 기후행동 거버넌스에 관한 규정, Regulation on the Governance of the Energy Union and Climate Action (EU) 2018/1999』이다. 동 거버넌스 체제하에서 유럽연합의 회원국들은 공통의 양식과 기준에 따라서 2021~2030년 기간 동안의 『국가 에너지-기후 계획, National Energy and Climate Plans(NECPs)』 초안을 2018년 말까지 제출해야만 한다. 유럽연합 집행위원회는 각 회원국의 초안이 유럽연합의 『2030 기후와 에너지 기본 틀』에서 약속한 목표에 부합하는지를 평가하는데, 특히 각 회원국의 재생에너지 비중 목표와 에너지 효율성 개선의 수준에 대해 평가와 권고 사항을 제시한다.[216] 앞서 설명하였지만, 『국가 에너지-기후 계획』이 담아야 할 필수 항목이나 요소를 아주 간략하게 요약해보면, 2021~2030년까지의 10년 기간을 대상으로 하고, 에너지 체계와 정책의 현황에 대한 개요를 보여주고, EU의 「에너지 연합」의 5가지 주요 차원의 ―온실가스 감축, 재생에너지, 에너지 효율성 개선, 전력 연계성, 연구 · 혁신 · 경쟁력― 접근 관점에서 국가적 2030 목표와 그에 수반되는 정책 및 수단을 제시하고 아울러 분석 근거를 제시해야만 한다. NECP는 2030 목표 달성에 집중하면

---

215 앞의 책, 11쪽 참조. 글상자 6 참조.

216 EU, 『Regulation on the Governance of the Energy Union and Climate Action (EU) 2018/1999』, https://eur-lex.europa.eu/legal-content/EN/TXT/?uri=uriserv:OJ. L_2018.328.01.0001.01.ENG&toc=OJ:L:2018:328:TOC. 3.9.3.절 참조.

서 각 회원국의 기존의 국가전략 및 계획에 토대를 두며 수립되어야 한다.

각 회원국은 2030 목표 달성을 위해 노력하면서 5가지 차원에 관련된 목표, 대상, 기여도에 관한 계획서를 수립해야 한다. 특히 재생에너지 및 탈탄소화 차원과 관련하여 ESR 규정에 따라 각 회원국의 Non-ETS를 통한 2030 목표에 ─2030 감축 목표 및 연간 감축량[217] ─ 연계되어 계획을 세울 것을 주문한다. 각 회원국에 가능하다면 각 부문별─교통·수송, 주택·건물, 농업, 에너지, 산업 등─ 연간 감축량 계획도 제시해줄 것을 주문하고 있다. 그리고 NECP의 특성에서 알 수 있듯이, 재생에너지 사용 확대 과정과 에너지 효율성 차원과 관련하여서도 몇 가지 준수할 사항을 세부적으로 제시한다. 각 회원국의 능력과 여건을 최대한 존중하면서도 높은 수준의 공통의 행동 방식과 준수 기준을 제시하고 있다.[218]

이에 독일은 『기후보호 프로그램 2030』에서 2030년 감축 목표를 기존의 55% 감축에서 더 상향 조정하지는 않았지만, 이러한 시대적 요청과 유럽연합 차원의 공조 차원에서 선도적으로 부응하며, 감축의 주요 내용이나 방식을 강화하면서 선도적 역할자로서 사전 조처를 취하게 된다. 짧게 요약하자면, 각 부문별 연간 탄소 예산(감축 목표)을 제시하고, Non-ETS 영역에 '탄소 가격제' 도입을 알림으로써 더 강화된 감축의 의지를

---

217 EU, 『Regulation (EU) 2018/842 of the european parliament and of the council of 30 may 2018 on binding annual greenhouse gas emission reductions by Member States from 2021 to 2030 contributing to climate action to meet commitments under the Paris Agreement and amending Regulation (EU) No 525/2013』, Annex I(부속 1서) 참조. https://eur-lex.europa.eu/legal-content/EN/TXT/?uri=uriserv:OJ.L_.2018.156.01.0026.01.ENG.; 본서 3.9.1.절 EDS에 관하여 참조.

218 EU, 『Regulation on the Governance of the Energy Union and Climate Action (EU) 2018/1999』, 특히 제2장 4조 참조.

나타내고자 한다. 이 목표 달성을 위한 입법화 의지도 밝힌다. 이를 통해 국·내외적으로 2030 목표와 2050 탄소 중립의 목표 달성 가능성에 대해 신뢰감을 부여하고 예측 가능성을 높이고자 하였다. 2050 탄소 중립이 필연적인 과정이며 대전환을 동반한다면, 이 과정을 독일이 경제(산업), 혁신 그리고 고용입지로서 도약할 수 있는 좋은 기회로 삼는 발상의 전환을 꾀한다.[219]

이제 『기후보호 프로그램 2030』에서 제시한 주요 접근 방법에 대해 알아보자. 독일 연방정부는 『기후보호 프로그램 2030』에서 2030 목표를 달성하기 위해서 크게 네 가지 주요한 방식으로 접근하고자 하였다. 첫째는 탄소 가격제(Carbon pricing)를 도로·수송과 건물 부문에 처음으로 도입한 방식이다. 둘째는 부문별, 기간별 탄소 예산제도를 처음으로 도입한다. 셋째로 부문별 탄소 예산제도를 책임지고 담당하는 주관 연방부처 책임제를 처음으로 시행하고, 이를 위해 기후내각을 상시적으로 운영한다. 넷째로, 이 모든 새로운 시행 방식을 확실히 담보하기 위해서 독일 기후 법을 제정하기로 한 점이다. 네 가지 방식은 모든 측면에서 새로운 접근 방식이다. 그리고 더욱 강화되고 확실한 방식으로 목표 달성에 임하는 통합적 - 경제적, 제도적, 정치적, 법적 - 접근 방식인 것이다. 이와 동시에 2050 탄소 중립의 경로가 필연적인 과정이며 대전환을 동반한다면, 이 과정을 독일이 경제(산업), 혁신 그리고 고용입지로서 도약할 수 있는 호기로 삼는 전략적 접근 방식을 취하고 있다.

---

219 BMU, 『Klimaschutzprogramm 2030』, 7~8쪽 참조. 이러한 새로운 발전 전략은 유럽연합의 『European green deal』의 새로운 발전 전략에도 그대로 반영되어 있다.

이제 네 가지 주요 접근 방식을 중심으로 『기후보호 프로그램 2030』의 주요 내용과 방식을 살펴보자.

첫 번째로, 탄소 가격제 도입에 대해 알아보자. 탄소 사용에 대하여 조세 부과 형태가 아닌 비용을 부과하는 방식으로 가격을 부과하고자 하는 것이다. 독일 연방정부는 2016년 『기후보호 계획 2050』에서 이미 부문별 ─ 에너지, 산업, 건물, 교통·수송, 농업, 폐기물 부문 ─ 로 대별하여 각 부문별로 2030 감축 목표를 정하고, 총량적으로는 2030년까지 1990년 대비 적어도 55%를 감축하기로 하였다. 에너지(발전)와 산업 부문의 경우, 일정 규모 이상의 에너지 다소비 기업이 주로 활동하고 있어, EU-ETS에 포함되어 있다. ETS 역시 이산화탄소 감축을 위해서 일종의 비용을 이미 지불하고 있으며, 비용 효과적인 감축 활동을 하고 있다.

『기후보호 프로그램 2030』에서는 기존의 EU-ETS 영역에 속하지 않았던 ─ 따라서 직접적으로 탄소 비용이 부과되지 않았던 ─ Non-ETS 부분 중 도로수송과 건물 부문[220]에 새롭게 탄소 가격제를 도입하고자 하는 것이다. Non-ETS 부문의 온실가스 감축을 위한 추가적인 조치를 EU-ETS 부문과의 연계 속에 지속적으로 검토한 결과, 탄소 가격제를 2021년부터 도입하기로 한 것이다. 지속가능한 경제를 강화하는 현대적 산업 정책에는 구속력 있는 환경 표준과 생태적 비용을 반영하는 신뢰할 만한 가격 신호가 포함되어야 하기 때문이다. 탄소 가격의 대상은 도로수송 부문과 건물 부문에서 수송이나 난방 등에 사용하는 화석연료 ─ 난방유, 액체 가

---

220   수송 부문 중에서 도로 수송 분야에만 국한하였다. 항공이나 해양 분야는 이미 EU-ETS 영역에 포함되어 있기 때문이다. 그리고 건물에서도 열·난방 분야에만 국한해서 시행한다.

스, 천연가스, 석탄, 휘발유, 디젤 등 – 가 주된 대상이다.[221] 따라서 운송유와 난방 영역의 감축이 Non-ETS 영역의 주된 목표가 된다. 탄소 가격 부과의 방식은 배출권 거래제 방식으로 시행한다. 새로운 국가 배출권 거래제(national emission trading system)를 시행하여 난방과 운송 부문에서의 화석연료의 연소에 의한 배출량을 파악한다. 수송 부문은 도로 수송 분야의 화석연료의 연소로 인한 배출량을 파악한다. 열·난방 분야는 건물 부문에서의 배출량과 EU-ETS 제도에 포함되지 않는 중소기업의 배출량을 합산하여 파악한다.

새로운 국가 배출권 거래제에 포함되는 대상 업체는 초기에는 열·난방 연료 및 운송 연료를 공급하는 대기업을(수송업자나 배급업자) 우선 대상으로 한다. 그들이 이산화탄소 배출권의 비용을 –마치 EU-ETS 영역의 유상 할당 구입을 하는 것처럼 – 지불하면서 배출권을 구입한다. 2025년도까지는 고정 가격 시스템 –2021년에는 톤당 10유로로, 차차 인상되어 2025년도에는 톤당 35유로 지불 –을 적용한다. 새로운 국가 배출권 거래제 영역에서 거래 플랫폼을 구축하여 배출권을 거래하거나 경매가 가능하도록 할 것이다. 최소-최대가격 범위 내에서 시장에서 결정하도록 할 것이다. 2026년 후에는 양적 규제까지도 강화되어 『기후보호 계획 2050』에 정해진 Non-ETS 부문 배출량 삭감 계획에 따라 최대 허용배출량도 정해지고, 그 수준은 매년 낮아질 것이다.[222] 2026년 이후의 배출권 가격은 톤

---

221 전기 사용량은 scope2에 해당되나, 에너지 부문의 scope1에 해당되기 때문에 여기서는 계상에서 제외된다. 이번 탄소 가격제도에는 석탄 사용에도 탄소 가격이 부과되는데, 1999년도에 부과된 생태세의 경우에는 석탄은 제외되어 있었다.

222 2030년도까지의 부문별 감축 목표량은 『기후보호 계획 2050』에서 계획된 바 있고, 2019년 『독일 기후변화 법』(부속서 2)에 큰 차이 없이 재확인된다. 2026년부터 양적 규제를 통한 감축 방

당 35~60유로의 범위에서 경매 할당하고, 그 가격은 2025년에 결정한다.

배출권(인증서)이 독일의 허용 배출량(할당량)보다[223] -예를 들어 정해진 2021년 배출허용량보다- 더 많이 분배되면 유럽연합 회원 국가에서 그만큼 구매해서 상쇄시켜야 한다. 해당 기업은 -마치 EU-ETS 영역에서 거래하는 것처럼- 배출권을 구매해서 상쇄해야 한다.

탄소 가격제(Carbon Pricing) 도입은 순수한 탄소세 제도와 배출권 거래제의 총량제 수단의 양 측면을 적절히 조합한 제도라고 평가할 수 있다. 이는 감축 목표를 달성하는 것이 매우 중요하기 때문이고, 그 수단으로 일종의 탄소세를 도입하는 것인데, 모두에게가 아니라, 이 부문의 공급자인 대기업에 부과하는 것이다.

연방헌법재판소의 2017년 결정의 의미는 탄소 배출을 억제하는 것은 환경 정책으로 필요하다고 판정한 것이다. 하지만 탄소를 배출하는 행위에 대해서 (탄소)세금의 형태로 부과하는 것은 기본법 정신에 적합하지

식도 도입되는 것은 2026년부터 유럽연합 차원에서 Non-ETS 영역의 탄소 가격제가 본격적으로 시행되기 때문에 -마치 EU-ETS 영역처럼- 배출권 허용량을 할당하는 것이 감축 목표를 달성하는 데 확실하기도 하고 또한 효과적이기 때문이다.

223 유럽연합 차원에서 Non-ETS 영역의 배출량을 규제하고 감축 목표를 달성하기 위해서 EDS 또는 ESR 규정에 따라 각 회원 국가의 연간 허용 배출량을 정해놓고 있고, 2020년까지, 2030년까지의 총 허용 배출량도 정해놓고 있다. 독일 연방정부는 이 범위를 고려하면서 Non-ETS 영역의 연간 감축 목표와 부문별 감축 목표를 설정한다. 본서 3.9.1.절 참조. European Commission, 『Decision No 406/2009/EC of the European Parliament and of the Council of 23 April 2009 on the effort of Member States to reduce their greenhouse gas emissions to meet the Community's greenhouse gas emission reduction commitments up to 2020 참조; Regulation (EU) 2018/842 of the european parliament and of the council of 30 may 2018 on binding annual greenhouse gas emission reductions by Member States from 2021 to 2030 contributing to climate action to meet commitments under the Paris Agreement and amending Regulation (EU) No 525/2013』 참조.

않기 때문에, 석탄, 천연가스, 석유 등의 화석에너지 사용에 세금을 부과하는 에너지 세금의 형태로는 적합하다고 판결을 한 것이다.[224]

도표 8. 독일의 화석연료에 부과하는 탄소 가격(부가세율 19% 포함)
– CO_2-Bepreisung auf Kraftstoffe/Brennstoffe brutto inkl. 19% MwSt

Jahr	A	B	C	D	E
2021	25 Euro ca.	7 Cent	ca. 8 Cent	ca. 8,7 Cent	ca. 5 Cent
2022	30 Euro ca.	8,4 Cent	ca. 9,5 Cent	ca. 10,4 Cent	ca. 6 Cent
2025	55 Euro ca.	15 Cent	ca. 17 Cent	ca. 19,2 Cent	ca. 11 Cent

A: Preis (netto) CO_2/Tonne (이산화탄소 톤당 순 가격)
B: Preisanstieg/Liter Benzin (벤진 리터 당 가격 상승)
C: Preisanstieg/Liter Diesel oder Heizöl (디젤 및 난방유 리터 당 가격 상승)
D: Preisanstieg/kg Erdgas (천연가스 킬로그램 당 가격 상승)
E: Preisanstieg/Liter LPG (액화 석유가스 리터 당 가격 상승)
※ 2021년 석유 리터당 약 100원 정도 부가가 된다. 부가세로 하자면 19% 정도이다. 비싼 편이다.
※ 이번의 탄소 가격제 도입의 경우에는 석탄 사용에도 탄소 가격이 부과되는데, 1999년도에 부과된 생태세의 경우에는 석탄은 제외되어 있었다. https://de.wikipedia.org/wiki/CO2-Steuer (2021년 9월 13일 검색).

둘째로, 탄소 예산제(Carbon Budget)에 대해서 알아보자. 독일 연방정부는 2016년 『기후보호 계획 2050』에서 이미 부문별 – 에너지, 산업, 건물, 수송 · 교통, 농업, 폐기물 부문 – 로 대별하여 각 부문별 배출 허용량을 계획해두었다. 그리고 연간 각 부문별 배출허용량을 계획해두었다. 즉, 각 부문별로 2030년도까지의 연간 감축 목표를 정하고, 총량적으로는 2030년

---

224 https://de.wikipedia.org/wiki/CO$_2$-Steuer 참조. (2021년 9월 13일 검색). 연방 상원의 검토안은 기후보호프로그램, 탄소 가격제, 세금 등에 관한 것으로 크게 3종류이다. 다음을 참조하시오. https://www.bundesrat.de/SharedDocs/beratungsvorgaenge/2019/0501-0600/0521-19.html, https://www.bundesrat.de/SharedDocs/beratungsvorgaenge/2019/0501-0600/0533-19.html, https://www.bundesrat.de/SharedDocs/beratungsvorgaenge/2019/0501-0600/0514-19.html. 배출권 가격을 2021년 10유로부터 시작하기로 했지만, 연방 상원에서 협의하고, 2021년 상 · 하 양원에서 합의하여 25유로부터 시작하기로 수정하였고, 2026년부터는 55~65유로 범위 내에서 거래되도록 수정하였다. https://www.bundesregierung.de/breg-de/themen/klimaschutz/nationaler-emissionshandel-1684508 (2021년 9월 16일 검색) 참조.

까지 1990년 대비 적어도 55%를 감축하기로 하였다. 다시 말하자면 2030 년까지 독일 사회가 배출(사용)할 수 있는 이산화탄소량(탄소 예산)을 연 간별로, 그리고 부문별로 분배한 셈이 되고, 탄소 예산제를 도입하겠다는 의미이다.[225] 2019년『기후보호 프로그램 2030』에서는 각 부문별 연간 배 출허용량을 구체화하기로 하고, -즉 각 부문별 연간 탄소예산제를 시행 하여 - 매년 부문별 감축량을 정확하게 표명하기로 하였다. 즉 처음으로 탄소 예산제를 도입한다. 이는 감축 노력이 그 사회의 모든 부문 및 분야 에서 함께 시행될 때 비로소 목표를 달성할 가능성이 커지기 때문이고, 또 한 경제적으로도 비용 효과적으로 달성할 수 있기 때문이다. 또한 외부 전 문가 위원회를 구성하여 이 과정 전반을 검증, 평가하도록 하였고, 법적으 로 보장하도록 약속한다.[226]

셋째로, 부문별 탄소 예산제를 책임지고 담당하는 주관 연방부처 책임 제를 처음으로 시행하기로 한다. 앞서 언급한 기후내각의 연방부처는 주 관하는 각 부문의 감축에 관한 모든 것을 책임지는 것을 의미한다. 이전에 는 연방환경부와 연방경제기술부가 두 축으로 기후보호 대응의 컨트롤 타

---

225 앞서 3.8.절에서 보았듯이,『기후보호 계획 2050』은 모든 대상 분야 및 부문의 감축에 관한 기 본 원칙, 이정표, 구체적 대책 수단을 제시하고 있다. 기본 원칙은 2050년도까지의 비전을 보 여주며, 이정표와 구체적 대책수단은 2030년도의 목표에 맞추고 있다. 독일 정부는 처음으로 2030년도까지의 각 부문별 달성 목표를 설정하였는데, 도표 5에서 알 수 있다. 각 분야별 감 축 목표 및 대책 수단은 다양한 측면의 영향평가(impact assessment)를 받게 되고, 다양한 이해 당사자들과의 토론을 거치며 2018년 조정을 거치도록 계획되어 있다. 이 목표 역시 지속적으 로 모니터링을 한 조사 연구 결과에 바탕을 둔다. 에너지 전환에 관한 2014년도 1차『개선 보고 서』와 2015년도의 4차『모니터링 보고서, 미래의 에너지』에도 동 목표가 이미 제시되었다.

226 게다가 유럽연합 차원에서 ESD와 ESR을 통하여 독일의 Non-ETS 영역의 2020, 2030 감축 목 표를 이미 정한 바 있고, 독일 정부도 그 목표 범위를 준수하면서 감축 계획(탄소 예산)을 세우 게끔 이미 예고되어 있기 때문이기도 하다.『Klimaschutzprogramm 2030 der Bundesregierung zur Umsetzung des Klimaschutzplans 2050』, 8쪽, 16쪽 이하 참조.

워 역할을 하였지만, 이제 모든 연방 부처가 컨트롤 타워가 되는 셈이다. 이를 위해 임시적 기후내각을 상시적으로 운영하기로 한다. 사실상 독일 연방정부를 독일연방기후정부로 그 성격을 덧칠하는 셈이다. 2019년 연방환경부 장관 슐츠는『독일 기후변화 법』제정을 공포하면서 이렇게 말하기도 했다:

"지금부터 모든 연방정부 부처는 기후행동 부처가 될 것이다."

이에 독일 연방정부는 기존의 임시적 성격의 '기후보호 내각위원회(기후내각)'를 상시적 기후내각으로 변경하여 매년 감축 대책의 실행 및 달성 수준, 효율성, 합목적성을 검증하는 역할을 부여하였다. 담당 주무 장관은 주관 부문의 감축 대책에 필요한 예산도 책임지고 마련해야 한다. 각 부문별 연간 탄소 예산 목표를 달성하지 못하면 담당 주무 연방 장관이 「외부전문가위원회」의 검증 후 3개월 이내에 기후내각에 보다 강화된 '긴급 프로그램'을 제시하도록 하였다. 이때 기후내각은 연간 부문별 탄소 예산 조정이 적절한지를 검토한다. 아울러 이 조정이 경제적으로 지속가능한지, 사회적으로 공평한지를 고려해야 한다. 독일 연방정부는『기후보호 프로그램 2030』목표를 실현하고 각 감축 부문의 개선을 매년 정확하게 보고할 것이며, '외부 전문가위원회'가 동참하도록 할 것이다. 이로써 목표 달성에 관한 객관성을 확보하고자 한다.[227]

넷째로,『기후보호 프로그램 2030』시행과 위에 언급한 새로운 주요 내용에 관하여『독일 기후 법, German climate change law』제정을 통하여 법적으로 보장하고자 한다. 이는 2030 목표 달성이 시급한 과제이기 때문

227　앞의 책, 17쪽 참조.

이다. 2030 목표 달성을 신뢰할 수 있고, 계획적으로 완수하기 위해서『기후보호 계획 2050』에서 계획한 모든 '연간 부문별 감축 목표'를 법적으로 확정할 수 있도록 한다. 약속을 넘어서 처음으로 입법을 통해서 목표를 달성하고자 시도한다. 이러한 접근 방식은 동 프로그램 시행과정을 최대한도로 투명하게 하고 성공적으로 통제할 수 있도록 한다. 독일 연방정부는『기후보호 프로그램 2030』목표를 실현하고 각 감축 부문의 개선을 매년 정확하게 보고할 것이며, '외부 전문가위원회'가 동참하도록 할 것이다. 독일 연방정부는 기존의 임시적 성격의 '기후보호 내각위원회(기후내각)'를 상시적 기후내각으로 변경하여 매년 감축 대책의 실행 및 달성 수준, 효율성, 합목적성을 검증하는 역할을 부여하였다. 담당 주무 연방 장관의 책임제를 실시하고 적절한 역할을 부여한다. 2019년 내에 기후내각에 의해『기후보호 프로그램 2030』의 내용이 입법화되도록 한다.[228]

이제『2030 기후보호 프로그램』의 시행 전략 및 방식에 관해 살펴보자. 『2030 기후보호 프로그램』및『2050 기후보호 계획』을 시행하면 광범위하게 경제적, 사회적 영향을 미치기 때문에 각 부문의 감축 목표에 대한 영향평가가 중요하다. 감축 목표의 예상 경로를 크게 2가지 시나리오로 그려본다. A 경로는 에너지 효율성 개선에 더욱 중점을 둔 경로이고, B 경로는 재생에너지 확대에 더욱 중점을 둔 시나리오이다. 감축 목표는 A, B 시나리오를 통해서 모두 달성할 수 있다. 그런데 2030년까지 투자 비용에서 차이가 조금 있는데, A 경로는 추가로 2,700억 유로가, B 경로는 추가로 2,400억 유로가 소요될 예상이다.

---

228   앞의 책, 17쪽 참조.

이러한 조사 및 연구 외에도 각 부문별 감축 목표에 대한 영향평가는 각 담당부처가 대책 수단들을 어떤 수단으로, 어떤 방식으로 선택할지 길잡이 역할을 할 것이다.[229]

가장 시급한 목표는 『기후보호 프로그램 2030』의 목표 달성이다. 따라서 앞서 언급했듯이 『기후변화 법』을 제정하여 이 목표를 시행함에 있어서 신뢰성과 함께 예측(계획) 가능성을 높이고, 2050에서 설정하였던 각 부문별, 각 연도별 감축 목표를 법적으로 확정하는 것이다. 이는 보다 분명하게 투명성과 예측 가능성을 높이고, 성공적으로 조정할 수 있게 할 것이다. 이를 위해서 재정 계획 및 지원 역시 주요한 방식이다. 아래서 언급하겠지만 『기후보호 프로그램 2030』의 감축 수단들은 『특별자산 에너지-기후 펀드, Sondervermögen "Energie- und Klimafonds"(EKFG)』에 연계되어 재정적으로 확실히 지원하기로 하였다.[230]

독일 연방정부는 동 프로그램의 시행과 감축 결과를 연방환경부와 연방경제에너지부에 탄소 가격제 시행의 영향과 개별적 수단의 영향을 평가하게 하였다. 그리고 각 대책이나 수단에 관한 간단 설명서를 제공하는데, 목표, 주체 및 참여자, 기한, 재정 수단, 기대 효과, 상호 작용 등을 요강의 형태로 설명한다. 「기후보호 행동연대」는 그 지위와 역할의 범위 내에서 적극적으로 동 프로그램의 시행에 참여하고, 주정부와 지자체의 대표자들도 그들의 역할의 범위 내에서 참여하도록 되어 있다. 동 프로그램의 시행 과정과 결과에 대하여 매년 보고서로 『기후보호 보고서, Klimaschutzbericht』를 제시하도록 하였다.[231]

---

229 앞의 책, 15~17쪽 참조.

230 앞의 책, 15쪽 참조.

231 앞의 책, 18쪽, 170~172쪽 참조.

이제 부문별 대책 및 수단의 시행 방식과 과정에 대해 살펴볼 차례이다. 에너지 경제, 건물, 교통, 산업, 농업, 토지사용 및 산림경제 등 각 부문에 시행하는 감축 대책이나 수단을 제시하고 설명하고 있다. 이 각 부문의 대책이나 수단은 『기후보호 계획 2050』에서 이미 제시한 목표와 방향, 이정표, 구체적 감축 대책 및 수단에 부합되게끔 설계가 되어 시행된다. 따라서 여기서는 대표적 사례로서 에너지 경제 부문의 구체적 대책 및 수단과 시행 과정에 대해서만 살펴보고자 한다.

우선 에너지 경제 부문의 온실가스 목록에 관해서 설명하고, 이어서 감축의 핵심적, 기술적 방식으로 재생에너지 확대, 석탄발전의 점진적 폐쇄, 그리고 에너지 경제 부문과 에너지 수요 부문의 에너지 효율성 개선을 들고 있다. 감축의 제도적인 측면으로 EU-ETS와 『열병합 발전 법』, 『재생에너지 법』, 그리고 다양한 에너지 효율성 개선 대책 등을 들고 있다.

에너지 경제 부문의 감축 현황과 전개 과정에 관하여 약술하는데, 1990년 약 466Mio. 톤에서 155Mio. 톤을 감축하여 2018년 현재 311Mio. 톤을 배출하고 있고, 기존 감축 정책으로는 2030년까지 261Mio. 톤을 배출할 예상이다. 2030년까지 감축 목표는 1990년 대비 61~62%로, 175~183Mio. 톤을 배출하는 것이다. 즉 추가 대책 및 수단으로 86~94 Mio. 톤을 더 감축해야 한다. 이 부문의 감축 목표는 2030 목표인 평균 55% 감축 목표보다 더 높은 수치이지만, 배출의 가장 많은 부문이자 책임이 크기 때문에 적절하다고 평가하고 있다.

야심 찬 감축 목표를 달성하기 위해서 전략적 감축 방식으로 열·난방과 교통 영역에서 전기 수요가 증가할 예상이기 때문에 에너지 효율성 개선을 통하여 상쇄하고 재생에너지 확대를 도모해야 한다. 전력 생산의 재생에너지 비중을 2018년 현재 38%인 것을 2030년까지 65%까지 확장하는 목표를 제시하고 있다. 동시에 화력발전을 2038년까지 단계적으로 폐쇄하고자 한다. 급속한 에너지 전환과 상당한 구조조정이 예상되는데, 여기에는 폐쇄지역의 구조조정에 따르는 갈등과 재생에너지 확대에 따르는 부지 확보, 연결망 시설 및 비용 등 여러 형태의 사회적 갈등이 발생할 수 있다. 이를 해결하기 위해 전략적 접근으로 재생에너지의 안정적 공급과 함께 무엇보다 사회적 수용성을 중요하게 여기면서 사회 통합성을 제고하는 데 노력하고자 한다. 2016년『기후보호 계획 2050』에서 제시하였듯이 연방 경제에너지부가 주관으로 「성장, 구조조정, 고용」 위원회를 설립하여 해당 지역의 주정부 및 지자체와 함께 탈석탄 구조조정을 사회 통합적으로 진행할 계획이며, 그리고 전력 소비 중 재생에너지 비중을 2025년까지 40~45%에서 2030년까지 65%로 상향 조정하여 달성하고자 한다. 이를 위해서 스마트 그리드와 에너지 저장 장치 확대를 통하여 부문별 연계 효과를 최대한으로 활용하고, 에너지 효율성 개선에 목표를 둔다. 특히 에너지 효율성 개선을 위하여 열병합 발전을 장려하고, "열 네트워크 시스템 4.0"을 도입하여 열·난방 배관 시설을 효율적으로 연계하고, 「NAPE 2.0」으로 확장하여 2021~2030년까지의 효율성 개선을 지속적으로 추진하기로 한다. "에너지 효율성 2050 로드맵"을 제시하며 전 사회적인 대화 과정을 진행하고, 2050년까지 에너지 소비를 반으로 줄이는 방법을 찾고자 한다.[232]

『기후보호 프로그램 2030』 시행의 기본 원칙과 방향에 대해 알아볼 순

---

232 앞의 책, 31~48 참조.

서이다. 기후보호는 전 사회적인 과제로서 독일 사회에서는 오래전 자리 매김되었다.『기후보호 프로그램 2030』은 감축 과정에서 직접적으로 영향을 받는 사회적 부분이나 그룹은 물론이거니와 사회정의, 지불 가능성, 경제성 등을 고려해야 하며, 동시에 참여와 역동적인 민주주의 가치를 존중하면서 시행되어야 한다. 감축 대책의 기획과 시행 과정에 적극적인 참여는 따라서 매우 주요한 초석이다. 독일 정부는 열린 사회의 놀라운 혁신의 힘을 신뢰하면서 다양한 이니셔티브와 주체들의 지지를 통해 이 과정을 지원할 것이다.[233]

탄소 가격제의 시행은 기본적으로 역진적 성격을 가지기 때문에 사회 취약계층을 지원하면서 시행되어야 하는 것을 원칙으로 제시하면서, 전기료의 지속적인 인하 조치와 함께, 특히 임차인이나 장거리 출·퇴근자에게 다양한 지원을 보장한다.[234]

끝으로『기후보호 프로그램 2030』의 의의를 살펴보자.『기후보호 프로그램 2030』은『기후보호 계획 2050』에서 이미 밝힌 감축 목표를 실현하려는 구체적인 프로그램으로 2030년까지의 중간 단계의 성격을 가진 프로그램으로, 적절한 대책과 수단이 총망라되어 있는 기후보호 프로그램이

---

233 앞의 책, 15~17쪽 참조. 이러한 기본 원칙이나 방향은 유럽연합의 에너지-기후 정책에서 일관되게 추구하고 있는 기본 원칙 및 방향과 대동소이하다. 이 점에 관하여 European Commission,『COMMUNICATION FROM THE COMMISSION TO THE EUROPEAN PARLIAMENT, THE COUNCIL, THE EUROPEAN ECONOMIC AND SOCIAL COMMITTEE AND THE COMMITTEE OF THE REGIONS, A policy framework for climate and energy in the period from 2020 to 2030』, 2쪽 이하 참조.

234 『Klimaschutzprogramm 2030 der Bundesregierung zur Umsetzung des Klimaschutzplans 2050』, 27~29쪽 참조.

다. 기존의 정책 및 수단을 강화하면서, 동시에 새로운 방식과 수단을 도입하였다. 나아가 『기후보호 프로그램 2030』 목표 달성에 신뢰감을 주면서 확고한 의지를 가지고 관철하고자 『독일 기후 변화법』을 제정하고자 한다. 『기후보호 계획 2050』은 탄소 중립을 향한 하나의 청사진이자 로드맵을 제시한 것이지만, 하나의 학습과정으로 자리매김하면서 법적 강제성을 담보하지는 않았다. 하나의 기본 로드맵이자 청사진이었다. 이에 연방재정을 통하여 안정적이며 확실하게 『기후보호 프로그램 2030』을 실행시키기 위해 「에너지-기후 펀드」를 재정비하며 중심적인 재정기구로 삼아서, 에너지 전환과 기후보호를 지원하게 한다. 『기후보호 프로그램 2030』으로부터의 수입은 전부 동 프로그램 지원에 모두 지출된다. 동 프로그램의 모든 지원 대책은 「에너지-기후 펀드」의 경제계획에 반영된다. 즉 연방예산과 「에너지-기후 펀드」 경제계획은 구조적으로 연계된다.[235] 『기후보호 프로그램 2030』에서 새롭게 약속한 네 가지 주요 방식인 탄소 가격제 도입, 탄소 예산제 도입, 주관 연방부처의 책임제도의 도입, 독일 기후변화법 제정 등은 '에너지-기후 펀드'를 통한 재정적 지원과 함께 동 프로그램뿐 아니라 2050 탄소 중립을 향한 독일 사회의 확고한 실행 의지를 잘 보여주고, 분명한 이정표의 역할을 할 것이다. 이와 동시에 2050 탄소 중립의 경로가 필연적인 과정이며 대전환의 과정으로 인식하면서, 이 과정을 독일이 경제(산업), 혁신 그리고 고용입지로서 도약할 수 있는 호기로 삼는 전략적 접근 방식을 취하고 있다는 점에서 새로운 발전 전략으로서의 의의도 아울러 가지고 있다.

---

235 앞의 책, 15~16쪽 참조.

글상자 6. 유럽연합의『에너지 연합과 기후 행동의 거버넌스에 관한 규정, Regulation on the Governance of the Energy Union and Climate Action (EU) 2018/1999』, 독일의『기후보호 프로그램 2030, Klimaschutzprogramm 2030』, 유럽연합의『유럽 그린 딜, The European Green Deal』은 서로 어떻게 공조하는가?

2018년 IPCC가『1.5℃ 특별 보고서』를 발표하고 난 후에, 유럽연합과 독일의 2℃~1.5℃ 기후 거버넌스가 점차로 강화된다. 공조가 더 강화되어야 할 필요성이 커지는 셈이다. 감축 목표 역시 상향되어야 하고, 감축 목표 달성을 위해 각 국가뿐 아니라 EU 역시 공조의 수준을 높이고, 효율성도 높여야 한다. 시간이 흐를수록 서로 물려 있는 톱니바퀴가 잘 작동하도록 거시적으로나 미시적으로나 공조와 조율의 수준을 높여야 한다. 역동적 효율성을 잘 살려야 2℃~1.5℃ 기후 거버넌스의 중·장기 거대한 사회적 프로젝트가 독일에서나 유럽연합 차원에서 성공적인 진행 과정을 거치고 마침내 실현될 수 있을 것이다. 2℃에서 1.5℃ 기후 거버넌스로 한 단계 상향되는 주요한 분기점에서 공조의 차원과 수준 역시 깊어지고 높아지는 것을 알 수 있다. 기후 정책의 주류화하기, 감축 방식의 세부적 차원에서의 공조, 기후 대응과 경쟁력 있는 탄소 중립 경제 모델의 양립 가능성에 대한 확고한 관점, 탄소 가격제도 및 탄소 예산제도 확대의 필요성, 시민 참여의 필요성에 대한 공감, 법 제정을 통한 기후 정책의 확실한 보장, 그리고 독일과 유럽연합의 글로벌 리더로서의 역할 강화 등 몇 가지 측면에서 추적해보자.

『국가 에너지-기후 계획』은 앞서 보았듯이, 유럽의 에너지-기후 정책에서 획기적인 기본 틀을 구축한 것으로, 각 회원국의 모든 부처가 이 계획을 실현시키기 위해 원활하게 조율하도록 하여, 정부 정책이나 투자를 포함한 경제 분야가 모두 같은 한 방향으로 움직이게 한다. 사실 이 측면은 독일의 에너지-기후 정책 수립에 직접적으로 반영이 된다. 독일의『기후보호 프로그램 2030, Klimaschutzprogramm 2030』에서 적용된 새롭고도 주요한 접근법이 상시적「기후내각」의 설립이다. 각 부문별 탄소 예산제를 책임지고 담당하는 주관 연방부처 책임제를 처음으로 시행하기로 한다. 기후내각의 연방부처는 주관하는 각 부문의 감축에 관한 모든 것을 책임지는 것을 의미한다. 이전에는 연방환경부와 연방경제기술부가 두 축으로 기후보호 대응의 컨트롤 타워 역할을 하였지만, 이제 모든 연방 부처가 컨트롤 타워가 되는 셈이다. 이를 위해 임시적 기후내각을 상시적으로 운영하기로 한다. 사실상 '독일 연방정부'를 '독일 연방기후정부'로 그 성격을 덧칠하는 셈이다. 2019년 연방환경부 장관 슐츠는 '지금부터 모든 연방정부 부처는 기후행동 부처가 될 것이다'라고 한 말이 딱 맞는 말이다. 하나의 모범적인 독일식 '에너지 연합과 기후행동의 거버넌스'가 구축된 셈이다.

이에 독일 연방정부는 『기후보호 프로그램 2030』을 시행하기 위해서 상시적 기후내각이 되어 ―NECP의 기간과 동일하게 2021~2030년까지― 매년 감축 대책의 실행 및 달성 수준, 효율성, 합목적성을 검증하는 역할을 부여하였다. 담당 주무 장관은 주관 부문의 감축 대책에 필요한 예산도 책임지고 마련해야 한다. 독일 연방정부는 『기후보호 프로그램 2030』 목표를 실현하고 각 감축 부문의 개선을 매년 정확하게 보고할 것이며, '외부 전문가위원회'가 동참하도록 할 것이다. 이로써 목표 달성에 관한 객관성을 확보하고자 한다. 독일 내의 이러한 과정은 EU 집행위원회와의 공조 과정과 크게 다르지 않다. 거의 동일하게 시행하는 것과 마찬가지이다. 독일 내에서는 『Klimaschutzbericht der Bundesregierung』을 매년 연간 보고서 형태로 제출해야 한다. 현재의 기후보호 프로그램에 따라 시행하는 감축 수단의 실제 효과와 현황을 보고하고, 동시에 각 부문의 배출 추세와 현황과 앞으로의 예상 감축에 대한 전망을 제시해야 한다. 이 독일 국내의 보고서는 유럽연합의 『에너지 연합과 기후행동의 거버넌스에 관한 규정』과 NECP에 따라 유럽연합 집행위원회에 격년마다 제출해야만 하는 『국가 에너지-기후 계획』의 『개선 보고서』나 『예상 보고서』의 토대가 된다. 이뿐만 아니라 UNFCCC에 격년마다 보고해야 하는 『Beinnial Report』의 기초가 된다. 독일 연방환경청이 매년 보고하는 국내 보고서 『국가 온실가스 보고서, Nationaler Inventarbericht』는 유럽연합 기후보호 규정에 따라 EU 집행위원회에 보고해야 하는 부문별 배출량에 대한 자료를 제공하고 있다.[236] EU 집행위원회에서는 이를 검토하고 모니터링을 해서 부족한 부분을 권고하면 독일은 그것을 보충해서 시행해야만 하는 것이다. NECP의 시행 기간과 독일의 『기후보호 프로그램 2030』 시행 기간이 일치하므로 그 공조의 수준은 매우 간편하면서도 깊다. 독일의 『기후보호 프로그램 2030』은 2030년까지, 그 너머까지 독일의 에너지-기후 정책을 규정할 것이기 때문에 EU 집행위원회에 제출해야 하는 독일의 NECP, 즉 국가 에너지- 기후 계

---

236   앞의 책, 171~172쪽 참조.

획은 『기후보호 프로그램 2030』을 충분히 반영하여 작성된다.[237]

ESD의 연장선인 ESR 제도는 EU의 각 회원국에 2021~2030년 기간 동안의 구속성 있는 연간 온실가스 배출 목표량(AEA)을 규정해주는 제도이다. ESR 규정이 2018년 5월 14일에 채택된다. 각 회원국은 2021~2030년 기간 동안의 연간 감축 노력을 공정성, 비용 효과성, 환경적 통합성의 원칙에 기초하여 자율적으로 제시한다. Non-ETS 분야, 특히 주택·건물, 교통·수송, 농업 분야, 폐기물 관리 영역 등에서 개선을 촉진하고자 한다. 각 회원국이 정해진 연간 배출 목표량 범위 내에서 자율적인 방식으로 달성하도록 구조화되어 있어, 유럽연합 차원의 구속력이 제한적으로 적용된다. 하지만 유럽연합 차원의 규정 및 표준 제도나 지원 체계는 구속력을 발휘하면서 각 회원국의 정책 결정에 커다란 영향을 미친다. 독일의 2019년 『2030 기후보호 프로그램』에서 제시하는 부문별, 특히 Non-ETS 분야의 부문별 연간 배출허용량도 EU의 연간 배출량 수준에 연동되어 결정되는 셈이다. 또 하나 더 고려해야 할 사항은 NECP의 내용이다. 각 회원국은 2030 목표 달성을 위해 노력하면서 『에너지 연합과 기후행동 거버넌스에 관한 규정』의 제1 부속서에서 예시한 방식을 토대로 각 국가의 NECP를 수립해야 한다. 이때 각 회원국의 Non-ETS를 통한 '2030 목표'에 - 2030 감축 목표 및 연간 감축량[238] - 연계되어 재생에너지 생산 계획을 세울 것을 주문한다. 그리고 각 회원국에 가능하다면 부문별 연간 감축량 계획도 제시해줄 것을 주문하고 있다. 그리고 앞서 NECP의 한 가지 특성의 예시에서 밝혔듯이, 재생에너지 사용 확대 과정과 에너지 효율성 개선에 관련하여서도 몇 가지 준수할 사항을 제시하는데, 시행 원년인 2021년부터 연간 개선 목표를 상향시키도록 주문한다. 독일 연방정부는 이 범위를 고려하면서 Non-ETS 영역의 연간 감축 목표와 부문별 감축 목표를 설정하게 되는 것이고, 이 점은 2019년 『2030 기후보호 프로

237　BMWE, 『Integrierter Nationaler Energie- und Klimaplan, NECP』, 2020, 16~20쪽 참조.

238　『Regulation (EU) 2018/842 of the european parliament and of the council of 30 may 2018 on binding annual greenhouse gas emission reductions by Member States from 2021 to 2030 contributing to climate action to meet commitments under the Paris Agreement and amending Regulation (EU) No 525/2013』, Annex I(부속 1서) 참조. https://eur-lex. europa.eu/legal-content/EN/TXT/?uri=uriserv:OJ.L_.2018.156.01.0026.01.ENG.; BMU, 『Klimaschutzprogramm 2030 der Bundesregierung zur Umsetzung des Klimaschutzplans 2050』, 13~14쪽 참조.

그램』과 『독일 기후보호 법』에 잘 나타난다.

유럽연합은 2018년 『모두를 위한 깨끗한 지구. 유럽의 번영하고, 현대적이며, 경쟁력 있는 탄소 중립 경제를 위한 장기 전략, A Clean Planet for all, A European strategic long-term vision for a prosperous, modern, competitive and climate neutral economy』을 선언하면서 유럽연합이 현대적이고 경쟁력 있는 탄소 중립 경제의 모델을 구축하고자 하였다. 이 장기 전략을 집대성한 것이 바로 『에너지 연합과 기후 행동의 거버넌스에 관한 규정』이다. 『에너지 연합과 기후 행동의 거버넌스』는 그 목적을 밝히기를, 무엇보다도 유럽의 개인과 기업을 포함한 소비자에게 안정적, 지속적, 경쟁적, 지불 가능한 에너지를 공급하는 것이고, 연구 및 혁신을 촉진하고자 하는 것이다. 유럽의 에너지 체계를 근본적으로 전환하고자 하며, 이에 요구되는 막대한 투자를 유치함으로써 이루고자 한다. 이 전환은 환경의 질을 보호하고, 자연 자원의 합리적 활용을 지원하는 요구와 밀접하게 연계되어 있고, 특히 에너지 효율성 개선, 에너지 절약, 재생에너지 확대를 통해서 이루고자 한다. 동 목표는 상호 협력적 행동을 통해서 달성되는바, 이는 지방, 국가, 지역, 유럽연합 차원의 법적 규제와 자율적 행동들을 연계함으로써 이룰 수 있다. 기대 효과로서는 동 목표가 잘 구현되면, 유럽연합은 혁신이 넘치며, 투자와 성장이 따라오고, 사회경제적 발전을 이루는 선도적인 지역으로 변모될 것이다. 이는 동시에 하나의 모범 선례를 보여줄 수 있는바, 기후변화 완화를 위한 야심 찬 계획이 혁신, 투자와 성장을 촉진할 수 있는 수단들과 연계·융합되는 한 성공적인 예를 보여줄 수 있을 것이다. 독일은 『에너지 연합과 기후 행동의 거버넌스에 관한 규정』이 밝히고 있는 혁신적이며 번영하는 저탄소 장기 전략을 시행하는 모범적인 경제 모델을 제시하고자 한다. 독일 연방정부는 『기후보호 프로그램 2030』을 통해 국·내외적으로 2030 목표와 2050 탄소 중립의 목표 달성 가능성에 대해서 신뢰감을 부여하고 투명성을 제고하고자 하였고, 2050 탄소 중립의 경로가 필연적인 과정이며 대전환을 동반한다면, 이 과정을 독일이 경제(산업), 혁신 그리고 고용입지로서 도약할 수 있는 좋은 기회로 삼는 발상의 전환을 꾀한다.[239]

독일 연방정부가 –2019년 『기후보호 프로그램 2030』에서 밝히듯이– 탄소 중립으로 전환

239　BMU, 『Klimaschutzprogramm 2030』, 7~8쪽 참조. 이러한 새로운 발전 전략은 유럽연합의 『European Green Deal』의 새로운 발전 전략에도 그대로 반영되어 있다.

하는 과정을 새로운 저탄소 경제 발전 모델의 구축 기회로 바라보는 관점은 EU가 2019년 공포한 『유럽 그린 딜, European Green Deal』에서 더욱 적극적으로 맥을 이어간다. 『유럽 그린 딜』은 [240] 기후위기라는 심각한 도전에 대한 새로운 대응 전략이다. 『유럽 그린 딜』 공포의 목적은, 서론에서 밝히듯이, '기후위기라는 시급한 도전을 특별한 기회'로 전환하는 데 있다. 새로운 성장(발전) 전략으로서 유럽연합을 새롭게 전환하고자 한다. 공정하며 번영하는 사회로의 전환을 지향하는바, 현대적이며, 자원 효율적이며 경쟁력 있는 경제로의 전환과 함께 기후 중립적인 성장으로 2050년도까지 온실가스 중립이 이루어지는 새로운 사회로의 전환 전략이다. 단순한 기후 대응을 넘어서는 전략이다. 단순히 에너지 전환을 넘어서는 전략이다. 유럽의 21세기판 새로운 방향이자, 발전 전략인 것이다.[241] 20세기 초 미국발 'New Deal'이 있다면, 21세기는 유럽발 'Green Deal'이 있는 셈이다. 인류 사회에 새로운 발전 모델을 제시하는 것이다.

이제 구체적 정책 수준에서 공조의 수준을 알아보자. 먼저 탄소 가격제도 도입과 확장에 대해 알아보자. 탄소 사용에 대하여 조세 부과 형태가 아닌 비용을 부과하는 방식으로 가격을 부과하고자 하는 것이다. 『기후보호 프로그램 2030』에서는 기존의 EU-ETS 영역에 속하지 않았던 ―따라서 직접적으로 탄소 비용이 부과되지 않았던― Non-ETS 부분 중 도로수송과 건물 부문에[242] 새롭게 탄소 가격제를 도입하고자 하는 것이다. Non-ETS 부문의 온실가스 감축을 위한 추가적인 조치를 EU-ETS 부문과의 연계 속에 지속적으로 검토한 결과, 탄소 가격제를 2021년부터 도입하기로 한 것이다. 지속가능한 경제를 강화하는 현대적 산업 정책에는 구속력 있는 환경 표준과 생태적 비용을 반영하는 신뢰할 만한 가격 신호가 포함되어야 하기 때문이다. 탄소 가격의 대상

240　European Commission, 『COMMUNICATION FROM THE COMMISSION, The European Green Deal』, https://eur-lex.europa.eu/legal-content/EN/TXT/?qid=1596443911913&uri=C ELEX:52019DC0640#document2 (2020년 9월 30일 검색).

241　이는 단순한 경기 또는 경제회복 전략이 아니고, 단순한 경제위기 극복 전략도 아니다. 이를 넘어서서 탄소 중립을 지향하며, 지속가능한 성장과 함께 포용적인 사회를 지향하는 새로운 발전 전략인 것이다. 환경, 경제, 사회 통합성이 함께 연계되어 이루어지는 '2050 유럽'의 지속가능한 발전 전략인 것이다.

242　수송 부문 중에 도로 수송 분야에만 국한하였다. 항공이나 해양 분야는 이미 EU-ETS 영역에 포함되어 있기 때문이다. 그리고 건물에서도 열·난방 분야에만 국한해서 시행한다.

은 수송 부문과 건물 부문에서 수송이나 난방 등에 사용하는 화석연료가- 난방유, 액체 가스, 천연가스, 휘발유, 디젤 등- 주된 대상이다. 따라서 운송유와 난방 영역의 감축이 Non-ETS 영역의 주된 목표가 된다. 탄소 가격 부과의 방식은 배출권 거래제 방식으로 시행한다. 새로운 국가 배출권 거래제(national emission trading system)를 시행하여 난방과 운송 부문에서의 화석연료의 연소에 의한 배출량을 파악한다.

새로운 국가 배출권 거래제에 포함하는 대상 업체는 초기에는 열·난방 연료 및 운송 연료를 공급하는 대기업을(수송업자나 배급업자) 우선 대상으로 한다. 그들이 이산화탄소 배출권을 비용을 -마치 EU-ETS 영역의 유상 할당 구입을 하는 것처럼- 지불하면서 배출권을 구입한다. 새로운 국가 배출권 거래제 영역에서 거래 플랫폼을 구축하여 배출권을 거래하거나 경매가 가능하도록 할 것이다. 최소-최대가격 범위 내에서 시장에서 결정하도록 할 것이다. 2026년 후에는 양적 규제까지도 강화되어 『기후보호 계획 2050』에 정해진 Non-ETS 부문 배출량 삭감 계획에 따라 최대 허용배출량도 정해지고, 그 수준은 매년 낮아질 것이다. 배출권(인증서)이 독일의 허용 배출량(할당량)보다 -예를 들어 정해진 2021년 배출허용량보다- 더 많이 분배가 되면 유럽연합 회원 국가에서 그만큼 구매해서 상쇄시켜야 한다. 해당 기업은 -마치 EU-ETS 영역에서 거래하는 것처럼- 배출권을 구매해서 상쇄해야 한다. 독일 기후보호 프로그램에서 세계은행과 함께 『탄소 가격제 리더십 연합, Carbon Pricing Leadership Coalition』에 참여하여 세계적 가격기제를 만들고자 하여 통일적인 경쟁력 기반을 조성하고자 하였다.

『유럽 그린 딜』에서도 상향된 온실가스 감축 목표 달성을 위해 필요한 사전 작업으로 EU-ETS 제도 강화, ESR 제도 강화, Non-ETS 분야에 배출권 거래제를 확대시켜서 감축을 더 많이 해야 할 필요성을 언급한다.[243] 관련된 재생에너지 비중, 에너지 효율성 개선 수준에 대한 강화 및 개정 작업을 2021년 6월까지 마치도록 제안함과 -이러한 일련의 과정은 기후 거버넌스의 역동적 구조를 잘 설명해주고, 또한 과학적이며 민주적 특성을 잘 말해준다- 동시에 이런 작업의 결과가 『유럽 기후 법』에 적절하게 반영되도록 할 것이다. 위의 정책들의 수정 및 개정은 유럽 경제 전반에 걸쳐서 탄소에 가격을 부과하는 탄소 가격제도 도입 등, 효과적인 제도를 도입하는 것을

243　European Commission, 『COMMUNICATION FROM THE COMMISSION, The European Green Deal』, https://eur-lex.europa.eu/legal-content/EN/TXT/?qid=1596443911913&uri=C ELEX:52019DC0640#document2, 2장 참조.

보장할 것이며, 소비자와 기업가의 결정에 변화를 줄 것이고, 저탄소 분야에 대한 투자 결정을 용이하게 할 것이다. 서로 다른 탄소 가격 제도들도 수렴할 것이다. 심각해지는 기후변화 대응과 1.5도 목표를 위해서 초석이 되는 감축 제도인 탄소에 가격을 부과하는 제도 도입과 탄소 가격제의 확장에 대한 공조를 잘 보여주고 있다.

탄소 예산제도(Carbon Budget)에 대해서도 알아보자. 독일 연방정부는 2016년 『기후보호 계획 2050』에서 이미 각 부문별로 2030년도까지의 연간 감축 목표를 정하고, 총량적으로는 2030년까지 1990년 대비 적어도 55%를 감축하기로 하였다. 다시 말하자면 2030년까지 독일 사회가 배출(사용)할 수 있는 이산화탄소량(탄소 예산)을 연간별로, 그리고 부문별로 분배한 셈이 되고, 탄소 예산제도를 도입하겠다는 의미이다. 2019년 『기후보호 프로그램 2030』에서는 각 부문별 연간 배출허용량을 구체화하기로 하고, ―즉 각 부문별 연간 탄소예산제를 시행하여― 매년 부문별 감축량을 정확하게 표명하기로 하였다. 즉 처음으로 탄소 예산제를 도입한다. 이는 감축 노력이 그 사회의 모든 부문 및 분야에서 함께 시행될 때 비로소 목표를 달성할 가능성이 커지기 때문이고, 또한 경제적으로도 비용 효과적으로 달성할 수 있기 때문이다. 또한 외부 전문가 위원회를 구성하여 이 과정 전반을 검증, 평가하도록 하였고, 법적으로 보장하도록 약속한다.[244]

『유럽 그린 딜』에서도 Non-ETS 분야에서의 더 많은 감축을, 특히 건물과 교통 부문에서의 감축을, 주문하면서 탄소 예산제 등의 도입을 권고하고 있다. 건물의 건축, 사용, 개선은 에너지와 자원을 많이 필요로 하며, 에너지 소비의 40%를 차지하고 있다. 건물 개선 정도를 2배 이상 수준으로 많이 해야 하고, 여기서 에너지 효율성을 높여야 한다. 소위 '건물 개선의 파도'에 참여함으로써, 에너지 비용을 줄이고, 에너지 빈곤층을 줄일 수 있다. 또한 건축 분야의 투자를 활성화하고 중소기업과 지방에서 일자리를 만들 기회도 만들 수 있다. 이해당사자들과 이니셔티브를 주도하여 InvestEU의[245] 도움하에 에너지 시행 계약 등의 혁신적 금융기법을 도입하여야 할 것을 장

---

244 게다가 유럽연합 차원에서 ESD와 ESR을 통하여 독일의 Non-ETS 영역의 2020, 2030 감축 목표를 이미 정한 바 있고, 독일 정부도 그 목표 범위를 준수하면서 감축 계획(탄소 예산)을 세우게끔 이미 예고되어 있기 때문이기도 하다. 『Klimaschutzprogramm 2030 der Bundesregierung zur Umsetzung des Klimaschutzplans 2050』, 8쪽, 16쪽 이하 참조.

245 The InvestEU Programme supports the following four main policy areas: Sustainable infrastructure, Research, innovation and digitalisation, small and middle enterpreneurships,

려한다. 교통 및 수송 분야는 지속가능하고 스마트한 이동수단으로 빠르게 전환해야 한다. 온실가스 배출의 25%를 아직 차지하고 있어서 탄소 중립을 위해서는 감축이 90% 정도 이루어져야 한다.

독일 『기후보호 프로그램 2030』 시행과 위에 언급한 새로운 접근 방식과 주요 내용에 관하여 『독일 기후 법, German climate change law』 제정을 통하여 법적으로 보장하고자 한다. 이는 2030 목표 달성이 시급한 과제이기 때문이다. 2030 목표 달성을 신뢰할 수 있고, 계획적으로 완수하기 위해서 『기후보호 계획 2050』에서 계획한 모든 '연간 부문별 감축 목표'를 법적으로 확정할 수 있도록 한다. 사회적 동의와 약속을 넘어서 처음으로 입법을 통해서 목표를 달성하고자 시도한다. 이러한 접근 방식은 동 프로그램 시행과정을 최대한도로 투명하게 하고 성공적으로 통제할 수 있도록 한다. 『기후변화 법』을 제정하여 이 목표를 시행함에 있어서 신뢰성과 함께 예측(계획) 가능성을 높이고, 2050에서 설정하였던 각 부문별, 각 연도별 감축 목표를 법적으로 확정하는 것이다. 감축 목표가 "2℃"에서 "1.5℃"로 강화되고 탄소 중립을 위해서는 더욱 강제력이 높은 구속력이 필요하게 된 것이다. 이를 위해서 재정 계획 및 지원 역시 필수적인 방식이다.

『유럽 그린 딜』에서도 강조하고 있는 점은 분명한 의지를 가지고 효율적이며 공정한 전환의 조건을 확실히 제시하고, 투자자에게 예측 가능성을 높여주고, 또한 이러한 전환이 불가역적이라는 확신을 주기 위해서, 『유럽 기후 법』을 2020년 3월까지 제안하도록 요청한다. 이는 유럽연합의 모든 정책이 ―EU-ETS 개정, ESR 개정, 탄소 가격제도 도입, Non-ETS 분야의 배출권 거래제도 확대 등― 기후 중립에 기여하도록 보장할 것이며, 모든 분야는 그들의 역할을 하도록 할 것이다.

『기후보호 프로그램 2030』에서 다시 한번 전 사회적인 과제로서 기후변화 대응을 자리매김한다. 감축 과정에서 직접적으로 영향을 받는 사회적 부분이나 집단은 물론이거니와 사회정의, 지불 가능성, 경제성 등을 고려해야 하며, 동시에 참여와 역동적인 민주주의 가치를 존중하면서 시행되어야 한다. 독일 정부는 열린 사회의 놀라운 혁신의 힘을 신뢰하면서 다양한 이니셔티브와 주체들의 지지를 통해 이 과정을 지원할 것을 다짐한다.

Social investment and skills, https://europa.eu/investeu/about-investeu/what-investeu-programme_en (2022년 3월 14일 검색).

『유럽 그린 딜』은 한 걸음 더 나아가 '유럽 시민의 연속적 대화'와 '유럽 시민 의회'까지 구성할 것을 주문하고 있다. '유럽 시민의, 유럽 시민에 의한, 유럽 시민을 위한' 유럽연합의 새로운 사회 계약과 새로운 탄생이 얼마 남지 않은 것 같다.

독일과 유럽연합의 공조는 독일 국내나 유럽연합 차원에만 머무르지 않고 글로벌 차원에서도 병행적으로 진행이 된다. 독일 『기후보호 프로그램 2030』에서 세계은행과 함께 『탄소가격제 리더 십 연합, Carbon Pricing Leadership Coalition』에 참여하여 세계적 가격기제를 만들고자 하여 동 일한 조건의 경쟁력 기반을 조성하고자 하였다. 파리협정에 따라 개발도상국 지원을 더 강화하면 서 쌍방 또는 다자간 기후펀드와 개발은행들과 함께 기후중립 사업을 지원하는 데 2020년까지 20억 유로에서 40억 유로로 2배로 증액한다.[246]

『유럽 그린 딜』 역시 파리협정의 본질적 요소들을 무역협정에 반영할 계획이다. EU는 세계 각 국이 EU의 "녹색 규정"과 유사한 규정으로 세계 무역 질서에 임하도록 지원할 것이다. 정부 구매 의 경우 녹색 규정에 따르도록 할 것이며, 최대의 역내 단일 시장으로 녹색 표준을 제시할 수 있 을 것이다. 한편으로는 국제개발 협력 부문에 기여와 원조를 하는 의무 역시 소홀히 하지 않을 것 이다. 현재 공적 기후 금융의 40% 이상을 담당하면서 제일 많이 기여하고 있다.

2019년 12월 유럽연합은 『유럽 그린 딜, European Green Deal』을 공포한다. 이전의 에너지 및 기후 목표를 상향 조정하면서 경제, 사회, 정치를 포괄하는 유럽연합 차원의 포용적인 새로운 발 전 전략을 야심 차게 제시하기에 이른다. 2030 온실가스 감축 목표를 40%에서 55%로 더 강화하 고, '2050 탄소 중립'을 선언하기에 이른다. 이 야심 찬 목표를 이룰 수 있도록 유럽연합의 전반 적인 분야와 모든 정책에서 상응한 후속 대책 및 조치를 주문한다. 이러한 선언과 목표가 확실하 고, 구속력을 가지고 시행될 수 있도록 『유럽 기후 법』의 조속한 제정도 주문한다. 거의 동일한 배 경하에서, 거의 동일한 목적으로 독일에서 2019년 12월에 『독일 기후보호 법』이 제정된다. 공조의 본을 보여주고 있다고 해도 과언이 아니다. 공조의 깊어지는 수준을 보여주고 있다. 이에 대해 다 음 3.11.절에서 좀 더 살펴보자.

---

246   BMU, 『Klimaschutzprogramm 2030』, 11~12쪽 참조.

3.10.1. 『특별자산 에너지-기후 펀드 설립에 관한 법률, Gesetz zur Errichtung eines Sondervermögens Energie- und Klimafonds(EKFG)』

독일 연방의 「특별자산 에너지-기후 펀드 설립에 관한 법률」이 2010년 12월 8일에 제정되고, 2011년 1월부터 시행되었다. 2020년 7월 14일에 4조가 개정된다.[247]

2010년에 공포된 『에너지 기본 계획』이나 이의 후속 조치인 에너지 전환 정책의 목적을 구현하기 위한 독일 연방정부의 입법 활동으로 「특별자산 에너지-기후 펀드」는 이 목적에 맞게 설립된다. 즉 '특별자산은 친환경적이며, 신뢰할 수 있고, 지불할 수 있는 에너지공급과 기후보호를 지원하는 프로그램에 추가적으로 지출하는 데 사용된다'라고 그 설립 취지를 밝힌다.

여기서 '추가적'이라 함은 연방예산이나 연방의 재정계획에서 반영되지 않은 프로그램에 추가적으로 지원할 수 있기 때문이다. 그리고 '특별'자산이라고 함은 동 자산은 연방재정부에서 관리하면서 다른 연방부서나 제3기관에 대해 동 자산을 활용할 수 있다. 동 자산은 연방의 다른 자산과 법적으로나 책임에서 분리되어 집행된다.

사용처는 목적에 맞게 집행하되, 특히 에너지 효율성 개선, 재생에너지 촉진, 에너지 저장 및 연계 기술, 건물의 에너지 효율성 개선, 국가적 기후보호, 국제적 기후 및 환경보호, 전기차 및 수송 등의 분야에 지원될 수

---

247 https://www.gesetze-im-internet.de/ekfg/EKFG.pdf (2021. 2. 14. 검색).

있다.

제4조의 특별자산의 수입원 및 제6조의 경제계획서의 작성 취지에 따르면, 「에너지-기후 펀드」의 세입원은 다양하다. 법 개정과 시행령의 변경에 따라서 세입원이 추가되거나 변경되었다. 기존의 원자력 발전소에 대한 지원금이 이 펀드로 세입이 되고, 독일 내부의 이산화탄소 배출권 거래제도 운영에 따른 경매 수입이나 거래 수수료 비용 수입, 연방예산이나 재정을 통한 지원, 그리고 기후보호를 위한 연방 부처들의 예산이 「에너지-기후 펀드」의 예산 항목으로 잡힌다. 4조 5항에 따르면 연방부처들이 매년 연방예산 법의 규정에 따라 「에너지-기후 펀드」에 지원할 수 있다.

제6조에 따르면 「에너지-기후 펀드」의 모든 예산 세입과 세출은 매년 동 펀드의 경제계획에 평가, 반영된다. 연방예산 법에 따라서 「에너지-기후 펀드」는 부속서로 첨부된다. 이에 따라 2011년 「에너지-기후 펀드」 경제계획(Wirtschaftsplan des Energie- und Klimafonds)을 수립하고 추가적으로 2011년에 3억 유로가 지원되었다.

2021년도에는 동 펀드 경제계획 부속서에 따르면 268억 유로가 예산으로 잡혀 있다. 수소 전략 실행계획에 70억 유로, 주택 에너지 효율성 개선에 60억 유로, 재생에너지 지원에 약 100억 유로 등이 지출될 예정이다. 예를 들어, 수소 전략 실행계획은 연방경제에너지부의 주도하에 연방교육연구부, 환경부, 교통디지털 부처가 함께하는 공동 프로그램으로 각 부처의 예산들이 집행되는데, 연방경제에너지부의 주도하에 정책이 실행되며, 모든 관련 예산은 「에너지-기후 펀드」 경제계획 부속서에 항목별로 모두

재합산되어 평가, 공개된다.[248]

또 다른 예를 들면, 연방정부는 2020년 연방예산안 보완을 2019년 10월에 요청한다. 연방정부가 2019년 9월에 『기후보호 프로그램 2030』을 통과시킴으로써 가능하면 빠른 시일 이내에 예산의 변경된 내용을 심사하여 추가 보완된 사항이 예산 심사에 반영될 수 있도록 하기 위해서이다. 이를 통해서 2020년 「에너지-기후 펀드」 경제계획 및 예산과 각 연방 부처의 예산 항목에 ―연방경제에너지부, 농수산부, 교통디지털부, 환경부, 경제협력 및 개발부, 교육 및 연구부의 항목에, 그리고(동시에) 2020년 「에너지-기후 펀드」 예산 항목에, 그리고 일반재정운영 등― 반영되어야 하기 때문이다. 여기서 언급된 연방 경제부처의 프로그램 중에 「에너지-기후 펀드」에 반영되는 것은 모두 합산되어 「에너지-기후 펀드」에 반영된다.[249]

연방정부의 2019년 10월 연방예산안 보완 요청에 부속되어 있는 부속서 3 "에너지-기후 펀드 경제계획"을 살펴보면 동 펀드의 지위를 짐작할 수 있게 한다. 이에 의하면 아래와 같이 요약할 수 있다. 2010년 『에너지 기본 계획』에 따라서 독일은 경쟁력 있는 에너지 가격과 높은 생활수준을 유지하면서 재생에너지, 에너지 효율성 개선, 기후보호, 그리고 환경 유지를 위해 선도적인 역할을 하도록 노력한다. 안정적 에너지 공급, 실효

248　Bundesministerium für Wirtschaft und Energie, "Regierungsentwurf des Bundeshaushalts 2021, Einzelplan 09", 9쪽 참조, https://www.bmwi.de/Redaktion/DE/Downloads/P-R/regierungsentwurf-des-bundeshaushalts-2021.pdf?_blob=publicationFile&v=4 (2021년 2월 12일 검색).

249　Bundesregierung, "Ergänzung des Entwurfs eines Gesetzes über die Feststellung des Bundeshaushaltsplans für das Haushaltsjahr 2020", 4쪽 참조, http://dipbt.bundestag.de/doc/btd/19/138/1913800.pdf (2021년 2월 12일 검색).

성 있는 기후 및 환경보호, 지불 가능한 에너지 공급은 독일이 장기적으로 경쟁력 있는 산업 입지로서 남을 수 있는 주요한 전제들이다. 『에너지 기본 계획』을 시행하는 데 2010년 입법을 통한 「에너지-기후 펀드」의 설립은 주요한 기여를 한다. 연방정부의 2011년 에너지 전환을 촉진하는 정책 결정 후에 2012년부터 배출권 경매 대금은 전부 동 펀드로 유입되었다. 2020년 경제계획에 따라 동 펀드는 연방예산으로 지원금을 받게 된다. 동 펀드는 그 외에도 2016년부터 2015년 7월 이후 합의한 에너지 효율성 대책과 「국가 에너지 효율성 행동계획(NAPE)」의 시행과 2018년 이후 청정 대기 긴급 프로그램의 대부분을 지원하고 있다. 2019년 가을, 연방기후 내각의 결정에 따라 2020년 경제계획부터 동 펀드는 『기후보호 프로그램 2030』을 실행하는 데 중심적인 기구가 되었다.[250]

3.11. 『독일 기후보호 법, Bundes-Klimaschutzgesetz』

『기후보호 프로그램 2030』에서 밝힌 감축 목표, 주요 내용 및 과제, 새롭게 도입된 제도, 기본 원칙과 방향, 그리고 시행 방식들은 2019년 12월 제정된 『독일 기후보호 법, Bundes-Klimaschutzgesetz』에 의해 보장받게 된다.

먼저 동법 제정의 배경에 대해서 알아보자. 기후변화는 현재와 미래 세대에 대해 큰 도전이다. 이에 독일은 파리 유엔기후변화협약과 유럽연합

---

250 앞의 책, 『Klimaschutzprogramm 2030 der Bundesregierung zur Umsetzung des Klimaschutzplans 2050』, 2016, 81쪽 참조.

의『기후-에너지 정책 기본 틀 2030』내에서 야심 찬 기후 목표를 표방한다. 이는 독일 연방정부의『기후보호 계획 2050』에 반영되고,『기후보호 프로그램 2030』에서 구체화된다. 2030년까지의 부문별 연간 감축 목표를 재확인하고 처음으로 제시하게 된다.

온실가스 배출량을 필요한 규모로 감축하고, 연방 예산의 심각한 부담을 피하기 위해서는 기후 조치가 강화되어야 하는데, 이 목적을 위해서는 모든 부문에서의 노력 외에도 전반적인 프레임 워크가 필요하다. 특히 법적으로 규정된 기후(감축) 목표와 각 부문에 대한 배출량 할당은 온실가스 감축 규모를 예측할 수 있게 하고, 기후 행동에 확실성을 부여한다. 이를 통해 2030년의 기후 목표를 달성하고, 파리협약 및 유럽연합의 요구사항 및 관련 규정들을 충족시킬 수 있다. 이에『2030 기후보호 프로그램』에서 약속한 사항을 안정적으로 확실하게 시행하기 위해 2019년『독일 기후보호 법, Bundes-Klimaschutzgesetz』을 제정하게 된다.[251]

동법의 목적은 독일의 국가 기후 목표를 달성하고 유럽연합 차원에서의 감축 책임과 의무를 다함으로써 기후변화의 영향으로부터 보호하고자 한다. 생태적, 사회적, 경제적 영향을 고려하면서, 동법의 토대는 파리협정의 약속에 따른 지구 평균온도 상승을 산업 혁명 이전 수준보다 2℃~1.5℃ 상승 이내로 억제하는 것이며, 2019년 9월「유엔 기후행동 정상회담」에서 약속한 2050년까지 '온실가스 중립'[252]이라는 장기 목표를 달성하는 것이다.

---

251 Federal Climate Change Act (Bundes-Klimaschutzgesetz), https://www.bmu.de/fileadmin/ Daten_BMU/Download_PDF/Gesetze/ksg_final_en_bf.pdf (2020년 6월 15일 검색).

252 동법 제2장 9항에서 "온실가스 중립"을 인류가 배출한 온실가스 양과 흡수원을 통한 같은 양의 감축과의 균형으로 정의한다. "net greenhouse gas neutrality is an equilibrium between the anthropogenic emissions of greenhouse gases from sources and the reduction in the volume of

동법의 제정의 토대가 되는 국내·외적 규정이나 법률의 근거를 살펴보는 것은 중요한 작업이다. 동법에서도 그 근거와 토대를 밝히고 있다.

특히 유럽연합과의 공조하에서 기후 대응이 시행됨으로 인해 우선 유럽연합의 규정, 지침, 법률에 관해 알아보자. 첫째로, 『Regulation (EU) 2018/1999 of the European Parliament and of the Council of 11 December 2018 on the Governance of the Energy Union and Climate Action』 규정이 있다. 2015~2018년 동안 유럽연합에서 유럽연합의 「에너지 연합, Energy Union」을 구축하면서, 『모든 유럽인들을 위한 청정에너지』를 위한 대책 등을 논의하고, 2018년도에 유럽연합의 「에너지 연합」의 구축과 탄소 중립을 달성할 수 있는 그간의 노력을 집대성한 동 규정을 공포한다. 즉 『유럽연합의 에너지-기후 거버넌스』를 구축하게 된다. 독일 연방정부 역시 동 규정 및 거버넌스에 따라 2030까지의 유럽연합 차원의 목표를 달성하도록 노력해야 하는데, 이는 독일 차원의 목표를 달성하는 과정과 대동소이하다고 할 수 있다.[253] 둘째로, "European Effort Sharing Regulation(ESR)"에 관한 규정으로, 유럽연합 회원국들이 Non-ETS 영역에서의 자국의 기여 및 책임을 분배하는 원칙과 방식

---

such gases by means of sinks."

253 독일은 유럽연합 기후 목표에 상응하면서, 독일 및 각 회원국은 자국의 『국가 에너지-기후 계획 2021-2030, National Energy and Climate Plan 2021-2030(NECP)』을 제출해야만 한다. NECP는 2019년까지 최종안을 제출해야 하고, 그리고 매 10년마다 새로운 NECP를 제출해야 한다. 2023년 6월까지 갱신 보고서를 제출하고, 2024년까지 평가를 받는다. 독일 및 각 회원국들은 NECP 개선보고서를 2023년 3월 15일까지 제출하고, 매 2년마다 새롭게 제출한다. 유럽연합은 개선보고서를 매 2년마다 평가한다. 이와 같은 한 가지 규정만 보더라도 유럽연합과 독일의 2030 목표를 시행하는 과정이 거의 동일한 경로를 거치는 것으로 알 수 있다. 더 자세한 것은 글상자 6과 3.9.3.1.절을 참조.

에 관한 것이다. 이것을 다룬 규정은 『Regulation (EU) 2018/842 of the European Parliament and of the Council of 30 May 2018 on binding annual greenhouse gas emission reductions by Member States from 2021 to 2030 contributing to climate action to meet commitments under the Paris Agreement and amending Regulation (EU) No 525/2013』이다. 이 규정에 토대를 두고 독일은 상대적 자율성을 가지면서 Non-ETS 영역, 즉 교통·수송, 주택·건물, 농업 등의 부문별 감축 목표 -『기후보호 프로그램 2030』의 새롭게 도입된 주요 내용 중 하나-를 설정할 수 있게 된다.[254] 셋째로, 'European Monitoring Mechanism Implementing Regulation'에 관한 규정으로 유럽연합 및 각 회원국이 에너지 및 기후 목표 달성의 정확성과 일관성을 위해 공동의 평가 및 보고 체계에 관한 시행 규정이다. 『Commission Implementing Regulation (EU) No 749/2014 of 30 June 2014 on structure, format, submission processes and review of information reported by Member States pursuant to Regulation (EU) No 525/2013 of the European Parliament and of the Council』이 그 규정이다.

국내적으로는 기후 행동 계획인 『기후보호 계획 2050, Klimaschutzplan 2050』과 『기후보호 프로그램 2030, Klimaschutzprogramm 2030』 문건이 그 토대가 되는 것이다.

주요 내용 및 조항을 살펴보도록 하자. 첫째로, 제3조에서 2030년까지 온실가스 배출량을 1990년 대비 적어도 55% 감축하기로 한다. 독일의 기후 목표는 유럽연합의 기후 목표나 글로벌 감축 목표에 부합해야 하고, 독

---

254   3.9.1.절 ESD와 ESR에 관하여 참조.

일 연방정부가 그 첫걸음을 떼야 한다. 동 기후 목표는 상향은 되더라도, 하향은 될 수 없다. 여태껏 독일의 감축 목표는 2050년까지 1990년 대비 80~95%이었다. 새로운 '2050 넷 제로' 목표는 탈화석연료 경제를 준비해야 하는 명백한 신호를 보냈다.[255]

둘째로, 제4조는 부문별 탄소 예산 제도 도입과 관련된 내용과 방식으로, 온실가스 배출 목록을 6개 부문별로 – 에너지, (제조)산업, 수송, 건물, 농업, 폐기물 및 기타 – 작성하여 부문별 연간 탄소 예산을 규정함으로써 연간 감축 목표를 부여한다. 부속서 2에 각 부문별 연간 감축 목표가 제시되어 있고, 2030년까지의 감축량을 파악할 수 있다. 부속서 1에는 각 부문별 온실가스 배출원을 『유럽연합의 모니터링 체계 시행 규정』의 '공통 보고 형식, common Reporting Format'에 따라 분류하는 체계를 보여주고 있다. 연간 배출 허용 예산은 법적인 구속성이 있다. 2031년부터의 연간 감축량 역시 상향되어야 한다.

도표 9. 독일의 연간 배출량 허용 예산 (단위: 백만 톤)
– Permissible annual emission budgets

온실 가스 연간 배출 예산	2020	2021	2022	2023	2024	2025	2026	2027	2028	2029	2030
에너지	280		257								175
산업	186	182	177	172	168	163	158	154	149	145	140
건물	118	113	108	103	99	94	89	84	80	75	70
수송	150	145	139	134	128	123	117	112	106	101	95
농업	70	68	67	66	65	64	63	61	60	59	58
폐기물과 기타	9	9	8	8	7	7	7	6	6	5	5

출처: 동법 부속서 2(제4조에 부처)

---

255 https://www.bmu.de/en/pressrelease/minister-schulze-climate-action-becomes-law-1/ (2020. 6. 15. 검색).

제3장 독일 2℃~1.5℃ 기후 거버넌스의 정책, 시행 방식과 역동적 구조 265

부문별 연간 실제 배출량이 연간 배출 허용 예산과 차이가 날 경우 그 차액은 다음 연도에(서) 이월 또는 차감될 수 있다. 목표 달성에 관한 부문별 책임은 주관 연방부처에 있다. 감축에 관련된 수단이나 대책의 마련과 시행 과정에 대한 권리와 책임이 주관 연방부처에 있게 된다. 책임과 권한이 중첩되는 부분에 대해서는 연방정부가 책임 부처를 지정할 수 있다.[256] 연방정부는 부문별 연간 배출량 할당의 변경을 할 수 있다. 2025년도에 2030년 후의 연간 배출량을 정하되, 그 규모는 매년 점차로 감축되도록 한다.

셋째로, 제5조 배출량 데이터 수집과 보고에 관한 조항으로, 연방환경청이 온실가스 배출에 관한 자료를 수집하고 『연간 보고서』를 발간하고 이를 「기후변화 전문가위원회, Council of Experts on Climate Change」에 매년 3월 15일까지 전달해야 한다. 연방환경청은 부문별 연간 실제 배출량이 연간 허용 배출량 예산보다 높은지, 낮은지 등에 관해 보고하고 소통한다.

넷째로, 제7조에 해당하는 조항으로 유럽연합 차원에서의 '노력공유결정' 규정에 따른 독일 연방정부와 주관 연방부처의 책임과 역할에 관한 것이다. 연방정부는 연방하원과 상원에 탄소 예산 초안의 개요를 제시해야 하는데, 부문별 이산화탄소 배출량과 탄소 예산의 관계에 대한 개요, '유

---

256 독일 연방경제부는 1998년 이후 독일 연방경제기술부로 개칭된다. 그 후 잠시 다른 명칭으로 불리다가 2005년 이후 다시 계속 그 명칭이 유지되다가 2013년에 연방경제에너지부로 개칭된다. 그리고 2021년 12월부터 연방경제기후보호부로 또다시 개칭이 된다. 경제와 시대적 연관성이 큰 분야와의 결합에 따라 통합적인 경제 부처의 역할이 강조되는 것 같다. 경제 분야와 에너지, 기후보호와의 통합적인 연계성이 점차로 커짐에 따라 부처의 명칭이 개칭되는 것으로 판단된다.

럽연합 노력공유결정' 규정하에서 확보한 독일의 배출 할당량에 대한 개
요, 할당 배출권의 구입량, 구입에 소요된 예산 등에 관한 내용을 제시해
야 한다.

다섯째로, 제8조로서 탄소 예산을 초과한 경우의 긴급 행동프로그램에
관한 조항이다. 부문별 탄소 예산을 초과할 경우, 주관 연방부처는 「기후
변화 전문가위원회」의 평가 보고 후 3개월 이내로 긴급 행동프로그램을
구축해야 한다. 연방정부는 긴급 행동프로그램의 대책들을 심사숙고하고,
전반적인 영향을 고려하면서 가능한 한 빨리 적절한 대책을 채택하되, '기
후변화 전문가위원회'의 평가를 거친 후에 채택해야 한다.

여섯째로, 제9조는 '기후보호 프로그램'에 관한 조항으로, 『기후보호 계
획 2050』에 따라 연방정부는 '기후보호 프로그램'을 채택해야 한다. 목표
를 달성하지 못했을 경우에는 필요한 대책을 통해 기존의 '기후보호 프로
그램'을 수정 및 갱신해야 한다. 이 경우 연방정부는 적절한 대책을 수립
해야 한다. 연방정부가 『기후보호 계획 2050』을 갱신할 경우, 주관 연방부
처 장관은 6개월 이내에 적절한 기후보호 프로그램의 수단을 제안해야 한
다. 이 제안에는 감축 효과의 과학적 평가와 함께 잠재적인 경제적, 사회
적, 환경적 영향에 대한 과학적 평가를 담아야 하는데, 연방 환경부가 연
방 경제에너지부의 자문을 얻어서 감축 효과에 대한 판단을 해야 한다. 연
방정부는 주정부, 지방자치단체, 기업 및 시민사회뿐 아니라 기후변화 과
학자 플랫폼 및 자문기관 등을 공청회 등을 통하여 모든 '기후보호 프로그
램'에 참여하도록 해야 한다.

일곱째로, 제10조 평가 및 보고에 관한 조항이다. 연방정부는 『연간 기
후행동』 보고서를 제출해야 한다. 또한 2021년 3월 31일까지, 격년마다

『기후 예상 보고서』를 제출해야 하는바, 명시된 온실가스 배출과 관련하여 채택된 정책과 수단에 대해서 보고하고, 동 정책과 수단의 예상 배출량을 보고한다. 『기후 예상 보고서』는 유럽연합에 3월 15일까지 격년마다 의무적으로 보고해야 하는 NECP의 『개선보고서』의 주요 내용의 일부가 된다.

여덟째로, 제11조, 12조항의 「기후변화 전문가위원회」에 관한 것이다. 기후변화 전문가위원회는 5명의 전문가로 구성된다. 한 번 5년 동안의 임기(재시명 가능)로 기후학, 경제학, 환경과학, 사회 분야의 전문가로서 탁월한 과학적 지식과 유경험자로서 감축 부문 전부를 아우르는 독립적인 전문가 그룹으로 구성된다. 이들은 연방환경청이 조사한 배출량 데이터를 검증하여 평가와 함께 하원과 정부에 보고해야 한다. 부문별 긴급 행동 프로그램 안이 제안되기 전에 이 감축안의 가정 및 전제들을 검증한다. 연방정부가 연간 탄소 예산의 변경이나 『기후보호 계획 2050』의 갱신 또는 '기후보호 프로그램' 채택을 할 경우 감축의 전제 및 가정에 관하여 자문에 응한다. 특별 보고서도 제시할 수 있다.

아홉째로, 제13, 14조로 공적 기관의 모범적 기능과 고려 사항에 관한 조항이다. 주정부나 지자체의 권한을 침해하지 않도록 시행해야 하며, 비용 효과적인 수단과 대책을 채택하도록 해야 하며, 주정부는 기후변화 대응 차원에서 그들의 고유의 입법권을 행사할 수 있으며, 연방정부와의 공조와 협력을 통해 대응해야 한다.

동법의 의의를 압축해보자. 독일 연방정부는 2019년 10월 9일 연방환경부의 제안에 기초하여 『독일 기후보호법, Bundes-Klimaschutzgesetz』을 발의한다. 동법은 2030년까지의 부문별 연간 감축 목표를 법적으로 규정하는 내용을 포함하고, 부문별 감축을 주관하는 책임 연방부처를 지정함으로써 2050 탄소 중립으로 향하는 로드맵을 제시한 최초의 국가가 되었다. 이에 연방환경부 장관 슐츠는 이렇게 말한다:

"우리는 독일 연방정부의 기후 목표를 처음으로 법적으로 보장하기로 결정했다. 지금부터 각 부문별 목표를 이루지 못할 경우, 누가 대응책을 책임지고 제시해야 하는지에 대한 명확한 규정이 있을 것이다. 우리는 과거의 실수로부터 배우는 중이다. 다시금 목표를 달성하지 못하는 경우를 방치하지 않을 것이다. 『기후보호 법』은 독일 연방정부가 기후협력으로 나가는 방식들을 근본적으로 개선할 것이다. 지금부터 모든 연방정부 부처는 기후행동 부처가 될 것이다."

끝으로 유럽 기후 법 초안과의 공조 방식을 세 가지 측면에서 찾아보자. 첫째로, 2030 목표와 탄소 중립 목표를 법적으로 보장하는 점이다. 둘째, 부문별 탄소 가격제를 도입하거나, 도입 필요성을 강조하는 측면이다. 특히 Non-ETS의 교통과 건물 부문에도 ETS 제도를 확장하려는 정책을 들 수 있다. 셋째로, 이해당사자와 시민들의 참여를 법적으로 보장하고자 하는 점이다. 물론 그 외에도 다양한 차원에서 공조 방식을 찾을 수 있다.

법적으로 규정된 기후(감축) 목표와 각 부문에 대한 배출량 할당은 온실가스 감축 규모를 예측할 수 있게 하고, 기후 행동에 확실성을 부여한다. 이를 통해 2030년의 기후 목표를 달성하고, 파리협약 및 유럽연합의 요구 사항 및 관련 규정들을 충족시킬 수 있다. 이에 독일의 '2030 기후보호 프로그램'에서 약속한 사항을 안정적으로 확실하게 시행하기 위해

2019년『독일 기후보호 법, Bundes-Klimaschutzgesetz』을 제정하게 된다. 동법의 토대는 파리협정의 약속에 따른 지구 평균온도 상승을 산업혁명 이전 수준보다 2℃~1.5℃ 상승 이내로 억제하는 것이며, 2019년 9월 「유엔 기후행동 정상회담」에서 약속한 2050년까지 '온실가스 중립'이라는 장기 목표를 달성하는 것이다.

마찬가지로『유럽 그린 딜』은 유럽연합의 기후변화 대응함에 있어 모든 분야와 차원에서 대전환을 알려주는 신호탄이 되었다. 1.5℃ 목표와 탄소 중립 목표로의 대전환을 알려주었다. 후속 조처로 2020년 3월까지『유럽 기후 법, European Climate Law』초안을 제시하도록 하였다. 이 법(규정)을 통해 1.5℃ 목표와 2050년까지 탄소 중립(온실가스 중립)의 목표를 달성하도록 법적 구속력을 부여하고, 확고한 의지를 보여주려 하였다. 법 제정은 확실성을 담보하기 때문이다.

『독일 기후보호 법, Bundes-Klimaschutzgesetz』제4조는 부문별 탄소 예산 제도 도입과 관련된 내용과 방식으로, 온실가스 배출 목록을 6개 부문별로 작성하여 부문별 연간 탄소 예산을 규정함으로써 연간 감축 목표를 부여한다. 부속서 2에 각 부문별 연간 감축 목표가 제시되어 있고, 2030년까지의 감축량을 파악할 수 있다. 2050년까지의 탄소 중립의 궤적도 만들어야 한다. 특히 유럽연합의 ESR 규정에 기초하여서 교통·수송, 건물 등의 Non-ETS 영역의 부문별 연간 탄소 예산제를 실시한다. 그리고『기후보호 프로그램 2030』에서 새로 도입한 탄소 가격제를 적용하여, 교통과 건물 부문에까지 ETS를 확장한다.

EU는『유럽 기후 법』초안을 통하여 유럽연합이 탄소 중립 목표를 달성할 수 있는 기본 틀을 구축하고, 경로를 설정할 수 있는 방향을 제시하고, 진전 상황 및 결과를 모니터링하고, 필요한 정책 제안 및 수정할 수 있는 메커니즘을 위한 제반 여건을 제공할 것이다. 제3조에서는 2030~2050 기간 동안의 탄소 중립 경로를 설정하라는 주문도 한다. 이 주문에 따라 EU는 2020년 9월, 『2030 climate target plan, Stepping up Europe's 2030 climate ambition. Investing in a climate-neutral future for the benefit of our people』을 발표하면서 2030년의 55% 감축 목표와 탄소 중립을 위해서는 탄소 가격제가 더 확장되어야 할 필요성을 강조한다. 특히 교통과 건물 부문에서의 감축이 탄소 중립의 열쇠라고 평가하면서, EU-ETS 제도를 이 부문까지 확장하기를 권고한다. 이는 ETS 제도의 비용효과적인 장점도 살릴 수 있고, 행정 편의성도 더 활용할 수 있는 이점도 있기 때문이다.[257] ETS 제도를 교통과 건물 부문에까지 확장하려는 정책은 『독일 기후보호법』과 『유럽 기후 법』 초안, 그리고 EU의 『2030 climate target plan, Stepping up Europe's 2030 climate ambition. Investing in a climate-neutral future for the benefit of our people』에서 상당한 수준의 공조를 보여준다고 할 수 있다. 나아가 EU의 2030 목표의 새로운 개정판인 『'Fit for 55': delivering the EU's 2030 Climate Target on the way to climate neutrality』에서 이 정책은 구체화되어 나타난다.

257　European Commission, COMMUNICATION FROM THE COMMISSION TO THE EUROPEAN PARLIAMENT, THE COUNCIL, THE EUROPEAN ECONOMIC AND SOCIAL COMMITTEE AND THE COMMITTEE OF THE REGIONS, 『Stepping up Europe's 2030 climate ambition. Investing in a climate-neutral future for the benefit of our people』, 2020 참조. https://eur-lex.europa.eu/legal-content/EN/TXT/?uri=CELEX:52020DC0562.

『독일 기후보호 법』에서 시민을 포함한 이해당사자와 전문 과학자들의 참여를 주문한다. 연방정부는 주정부, 지방자치단체, 기업 및 시민사회뿐 아니라 기후변화 과학자 플랫폼 및 자문기관 등을 공청회 등을 통하여 모든 '기후보호 프로그램'에 참여하도록 규정하고 있다. 제11조, 12조항의 「기후변화 전문가위원회」의 설치도 주문한다. 동일한 목적으로 『유럽 기후 법』 초안 역시 제8조에서 기후중립의 달성에 기여할 수 있는 좋은 관습, 행동, 정책 등을 공유하기 위해 국가 · 지역 등 모든 차원에서 시민사회, 시민, 사회 활동가 등의 참여를 촉진하도록 규정하고 있다.

3.11.1. 『개정 기후보호 법 2021, Klimaschutzgesetz 2021』

독일의 『기후보호 법』이 2021년 개정되는바, 그 배경을 살펴보자. 독일의 탄소 중립으로 가는 경로는 기후보호 법에 명시되어 있다. 2021년 4월 29일 연방헌법재판소의 결정과 유럽연합의 상향된 2030 새로운 감축 목표 설정을 고려한 결과로 동법을 개정하게 된다. 유럽연합은 2019년 이후 2030 감축 목표를 40% 감축에서 55%로 상향시켰다. 독일 연방정부는 『기후보호 법 개정안』을 2021년 5월 12일 제안한다. 연방하원은 5월 24일 통과시키고, 연방상원은 6월 25일 통과시킨다.

『개정 기후보호 법 2021, Klimaschutzgesetz 2021』의 목표를 알아보자. 독일 연방정부는 개정된 법의 정신을 "기후를 위한 세대 간의 계약"으로 부르면서 2030년 감축 목표인 1990년 대비 55% 감축 목표를 더 강화하여 65%까지 감축하기로 하고, 2045년까지 탄소 중립 목표를 앞당긴다.

2019년 독일『기후보호 법』을 2021년『개정 기후보호 법 2021』[258]로 개정하면서 강화된 목표를 밝힌다. 감축 목표는 2030년도까지 1990년 대비 65% 감축, 2040년까지 88% 감축하고, 2045년도에는 탄소 중립을 달성하는 것이다. 2030년 감축 목표는 기존의 55% 감축에서 10% 포인트 상향된 65% 감축이 되었다.

『개정 기후보호 법 2021, Klimaschutzgesetz 2021』의 의의를 찾아보자. 연방헌법재판소의 결정은 현재 젊은 청년의 자유라는 기본권이 미래에 불공평하게 제한되는 것을 피할 수 있도록 국가가 적극적으로 나설 것을 주문한 것이다. 즉 세대 간의 형평성을 주문한 것이다. 연방정부는 '개정 기후보호 법'과 함께 기후변화와 관련된 특별한 도전을 안게 되었다. 연방환경부 장관은 이렇게 말한다:

"우리는 동법을 통해 세대 간의 형평성을 더 높이고, 계획의 확실성을 더 높이면서 보다 단호하게 기후보호를 할 수 있게 되었다. 경제에 부담을 주지 않고 구조 개혁과 현대화를 불러올 것이다. 동법은 우리에게 커다란 과제를 제시하는데, 이는 단지 숫자가 아니라 우리 미래의 삶, 생산, 난방 방식에 관한 것이며, 정치의 많은 영역에 관한 것이기 때문이다."[259]

---

258 BMUV, 『Klimaschutzgesetz 2021』, https://www.bmuv.de/fileadmin/Daten_BMU/ Download_PDF/Glaeserne_Gesetze/19._Lp/ksg_aendg/Entwurf/ksg_aendg_bf.pdf (2022 년 4월 15일 검색). https://www.bundesregierung.de/breg-de/themen/klimaschutz/ klimaschutzgesetz-2021-1913672 (2021. 9. 8. 검색).

259 https://www.bmu.de/pressemitteilung/novelle-des-klimaschutzgesetzes-beschreibt- verbindlichen-pfad-zur-klimaneutralitaet-2045/ (2021년 9월 8일 검색).

『개정 기후보호 법 2021』의 주요 내용은 다음과 같다. 감축 목표는 2030년도까지 1990년 대비 65% 감축, 2040년까지 88% 감축하고, 2045년도에는 탄소 중립을 달성하는 것이다. 2030년 감축 목표는 기존의 55% 감축에서 10% 포인트 상향된 65% 감축이 되었다. 이는 부분별 감축 목표 역시 상향되는 것을 의미한다. 기존의 기후보호 계획, 프로그램, 제도 및 대책들이 보완 및 개정을 통해 강화되는 것을 뜻한다.

모니터링 과정도 강화되는바, 「기후변화 전문가위원회」는 달성한 목표 수준, 대책, 추세에 관하여 2022년부터 격년간 평가서를 제출해야 된다.

재정 지원이 충분치 못할 경우에는 연방정부는 추가로 예산을 편성해야 한다.

2040년에는 1990년 대비 88% 감축을 달성해야 하므로 『개정 기후보호 법』은 2031~2040년간의 연간 감축 목표(연간 배출량 허용 예산)를 구체화시킬 것을 주문한다. 2045년에는 탄소 중립을 달성하고, 2050년 후에는 마이너스 배출을 위해 노력할 것을 주문한다.

개정된 법은 자연 생태계가 - 숲, 습지, 해양 등 - 탄소 흡수원으로서 기후보호에 기여할 것을 강조한다. 탄소 저장고의 역할을 더 제고할 수 있는 구체적인 대책을 강구할 것을 요청한다.

연방정부는 상향된 목표 달성을 위해서 2021년 6월에 「80억 유로 - 긴급 프로그램」을 결정한다. 단기적으로 효과를 볼 수 있는 대책들을 집중적으로 지원할 계획이다.

도표 10. 독일의 수정된 부문별 연간 배출량 예산(2021~2030년)

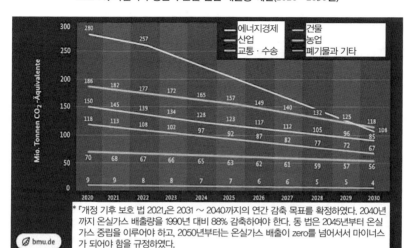

출처: 독일 연방환경부, https://www.bmu.de/pressemitteilung/novelle-des-klimaschutzgesetzes-beschreibt-verbindlichen-pfad-zur-klimaneutralitaet-2045/

유럽연합의 기후 정책에 상응하고 협조적인 대책을 취하도록 하는데 특히 탄소 가격제의 표준화를 위해서 협조할 것을 요청하였다.

연방정부는 세대 간의 형평의 원칙뿐 아니라 계획에 대한 신뢰를 부여하는 것도 주요한 기준으로 여긴다. 이정표는 아래와 같다. 2023~2030년까지 부문별 연간 감축 목표를 상향 조정하고, 2024년도에 2031~2040년까지의 연간 배출량도 법적으로 확정해야 한다.[260] 2032년까지 2041~2045년까지 연간 감축 목표를 확정해야 하고, 2034년까지 부문별

---

260 '개정 기후보호 법 2021' 초안의 부속서 2, 3 참조. 에너지 부문과 산업 부문에서 감축 목표가 더 강화되었다. 이는 이 두 부문의 배출량이 가장 크고, 또한 경제적 관점에서 가장 비용 효과적으로 감축할 수가 있기 때문이다. 특히 재생에너지 확대는 타 분야의 감축에 열쇠가 되기 때문이기도 하다.

연간 감축 목표를 늦어도 확정해야 한다.

『개정 기후보호 법 2021』의 개정 과정은 국내 차원뿐 아니라 『유럽 기후 법』과 EU의 새로운 '2030 목표'와의 탄탄한 공조의 차원에서 진행이 된다. 이 점을 더 살펴보자.

독일 연방정부는 『개정 기후보호 법 2021』에서 새롭게 강화된 감축 목표를 제시하는바, 2030년도까지 1990년 대비 65% 감축, 2040년까지 88% 감축하고, 2045년도에는 탄소 중립을 달성하는 것이다. 2030년 감축 목표는 기존의 55% 감축에서 10% 포인트 상향된 65% 감축이 되었다. 이는 EU의 감축 목표 상향 조처(40%에서 55%)를 고려한 것이다. 강화된 종합적 감축 목표는 부분별 감축 목표 역시 상향되는 것을 의미한다. 기존의 포괄적인 기후보호 계획, 프로그램, 제도 및 대책, 그리고 부문별 계획과 대책들이 보완 및 개정을 통해 강화되는 것을 뜻한다.

『유럽 기후 법』은 『유럽 기후 법』 초안에서 제안한 것이 거의 그대로 반영되고, 추가 및 강화되어 2021년 6월 30일 제정된다.[261] 2050년까지 유럽연합의 경제와 사회가 탄소 중립이 될 것을 주문한 유럽 그린 딜의 목표를 그대로 반영하여, 1.5℃ 목표와 함께 2030 목표인 40% 감축 목표를 상향하는 계획에 대한 여러 차원의 영향 평가를 거친 뒤, 2030 감축 목표를 55%로 확정한다. 동법은 유럽연합의 모든 정책이 동 목표의 달성에 기여하도록, 경제와 사회의 모든 부분이 각자의 역할을 하도록 규정하고 보장하였다. 이렇게 독일과 EU는 지속적, 반복적으로 상호 피드백을 통해 공조하고 있음을 알 수 있다.

---

261 Regulation (EU) 2021/1119 of the European Parliament and of the Council of 30 June 2021, establishing the framework for achieving climate neutrality and amending Regulations (EC) No 401/2009 and (EU) 2018/1999 ('European Climate Law'), https://eur-lex.europa.eu/legal-content/EN/TXT/?uri=CELEX:32021R1119.

『개정 기후보호 법 2021, Klimaschutzgesetz 2021』에서 독일 연방정부는 재정 지원이 충분치 못할 경우에는 추가로 예산을 편성해야 한다. 연방정부는 상향된 목표 달성을 위해서 2021년 6월에 「80억 유로 - 긴급 프로그램」을 결정한다. 단기적으로 효과를 볼 수 있는 대책들을 집중적으로 지원할 계획이다.

『유럽 기후 법』 4조 2항에서는 투자를 끌어내기 위한 적절한 수단이나 인센티브를 유럽연합의 법 테두리 내에서 평가하고 필요한 조치를 제안할 것을 주문한다. 아울러 항목 (28)에서 유럽연합 예산과 'European Union Recovery Instrument'에서 지출의 30% 이상은 기후 목표를 지원하도록 하였다. 이러한 주문은 후속 조치에 고스란히 반영된다. 재정지원의 의지를 확인할 수 있다.

『독일 기후보호 법』은 2019년 이미 「기후변화 전문가위원회」의 구성을 요청하였는데,『개정 기후보호 법 2021, Klimaschutzgesetz 2021』에서는 모니터링 과정도 강화하는바, 기후변화 전문가위원회는 달성한 감축 목표 수준, 대책, 추세에 관하여 2022년부터 격년간 평가서를 제출해야 된다.

『유럽 기후 법』 초안에서『유럽 기후 법』에 추가한 사항 중에 중요한 점은 기후변화 전문 과학자들의 역할을 더 강화시킨 점이다.『유럽 기후변화 과학자문위원회, European Scientific Advisory Board on Climate Change』가 기후변화에 관하여 독립적으로 과학적, 기술적 자문을 제공하는 연결점으로 기능하고 역할을 할 것을 강조한다. 특히 EU의 기존의 감축 수단, 기후 목표, 탄소 예산제가 동법 및 파리협정과 상응하는지 여부에 대해서 과학적 자문을 제공하고 보고서를 발행하도록 하였다. 감축과 관련된 모델링, 모니터링, 연구·혁신 분야에서의 과학적 지식의 교류에 기여하도록 하였다. 유럽연합이 기후 목표를 달성하는 데 필요한 행동이나 기회에 대해 조언할 수 있도록 하였고, 기후변화 대응의 과학적 성격을 강조하면서 ipcc나 ipbes 등 권위적인 과학적 기관들의 최신 자료들을 바탕으로 작업할 것을 주문하였다. 그리고 각 회원국이 자국의 기후 자문기구를 구성하기를 요청한다.[262]

『개정 기후보호 법 2021, Klimaschutzgesetz 2021』은 2040년에는 1990년 대비 88% 감축을 달성해야 하므로 2031~2040년간의 연간 감축 목표(연간 배출량 허용 예산, ESR 규정에 의한 AEA)를 구체화시킬 것을 주문한다. 2045년에는 탄소 중립을 달성하고, 2050년 후에는 마이너스 배출을 위해 노력할 것을 주문한다. 나아가 자연 생태계가 - 숲, 습지, 해양 등 - 탄소 흡수원으로서 기후보호에 기여할 것을 강조한다. 탄소 저장고의 역할을 더 제고할 수 있는 구체적인 대책을 강구할 것을 요청한다.

『유럽 기후 법』도 2030~2050년까지의 유럽연합의 탄소 예산에 기초하여 2040 목표를 설정하는 작업도 개시할 것을 주문한다. 이와 동시에 2030~2050년까지의 온실가스(탄소)예산에 관한 보고서 - 탄소예산과 탄소흡수 규모를 분리하여 - 를 공포할 것이다. 그리고 기후변화 적응이나 토지 사용 및 산림 이용 규제의 방식으로 탄소저장고의 역할을 강조한다. 2030 목표를 강화하는 차원에서 탄소저장고의 탄소 흡수를 통한 감축량을 2억 2,500만 톤 CO_2eq까지로 제한할 것을 권고하였다. 제10조에서 다양한 영역 및 분야에서 탄소 중립으로 가는 경로의 특성을 준비하기 위한 작업에도 관여하고, 그리고 그 경로에 대한 모니터링을 할 것을 약속한다. 더 구체적이고 체계적인 탄소 중립 거버넌스를 구축하기 위한 필요한 과

---

262 독일의 경우 이미 2019년 독일 기후보호 법을 제정할 당시 같은 차원에서 과학 자문위원회를 구성하였다.

정이라고 판단된다.[263]

EU는 이미 『유럽 기후 법』 초안 제3조에서는 2030~2050년 기간 동안의 탄소 중립 경로를 설정하라는 주문도 하였다. 이 주문에 따라 EU는 2020년 9월, 『2030. climate target plan, Stepping up Europe's 2030 climate ambition. Investing in a climate-neutral future for the benefit of our people』을 발표하면서 2030년의 55% 감축 목표와 탄소 중립을 위해서는 탄소 가격제가 더 확장되어야 할 필요성을 강조한다. 특히 교통과 건물 부문에서의 감축이 탄소 중립의 열쇠라고 평가하면서, EU-ETS 제도를 이 부문까지 확장하기를 권고한다. 이는 ETS 제도의 비용효과적인 장점도 살릴 수 있고, 행정 편의성도 더 활용할 수 있는 이점도 있기 때문이다.[264] ETS 제도를 교통과 건물 부문에까지 확장하려는 정책은 『독일 기후보호 법』과 『유럽 기후 법』 초안, 그리고 EU의 『2030 climate target plan, Stepping up Europe's 2030 climate ambition. Investing in a climate-neutral future for the benefit of our people』에서 상당한 수준의 공조를 보여준다고 할 수 있다. 나아가 EU의 2030 목표의 새로운 개정판인 『'Fit

---

263　새롭게 추가된 유럽집행부의 역할과 기능 중에 분야별 로드맵 작업이나 모니터링에 관한 것은 수송이나 건물 분야에서 특히 탄소 가격제를 통하여 55% 감축 목표 달성에 기여할 수 있는 잠재성을 평가에 기초한 것이다. 이 점은 유럽 그린 딜에서 이미 언급한 것이다. COMMUNICATION FROM THE COMMISSION, 『Stepping up Europe's 2030 climate ambition, Investing in a climate-neutral future for the benefit of our people』을 참조. 'Fit for 55'에서는 탄소 흡수원을 통한 감축 범위를 다시금 3억 1,000만 톤까지 확대하고자 한다.

264　COMMUNICATION FROM THE COMMISSION TO THE EUROPEAN PARLIAMENT, THE COUNCIL, THE EUROPEAN ECONOMIC AND SOCIAL COMMITTEE AND THE COMMITTEE OF THE REGIONS, 『Stepping up Europe's 2030 climate ambition. Investing in a climate-neutral future for the benefit of our people』, 2020 참조. https://eur-lex.europa.eu/legal-content/EN/TXT/?uri=CELEX:52020DC0562.

for 55': delivering the EU's 2030 Climate Target on the way to climate neutrality』에서 이 정책은 구체화되어 나타난다.

　『55% 목표에 맞추어서: 유럽연합의 기후중립을 향한 2030 기후 목표를 전달하며, 'Fit for 55': delivering the EU's 2030 Climate Target on the way to climate neutrality』는 EU의 2030 목표의 새로운 개정판이다. 새로운 목표, 새로운 감축 방식, 새로운 제도를 많이 도입하고, 2021년 7월에 1.5℃ 목표와 탄소 중립을 위한 구체적인 로드맵을 제시한 것이다. 새로운 제도 중 가장 주목할 방식과 제도는 다름 아닌 교통·수송과 건물 분야를 포괄하는 새로운 EU-ETS 제도를 2026년부터 도입하는 방안이다. Non-ETS 분야에 탄소 가격제를 ETS 방식으로 독립적으로 실시하는 것이다.[265] 앞서 보았듯이, 독일의 2019 『기후보호 프로그램 2030』, EU의 『2030 climate target plan, Stepping up Europe's 2030 climate ambition. Investing in a climate-neutral future for the benefit of our people』, 『유럽 기후 법』 등의 깊숙한 공조가 만들어낸 작품이라고 할 수 있을 것이다.

　EU의 2030 목표의 새로운 개정판인 『'Fit for 55': delivering the EU's 2030 Climate Target on the way to climate neutrality』는 "1.5℃" 목표와 "탄소 중립" 목표의 기후 거버넌스로 강화되는 구체적인 제안서를 제시하였다. 『유럽 기후 법』에 의해서 보장받은 다차원의 법 개정을 시행할 것

265　European Commission, Brussels, 14.7.2021, COM(2021) 550 final COMMUNICATION FROM THE COMMISSION TO THE EUROPEAN PARLIAMENT, THE COUNCIL, THE EUROPEAN ECONOMIC AND SOCIAL COMMITTEE AND THE COMMITTEE OF THE REGIONS, 『'Fit for 55': delivering the EU's 2030 Climate Target on the way to climate neutrality』, 2021, 6~7쪽 참조. https://eur-lex.europa.eu/legal-content/EN/TXT/?uri=CELEX%3A52021DC0550.

을 주문한다. 경제, 사회, 산업을 가로지르며 필요한 거대한 전환을 수행하는 데 필요한 제도나 수단들을 제안하면서, 동시에 2030년까지 1990년 대비 55% 감축 목표와 탄소 중립이라는 강화된 목표 달성에 필수적인 관련 대책이나 지침 등의 일련의 개정 작업을 - 앞서 언급한 방식으로 EU-ETS 강화 및 확장, ESR 강화 및 확장, 재생에너지 비중 확대, 에너지 효율성 개선 등 - 추진할 것을 요청한다. 유럽집행위원회 동 패키지에서, 실제로 EU-ETS 제도를 통한 감축 목표를 상향 조정하여 2005년 대비 43%에서 61%로 제안하고,[266] ESR 제도를 통한 감축 목표 역시 30%에서 40%로 상향 조정할 것을 제안하였다. 이 상향된 목표를 달성하기 위해 감축의 핵심적인 기술적 방식인 재생에너지 비중을 상향하고, 에너지 효율성 개선 수준도 상향할 것을 연계해서 제안한 것이다.[267] 유럽연합 집행위원회는 재생에너지 비중을 32%에서 40%로,[268] 에너지 효율성 개선 수준을 36~39%로 상향할 것을 제안하였다.[269] 이러한 과정은 유럽연합 차원의

---

266 추가적으로 배출권의 무상할당은 2026년부터 단계적으로 매년 10%p씩 폐지될 예정이다.

267 European Commission, Brussels, 14.7.2021, COM(2021) 550 final COMMUNICATION FROM THE COMMISSION TO THE EUROPEAN PARLIAMENT, THE COUNCIL, THE EUROPEAN ECONOMIC AND SOCIAL COMMITTEE AND THE COMMITTEE OF THE REGIONS, 'Fit for 55': delivering the EU's 2030 Climate Target on the way to climate neutrality 참조.

268 건물 에너지 사용량 중 재생에너지의 최소 의무 비중도 법제화되었는데, 2030년까지 건물에서 활용되는 에너지 중 재생에너지 비중은 최소 49%에 이르러야 함. 산업 부문 재생에너지 이용률은 연간 1.1%p 증가 등이 제시되었다. 산업이나 수송 분야 등 재생에너지 확장이 어려운 영역에서는 청정 수소 같은 재생연료를 촉진하고자 한다.

269 https://ec.europa.eu/info/strategy/priorities-2019-2024/european-green-deal/delivering-european-green-deal_en (2021년 12월 1일 검색). 기준점이 2020년으로 변경되면 2030년까지 9% 증가가 목표가 된다. 특히 '건물 에너지 시행 지침'의 개정은 건물의 갱생과 에너지 효율성 개선을 촉진할 것이다.

기후 거버넌스의 역동적 구조를 잘 말해주고 있다.

그 외에도 관련된 법을 제정·개정하고, 신규 제도를 많이 제안하고 있다. 주요한 내용을 간추려보자면, 승용차 및 소형 운반차량의 온실가스 배출 규정에 대한 개정을, 에너지 세제 지침 개정[270]을 제안하고, 탄소 흡수원 관련 제도 정비 차원에서 토지·산림·농업 규정을 개정할 것을 주문하고 있다. 그리고 새롭게 '탄소 국경 조정' 규정을 제안하고, '사회적 기후 기금' 도입을 추진할 것을 제안한다.

관련된 법의 개정 및 제정의 배경과 의미에 대해서 짧게 살펴보면, 감축 목표가 40%에서 55%로 상향 조정되기 때문에 이에 상응한 조처로서 기존의 지침 및 규정들이 확장 및 강화되어야 하며, 필요한 경우 새롭게 도입되어야 하기 때문이다. '탄소 국경 조정 제도'에 대한 제안은 EU 역외 제품의 생산 과정에서 발생한 온실가스에 배출 비용을 지불하도록 해[271] 탄소누출의 위험[272]을 줄이기 위해 마련되었으며, 이와 관련하여 기존 EU-ETS의 무상할당을 단계적으로 축소할 것을 주문한다.[273] EU 전체 온실가스 배출의 1/4을 차지하는 교통·수송 부문[274]과 건물 부문에 탄소 가

---

270 기후 및 환경 보전 목표에 상응하게 기존의 에너지 세제를 강화하고 화석에너지 사용에 대한 보조금을 없애고, 청정에너지 사용을 촉진하는 방향으로 개정할 것이다. 『Fit for 55』, 9~10쪽 참조.

271 주요 배출집약 산업인 철강, 시멘트, 전력, 알루미늄, 비료에 적용되며, 제품의 생산 공정에서 발생하는 직접 배출에만 적용할 예정이다. 『Fit for 55』, 7쪽, 12쪽 참조.

272 한 국가에서의 기후정책으로 인한 비용 상승 때문에 자국 기업들이 온실가스 관련 규제가 약한 국가로 생산 시설을 이전하는 것을 의미한다.

273 EU-ETS의 무상할당도 2026년 이후 단계적으로 축소될 예정이며, 2035년에는 완전히 폐지될 것으로 계획되어 있다.

274 수송 부문의 온실가스 감축은 'Fit for 55'의 주요 사항으로 강조되었는데, 이는 EU 집행위가 '유럽 그린 딜'의 성공이 운송시스템의 지속가능성 확보 여부에 달려 있다고 간주하기 때문이다. 수송 부문은 유럽 전체 온실가스 배출의 약 1/4을 차지하며 배출이 지속적으로 증가하고 있

격제의 도입이 필요하다는 점이 강조되었고, 이에 EU-ETS와는 별도의 새로운 배출권 거래제 도입이 예고되었다. 도로수송과 건물 부문의 새로운 배출권거래제 도입으로 대부분의 시민에게 영향을 끼치게 되는데, 특히 에너지 빈곤층에의 부정적 영향이 예상되자, 이를 보완하기 위한 '사회적 기후기금'의 도입[275]도 함께 제시되었다. 아울러 재정 지원 계획도 주요한 내용에 포함함으로써 녹색 전환에 대한 신뢰를 더하고자 하였다.[276]

는 유일한 부문으로, 2050 탄소 중립 목표 달성을 위해서는 수송 부문의 온실가스 배출이 2050년까지 1990년 대비 90% 감소해야 하기 때문이다. 따라서 수송(연료) 부문에 관하여 네 개의 제안이 이루어졌다. 승용차 및 소형 운반차량의 온실가스 배출과 관련된 표준에 관한 규정도 개정되어, 2035년부터 내연기관차의 판매가 실질적으로 금지된다. 물론 감축을 위해서 탄소 가격제만이 아니라, 다양한 수단도 적용되는데, 특히 전기 충전소 설치 확장 등 인프라를 개선하고 확충할 것을 제안하고 있다. 배터리 가치 사슬도 지속적으로 확장함과 동시에.

275 사회적 연대와 통합은 기후 대응에 있어서 일관되게 추진되어 온 기본 원칙 중 하나이다. 동 원칙하에 '사회적 기후 기금'이 조성된다. 유럽연합에서 에너지 빈곤 계층은 약 3,400만 정도로 추산된다. 기금은 새롭게 도입될 도로수송 · 건물 부문 배출권 거래제를 통한 수입과 EU 예산으로 조성된다. 도로수송 · 건물 부문 배출권 거래제로 마련되는 기대 수입 중 25%가 동 기금에 투입될 것이며, 다년도 예산인 MMF 2025~2032를 통해서 전체 회원국에 722억 유로가 직접 소득지원 또는 녹색 투자금으로 지출된다. 각 회원국은 동 기금의 지출 규모에 상응한 대응(기여) 자금으로 지출한다. 따라서 사회적 기후 기금의 총 규모는 2025~2032년 동안 1,444억 유로 정도가 될 것이다. 추후에는 신 배출권 거래제를 통한 경매 수입도 포함할 계획이다. 동 기금은 에너지 빈곤층, 사회적 취약 계층이나 소상공인을 지원하는 데 사용되며, 에너지효율 향상, 신규 냉난방시스템 도입 등에 활용되어 에너지 빈곤 계층이 청정에너지로의 전환을 활용하도록 할 것이다. 『Fit for 55』, 4~5쪽 참조. '사회적 기후 기금' 조성에 대한 반응을 살펴보면, 일부 국가들을 중심으로 '사회적 기후 기금'이 에너지비용 상쇄에 충분하지 않은 수준이라는 지적이 나오는 반면, 환경비용 상승을 우려한 산업계의 반발도 있다. 난방 부문 배출 개선을 위해서는 가정의 보일러 교체 등 개선작업이 필요하나, 이는 즉각적으로 이루어질 수는 없기 때문에, 유럽 내 자동차 제조업체들과 항공 부문, 중공업 부문 등의 산업계의 반발이 거세다. Financial times, 2021. 7. 14. 참조. '탄소 국경 조정'의 도입과 관련해서는 EU와 교역량이 많은 러시아, 터키, 중국 등의 주변국들의 반대도 거세다. Financial times, 2021. 7. 17. 참조.

276 『유럽 그린 딜』에서 2030 목표와 2050 탄소 중립 목표를 확실히 달성하기 위해서 재정 지원 계획을 밝혔듯이, 『Fit for 55』에서 재정지원 계획을 분명히 함으로써 녹색 전환을 확실

2019년 유럽연합이 천명한 『유럽 그린 딜』이 제시한 일련의 후속 작업의 모든 결과물을 집대성하고, 새롭게 디자인한 패키지가 『'Fit for 55': delivering the EU's 2030 Climate Target on the way to climate neutrality』이다. 따라서 『Fit for 55』는 『유럽 그린 딜』의 다른 이름인 것이다. 2030년까지 유효한 이름인 것이다.

이에 『Fit for 55』의 의의와 특성을 밝혀볼 필요성이 있다. 첫째로, 여러

하게 시행하고자 하는 의지를 보여준다. 첫째, 탄소 중립 사회로의 전환을 주류화하면서, NextGenerationEU라는 녹색전환 맞춤형 패키지를 구성하여 2021~2027년도 유럽연합 재정의 37% 이상을 여기에 투입하기로 한다. 이는 녹색 전환과 관련된 정책의 시행 가능성이나 투자활동의 미래 예측성에 확신을 줄 뿐 아니라, 나아가 탄소 집약적인 분야에 대한 투자는 자물쇠 효과의 위험성이 크고, 좌초자산이 될 위험성이 크다는 메시지를 주기도 한다. 연구와 혁신 기금인 'Horizon Europe'의 35%를 녹색 투자를 위해 사용하기로 한 것 역시 궤를 같이하고 있다. 'Recovery and Resilience Facility' 기금 역시 37% 이상을 녹색 전환에 사용하기로 하였다. 사적 투자를 지원하는 그 밖의 재정 전략도 기여할 것이다. 『Fit for 55』, 11~12쪽 참조. 둘째, 도로수송·건물 부문의 새로운 배출권거래제 도입으로 대부분의 시민에게 영향을 끼치게 되는데, 특히 에너지 빈곤층에의 부정적 영향이 예상되자, 이를 보완하기 위한 '사회적 기후 기금'의 도입도 함께 제시되었다. 셋째, 현존하는 연대 메커니즘으로 작동하는 Cohesion Fund, Just Transitions Fund and European Social Fund Plus 등이 있다. 『Fit for 55』, 4쪽 참조. 2018년 유럽연합의 전략적 장기 목표에서도 밝혔듯이, 『융커 플랜』과 -「European Fund for Strategic Investment(EFSI)」의 중심축으로서-「EU cohesion policy funds」을 통하여 약 700억 유로가「에너지 연합 전략」의 수행을 위해서 제공된다. 「다년간 복합 재정 기본 틀, Multiannual Financial Framework」의 25% 정도를 기후보호를 주류화하는 데 배정하고자 하는 유럽집행부의 제안은 투자의 촉진제 역할을 할 것이다. 금융 부문은 이 전환을 지원하는 데 핵심적 역할을 하는데, 특히 「Action Plan on Sustainable Finance」가 그러하다. 환경 세제, 탄소 가격 제도, 보조금 제도 등은 전환을 추진하는 데 중요한 역할을 한다. 무엇보다도 세금이나 탄소 가격을 부과하는 것이 환경 정책으로 가장 효율적인 수단이다. 또한 지속가능한 공적 지원과 공공인프라 재정은 꼭 필요하다. 이를 위해 오염자 지불 원칙이 유지되고, 화석연료 보조금 폐지 등은 필수 요소이다. 『A Clean Planet for All. A European strategic long-term vision for a prosperous, modern, competitive and climate neutral economy』참조.

제안은 기존의 정책과 규정에 기초하고 있다는 점이다. 연속성을 가지면서 필요한 부분을 강화, 개정, 또는 보완해간다는 점이다. 효율적이며 예측 가능성을 높여주는 이행과정을 보여준다. 여기서 유럽연합 차원에서도 2℃~1.5℃ 기후 거버넌스의 역동적 구조가 잘 작동하는 것을 읽어볼 수 있다. 둘째로, 탄소 중립 사회로의 전환을 주류화하면서, 2021~2027년도 재정의 37% 이상을 녹색전환에 투입함으로써 관련 정책이나 투자활동에 확신을 준다는 점이다. 셋째로, 패키지 내용은 -기존의 정책이나 수단들 역시 그러했듯이- 과학적 증거나 평가에 기초해서 제시되었다는 점을 들 수 있다. 『2030 기후 목표 계획』이 기회나 비용에 대해 세심한 평가를 한 후에 제시되었고, 지난 30년 동안의 경제 발전과 온실가스 감축이라는 두 마리 토끼를 성공적으로 잡은 유럽연합의 탈동조화의 예시가 그것을 잘 말해주고 있다. 넷째로, 과학적 기반과 성공적 경험은 『Fit for 55』를 성공적으로 이행하도록 하되, 그 이행 과정이 공정하고, 비용 효율적이며, 경쟁력이 있는 방식으로 이룰 수 있도록 한다는 점이다. 이 접근 방식은 유럽연합이 기후변화 대응을 함에 있어서 항상 유지해온 기본 원칙으로서 매우 주요한 접근 관점이다. 다섯째로, 탄소 가격제(Carbon-Pricing)를 모든 부문과 영역에 확장하도록 제안하고 있다. 기존에는 전력과 산업 부문을 포괄하는 EU-ETS 영역에만 국한된 탄소 가격제를 범위를 넓혀서 감축 목표를 더욱 확실하고 예측 가능하게 할 수 있도록 한 새로운 제도 도입이다. 물론 기존에도 탄소세나, 환경세 등 다양한 형태의 탄소에 가격을 부과하는 방법들이 회원국마다 존재했지만, 유럽연합 차원에서 오염자 부담의 원칙을 실제로 구현하게 되었다.[277] 탄소 가격제는 부담만을 증가

---

277   도로·수송 및 건물 부문의 배출권거래제는 2026년부터 도로·수송 및 난방용 연료에 대한 탄

하는 것이 아니라, 추가 재정 수입의 원천이 되어 사회 통합적 전환을 보장할 수 있고, 친환경적 소비 및 투자를 활성화하는 데 기여하도록 기획하고 있다. 여섯째로, 유럽연합이 선도적인 기후행동과 사례를 보여줌으로써 글로벌 리더십의 의지를 확실히 하고자 하는 목적도 있다.[278] 일곱째로, 종합하자면 탄소 중립을 위해 필요한 연계된 정책 제안서이자, -공정하고, 비용 효과적이며, 경쟁력 있는- 이행에 필요한 설명서이기도 하다.

독일 연방정부도 유럽연합 차원의 야심 차고 책임지는 자세로 기후 대응에 공조하면서, 그리고 『개정 기후보호 법 2021, Klimaschutzgesetz 2021』에서 보장한 규정에 의거해서 "1.5℃" 기후 거버넌스를 향해 확고하고 분명한 대응을 선도적으로 전개한다.

첫째로, 독일 연방정부는 연료에 대한 독일 배출권 거래제를 2023년부터 전면적으로 시행하기로 결정한다. 『연료 배출권거래제 법, Brennstoffemissionshandelsgesetz』 개정으로 교통과 건물에 한정하여 2021년부터 실시되던 탄소 가격제가 모든 화석연료 배출 활동으로 확대된다. 이제껏 제외되어 있던 석탄 연소와 폐기물 연소 활동까지 확대되는 것이다. 독일은 명실공히 모든 영역에서 탄소 가격제를 실시하는 것이다.[279]

소 배출에 대해 적용될 것으로 예고되어 있다. 개별 연료 이용자 수준이 아닌, 연료의 공급자 수준(upstream)에서 적용될 것으로 제안되었기 때문에 연료 공급업체가 규제대상이 된다. 배출량 총량이 정해지고, 각 업체들에 유상 할당이 될 것이다. 『Fit for 55』, 6~7쪽 참조. 독일의 경우 2019년 제시된 『2030 기후보호 프로그램』에서 이미 선도적으로 2021년부터 적용하기로 하였다. 『2030 기후보호 프로그램』, 24쪽 이하 참조.

278 『Fit for 55』, 2쪽, 12쪽 참조.

279 https://www.bundesregierung.de/breg-de/suche/co2-preis-kohle-abfallbrennstoffe-2061622 (2022년 7월 15일 검색).

둘째로, 『독일 기후보호 개정법 2021』은 65% 감축으로 강화된 2030 목표를 이루기 위해서 재생에너지 생산과 사용을 확대할 것을 주문하였다. 이에 독일 연방정부는 2030년까지 재생에너지의 전력 소비 비중을 40%에서 80%로 두 배로 대폭 강화하기로 2022년 결정한다. 특히 태양광과 풍력 에너지 발전소 설비는 세 배로 확충되어야 한다. 이에 『재생에너지법』을 또 한 번 개정하면서 풍력발전을 촉진하기로 한다. 그리고 2023년부터 재생에너지원의 전력에 대한 부과금은 이제 사라지게 된다. 그만큼 경쟁력을 확보하게 되었고, 시장의 원리에 의해서 거래가 되는 셈이다. 재생에너지에 대한 촉진은 러시아의 우크라이나 침공으로 인해서 드러난 독일의 에너지 종속성을 극복하고자 하는 배경도 한 몫 하였다.[280]

셋째로, 독일 철도회사는 「코트부스 새 일터, Neues Werk Cottbus」라는 프로젝트를 수행하여 석탄발전소 지역이었던 Lausitz 지역의 구조조정을 통해 새로운 발전 계획을 현실화하였다. 그곳에 기차 정비 및 차고지가 건설된다. 2016년 『기후보호 계획 2050』의 「성장, 구조전환, 고용위원회」에서 약속한 지원을 시행한 하나의 모범사례이다. 독일 연방정부는 2016년 『기후보호 계획 2050』에 입각하여 2018년 「성장, 구조전환, 고용위원회, Kommission Wachstum, Strukturwandel und Beschäftigung」의 설립을 승인하여, '탈석탄과 구조 전환'을 위한 사회적 합의를 도출하고자 하였다. 동 위원회는 2019년 1월 최종보고서를 제출하면서, 독일이 석탄 발전을 2038년까지 완전히 종속시킬 것을 권고하고, 아울러 해당 지

---

280 https://www.bundesregierung.de/breg-de/themen/klimaschutz/energiewende-
beschleunigen-2040310 (2022년 7월 15일 검색).

역의 구조조정을 성공리에 마무리할 해법을 제시하였다.[281] 이에 독일 연방정부는 2020년 석탄 발전의 종식과 감축에 관한 법률과 탈석탄 발전에 관한 기타 법률을 제안하였다. 크게는 두 개의 법률인데, 하나는 『석(갈)탄 감축과 종료와 기타 법률 개정에 관한 법, Gesetz zur Reduzierung und zur Beendigung der Kohleverstromung und zur Änderung weiterer Gesetze (Kohleausstiegsgesetz)』이고,[282] 다른 하나는 구조 조정과 지역발전에 관한 법률로서 『석탄 지역의 구조 강화에 법률, Strukturstärkungsgesetz Kohleregionen』이다.[283] 후자의 법률은 「성장, 구조전환, 고용위원회, Kommission Wachstum, Strukturwandel und Beschäftigung」의 구조조정에 관한 권고안을 반영한 지역 발전에 관한 정책을 입법화한 것이다. 석탄 발전소 지역이나 탄광 지역의 새로운 발전 기회로 받아들이면서 독일 연방정부, 주정부, 지자체의 예산으로 상당한 규모의 투자를 약속한 법이다. 갈탄 지역은 2038년까지 400억 유로 상당의 다양한 형태의 지원을 받게 된다.[284] 고효율 가스발전이 과도기에 대체 발전 역할을 담당한다. 2021년 현재 몇몇 정부 기관도 해당 구조조정 지역으로 옮겨왔고, 투

---

281   BMWK, 『Einsetzung der Kommission Wachstum, Strukturwandel und Beschäftigung』, https://www.bmwk.de/Redaktion/DE/Downloads/E/einsetzung-der-kommission-wachstum-strukturwandel-beschaeftigung.pdf?__blob=publicationFile&v=4 (2022년 7월 26일 검색).

282   https://www.bgbl.de/xaver/bgbl/start.xav?startbk=Bundesanzeiger_BGBl&jumpTo=bgbl120s1818.pdf#__bgbl__%2F%2F*%5B%40attr_id%3D%27bgbl120s1818.pdf%27%5D__1658802473112 (2022년 7월 26일 검색).

283   https://www.bgbl.de/xaver/bgbl/start.xav?startbk=Bundesanzeiger_BGBl&start=//*[@attr_id=%27bgbl120s1795.pdf%27]#__bgbl__%2F%2F*%5B%40attr_id%3D%27bgbl120s1795.pdf%27%5D__1658803455728 (2022년 7월 26일 검색).

284   https://www.bmwk.de/Redaktion/DE/Textsammlungen/Wirtschaft/strukturstaerkungsgesetz-kohleregionen.html (2022년 7월 26일 검색).

자 계획들이 속속 실현되고 있다. 「연방-주 공동과제, "지역 경제 구조의 개선", Bund-Länder-Gemeinschaftsaufgabe "Verbesserung der regionalen Wirtschaftsstruktur"(GRW)」과 함께 지방자치단체에서도 협력 사업을 진행하고 있다.[285] 탈석탄 구조조정 사업은 이산화탄소 감축에도 중요한 기여를 하는바, 2020년의 40% 감축뿐 아니라, 2030년까지 에너지 부문에서 1990년 대비 61~62% 감축에도 기여할 것이다. 탈석탄, 구조조정을 통한 강화, 풍력 및 태양광 재생에너지 건설 등 세 가지 요소는 탈석탄 과정을 법과 신뢰에 바탕을 둔 사회 통합적인 방식으로 해결하는 삼박자라고 할 수 있다.[286]

「코트부스」는 모범적인 사례의 하나이다. 괜찮은 일자리도 만들고, 전문 기술자들을 유지할 수 있게 된다. 2026년까지 1,200명의 새로운 일자리를 만들어낼 수 있다. 새로운 철도와 새로운 일터인 「코트부스」는 기후보호와 교통체계의 전환에 일조하는 것이다. 사회 통합성도 증진하면서. 이러한 프로젝트는 구조조정이 일어나는 탄광지역에 계속 시행될 것이다. 기후보호, 일자리 창출 및 지역 경제성장, 사회 통합성이라는 원칙이 잘 지켜지는 현장을 확인할 수 있는 것이다.[287]

한 예를 더 들어보자. 낡거나 오래된 집은 난방하는 데 에너지가 많이 들고 탄소 가격도 그만큼 비싸다. 임차인은 도리 없이 고스란히 그 몫을 감당해왔다. 독일 연방정부는 2022년 비로소 임대차 계약에서 탄소 비용

285　https://www.bmwk.de/Redaktion/DE/Artikel/Wirtschaft/kohleausstieg-und-strukturwandel. html (2022년 7월 26일 검색).

286　https://www.bmuv.de/themen/klimaschutz-anpassung/klimaschutz/nationale-klimapolitik/ fragen-und-antworten-zum-kohleausstieg-in-deutschland (2022년 7월 26일 검색).

287　https://www.bundesregierung.de/breg-de/suche/spatenstich-bahn-werk-cottbus-2037562.

을 공정하게 분배하도록 결정하였다. 주택의 경우 '단계적 모델'이 적용되는데, 에너지 상태가 안 좋을수록 임대인의 비용 부담이 크도록 설계가 되었다. 저탄소 개선 사업에 투자를 하면, 그만큼 비용 부담이 줄어들게끔 된다. 이 새로운 규정은 임대인에게 과제를 준 것으로. 기후 친화적인 주택 및 난방 시설을 공급할 것을 주문한 것이다. 기후보호와 사회 통합성을 견지할 수 있는 모델이 임대차 계약에도 적용되는 사례이다.[288]

넷째로, 독일의 숄츠 현 연방 수상은 2022년 G7 정상회담에서 기후 목표를 달성하기 위해 협력을 요청하면서 「기후 클럽, Klimaclub」을 2022년까지 창설할 것을 주문한다. 모든 국가에 참여할 것을 요청하면서 G20, 중진국, 개발도상국 모두가 참여하여 기후보호에 관한 논의의 장으로 삼고자 하였다. 탄소 중립 목표로 전진하고, 탈탄소 산업구조로의 전환을 추진하고, 기후보호와 공정한 에너지 전환을 촉진하는 국제 협력 관계를 더 돈독하게 할 것을 주문하였다. OECD, IMF, IEA, WTO도 함께 하기를 구한다. 탄소 중립을 위한 글로벌 「대화의 창」을 주선하는 셈이다.[289]

기후보호는 자유, 정의와 지속가능한 복지를 보장한다. 독일 연방정부는 사회적 시장경제(Social Market Economy)를 사회-생태적 시장경제(Social-ecological Market Economy)로 전환하고자 한다. 이는 글로벌 경쟁력 측면에서 새로운 경제적 강점에 관한 것이며, 또한 독일 사회를 파리협정의 "1.5℃" 경로에 안착시키고, 2045년까지 "기후중립"을 이룰 수 있도록 하는 혁신의 기본 틀에 관한 것이다.[290] 독일 사회가 제2차 세계대전

---

288 https://www.bundesregierung.de/breg-de/suche/aufteilung-co2-kosten-2043728.

289 https://www.bundesregierung.de/breg-de/themen/klimaschutz/g7-klimaclub-2058152.

290 https://www.bundesregierung.de/breg-de/themen/klimaschutz.

이후부터 줄곧 유지해온 사회적 시장경제 시스템의 연장선에서 기후변화에 대응하고자 구조적 진화와 리모델링을 추진하는 새로운 사회-생태적 시장경제로 전환하는 발전 모델을 구축하고 있는 것이다. 새로운 혁신적인 발전 모델을 유럽 사회에 그리고 전 세계에 제시하고 있는 것이다.

4

독일 2℃ ~ 1.5℃ 기후
거버넌스의 특성

독일의 온실가스 배출량이 지속적으로 감소하고 있는 것을 도표 3은 잘 보여주고 있다. 감축 성과 역시 독일 연방정부가 약속한 감축 목표에 근접하고 있는 사실도 알 수 있다. 2005년까지 1990년 대비 25% 감축 목표도 거의 달성했고, 2012년까지 21% 감축 목표는 25.9% 감축하여 초과 달성하였고, 2020년 40% 감축 목표는 초과 달성을 이루었다. 2020년도 재생에너지원의 전력 생산 비중 35% 목표도 이미 2019년도에 42%로 초과 달성한다. 다른 여러 선진국들의 감축 결과들과 비교해볼 때 대단한 성과임에 틀림없다. 독일은 유럽연합과의 공조를 거치면서 글로벌 차원에서 선도적인 역할을 잘 수행하고 있다.[1] 이에 성공적인 독일의 기후보호 정책과 특히 2℃~1.5℃ 상승 억제 정책의 핵심 제도, 주요 내용과 시행 방식, 구체적인 대책 수단, 그리고 그 전개 과정을 역사적으로 개관하여 보았다. 독일의 2℃~1.5℃ 기후 거버넌스의 전개 과정과 그 역동적 구조를 살펴보았다. 2℃~1.5℃ 목표를 향해 하나의 거버넌스 체계를 구축해 나가면서 더 효율적인 방식으로 높은 단계로 이행하는 역동적 구조를 파악해볼 수 있었다. 이제 이 역동적 구조가 어떤 특성들을 담아내면서 전개되었는지를 살펴볼 때가 되었다. 이제 독일의 2℃~1.5℃ 기후 거버넌스가 구축하고 체계화시킨 원칙이나 기준, 지향하는 가치는 어떤 것인지, 주요 행위자 및 주체들은 누구인지, 중점적으로 고려한 사항들은 어떤 점들이 있는

---

1 독일이 회원국인 유럽연합 역시 2020년까지의 감축 목표인 1990년 대비 20%를 달성하였다. 초과 달성하여 무려 34% 감축하였다. 반면에 미국은 1990~2019년 기간 동안 오히려 1.8% 증가하였고, 2007년 피크 이후에는 12% 감소된 것이 그나마 다행인 셈이다. 하지만 2025년까지 약속한 2005년 대비 26~28% 감축 목표에는 턱없이 부족하다. 이에 대해 https://www.c2es.org/content/u-s-emissions/ 참조; UNEP의 『Emissions Gap Report 2019』에 의하면 온실가스 배출량은 1990~2019년 기간 동안 유럽연합만 지속적으로 감축되었고, 일본은 감소세를 보여주지 못하며 1990년대 수준을 거의 유지하는 모습을 보이고 있다. (2022년 8월 12일 검색일).

지, 중요하게 판단한 요소나 관점들은 무엇인지, 어떤 장애 요소가 있었는지, 어떤 여건이나 배경에서 전개되었는지를 살펴보고자 한다. 독일 2℃~1.5℃ 기후 거버넌스의 역동적 구조의 특성을 찾아보는 것은 의미 있는 작업이다. 특히 성공적인 독일의 기후 거버넌스의 특성을 알아보는 것은 더욱 의미가 있다. 독일 기후 거버넌스의 역동적 구조와 특성이 타 국가에 일반적으로 적용 가능한지, 유의미한 시사점을 제공할 수 있는지, 또는 제한적으로만 적용 가능한지를 알 수 있게 될 것이다.

독일의 2℃~1.5℃ 거버넌스의 특성은 다양한 차원에서 찾을 수 있다. 2℃~1.5℃ 목표는 자연과학적 연구 및 검증의 결과이자, 동시에 전 지구적 정치사회적 합의의 결과이다. 이런 차원에서 2℃~1.5℃ 목표는 자연과학적 차원과 경제 및 기술적 차원, 정치사회적 차원의 성격을 두루 내포하고 있다.

2℃~1.5℃ 목표와 상응하면서도 정합적인 내용과 특성을 본서 1장에서 가설로서 몇 가지를 제시하였다. 첫째, 기후 거버넌스는 과학적 성격을 견지해야 한다는 점이다. 지구온난화를 비롯하여 지구생태계의 위험 수준, 온실가스 (부문별)감축 목표나 기한 등이 과학적 근거를 가질 때에 2℃~1.5℃ 기후 정책은 사회 구성원들의 신뢰와 협력을 얻을 수 있기 때문이다. 둘째, 기후 거버넌스는 민주적 의사소통 구조를 지녀야 한다는 점이다. 온실가스 감축에는 전 사회 구성원, 나아가 글로벌 시민이 모두 책임과 의무가 있고, 또한 권리가 있다. 전 사회 구성원이 참여하는 사회적 프로젝트이다. 하지만 책임 주체가 분명하지 않기 때문에 민주적 의사소통을 통해 합리적인 의사결정을 할 수 있을 때 전 사회적 과제는 효율적으로 진행

이 될 수 있기 때문이다. 셋째, 기후 거버넌스는 다양한 갈등의 조정자로서의 역할을 할 수 있어야 하기 때문에 온실가스 감축의 각 부문을 포괄하는 상위의 컨트롤 타워를 구축해야 한다. 그 까닭은 온실가스 감축에는 비용 상승과 책임 분담이 필수적으로 따르고, 또한 구조조정을 동반하는 저탄소 에너지 체계로의 전환이 발생하기 때문에 다양한 갈등이 발생한다. 이를 조정할 수 있는 거버넌스의 역할이 매우 중요하다. 넷째, 에너지 지방 분권과 자율성의 체계 구축이 중요하다. 2℃~1.5℃ 목표 달성에는 최종적으로 재생에너지 체계로의 이행이 완수되어야 하는바, 각 지방 고유의 재생에너지원의 발굴과 생산이 필수적이기 때문이다. 다섯째, 재정 지원의 확보가 보장되어야 한다. 고탄소 에너지 경제 체계에서 저탄소 에너지 경제 체계로의 전환의 초기에는 시장의 불확실성에 따른 투자의 위험이 따르게 마련이다. 이럴 경우 기후 정책에 대한 국가의 분명한 재정 지원 계획은 시장 참여자들에게 강력한 신호를 줄 수 있다. 시장 참여자들은 이럴 때 신뢰감과 함께 투명한 예측 가능성을 가지고 저탄소 경제 영역에 적극적으로 임할 수 있기 때문이다. 여섯째, 2℃~1.5℃ 거버넌스는 주요한 원칙과 기준의 설정과 −차별적이나 공동의 책임, 경제성장과 사회 통합성 유지 등− 이를 준수함으로써 일관되게 정책을 추진하는 것이 장려된다. 2℃~1.5℃ 목표는 중·장기적 거대한 사회적 프로젝트의 성격을 태생적으로 가지고 있기 때문에 지그재그식의 진행은 결코 바람직하지 못하며 지속성과 일관성을 유지하는 것이 필수적이라고 할 수 있다. 일곱째, 2℃~1.5℃ 거버넌스는 지역적 또는 글로벌 기후 정책과 공조하는 체계를 유지하는 것이 매우 도움이 된다. 공동의 약속을 달성하기 위해서 나태하지 않고, 노력을 경주할 수 있는 장점이 있기 때문이기도 하다. 그 외에도 정치적 차원에서 일관성을 유지하는 측면도 필요한 특성이며, 2℃~1.5℃ 목표 달성과 새로운 혁신적 발전의 기회를 통합적으로 연계해서 추진하는 전략도 매우 권고할 만한 특성으로 꼽을 수 있다. 이 특성들은 UNFCCC 파리협정문과 IPCC의 기후변화 대응을 위한 권고 사항에서도 찾아볼 수 있다.[2]

2℃~1.5℃ 목표와 상응하면서도 정합적인 내용과 특성들로서 제시된 가설들이 독일의 2℃~1.5℃ 기후 거버넌스의 성공적인 토대이자 요인임을 밝히는 것이 주요한 연구 과제이다. 아울러 주요 행위자인 독일 연방정부, 주정부 및 지방자치단체, 시민사회가 2℃~1.5℃ 목표를 달성하기 위해 시행한 제도, 정책, 프로그램에서 이 특성들을 어느 정도 구현했는지를 연구 과제로 할 것이다.

기후변화에서 기후 위기로 넘어가는 악화일로의 위험한 시대에 하나의 성공적인 기후 거버넌스의 모델이 있다면 심각히 연구할 대상이, 과제가 아닌가?

기후 거버넌스의 주요한 요소 중의 하나가 정치적인 영역이다. 수많은 갈등을 조정하고 최종적인 의사결정을 내리는 영역으로 매우 중요한 요소이다. 사실 2℃~1.5℃ 목표가 결정되고 효력을 발생하게 된 것도 2015년 파리 유엔기후변화협약에서 내린 국제정치적 결정으로부터 비롯하게 된 것이다. 그리고 이 중요한 국제정치적 결정에 찬물을 끼얹은 결정 역시 미

---

2 UNFCCC, 『Adoption of the Paris Agreement』, 2015; IPCC, 『Climate Change 2007: Synthesis Report. Contribution of Working Groups I, II and III to the Fourth Assessment Report of the Intergovernmental Panel on Climate Change』, 2007, 59~62쪽 참조; 제프리 삭스, 『지속가능한 발전의 시대』, 2015, 534~558쪽 참조.

국 트럼프 행정부의 파리 기후변화협약 탈퇴라는 정치적 결정이었지 아니한가! 이에 정치적 영역부터 살펴보기로 하자.

4.1. 정치적 영역: 독일 연방정부

IPCC의 『2007 기후변화 4차 종합보고서』에서도 언급하였듯이, 각 국가의 정부는 다양한 기후보호 정책과 대책을 실행할 수 있으며, 기후보호 행위를 촉진시키는 동기와 인센티브를 부여할 수 있다는 점에 대해 대체로 동의하고 있으며, 실제로 그러하다. 글로벌 정치 영역에서 교토협정이나 파리협약이 보여준 것처럼 글로벌 정치적 합의를 통한 기후보호 목표나 방식의 결정은 기후변화 대응에 한 획을 긋는 큰 의미를 갖는다. 따라서 정부는 국·내외적인 정책 조정자로서뿐 아니라, 최종 결정권자로서 막중한 책임과 권한을 갖고 있다. 어떤 정치적 결정을 선택하느냐에 따라서 그 사회에, 더 나아가서 기후, 자연 생태계, 인류 사회의 생존까지 미치는 영향은 매우 다른 양상을 띠게 된다는 사실을 염두에 둔다면 더욱 그러하다.[3] 여러 측면에서 살펴볼 까닭이 충분하다.

첫째로, 기후변화 대응에 관한 독일 연방정부의 기본 관점과 실행 의지에 대해 알아보자. 정부의 관점과 의지는 기후변화 대응에 주요한 요인이며, 특히 지속성을 유지하는지가 관건이 될 수 있다.[4] 독일 연방정부는 이

---

3 IPCC, 『Climate Change 2007: Synthesis Report』, 58~62쪽 참조, http://www.ipcc.ch/pdf/assessment-report/ar4/syr/ar4_syr.pdf (2018년 1월 15일 검색).

4 J. Randers, 『Eine Globale Prognose fuer die naechsten 40 Jahre, 2052』, Oekom Verlag, 2012, 53~59쪽 참조.

미 1990년대부터 기후변화가 인류 사회와 생태계에 끼치는 심대한 변화와 폐해에 대해 엄중하게 인식하고 있었으며, 특히 선진국이 기후변화 대응에 책임감을 가지고 앞장서야 된다는 기본적인 관점을 견지해왔다. 독일 정부는 1990년 이후 선진국에 걸맞은 선도적인 감축 목표를 제시하였고, 그 목표를 달성하고 있으며, 지속적으로 이행할 것을 약속한다.

독일 정부는 온실가스 감축 및 기후변화 대응은 일국의 범위를 넘어서는 글로벌 과제임을 일찍부터 인지하며, 유럽연합 및 글로벌 차원의 협력을 위해 다각도의 노력을 하였다. 독일 연방정부는 UNFCCC에서 선도적인 노력을 보여주며, 기여를 하고 있다. 유럽연합은 1997 '교토협정 체제'나 2015 '파리 신 기후체제'하에서 어느 선진국들보다 야심 찬 온실가스 감축 목표를 제시하는바, 이와 동시에 독일 정부는 유럽연합의 감축 목표를 훨씬 뛰어넘는 높은 감축 목표를 감수하면서 유럽연합과 여타 선진국의 감축 노력을 독려하는 견인차 역할을 하였다. 독일 연방정부는 유럽연합의 기후변화 대응 결정과 지침을 준수하면서 유럽연합 차원의 EU-ETS 제도의 도입을 적극 환영하면서, "국가 배출권 거래" 시범 사례도 이미 2000년도에 추진할 만큼 적극성을 보여주었다. 아울러 후진국에 대한 지원도 앞장서 하고 있다.[5]

나아가 온실가스 감축 사업은 기술적인 측면에서도 가능하며 동시에 대체로 경제적으로도 합리적이라고 평가하고 있으며, 기술적인 측면의 절약 수단, 대체 공정, 경제 주체의 행동 변화, 지속가능한 경영 등을 통하여 에

---

5 IMA, 2000, 10쪽, 61쪽, 70쪽 참조. 개발도상국의 기후변화 대응을 위한 재정 기구로서의 UNFCCC의 「글로벌 환경기금, Global Environment Facility」의 약 12% 정도를 2000년 현재 독일이 충당하고 있다.

너지 효율성을 개선시킬 수 있다는 점에 대해서도 분명하게 긍정적인 입장을 취하고 있다.[6]

특히 온실가스 감축의 대표적인 기술적 방식이라고 불리는 에너지 절약, 에너지 효율성 개선, 재생에너지의 확대 및 전력화의 추진 사업에 강한 동기를 부여하고 있다. 특히 열병합 발전소의 확대, 재생에너지의 확대, 에너지 생산성의 제고 등의 목표를 강력히 추진하고 있다. 이와 연관된 기술 발전과 연구의 중요성을 매우 강조하고 있다.

특히 기후변화의 미래 예측과 관련하여서, 독일 정부는 유럽연합이 제시하는 550ppm 수준으로 이산화탄소 농도를 안정화시키기 위해서는 21세기 중반까지 2000년 현재의 글로벌 배출 수준의 50% 정도까지 감축이 필요하다고 인식하고 있었다. 이산화탄소 농도 변화뿐 아니라 지구온난화의 속도가 중요한데, 10년간 0.2도의 지구 평균기온 상승은 인간 및 자연생태계가 적응하기가 어렵다고 평가하고 있었다. 또한 지구 평균기온 2도 상승을 이미 1990년대부터 그 상한선으로 이미 제시하고 있었다.[7] 독일 연방정부는 1990년, 2005년에 이어 2007년도에 지구 평균기온 "2℃" 상승 억제를 공식적인 목표로 확인하면서, 그 목표에 상응하여 이산화탄소 농도를 안정화시키기 위해 2050년까지 1990년 대비 80~95% 감축 목표를 반복적으로 재확인하면서 2050년까지의 구체적 감축 일정을 이 목표에 맞추어 조정하고 있다. 2018년 과학자들의 집단지성 기구인 IPCC가 『1.5℃ 특별 보고서』를 제시하고 전 세계에 지구온난화의 위험성과 대응의 시급성을 알리자, 독일 연방정부는 그 의견을 받아들이면서 2019년

---

6   앞의 책, 10쪽 참조.

7   앞의 책, 47~48쪽 참조; 글상자 2 참조.

『기후보호 프로그램 2030』에서 2050년 탄소 중립을 선언하고, 2021년 『독일 기후변화 법』 개정을 통하여 2030년까지의 감축 목표를 1990년 대비 55% 감축에서 65% 감축으로 대폭 강화시키고, 탄소 중립 시기를 2045년도로 앞당기는 결정을 조속히 취한다. 독일 연방정부가 분명한 의지와 일관된 관점을 견지하면서 2℃~1.5℃ 목표를 달성하고자 선도적인 역할을 지속적으로 하고 있음을 확인할 수 있다.

둘째로, 독일 연방정부는 기후변화 의제를 새로운 차원의, 그리고 전 사회를 가로지르는 복합적인 과제로 자리매김하면서 컨트롤 타워를 세운다. "2℃" 목표 달성을 위한 중심적인 조정 기구를 1990년에 세운다.

1974년 독일 연방환경청(Umweltbundesamt)을 설립하고, 1986년 독일 연방환경 · 자연보호 · 원자력안전부(BMUN)를 새로운 연방부서로 설립하여 환경 및 자연보호의 전담 부처로 한다. 1987년에는 연방하원의 차원에서 연방하원 의원 9명과 민간 전문가 9인으로 구성된 「"지구대기 보호의 예방" 연방하원 조사위원회」를 설치하여 1987~1990년 동안 "지구대기보호의 예방"에 관한 조사를 실시하고 『지구 보호』 보고서를 제출한다. 그 이후에도 기후 및 자연보호 등 지속가능한 발전 등의 주제하에 조사위원회를 지속적으로 설치하여 조사 결과 보고서를 제출하도록 한다. 이 조사 결과물은 기후보호 정책 수립 과정에 과학적인 기초 자료를 제공하였다.[8] 1990년도에 이르러 「독일 연방부처 간 워킹그룹, 이산화탄소 감축,

---

8　"지구대기보호의 예방"에 관한 연방하원 조사위원회(Enquete-Kommissionen zum Thema "Vorsorge zum Schutz der Erdatmosphäre")를 1987~1990년까지 설치한다. 그들의 과제는 지구 현황과 기후변화의 원인 및 결과에 대한 연구 현황과 수준 분석, 예방 및 대응책을 제시하는 것이었다. 이 조사 결과보고서는 1,700쪽에 달하며, 무엇보다도 지구 평균기온을 2도 이하로 억

Interministerielle Arbeitsgruppe, CO_2-Reduktion(IMA)」이라는 기후보호 대응을 위한 컨트롤 타워를 일찌감치 세운다. 이산화탄소 배출의 감축이라는 어렵고 복합적인 전 사회적 프로젝트를 주도적으로 기획 및 조정할 수 있는 중심 기구가 필요하였기 때문이다. 연방정부의 다양한 부처의 입장을 조정하는 기능과 함께 시민사회와의 협의를 위하여 워킹그룹 IMA를 연방환경부 산하에 구성한다. 이 같은 컨트롤 타워의 존재 유무는 기후변화 대응의 수준을 가늠하게 해준다. IMA는 이산화탄소 배출의 현황을 진단하고 특성을 분석하고, 이산화탄소 감축 목표, 감축 정책 및 프로그램, 시행 방식 등을 기획 및 조율한다. 그리고 이런 내용을 담아서 기후보호를 위한 기초 정책 자료가 되는 보고서를, 2000년도의 경우『국가 기후보호 프로그램, Nationales Klimaschutzprogramm』5차 보고서를 연방하원에 제출한다.[9] IMA가 2005년도에『국가 기후보호 프로그램』6차 보고서를 제출한 후, 2007년 독일 연방정부는 기후변화 대응의 차원에서 또 하나의

제하기 위한 대책으로 2005년과 2050년도까지의 감축 목표를 제시하는바, 1990년도 대비 각각 20~25%, 80% 감축 목표를 제시한다. 이 조사위원회가 제안한 구체적인 감축 정책이나 방식은 독일 기후보호 정책을 입안하는 데 중요한 기초 자료를 제공했다는 평가를 받았고, 그 후 IMA가 기후보호 대책을 수립하는 데 필요한 주요한 근거 자료가 되었다. https://www.nachhaltigkeit. info/artikel/11_bt_ek_schutz_erdatmosphaere_659.htm (2018년 1월 16일 검색).

9 IMA는 1차 보고서를 1990년 11월, 2차 보고서를 91년 12월, 3차 보고서를 1994년, 4차 보고서를 1997년 11월에 연방하원에 제출한다. 4차 보고서까지의 진단, 분석 및 제안된 프로그램이나 정책들은 2000년도에 종합적인『국가 기후보호 프로그램』5차 보고서로 제출된다. 동일한 이름의 6차 보고서가 2005년에 제출되었다. 연방환경부 산하의 IMA 같은 컨트롤 타워가 있음으로 해서 이미 1990년도에 2005년도까지 1990년 대비 25% 감축이라는 매우 야심 차면서도 포괄적인 기후보호 프로그램을 설계할 수 있었다. 독일 연방환경부, 『Selbstverpflichtungserklärung der Wirtschaft – Ein wichtiger Baustein des deutschen Klimaschutzprogramms』, 1997년 2월 4일, https://www. bmuv.de/pressemitteilung/selbstverpflichtungserklaerung-der-wirtschaft-ein-wichtiger-baustein-des-deutschen-klimaschutzprogramms 참조. (2022년 6월 23일 재검색).

핵심적인 프로그램인『통합 에너지-기후 프로그램, Integriertes Energie-und Klimaprogramm』을 공포한다. 기후변화 대응과 에너지 정책을 하나의 통합된 체계 안에서 연계하여 운영하는 국가적 프로그램으로 14개의 법과 시행령 등 29개의 주요 정책을 담은 '통합 에너지-기후 프로그램'으로, 연방환경부와 연방경제기술부가 중심 두 축이 되면서 모든 부처가 함께하는 야심 차고 획기적인 통합 프로그램이다. 각 부분과 대상에 적용되는 프로그램마다 각각의 또는 복수의 책임 부처가 지정되어 있다. 지구 평균기온 "2℃" 상승 억제라는 목표가 공식적으로 제시된 야심 차고 획기적인 프로그램이다. 2007년 독일 연방정부 모든 부서가 함께 선언한『통합 에너지-기후 프로그램』이후, 연방환경부와 연방경제기술부 두 부처가 타 연방부처와 공동으로 "2℃" 컨트롤 타워 역할을 하고 있다. 하지만 IMA 의 감축에 관한 연구 및 조사, 기후보호 프로그램에 관한 부처 간 정책 조율, 이해관계자들과의 소통 등의 고유 기능은 계속 유지되고 있다.[10]

2018년 IPCC가『1.5℃ 특별 보고서』를 발표한 후, 독일 연방정부는 2019년 많은 연방 부처를 아예 상시적「기후 내각」으로 전환시키면서 컨트롤 타워를 강화시킨다. 사실상 모든 연방 부처가 기후보호와 탄소 중립을 위한 부처로 전환됨으로써 1.5℃ 목표를 위해 총력을 기울이는 기후 거버넌스를 구축한다. 그리고 2019년『독일 기후보호 법』으로 이 점을 보장한다. 2℃~1.5℃ 기후 거버넌스의 컨트롤 타워를 일관되면서도 점차 강화시킴으로써 복합적인 전 사회적 과제를 효율적으로, 그리고 성공적으로 진행할 수 있었다.

---

10 BMU,『Klimaschutzprogramm 2030 der Bundesregierung zur Umsetzung des Klimaschutzplans 2050』, 170쪽 참조.

셋째로, 독일 연방정부는 연립정부나 집권 여당의 교체와 변화에도 불구하고 일관성을 유지하면서, -즉 정파를 초월하여- 기후보호 정책을 실행하고 있다. 이 점은 높이 평가할 만하다. IMA나 연방환경부 및 연방경제기술부가 컨트롤 타워의 역할을 하여 온실가스 감축과 기후보호 정책 개발, 관련 법규 제정 등의 감축 계획을 일관되게 효과적으로 추진할 수 있었지만, 더 근본적으로는 정파를 초월한 일관된 시행이 -물론 연립정부의 성격에 따라 시행 수준의 차이는 있을지라도- 기후보호 정책의 지속성을 유지하는 데 더 큰 기여를 하였다.[11]

기민-자민당 보수 연립정부는 1987년 「"지구대기 보호의 예방" 연방하원 조사위원회」의 설치, 1990년 IMA의 구성 및 25% 감축 목표 제시, 1995년 제1차 UNFCCC 당사국 총회의 독일 유치 및 1997년 UNFCCC 교토협정의 선도적 추진 -유럽연합의 8% 감축 약속과 연계된 독일의 21% 감축안 제시- 등 일련의 굵직한 조치들을 통하여 "2℃" 목표와 기후보호 정책의 기본적인 로드맵을 일관되게 적극적으로 추진한다. 1997년 기민-자민당 연립정부의 환경부 장관이었던 메르켈은 1997년 한 인터뷰에서 25% 감축 목표를 재확인하였고, 최대 관심사인 경제성장과 이산화탄소 배출 간의 탈동조화 현상에 대하여 확인하면서, 유럽연합과의 공동보조를 주문하고, 지방정부와 시민 의견을 반영할 것을 약속한다. 이처럼 기후변화 대응에 적극적인 보수 연립정부의 환경부 장관의 관점은 기후보호 정책, 산업 입지, 환경적 현대화의 관계에 대한 입장을 통해서도 확인할 수 있다:

"글로벌 기후보호는 독일 환경 정책의 하나의 중점 과제이다. (...) 미래

---

11   앤서니 기든스, 『기후변화의 정치학』, 홍욱희 역, 2009, 109~132쪽 참조.

지향적인 기후 및 환경 정책의 시행은 독일의 경제 입지를 강화하는 데 중요한 자극이 될 것이라고 믿어 의심치 않는다."[12]

1998년 사민-녹색당의 진보적인 연립정부로 교체된다. 녹색-사민당이 보수당보다는 더 환경친화적인 정책을 추진할 것이라는 점은 쉽게 수긍할 수 있는데, 앞에서 설명했던 기후보호의 근간이 되는 제도를 만든다. 1999년 생태세제 도입, 2000년 재생에너지 법 시행, 그리고 이산화탄소 배출권 거래제, ETS를 유럽연합 차원에서 2005년 시행한다.

2005년 기민-사민당의 대연정이(보수와 진보의 연립정부) 새로 구성이 되는데, 보수 기민당의 메르켈 총리는 2007년 한 차원 높은 획기적인 기후보호 법률과 시행령을 담은 『통합 에너지-기후 프로그램』을 국제사회에 야심 차게 발표한다. 2007년 인도네시아 발리에서 개최된 UNFCCC 당사국 총회에서 공포된 동 프로그램은 29개의 관련 법규와 시행령으로 연계된 일종의 기후보호 정책 패키지로서 독일 기후정책뿐 아니라 세계적으로도 처음이었다. 2℃ 목표 선언과 함께 2020년까지 1990년 대비 40% 감축을 목표로 제시하였다.[13] 2010년도에는 『에너지 기본계획』을 제시하는데, 이는 2007년도의 "통합 에너지-기후 프로그램"을 보완하면서 2030년도까지 55% 감축을, 2040년도까지 70%, 2050년도까지 80~95%까지 감축하는 목표와 비전을 제시한다. 이러한 중·장기적인 감축 목표 안은

---

12 BMUB, "Vierter Bericht der Interministeriellen Arbeitsgruppe "CO$_2$-Reduktion" vom Kabinett beschlossen", Pressemitteilung 61/97, 1997년 11월 6일, https://www.bmub.bund.de/pressemitteilung/deutschland-verstaerkt-klimavorsorge/ (2018년 1월 18일 검색).

13 BMUB, 『Das Integrierte Energie- und Klimaprogramm der Bundesregierung』, 2007년 12월, http://www.bmub.bund.de/fileadmin/bmu-import/files/pdfs/allgemein/application/pdf/hintergrund_meseberg.pdf (2018년 1월 18일 검색).

2014년도에 『기후보호 행동프로그램 2020』으로 더 강화되고, 2016년도에 『기후보호 계획 2050』으로 확정되어 일단락을 맺는다.[14] 2007년 이후 2021년까지의 에너지 및 기후보호 정책은 보수당 출신의 메르켈 연방총리 재임 시에 시행된 것이다. 그리고 2020년까지 1990년 대비 온실가스 40% 감축 목표는 성공적으로 달성되었고, 저탄소 에너지 전환은 목표한 대로 순항 중이다. 독일 정치권은 연방정부 구성의 변동에도 불구하고 정파를 초월하여 기후보호 정책을 지속적으로, 그리고 중 · 장기적으로 감축 목표를 강화하면서 시행하고 있다. 물론 소수 정당인 녹색당이 연립정부에 참여하여 기후보호 정책을 견인하는 역할이 적지 않다. 소수 정당이 연정에 참여할 수 있게 하는 정당명부식 비례대표 선거제도가 주요한 정치적 요소이자 특성이라고 할 수 있다.[15]

넷째로, 독일 연방정부는 –지방정부 역시– 감축 목표를 제시할 때, 일반적으로 기한, 목표 계획치, 그리고 재정 투입 규모 및 그 배경을 구체적으로 제시한다. 이는 계획의 목표와 기한을 분명하게 알리고, 또한 계획의 신뢰성과 예측 가능성을 높이게 된다.

앞서 언급하였듯이 2010년 『에너지 기본계획』에서 중 · 장기 목표의 기한과 수준을 확실하게 제시하는데, 2050년도까지 1990년 대비 온실가스

---

14 Umweltbundesamt, Treibhausgas-Emissionen in Deutschland, 2017, https://www. umweltbundesamt.de/daten/klima/treibhausgas-emissionen-in-deutschland#textpart-4 (2018년 1월 14일 검색).

15 녹색당 계열이 국회에 입성할 수 있고, 활동할 수 있는 점은 주요한 요소이자 특성이다. 그리고 연립정부에 참여할 수 있고, 기후보호 정책을 적극적으로 실행할 수 있는 점은 더욱 주요한 요소이다. 녹색당 계열의 국회의원 한 명도 배출할 수 없는 한국의 국회의원 선거제와 비교해보면 그 의미를 더 잘 알 수 있겠다.

80~95% 감축 목표를 확인한다. 그리고 이 경로를 충실히 실행하기 위해서 2020년까지 40%, 2030년까지 55%, 2040년까지 70% 감축 목표를 제시한다. 이 목표를 달성하기 위해서 더 구체적으로는, 최종 에너지 소비 중 재생에너지 비중, 최종 전력 소비 중 재생에너지 비중, 에너지 효율성 개선 비중 등을 기한별로 목표치를 제시한다. 더 나아가서 1차 에너지 소비를 2020년까지 2008년 대비 20% 감축시키며 2050년까지는 50% 감축 목표를 세운다. 이것은 에너지 생산성(효율성)의 증가를 의미하는 것으로 연간 2.1% 증가를 이루어야만 하는 것이다. 각 부문이나 영역의 에너지 생산성의 증가율도 추상적이지 않고 구체적인 목표와 시행 방식을 제시하고 있다. 특히 재생에너지의 시대로 가는 길은 2050년까지의 중·장기 프로젝트이고 매년 약 200억 유로 정도의 투자액이 예상되는 점을 고려하여 「에너지-기후 펀드」 같은 특별재정을 추가로 조성하기로 하였다.[16] 앞서 살펴보았듯이, 2010년도에 입법 과정으로 「특별 자산 에너지-기후 펀드」를 설립하여 특별한 지위를 부여하면서, 저탄소 에너지 공급과 기후보호를 지원하는 프로그램에 추가적으로 펀드 자산을 지출할 수 있도록 하였다. 더 나아가서 동 펀드는 2019년 독일 연방정부의 「기후 내각」의 결정에 따라서 『기후보호 프로그램 2030』 목표를 실행하는 데 중심적인 재정 기구가 되었다.

구체적인 예를 들자면, 2007년도에 공포한 『통합 에너지-기후 프로그램』의 경우, 총 29개 프로그램 실행을 위해 요청한 2008년도 연방정부 예

---

16 Bundesregierung, 『Energiekonzept, fuer eine umweltschonende, zuverlaessige und bezahlbare Energieversorgung』, 2010, 3~7쪽 참조, https://www.bundesregierung.de/ContentArchiv/DE/Archiv17/_Anlagen/2012/02/energiekonzept-final.pdf?__blob=publicationFile&v=5 (2022년 8월 15일 재검색).

산은 26억 유로(이산화탄소 배출권 판매 금액 4억 유로 포함)인데, 그중 13번째 "사회 인프라의 에너지 현대화" 프로그램의 시행을 위해서는 연방정부 예산 2억 유로가 배정되어 있다. 그것에다 주정부 예산 2억 유로, 지방자치단체 예산 2억 유로가 배정되어 총 6억 유로의 예산이 준비되어 있다. 거기에다 "저탄소 건물 재정비 프로그램"의 저금리 대출 지원금이 2억 유로 배정되어 있다. 이 프로그램은 학교나 유치원 등의 건물을 에너지 절약 건물로 정비하는 프로그램으로 특히 지방자치단체 차원의 인프라 현대화 사업이다. 이 사업을 위해서 연방-주-지방 정부의 연대가 구성되었고, 학교나 유치원 건물의 에너지 소비의 50% 감축을 목표로 하고 있다. 기후보호 효과뿐만 아니라, 지방의 고용 창출의 목적을 포함하는 사회 통합적 프로그램이다. 이는 전체적인 국가 재정투입 규모뿐 아니라, 각각의 프로그램 시행을 위해 투입되는 재정의 규모도 구별하여 제시하고 있다. 예를 들어 기존의 열·병합 발전소 전력 매입 지원 비용으로 연간 7억 5,000만 유로를 책정하였고, 열·난방 배관 시설 투자에는 −1억 5천만 유로 재정지원금 범위 내에서 시설 투자비용의 20% 정도를− 지원하도록 하였다. 이는 에너지 효율성을 증대시키는 매우 적절한 사업이기는 하지만 열·병합 발전소의 초기 투자비용이 매우 크기 때문에 관련 독일 경제계가 적극적으로 나서지 않기(못하기) 때문이다. 유사한 경우로서 2020년도까지 재생에너지 열·난방의 비중을 확대하는 정책을 들 수 있다. 열·난방 공급에 재생에너지의 비중을 14%로 확대하기 위해 아예 『열·난방 재생에너지 법』을 도입한다. 새로운 건물의 경우 태양열을 사용할 경우에 태양열의 비중이 열·난방의 15%가 되도록 의무적으로 규정하였다. 재생에너지의 열 · 난방 시장의 진입을 쉽게 하도록 3억 5,000만 유로를 배정하였다.[17] 최근의 예로써 2021년도『에너지-기후 펀드 경제계획, Wirtschaftsplan des Energie- und Klimafonds』부속서에 따르면 268억 유로가 예산으로 배정되어 있다. 수소 전략 실행계획에 70억 유로, 주택 에너지 효율성 개선에 60억 유로, 재생에너지 지원에 약 100억 유로 등이 지출될 예정이다. 수소 전략 실행계획은 연방경제에너지부의 주도하에 연방교육연구부, 환경부, 교통디지털 부처가 함께하는 공동 프로그램으로 각 부처의 예산들이 집행되는데, 모든 관련 예산은『에너지-기후 펀드 경제계획』부속서에 부처(항목)별 예산이 모두 재합산되어 평가, 공개된다.[18] 이처럼 계획의 시기, 목표량, 투입 재정 규모와 그 배경을 구체적으로 제시함으로써 감축 정책의 신뢰성과 시행 가능성을 훨씬 높여준다.

다섯째로, 독일 연방정부는 감축 목표를 제시할 때, 일반적으로 기한, 목표 계획치, 재정 투입 규모를 구체적으로 제시할 뿐 아니라, 대표적인 기술적 감축 방식과 제도적 감축 방식을 일관되게 제시한다.

재생에너지 비중 확대와 에너지 효율성 개선이 전자의 감축 방식이고, ETS 감축 목표와 Non-ETS 감축 목표가 후자의 대표적인 방식이다. 이는 목표 계획 과정의 적절성, 신뢰성과 예측 가능성을 높일 뿐 아니라 모

---

17 BMUB,『Das Integrierte Energie- und Klimaprogramm』, 2007, 4~10쪽, 26~28쪽 참조, http://www.bmub.bund.de/fileadmin/bmu-import/files/pdfs/allgemein/application/pdf/hintergrund_meseberg.pdf (2018년 1월 18일 검색).

18 Bundesministerium für Wirtschaft und Energie, "Regierungsentwurf des Bundeshaushalts 2021, Einzelplan 09", 9쪽 참조, https://www.bmwi.de/Redaktion/DE/Downloads/P-R/regierungsentwurf-des-bundeshaushalts-2021.pdf?_blob=publicationFile&v=4 (2021년 2월 12일 검색).

니터링과 평가 작업을 일목요연하고 수월하게 한다. 따라서 2℃~1.5℃ 기후 거버넌스의 성공 여부를 판가름할 수 있는 빠져서는 안 되는 매우 주요한 요소들이다. 왜냐하면 온실가스 감축의 길은 기술적으로 에너지 효율성 개선과 재생에너지 확대가 필수적인 방식인 것이며 ―물론 재생에너지원의 전력화 촉진, 이산화탄소 포집 및 저장, 탄소흡수원의 확대 방식 등 다양한 기술적 방식이 있지만―, 제도적으로는 이산화탄소 배출권 거래, ETS가 대표적으로 비용효율적인 감축 방식이기 때문이다. 그리고 Non-ETS 부분은 한 사회의 모든 부문이 '노력을 공유하는' 원칙에 입각하여 감축에 필요한 책임과 비용을 지불할 다양한 방식을 시행해야 하기 때문이다. 예를 들자면, 독일은 2050년도까지 1990년 대비 온실가스 80~95% 감축 목표를 세운다. 그리고 이 경로를 충실히 실행하기 위해서 2020년까지 40%, 2030년까지 55%, 2040년까지 70% 감축 목표를 제시한다. 이 목표를 달성하기 위해서 구체적으로는 최종 에너지 소비 중 재생에너지 비중을 2020년까지 18%, 2030년까지 30%, 2040년까지 45%, 2050년까지 60%로 상향시키는 목표를 제시한다. 동시에 최종 전력소비의 재생에너지 비중은 2020년 35%, 2030년 50%, 2040년 65%, 2050년 80%까지 확대되는 목표를 제시하고 있다. 더 나아가서 1차 에너지 소비를 2020년까지 2008년 대비 20% 감축시키며 2050년까지는 50% 감축 목표를 세운다. 이것은 에너지생산성(효율성)의 증가를 의미하는 것으로 연간 2.1% 증가를 이루어야만 하는 것이다. 그리고 ETS와 Non-ETS 영역의 각각의 감축 목표를 연계해서 제시하고 있다. 위의 네 가지 감축의 주요 핵심 방식[19]은

---

19 놀랍게도 한국의 감축 로드맵에는 이러한 기본적인 핵심 방식이 명확하게 제시되지 않은 경우를 쉽게 찾아볼 수 있다. 한국의 기후보호 정책은 목표를 2022년 현재까지 달성해본 적이 없고, 목

유럽연합의 감축 계획에도 빠지지 않는 기본적인 프레임워크(핵심 축)로 구조화되어 있음을 알 수 있었다. 2007년에 선언한 유럽연합의 2020 통합 감축 프로그램『2020 기후와 에너지 패키지, 2020 Climate and Energy Package』와 2014년 선언한 2030 통합 감축 프로그램『2030 기후-에너지 정책 기본 틀, 2030 Climate and Energy Policy Framework』에서도 이를 쉽게 확인할 수 있었다. 유럽연합이 감축 목표를 강화하면서 상향할 때 기본적으로 EU-ETS와 Non-ETS 영역의 감축 목표를 상향시키며, 이와 동시에 재생에너지 비중과 에너지 효율성 개선 수준을 상향시키도록 기존 규정들의 개정 작업을 연속적으로 시행하는 것을 잘 볼 수 있었다.(글상자 3, 4 참조) 이 개정의 과정은 독일과 유럽연합이 1.5℃ 목표에 공감대를 형성한 후에 더 강화된 형태로 다시 한번 진행이 된다.

여섯째로, 독일 연방정부는 1990년대부터 2005년, 2030년, 2050년도의 온실가스 감축 목표를 설정하는 등 중·장기적 목표를 세우면서 단기적 이정표를 수립해나간다. 온실가스 감축 결과를 분석하고 평가하는 과정을 거치면서 부족한 부분이나 측면을 보완하거나 추가 대책을 시행함으로써 감축 목표를 일관되면서도 체계적으로 달성하려는 의도를 분명하게 보여준다. 독일 기후 거버넌스 구조의 역동성을 압축하여 잘 말해주는 구

표에 현저히 미치지 못하고 있다. 그 이유는 여러 측면에서 찾아볼 수 있겠지만, 무엇보다도 이러한 감축의 기본적인 핵심 방식이 분명하게 제시되지 않아서 감축 목표 수립과 이행 시에 문제점이 노출되며, 또한 감축 과정과 결과를 검증하는 과정에도 평가 기준의 혼선이 빚어지기 때문이라고 할 수 있다. 또한 국가 감축 계획들 간의 연계성과 정합성도 아주 낮은 수준이다.「국회기후변화포럼」,『국가온실가스 감축 목표 10년, 무엇을 남겼나?』, 2019년 참조. https://www.energykorea.co.kr/news/articleView.html?idxno=37984 참조. (2022년 7월 26일 검색).

조이다. 먼저 목표를 세우고 시행하는 첫 번째 단계이며, 그 과정을 평가하여 부족한 부분을 수정, 보완하여 업그레이드 시키는 두 번째 단계이다. 이 두 단계로 구성되어 있는 과정이 반복적으로 연속되면서 감축 목표를 상향시키는 구조이다. 역동적 구조이다.

감축 잠재력이 큰 부문이나 방식을 찾아내고 비용효과적인 방식으로, 그리고 시대적 필요에 부응하여, 기존의 기후보호 정책을 강화하거나 새로운 정책을 도입하거나 또는 근간이 되는 핵심 제도를 도입하면서 순차적으로 감축 목표를 상향해나가는 합리적인 조정 과정과 사회적 대화를 거치면서 진행한다. 1997년 기민-자민당 연립정부 때도 그랬으며, 사민-녹색당 연립정부 때도 마찬가지로 기후보호 정책을 보완, 수정, 추가하면서 목표를 달성하고자 하였다.[20] 2018년 이후 기후변화의 폐해가 예상보다 더 심각해지자 "2℃" 목표에서 "1.5℃" 목표로 상향시키고, 이와 동시에 '2050 탄소 중립' 목표를 천명하면서 기후 거버넌스 구조 전체를 강화시키고 상향시키는 결단을 내린다. 2℃~1.5℃ 기후 거버넌스의 이러한 역

---

20 보수당 주도의 연방정부가 1990년 6월, 11월, 1991년 12월, 1994년 9월에 시행한 기후변화 대응 프로그램이 2005년도까지 가져오는 감축의 효과에 관한 연구 용역을 1997년에 전문 민간 연구기관에 의뢰하였다. 하나는 다섯 곳의 연구기관의 컨소시엄에 『기후보호를 위한 정치 시나리오』에 관한 것이고, 다른 하나는 두 곳의 경제 연구기관에 『이산화탄소 감축 전략의 경제적 평가』에 관한 것이었다. 두 군데 전문 연구기관의 결과는 동일한 결론에 도달한바, 지금까지 시행된 정책과 프로그램이 2005년도까지 에너지와 연관된 이산화탄소 배출의 15~17%(1억 5,000만~1억 7,000만 톤) 정도의 감축을 달성할 수 있다는 결론을 냈다. 따라서 25% 감축 목표를 위해서는 추가적인 정책들이 필요하다고 조언했다. 과학적인 연구 결과와 자문을 바탕으로 정책을 입안하기 위해서 연방정부는 IMA에 추가적인 정책 및 프로그램의 개발에 대한 요청을 하고, IMA 워킹그룹은 위 연구기관의 연구용역 결과를 참고로 하여 『국가 기후보호 프로그램』 4차 보고서를 1997년 11월에 제출한다. 그리고 앞에서 보았듯이 사민-녹색당 연립정부 역시 기후보호의 근간이 되는 3대 법안을 1999년 이후 순차적으로 추가하면서 시행하게 된다.

동적 상향 구조는 '미래 세대의 자유를 불공평하게 제한해서는 안 된다'라는 독일 연방헌법재판소의 판결을 중시하며, 『독일 기후보호 법』의 개정을 통해 탄소 중립을 2045년까지 앞당겨 실현할 것을 선언함으로써 2021년도에 그 역동성의 백미를 보여주었다.

일곱째로, 독일 연방정부는 중·장기적인 감축 목표와 비전을 제시하거나 추가적 대책 수단을 세우는 등 기후보호 정책을 입안하고 집행할 때에 정치권력이나 정파적 이해관계와는 상대적으로 독립적인 과학적인 기초 자료나 자문을 기초로 하기 때문에, 그 정책이 신뢰성과 타당성을 얻을 수 있다는 점을 특성으로 꼽을 수 있다. 또한 시행된 정책의 결과에 대한 모니터링이나 다각도의 평가를 의무화한 점 역시 빼놓을 수 없는 주요한 특징이다.

앞서 이미 언급했지만, 보수당 연립정부는 「"지구대기 보호의 예방"에 관한 연방하원 조사위원회」를 1987~1990년까지 4년 동안 설치하고, 연방하원 의원 9인과 민간 전문가 9인이 동등한 자격으로 함께 기후변화의 원인 및 결과에 대한 연구 현황과 수준 분석, 예방 및 대응책을 제시하도록 하였다. 1990년에 공개된 이 위원회의 결과 보고서는 무려 1,700쪽에 달하며, 2005년과 2050년도까지의 중·장기 감축 목표를 제시하는바, 전 세계적으로는 1990년도 대비 5%, 50% 감축을, 개발도상국은 50%, 70% 증가, 유럽연합은 20~25%, 80% 감축을 제시한다. 이 조사위원회의 구체적인 감축 목표, 정책이나 방식은 후속 기후 정책을 입안하는 데 필요한 기초 자료를 제시했다는 평가를 받았고, 1990년 설립된 IMA 활동의 근거 자료가 된다.[21] 이후에도 기후보호 및 자연보호 등 지속가능한 발전 등의 주제하에 연속적으로 다양한 조사위원회를 소집하여 조사 보고서를 제출한다. 이 같은 연구 결과물은 정책 입안 과정에 과학적이고 객관적인 기초를 제공한다. 따라서 연방하원 조사위원회는 가장 훌륭한 과학적 자문 기구가 되었으며 정치와 학문(과학적 지식)의 가장 주요한 연결 접점이자 교량이라고 평가되었다.[22]

사민-녹색당 연립정부 시절 IMA가 2000년 『국가 기후보호 프로그램』 5차 보고서를 제출할 때에도 다수 민간 전문가들의 학문적 연구와 과학적 자문을 기초로 하였다. 기후보호 정책의 효과에 대한 평가를 위해서 두 개의 연구 주제를 일곱 군데의 연구 및 조사 기관에 용역을 의뢰한다. 그 하나는 『기후보호를 위한 정치 시나리오, Politikszenarien für den Klimaschutz』에 관한 주제로서 「Forschungszentrum Jülich, Deutsche Institut für Wirtschaftsforschung/Berlin, Fraunhofer Institut für Systemtechnik und Innovationsforschung/Karlsruhe, Öko-Institut/Berlin」의 다섯 기관의 컨소시엄에 맡기고, 다른 하나는 『이산화탄소 감축 전략의 경제적 평가, Gesamtwirtschaftliche Beurteilung von CO_2-Minderungstrategien』로서 「Rheinisch-Westfälischen Institut für

---

21 1990년도에 이미 "2도" 상승 억제를 주요한 목표로 제시하는 점이 놀랍다. 2도 목표 달성을 위하여 동 위원회는 관련 에너지 및 건축물 법규들의 개정뿐 아니라 또한 조세부과 및 지원 인센티브 제도들의 도입도 제안하였다. 또한 에너지 절약 센터의 시급한 설립을 촉구하면서 홍보 및 정보교환, 투자의 활성화를 지원하도록 하였다. https://www.nachhaltigkeit.info/artikel/11_bt_ek_schutz_erdatmosphaere_659.htm 참조.

22 Christian Heyer, Stephan Liening, 『Enquete-Kommissionen des Deutschen Bundestages, Schnittstellen zwischen Politik und Wissenschaft』, 2004, 2. Auflage, 3쪽 참조, https://www.btg-bestellservice.de/pdf/20207000.pdf (2018년 1월 16일 검색).

Wirtschaftsforschung/Essen, ifo-Institut für Wirtschaftsforschung/ München」의 두 곳에 의뢰한다.[23] 위의 보고서 작성의 내용과 방식을 개략적으로 말하자면, 인구 및 경제 활동 자료를 토대로 하여 온실가스 감축 정책이나 수단의 영향(결과)을 도출한다. 경제 활동 자료에는 과거, 현재, 미래의 국내 총생산, 경제성장률, 고용자 수, 1차 에너지 가격 및 유럽 배출권 가격 등이 주요 자료로서 이용된다. 보고서가 다루는 기간은 보고서의 목적에 따라 확장되기도 한다. 온실가스 배출량의 현황 및 감축 목표량은 크게 두 종류의 예상 시나리오를 통해 제시하고 있다. 첫 번째 시나리오는 보고서 제출 전까지 시행되었던 기존의 정책이나 수단을 통한 감축량 및 목표 연도의 예상 감축량을, 두 번째 시나리오는 보고서 제출 후 추가 및 변경되는 정책이나 수단을 통한 감축량 및 목표 연도의 예상 감축량

---

23 BMUB, "Vierter Bericht der Interministeriellen Arbeitsgruppe "CO₂-Reduktion" vom Kabinett beschlossen", https://www.bmub.bund.de/pressemitteilung/deutschland-verstaerkt-klimavorsorge/; 다섯 개 연구 및 조사기관은 연방환경부와 연방환경청으로부터 『Politikszenarien für den Klimaschutz』라는 장기 프로젝트를 연구용역으로 수주하는데, 1997년에는 『온실가스 현황 분석과 감축 시나리오 개발 및 정책 제안』을 주제로 1차 연구보고서를 제출하고, 1999년에는 『2020년도까지의 이산화탄소 감축 수단과 시나리오들』이라는 주제로 2차 보고서를 제출하였고, 2018년에는 『2035년도까지의 온실가스 감축 시나리오』라는 주제로 제7차 연구 보고서를 제출하였다. https://www.bmub.bund.de/pressemitteilung/politikszenarien-fuer-den-klimaschutz/, Pressemitteilung, 1997년 12월 02일 참조; https://www.umweltbundesamt.de/publikationen/politikszenarien-fuer-den-klimaschutz-vii 참조. (2018년 1월 22일 검색); 두 곳의 경제 및 에너지 연구기관인 Das ifo Institut와 Rheinisch-Westfälische Institut für Wirtschaftsforschung는 연방경제부로부터 IMA와 연방 조사위원회(지구대기보호의 예방)가 제시한 이산화탄소 감축 계획안에 대한 평가를 의뢰받았고, 그에 대하여 추가적인 감축 프로그램이 더 필요하다는 연구보고서를 1996년도에 제출하였다. https://www.researchgate.net/publication/46549353_Gesamtwirtschaftliche_Beurteilung_von_CO2-Minderungsstrategien 참조; 「라인-베스트팔렌 경제 연구소, Rheinisch-Westfälische Institut für Wirtschaftsforschung」는 지속해서 독일 기업들의 자율적 감축 계획에 대해 매년 모니터링 및 자문을 하고 있다. IMA, 앞의 책, 2000년, 20쪽 참조.

을 제시하고 있다. 그리고 기후보호 정책의 방향 설정, 잠재적 감축 대상의 발굴 및 감축 목표 달성에 관한 정책 수립에 도움이 되고자 한다.[24]

IPCC는 1995년 2차 평가 보고서에서 지구온난화는 인간 행위에 기인한 바가 크다는 점을 밝혀낸다. 유럽연합은 이산화탄소 농도의 상한선을 550ppm으로 권고하고, 2050년까지 2000년도의 배출량 대비 약 50% 감축을 권고하였다.「글로벌 환경변화 독일 연방과학자문위원회(WBGU)」는 1995년 일찍이 지구 평균기온 상승 한계선을 '2℃'로 제시한 바가 있다. 독일 연방정부는 이들 과학자의 조기 경고에 귀를 기울이고 기후보호에 확고한 의지로 대응한 점을 2000년『국가 기후보호 프로그램』5차 보고서에서 잘 찾아볼 수 있다. 이 같은 태도는 높이 평가할 수 있는데, 인간의 이산화탄소 배출행위가 기후변화의 주된 요소로서 과학적으로 완전히 입증되지 않은 시점을 고려하면 더욱 그렇다.[25] IPCC의『1.5℃ 특별 보고서』발표 이후에 유럽연합과 더불어 독일이 앞장서서 '2도' 목표에서 '1.5도' 목표로 강화하고 탄소 중립을 선언한 점을 보아도 과학적이고 객관적인 자료에 기초해서 기후정책을 수립하는 것을 잘 알 수 있다. 비록 그 결정이 단기적으로는 책임과 비용을 더 요구할지라도.

---

24 Fraunhofer Institut für Systemtechnik und Innovationsforschung, 『Pokitikszenarien fuer den Klimaschutz II – Szenarien und Massnahmen zur Minderung von CO2-Emissionen in Deutschland bis 2020』, 1999 참조. 아무런 감축 조치를 취하지 않은 시나리오 역시 제시하고 있다. 1~10쪽 참조.

25 2000년이란 시점은 IPCC가 1995년 2차 평가 보고서의 발간 후, 하지만 3차 평가 보고서 발간 이전으로 기후변화의 원인이 기후변화 학계에서 과학적으로 아직 완전히 규명되기 전이었다. IMA, 앞의 책, 2000, 42~48쪽 참조; 그리고 2도 상승 이내 억제라는 정치적 논의는 2010년 멕시코 칸쿤에서 열린 제16차 유엔기후변화협약 당사국 총회에서 비로소 활발하게 진행되었다. UNFCCC, 『The Cancun Agreements』, 2010 참조.

온실가스 감축과 기후보호 정책의 경제와 고용에 미치는 영향에 대해서도 수많은 연구 용역과 과학적 자문을 구했다. 이는 기후보호 정책과 경제 성장이 상호 선순환할 수 있도록 하는 것이 지속가능한 발전의 주요한 원칙이기 때문이다. 연방환경부로부터 연구 의뢰를 받은「PROGNOS AG」의 "기후보호를 통한 일자리" 연구에 따르면 보수적으로 평가해도 1990년대 현재까지의 독일 정부의 기후보호 정책으로 2000~2020년 동안에 약 20만 개의 일자리를 만들 수 있고, 특히 건설, 기계 및 교통 부문에서 효과가 클 것이며, 탈원전으로 인해 중소기업이 혜택을 보며, 시너지 효과를 분명히 낼 것이며, 이 시너지 효과로 사회적 공감을 끌어낼 것이라고 전망했다.[26] PWC는 연방환경부로부터『기후보호 행동프로그램 2020』의 경제적 효과에 대해 연구 의뢰를 받아서, 2016년『기후보호 행동프로그램 2020의 경제적 평가, Wirtschaftliche Bewertung des Aktionsprogramm Klimaschutz 2020』를 제출한다. 그 연구 결과에 따르면,『기후보호 행동 프로그램 2020』이 시행되면 경제성장, 일자리 창출, 이산화탄소 감축 등의 세 가지 주요한 목표를 모두 달성하고, 투자 대비 수익 역시 매우 큰 편으로, 2015~2020년까지 1,490억 유로가 투입되는 데 비하여 에너지 및 기타 비용은 2,740억 유로가 절약되는 것으로 나타났다. 이러한 모니터링 및 평가 노력을 지속적으로 하는 것이 기후 거버넌스의 성공의 요인이 된다.[27]

2007년『통합 에너지-기후 프로그램』의 시행에서도 격년의 모니터링

---

26   IMA, 앞의 책, 2000, 58쪽 참조.

27   PWC(PricewaterhouseCoopers),『Wirtschaftliche Bewertung des Aktionsprogramm Klimaschutz 2020』, 2016, 7~10쪽 참조.

을 의무화하고 전문가와 이해관계자들이 이를 토대로 동 프로그램의 성과를 검증하고 평가할 수 있도록 하였다. 동일한 취지로 2010년『에너지 기본계획』을 공포하면서도 3년 기간의 과학적인 모니터링을 의무화했고 이 에너지 기본계획의 시행 과정 및 결과를 모든 이해당사자에게 공개하여 토론에 부치기로 한다. 공개 토론을 통하여 이 목표들이 얼마나 달성되었고, 장애 요소는 무엇이며, 변화된 조건은 어떤 것이며, 최종적으로 추가적인 수단 및 대책은 어떤 것인지를 찾아내고, 또한 이 같은 공개 토론의 결과물도 최종적으로 공개가 된다.[28]

2014년 12월에 공포된『기후보호 행동프로그램 2020』의 실행 과정에 대하여 환경부가 매년『독일 기후보호 보고서, Klimaschutzbericht der Bundesregierung』를 제출해야 된다. 이 보고서에는 각 분야의 온실가스 배출의 동향 및 경향, 정책이나 프로그램의 목표 달성 수준, 감축 기대 수준에 대한 전망 등이 포함되고,「기후보호 행동연대」에 공개된다.

유럽연합의 회원국은 장래의 온실가스 감축 목표량을 정하기 위해서는 정기적으로 2년마다 자국의 '예상 보고서'를 제출해야 하는데, 독일은『독일 예상 보고서, Projektionsbericht der Bundesregierung』를 제출해야 한다. 독일도 2013년에 첫 번째 보고서를 제출하고 2015년, 2017년 제출하였다. 이 보고서는 독일 연방정부(독일환경청)의 감축시나리오 개발 초기부터 참여했던 대표적 민간 연구기관인 Fraunhofer ISI, Oeko-Institut와 독일 환경청 및 독일 연방경제기술부 산하의 공공 연구기관이 함께 작성하고 있고, 방법론은 앞서 언급한 방식과 대동소이하다. 다만 보고서가 다

---

28 Bundesregierung,『Energiekonzept, fuer eine umweltschonende, zuverlaessige und bezahlbare Energieversorgung』, 2010, 5쪽 참조.

루는 기간은 2005~2030년이나 2005~2035년 등으로 확장된다. 온실가스 배출량의 현황 및 감축 목표량은 크게 두 종류의 예상 시나리오를 통해 제시하고 있다. 첫 번째 시나리오는 보고서 제출 전까지 시행되었던 정책이나 수단을 통한 감축량 및 목표 연도의 예상 감축량을, 두 번째 시나리오는 그 후 추가(확대)되는 정책이나 수단을 통한 감축량 및 목표 연도의 예상 감축량을 제시하고 있다. 그리고 기후보호정책의 방향 설정, 잠재적 감축 대상의 발굴 및 감축 목표 달성에 관한 정책 수립에 자문을 제공하고자 한다.[29] 2014년의 『기후보호 행동프로그램 2020』은 2013년 『독일 예상 보고서』와 독일 연방환경청의 조사 자료를 바탕으로 작성되었다.[30]

이 같은 보고서는 모두 공개가 되고 연방경제기술부의 "에너지 전환"의 모니터링 작업과 3년 차 『개선 보고서』에 반영되기도 하고, 연방환경부가 발행하는 연차 『기후보호 보고서』의 평가 작업에 참여하는 「기후보호 행동연대」도 함께하는 사회적 토론의 기초 자료로서 제공된다.[31]

과학자 및 전문가의 참여와 평가를 중요시하는 독일 연방정부의 입장은 독일 『기후 보호 법』을 제정할 때 일관되게 잘 나타난다. 앞서 보았듯이, 『기후 보호 법』 제9조에서는 연방정부는 주정부, 지방자치단체, 기업 및 시민사회뿐 아니라 기후변화 과학자 플랫폼 및 자문기관 등을 공청회 등을 통하여 모든 '기후보호 프로그램'에 참여하도록 권고할 것을 주문하고 있으며, 제11조, 12조에서는 「기후변화 전문가위원회」의 설치와 필요

---

29 https://www.bmub.bund.de/themen/klima-energie/klimaschutz/berichterstattung/ ; http://www.bmu.de/fileadmin/Daten_BMU/Download_PDF/Klimaschutz/projektionsbericht_2015_zusammenfassung_bf.pdf 참조.

30 BMU, 『Aktionsprogramm Klimaschutz 2020』, 2014, 14~17쪽 참조.

31 BMU, 『Aktionsprogramm Klimaschutz 2020』, 2014, 75쪽 참조.

성에 관하여 명기하고 있다. 기후변화 전문위원회는 5명의 전문가로 구성되고, 기후학, 경제학, 환경과학, 사회 분야의 전문가로서 탁월한 과학적 지식인으로서 독립적인 전문가 그룹으로 구성된다. 이들은 연방환경청이 조사한 배출량 데이터를 검증하여 평가와 함께 연방하원과 정부에 보고해야 한다. 감축 부문별 '긴급 행동프로그램 안'이 제안되기 전에 이 감축안의 가정 및 전제들을 검증한다. 연방정부가 연간 탄소예산의 변경이나 『기후보호 계획 2050』의 갱신 또는 '기후보호 프로그램' 채택을 할 경우 감축의 전제 및 가정에 관하여 자문에 응한다. 특별 보고서도 제출할 수 있다. 이렇게 과학자들의 분석, 평가, 자문은 정책 결정에 깊숙이 영향을 끼치게 되어, 독일 2℃~1.5℃ 기후 거버넌스는 과학적 토대하에서 신뢰를 쌓으면서 진행되고 있다.

여덟째로, 독일 연방정부는 기후보호라는 사회적 과제를 해결하기 위한 주요 정책의 시행을 뒷받침해주는 제도적 지원, 재정 및 금융 지원, 연구·교육·홍보 및 기술 지원을 효과적으로 집행하였다.

독일 연방정부는 독일과 전 세계에 기후변화 대응의 확고한 의지와 분명한 신호를 보여주기 위해서 기한과 감축 목표를 선언하며, 총괄 책임 부서로서 연방환경부를 지정하게 한다. 연방환경부 산하의 IMA가 컨트롤 타워 역할을 한다. 생태세제, 재생에너지 법, 배출권 거래 제도를 도입하는 동시에 반 환경적인 활동에는 재정적 지원을 삭감하고, 친환경적인 행동은 지원을 확대하는 것을 원칙으로 하였다. 기후보호와 관련된 연구, (기술)개발, 홍보 및 시장 메커니즘 도입 등을 지원 및 확대하면서, 이 같은 공익의 증진을 위해서는 재정적 지원을 아끼지 않는다. 특히 기술 개발 및 투자 촉진에 역점을 두었다. 저탄소 에너지 개발, 에너지 효율성 개선 기술, 재생에너지 기술 개발에 지원을 아끼지 않았다. 특히 시너지 효과를 낼 수 있는 에너지 효율성 개선 분야에 대해서는 앞장서 지원하였다. 확실하게 보장해야 하는 사항들은 사회적 약속을 넘어서서 법 제정을 통해서 시행한다.

독일 연방경제에너지부는 에너지 효율성 개선을 재생에너지 확대와 함께 에너지 전환을 위한 주요한 축으로 간주하면서, 「Nationale Aktionsplan Energieeffizienz(NAPE)」를 2014년 설립한다. 그 주요 목적으로 2020년까지 2008년 대비 에너지 효율성을 20% 개선하고, 2050년까지 50% 개선하고자 하였다. 기본 원칙으로는 에너지 효율성에 관한 정보를 공유하고, 지원하고, 촉진하는 것이다. 「NAPE」는 에너지 효율성 개선을 위한 다양한 대책을 찾으면서 기본적으로 세 가지 중심과제를 제시하는데, 주택 및 건물의 에너지 효율성 개선, 에너지 효율성 사업 모델 구축, 에너지 효율성 개선에 대한 개별적 책임의식 제고 등이다.[32] 에너지 효율성 개선은 사회를 관통하는 포괄적 과제이다. 국가적 대책뿐 아니라 전 사회적 과제이기 때문에 독일 연방경제에너지부는 2014년 「에너지 전환 에너지 효율성 플랫폼」을 도입하여, 경제계, 시민사회, 전문가와 관련 이해당사자, 그리고 주정부와 함께 대화 창구를 마련하여 공동으로 문제를 해결하고자 하였다. 대화 창구인 「에너지 전환 에너지 효율성 플랫폼」과 「주택 에너지 효율성 플랫폼」을 구축하고, 에너지 효율성 개선을 위한 공동의 전략을 수

---

32 BMWK, 『Mehr aus Energie machen. Nationaler Aktionsplan Energieeffizienz』, 2014, https://www.bmwk.de/Redaktion/DE/Publikationen/Energie/nationaler-aktionsplan-energieeffizienz-nape.pdf?__blob=publicationFile&v=10 (2022년 6월 27일 검색).

립하기 위해서 2014년 1, 2차 모임을 가졌고, 2018년에 이미 9차 모임을 열었다. 에너지 전환 과정을 평가하는 독립된 전문가들이 NAPE 시행 과정 역시 모니터링을 할 수 있도록 하였다.[33] 「NAPE」는 에너지 효율성 개선을 위한 개별적 대책 수단과 중·장기적 대책 수단을 제시하였다. 그리고 독일 연방경제에너지부는 2016년 그런 내용을 담은 『에너지 효율성 녹서, Grünbuch Energieeffizienz』를 발간한다. 매년 발간되는 『Grünbuch Energieeffizienz』에서 제시하는 에너지 효율성 개선 수단에 대한 기본 관점과 우선순위는 "에너지 효율성 우선", 개선 수단의 지속적 계발, 부문 간의 효율적 연계성 증진, 디지털화로 요약할 수 있다.[34] 그 외에도 기후변화와 관련하여 국제 규격에 맞는 보고서 제출, 홍보 및 교육 등의 사업, 특히 국제 표준을 따르는 온실가스 인벤토리 구축 등의 시행을 초기에 시행한다.[35]

재정 및 금융지원은 기후 정책의 시행에 있어서 필수 불가결한 중요한 요소이다. 기후변화는 온실가스라는 오염 물질을 제거하는 정화비용 없이, 즉 무임승차로 대기 중에 폐기함으로써 발생한 것으로 앞으로는 그 비용을 어떤 형태로든 지불해야 하는 것이다. 무임승차 비용을 내부화시켜 폐기물을 줄이거나 근원적으로 배출을 없애는 재생에너지 시스템으로 전

---

33 https://www.bmwk.de/Redaktion/DE/Textsammlungen/Energie/energiewende-plattform-energieeffizienz.html?cms_artId=574234 (2022년 6월 27일 검색).

34 https://www.bmwk.de/Redaktion/DE/Artikel/Energie/gruenbuch-energieeffizienz.html (2022년 6월 27일 검색).

35 IMA, 앞의 책, 2000, 16~17쪽 참조; 독일 연방정부의 기후보호를 위하여 시행한 정책이나 방식, 또는 기본 입장은 놀랍게도 IPCC가 4차 평가보고서에서 권고한 방식과 거의 일치한다. 이런 점이 기후보호 분야에서 독일의 선도적인 역할을 잘 말해주고 있다. IPCC, 『Climate Change 2007: Synthesis Report』, http://www.ipcc.ch/pdf/assessment-report/ar4/syr/ar4_syr.pdf, 59~62쪽 참조.

환하도록 하는 것이 해법이다. 여기에는 대체 시설 투자나, 신 투자, 인프라, 기술 및 교육 투자 등 상당한 투자 및 금융 재원이 필요하다. 특히 이러한 투자는 단기보다는 중·장기적으로 편익이 발생하는 것이 특징이다. 이처럼 초기 투자의 애로점을 덜어주는 데 공공 재원이 먼저 마중물 역할을 하는 것이 일반적이다. 국가와 사회의 발전에 필수적인 투자일 경우, 거기다가 공공의 이익을 증대시키는 공공사업의 경우 재정 투입이 더욱 필요하다. 기후변화 대응은 이런 요건에 우선적으로 해당되는 국가적 공공 과제임에 틀림없다. 따라서 국가의 재정이 기후보호 프로그램의 시행과 목표 달성을 위하여 필수적으로 그리고 적절하게 투입이 되어야만 그 실효성을 담보할 수 있을 것이다. 이런 근거에서 마련된 기금이 『특별 자산 에너지-기후 펀드』이다.

아홉 번째이자 끝으로, 독일 연방정부가 기후보호 정책을 시행하면서 견지하는 원칙이나 고려 사항, 그리고 그 배경에 대해 살펴보자. 기후보호 및 지속가능한 발전은 일정한 방향이나 경로로 진행되는데, 전 사회적 과제이기 때문에 기후보호, 경제성장, 사회 통합, 민주적 거버넌스 등 복합적인 요소가 연계되고 구현되는 전환의 과정을 겪는다. 이 전환 과정에서 견지한 기본 원칙, 기준, 관점이나 입장, 고려 사항, 배경 등에 대해 살펴보자:

1) 기후보호 정책은 단기적이 되어서는 안 된다는 원칙을 명확히 하고 있다. 독일 연방정부는 중·장기적 관점과 목표를 제시하여, 투자 결정에 중요한 판단 기준이 되는 신뢰성을 얻을 수 있어야 한다는 점을 명백히 하고 있다. 이런 원칙을 견지하는 것은 확고한 실행 의지를 잘 보여준다. 기후보호 정책 시행에는 수많은 크고 작은 투자가 이루어져야 하며 또한 중

· 장기 투자가 - 전기자동차 충전소나 태양광 발전소 시설 투자 등 - 가능해야 하기 때문이다.[36] IMA에 지속적으로 2020년, 2030년도까지의 중기 감축 목표 설정을 요구한 점, 그 후『기후보호 행동프로그램 2020』이나『기후보호 계획 2050』을 통해 2050년도까지의 장기 감축 목표를 재확인시키는 점이 이를 증명해주고 있다.

2) 독일 연방정부는 글로벌 협력을 요청하면서 여타 선진 국가들에도 독일과 비견할 만한 수준의 목표를 제시하도록 요구하였다. 이는 경제적 측면에서 본다면 독일 경제계가 국제경쟁력을 유지할 수 있게 하는 하나의 방침이다. 1999년 생태세제 도입 시에도 이런 경제성의 측면과 고용효과(사회 통합성) 측면을 동시에 고려하여 노사의 고용연금보험 부담을 줄이도록 설계하였다.[37] 국제경쟁력의 유지라는 측면은 독일뿐 아니라 모든 국가들이 고려하는 주요 사항이다. 2014년『재생에너지 법』개정에서도 반영되었듯이, 재생에너지에 대한 부과금이나 지원을 통해 재생에너지로의 전환을 촉진시키는 정책을 지속하면서도 세계 시장에서의 가격 경쟁력을 유지하기 위하여 시장 메커니즘을 강화시키는 정책도 동시에 시행하고 있다.[38]

3) 에너지와 관련되어서는 세 가지 주요한 범주를 고려하는데, 바로 안정적 공급, 경제성, 그리고 친환경성이다. 이를 위해서는 에너지 효율성을 중요하게 고려하는데, 하나는 모든 부문에서 에너지 공급의 효율적인 방식이다. 독일 정부가 특히 열병합 발전소의 시설 확장에 역점을 두는 까닭

---

36   IMA, 앞의 책, 2000, 10~11쪽 참조.

37   앞의 책, 10~11쪽 참조.

38   https://www.erneuerbare-energien.de/EE/Redaktion/DE/Dossier/eeg.html 참조.

이 여기에 있다. 또 다른 하나는 에너지 수요를 줄이기 위해 에너지 효율적인 공정과 생산품의 투입이다. 물론 재생에너지 생산을 확대하는 것은 또 하나의 분명한 원칙이다. 장기적으로는 재생에너지로의 전환이 필수적이지만, 중·단기적으로는 에너지 효율성의 개선이 필수적이다. 기후보호 정책 시행 초기부터, 특히 2007년『통합 에너지-기후 프로그램』선언 이후 줄곧 견지되고 있는 핵심적인 감축의 방식이다. 탈원전, 탈화력발전소를 선언한 독일 정부로서는 특히 이 점에 역점을 두지 않을 수 없다.[39] 이런 입장에서 에너지 효율성 개선을 위해 2014년「NAPE」제도를 도입한 것을 충분히 이해할 수 있다. 유럽연합 역시 "에너지 효율성 우선"이라는 원칙을 공유하고 있다.

4) 기후보호 정책이나 프로그램을 시행할 경우에 비용과 편익의 경제적 측면을 중요하게 고려한다. 비용효과성을 주요한 기준으로 삼는다. 그런데 시행된 프로그램의 결과는 개별적인 것과 전체적인 수준을 구분해서 평가할 필요가 있다. 하나의 기후정책이 경제의 4대 핵심 목표와 - 가격안정, 고용, 경제성장과 해외 경제와의 균형 - 어느 정도 정합적인가를 평가하는 것도 쉬운 문제는 아니다. 생태계의 가치나 건강상의 폐해 등의 가격을 계상하면 더욱 어렵다. 하지만 어떤 기후정책도 화석에너지 사용에 따른 외부효과의 비용을 줄인다는 점은 분명하며, 이 점을 항상 고려해야 한다. 한 예로써 이산화탄소 1톤당 약 30~1,000DM(2000년 현재 가격) 정도의 외부효과가 발생한다는 연구 결과가 있다. 이산화탄소 감축 프로그램은 대기 정화, 육상·해양 생태계의 스트레스를 감축하는 데 기여한다는 점도 함께 고려하고 있다. 기후보호 정책의 우선순위를 생각해보면, 공

---

39 IMA, 앞의 책, 2000, 12~13쪽, 23쪽 참조.

공성이 큰 정책은 전폭적으로 우선 시행되는 것이 바람직하다.[40] 글상자 1 에서도 보았듯이, 감축 잠재량 산정에서도 비용효과성을 고려해서 하였고, 수차례에 걸친 『재생에너지 법』 개정에서도 지원과 경쟁력 확보라는 상충되는 가치를 적절하게 배합하여 비용효과적인 재생에너지 생산 확대에 심혈을 기울였다.

5) 독일 연방정부는 1990년대 초기부터 기후보호나 지속가능한 발전을 단순히 해결해야 할 어려운 도전이나 과제로만 여긴 것이 아니라, 새로운 발전과 도약의 기회로 삼아 "생태적 현대화"라는 국가 발전전략으로 추진했던 점을 들 수 있다. 앞서 언급한 1997년 메르켈 기민-자유당 환경부 장관의 "독일 경제입지" 강화에 대한 의지표명이나, 1999년의 독일 연방하원 사민-녹색 집권여당의 "생태적 현대화와 국제협력의 개선을 통한 기후보호" 제안서를 통해서 확인할 수 있다. 2010년도의 『에너지 기본계획』에서도 지속적으로 이 점을 밝히고 있으며, 2016년도의 『기후보호 계획 2050, Klimaschutzplan 2050』에서도 이 점을 또 한 번 분명히 강조한다.

"『기후보호 계획 2050』은 독일 경제 현대화의 전략이자 모든 영역의 발전 방향을 제시한다. (...) 이는 패러다임의 전환을 열 것이다. 재생에너지와 에너지 효율성은 모든 투자의 미래 표준이 될 것이다. 이로써 '기후보호 계획 2050'은 독일 경제를 위해서, 또한 저탄소 세계에서 경쟁력을 유지할 수 있는 필수적인 여건을 마련해줄 것이다."[41]

6) 기후보호와 일자리 문제도 주요한 고려 사항이다. 일자리 증감에 대한 연구 결과는 연구자의 관점에 따라 편차를 나타내지만 긍정적인 순

---

40 앞의 책, 54쪽 이하 참조.

41 BMU, 『Klimaschutzplan 2050』, 2016, 7쪽.

고용 효과를 예측하는 연구 결과가 지배적이다. 환경부로부터 연구 의뢰를 받은 「PROGNOS AG」의 한 연구에 따르면 보수적으로 평가해도 2000~2020년 동안에 약 20만 개의 일자리를 만들 수 있고, 특히 건설, 기계 및 교통 부문에서 효과가 클 것이며, 탈원전으로 인해 특히 중소기업이 혜택을 보며, 기후보호 정책은 사실상 긍정적인 고용 효과로 사회적 공감을 끌어낼 것이라고 전망하였다.[42] 앞서 언급했듯이, 생태세제를 설계할 당시에도 기후보호와 고용 축소의 상충 관계를 해소할 수 있는 방식을 고려하였다. 생태세제 부과로 인해 기업의 비용이 증가하고, 국민의 조세부담이 증가하는데 증가한 조세 수입을 연금 보험료를 인하하는 데 대부분을 지출하도록 설계하였다. 이로써 세금 중립성을 유지하고, 기업은 비용 부담을 줄여서 일자리를 유지 또는 창출할 수 있고, 이산화탄소 배출은 감소하는 소위 '이중 배당 효과'를 누릴 수 있도록 설계하였다. 독일의 기후보호 정책 시행의 결과를 실제로 보더라도 온실가스 감축과 경제성장이 동시에 진행되는 소위 '탈동조화' 현상을 잘 보여주고 있다.

또한 에너지 전환의 과정과 고용의 관계도 긍정적이다. 연방경제에너지부의 하나의 연구용역 『독일의 재생에너지를 통한 고용: 확장과 가동, 오늘과 내일』에서 밝혔듯이, 재생에너지 분야에서 일하는 종사자는 2013년 현재 371,400명이다. 간접적으로 부품 생산의 종사자도 여기에 포함이 된다. 에너지 전환 과정에서 일자리 창출과 폐쇄가 동시에 일어나는데 순 고용창출이 일어나고 있으며, 앞으로는 훨씬 순 고용이 더 많이 창출될 것이라고 분석한다. 2013년 이후는 매년 약 18,000명 정도의 순 고용 창출을 할 것이고, 이는 석탄 광산의 모든 노동자 수(2016년)에 버금가거나, 지난

---

42 IMA, 앞의 책, 2000, 58쪽 참조.

10년 동안 화학 산업에서 증가한 일자리 수와 비슷하다. 재생에너지와 에너지 효율성 개선 투자를 통해서 건설 및 건축 분야가 가장 수혜를 누리면서 일자리를 많이 창출하고 있다.[43]

도표 11. 독일의 환경보호 분야의 일자리

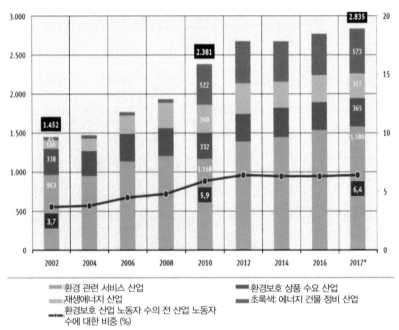

출처: 독일 연방환경청, https://www.umweltbundesamt.de/daten/umwelt-wirtschaft/beschaeftigung-umweltschutz#aktuelle-ergebnisse-und-entwicklung-im-zeitablauf (2022년 6월 28일 검색).

도표 11에서도 보듯이, 환경보호 분야의 일자리는 2002년 이후 2017년

---

43 Bundesministeriums für Wirtschaft und Energie, 『Beschäftigung durch erneuerbare Energien in Deutschland: Ausbau und Betrieb, heute und morgen』, 2015, https://www.bmwi.de/Redaktion/DE/Publikationen/Studien/beschaeftigung-durch-erneuerbare-energien-in-deutschland.html 참조. 『Prognos AG』를 포함하여 모두 다섯 개 연구 기관이 참여하였다.

현재까지 꾸준히 상승하고 있는 것을 확인할 수 있다. 일자리 비중으로 본다면 2002년 3.7%에서 2017년 6.4%로 증가하여, 283만 명에 달한다. 특히 재생에너지 분야와 에너지 주택 정비 분야에서 일하는 노동자가 31% 차지하며 에너지 전환의 중심적인 역할을 한다. 기후보호 정책과 일자리 관계는 상충적이지 않고, 긍정적인 것으로 밝혀졌다.

7) 일자리 창출과 함께 사회 통합성 제고 역시 기후보호의 대전환 과정에서 지켜져야 할 핵심 가치 중의 하나이다. 앞서 보았듯이, 낡은 건물이나 주택을 에너지 효율적으로 정비하는 정책이 저금리 대출 지원을 통해 광범위하게 시행되고 있다. 새로운 설비 및 개·보수 투자가 됨으로써 고효율 에너지 건물로 전환되어 에너지 절약과 이산화탄소 배출량 감축에 커다란 기여를 하고 있다. 하지만 개·보수 비용으로 인하여 건물의 가격도, 따라서 임대료도 높아진다. 더욱이 재생에너지 시설이 많이 투입될수록 가격은 더 높아진다. 문제는 사회적 취약 계층은 비싸진 임대료 때문에 이 에너지 효율적인 주택에 살기 힘들게 된다. 사실 사회적 취약 계층은 기후보호 정책이 시행되면 될수록 비싸지는 각종 에너지 가격 – 난방, 온수, 전기료, 유류세, 탄소세 등 – 을 부담하기가 더 어려워진다. 따라서 기후보호 정책은 태생적으로 사회 통합적 측면을 함께 고려하면서 진행되어야 한다.[44]

독일의 경우, 2001년부터 KfW의 낡은 주택에 대한 지원 프로그램으로 『건물 정비를 위한 기후보호 프로그램, Klimaschutzprogramms fuer den

---

44 European Commission, 『Proposal for a Regulation of the european parliament and of the council – establishing a Social Climate Fund』, 2021, 1~2쪽 참조; 이준서 외, 『영국과 호주의 에너지 빈곤층 지원 법제에 관한 연구』, 「한국법제연구원」, 2013, 17쪽 참조. 영국의 경우 2000년 "주택 난방 및 에너지 보존법"을 제정하여 에너지 빈곤 계층에게 각종 지원을 보장하고자 하였다.

Gebaeudebestand』을 시행하였다. 이 부문이 감축의 여지가 크기 때문이다. 2003년까지 연간 구 건축물의 개·보수 및 정비를 통한 다양한 에너지 절약 사업을 통해서 연 2~4억 마르크 규모의 저금리 대출을 지원 하였다. 이 대출 지원은 다목적용인데, 기후보호뿐 아니라, 지역의 고용 창출이나 임대인 및 임차인의 부담을 줄이는 사회 통합적 목적으로 시행되고 있다. 또한 사회 통합적 환경 정책 연구에 대한 지원도 매우 활발하나,[45] 기후보호와 사회 통합성의 상관관계를 온전히 고려한 사회복지 차원의 굵직한 법이나 정책을 2014년 현재까지는 체계화시키지 못한 실정이다. 연방정부 재정의 여력이 부채 증가로 말미암아 부족하여 소위 임차인 보호 지원 사업을 제대로 진행시키지 못하고 있다.『건물 정비를 위한 기후보호 프로그램』이 목표치보다 낮은 결과를 보이는 이유가 여기에 있다. 사회 통합적 차원에서 공공부조의 내용을 다루고 있는 Hartz-IV 조항의 사후 보전 방식은 사전 지급으로 수정되어야 하고, 미반영된 에너지 가격 상승분의 재산정도 필요하다. 나아가 주택 보조금에 에너지 비용 항목을 산입하는 제도 역시 재도입되어야 한다고「사회연대」는 역설하고 있다.[46] 독일은 사회복지 측면에서 상당히 앞서가는 복지 선진국이지만 기후보호라는 새롭고 복합적인 요소를 사회복지 구조에 적절히 반영하지는 못하고 있다. 하지만 현재 주택 보조금 산정에 기후 요소를 반영하는『사회보장법』조항의 개정 논의가 진행 중인데, 이 개정안에 따르면 지자체가 숙박

---

45 독일 연방교육연구부는 2001년 이후부터 지속가능한 발전의 관점에서 사회적 변동 및 전환과정을 사회-환경 연구의 핵심연구 대상으로 삼고 있다. https://www.fona.de/de/gesellschaft-sozial-oekologische-forschung-soef-19711.html 참조.

46 RNE, "Die soziale Seite der Energiewende", 2014. 2. 12., https://www.nachhaltigkeitsrat.de/aktuelles/die-soziale-seite-der-energiewende/ (2018년 2월 2일 검색).

및 난방비를 전체 임대비용 내에서 적정하게 조절할 수 있게 된다.[47] 2019년 『기후보호 프로그램 2030』에서는 난방연료에 대한 탄소가격이 2021년부터 부과됨으로써 비싸지는 난방비를 완화하기 위해서 주택보조금(Wohngeld)을 10% 인상하기로 하였다. 그리고 『임대차계약 법』도 수정하기로 하는데, 임대인은 저탄소 난방 시설투자를 하도록 유도하고, 임차인은 에너지를 절약하도록 유인하는 방식으로 변경을 예정하고 있다. 그리고 탄소가격의 부과로 인하여 걷힌 세수는 전기료를 인하하는 데 사용함으로써 사회적 취약 계층에게서 부담을 덜고자 하였다.[48] 이 영역은 온실가스 감축 잠재량이 매우 크고, 사회복지를 통한 사회 통합성 제고의 여지도 역시 크다. 장기적으로는 에너지 절약이 되고, 온실가스 감축이 되며, 사회 통합성도 유지될 수 있기 때문에 지자체나 연방정부의 재정적 지원 규모가 확대될 근거들은 많다.

8) 독일 연방정부는 초기부터 주정부, 기초지방정부 그리고 시민 사회단체와의 협력과 소통을 중시하면서 민주적인 거버넌스를 구축하고 사회 통합성을 지원하고자 했으며, 협력적 관계는 잘 실현되고 있다.

1994년 IMA의 제3차 보고서를 기초로 한 독일 정부의 한 결정문에서 살펴보자:

"독일 연방정부가 1990년, 1991년 이산화탄소 배출량 감축 결정을 공포한 이후에 주정부 및 지방자치단체 차원에서뿐 아니라 경제단체나 소비자·환경단체 등 다양한 시민 사회단체가 온실가스 감축에 관심을 갖고

---

47   BMUB, 『Aktionsprogramm Klimaschutz 2020』, 2014, 42쪽 참조.

48   BMUB, 『Klimaschutzprogramm 2030 der Bndesregierung』, 2019, 29쪽 참조.

동참하였다. 연방정부는 감축 활동은 현장에서 이루어지기 때문에 이 같은 참여를 매우 환영하였다. 연방정부 혼자서는 전 사회에 광범위하게 영향을 미치는 기후보호 프로그램을 일관성과 지속성을 가지고 시행할 수 없기 때문이다."[49]

이 점은 2010년 공포된 『에너지 기본계획』에서도 확인할 수 있다.

"미래의 에너지정책은 시민들이 잘 이해하고 실천할 때에만 비로소 가능하다. (…) 따라서 국가의 결정이 이루어질 때 참고하는 자료, 사실, 수치 등은 이해하기 쉬운 형식으로 모두 공개되어야 한다. 공식적인 인터넷 플랫폼이나 대화 포럼방 등에 에너지 기본계획의 진단이나, 분석, 평가들도 투명하게 공개되어야 하고, 온라인 대화방에서의 토론 창구도 개방되어야 한다."[50]

독일의 2℃~1.5℃ 기후 거버넌스의 의사결정 과정에 독일 시민사회의 대표자들을 총망라한 모임인 「기후변화 행동연대」를 광범위하게 참여하도록 한 것은 독일 연방정부의 올바르고 본보기를 보여준 결정이라고 할 만하다. 「비엔나 포럼, Wiener Forum」 형식으로 진행되는 민주적 의사결정 과정은 전 사회적 프로젝트를 추진하는 적절한 방식이라 할 수 있다.

---

49 Full text of 12/8557 『Beschluß der Bundesregierung zur Verminderung der CO$_2$-Emissionen und anderer Treibhausgasemissionen in der Bundesrepublik Deutschland auf der Grundlage des Dritten Berichts der Interministeriellen Arbeitsgruppe "CO$_2$-Reduktion"(IMA…)』, 1994, 12쪽, https://archive.org/stream/ger-bt-drucksache-12-8557/1208557_djvu.txt 참조. (2018년 1월 22일 검색).

50 Bundesregierung, 『Energiekonzept, fuer eine umweltschonende, zuverlaessige und bezahlbare Energieversorgung』, 2010, 39~40쪽.

4.2. 정치적 영역: 독일 주정부와 기초지방자치단체

독일의 기후보호 정책을 입안하거나 시행함에 있어 주요 주체를 살펴보면 연방정부뿐 아니라 주정부, 기초지방자치단체, 경제단체 및 시민 사회 단체도 각각의 영역과 차원에서 적극적으로 참여하였다. 물론 유럽연합과 UNFCCC 등의 글로벌 기구들과의 공조도 한몫을 하였다. 먼저 주정부의 역할과 지위를 살펴보자.

우선 16개 모든 주정부는(베를린, 함부르크, 브레멘시 정부 포함) 각기 고유의 '기후보호 프로그램'을 시행하고 있고, 고유의 감축 목표나 다양한 시행 방식을 제시하고 있으며, 주정부의 역할과 성과도 크다. 각 주정부의 역할뿐만 아니라 주정부들 간의 거버넌스를 구축하여 기후변화 대응의 큰 틀을 조율하며, 연방정부와 조정하며 협력해간다. 주정부 간, 연방정부-주정부-기초자치단체의 소통과 협력이 지속가능한 기후보호 정책의 성공에 필수적이기 때문이다.

주정부들 간의 대표적인 협치 거버넌스로서 16개 주정부의 환경부 장관들의 협의체인 「환경부 장관회의, Umweltministerkonferenz)」를 들 수 있다. 직접적인 법적 구속력은 없으나, 체계적으로 운영되고 있으며, 독일 연방의 차원에서 환경 법규 및 정책이 최대한 일관되고 통일적으로 시행될 수 있도록 협의 및 조정을 한다. 환경 분야와 관련된 8개의 「연방-주정부-워킹그룹, Bund-Länder-Arbeitsgemeinschaft」을 운영하고 있는데, 기후변화 및 에너지, 토양 보호, 물 보호, 화학 물질 규제 등이다. 특히 1998년 이후 기후변화와 에너지 분야를 담당했던 「에너지와 환경, Energie und Umwelt」 워킹그룹은 2008년 이후에는 「기후, 에너지, 이동-지속가능성

워킹그룹, Bund/Länder-Arbeitsgemeinschaft Klima, Energie, Mobilität - Nachhaltigkeit, BLAG KliNa」으로 확대 개편되었다. 이 워킹그룹은 독일 연방정부나 유럽연합의 기후변화 및 에너지 정책의 구상이나 시행 방식이 주정부 간의 차원에서 원활하고 체계적으로 시행되도록 연구 및 조정하는 역할을 한다.[51] 하나의 예를 들면, 유럽연합 차원의 ETS 제도의 시행에 발맞추어 독일 연방정부의 배출권 할당 계획안을 준비하는데, 「환경부 장관회의, Umweltministerkonferenz」산하의 8개 워킹그룹의 하나인 「에너지와 환경」은 독일 연방정부 차원의 워킹그룹 「온실가스 감축을 위한 배출권 거래제 워킹그룹(AGE)」과 함께 『독일 배출권 할당 계획안 2005~2007』을 탄생시키는 데 핵심 역할을 한다.[52]

각 주정부의 고유의 기후보호 프로그램의 몇 가지 특성을 살펴보면, 바덴-뷔르템베르크주는 1994년 이미 『기후보호 기본 계획』을 선언하였으며 독일 연방정부의 목표인 이산화탄소 배출량 25% 감축 목표와 동일하게 2005년도까지 25% 감축을 선언한다. 바덴-뷔르템베르크주는 지속적인 기후보호 정책의 추진으로 연방정부의 목표에 발맞추어 전력 소비의 재생에너지 비중을 2010년까지 2배로 확대하기로 하였고, 슐레스비히-홀슈타인주는 기존의 재생에너지 정책에 박차를 가하여 전력 소비의 재

---

51   https://www.umweltministerkonferenz.de/Willkommen.html 참조. (2017년 11월 22일 검색).

52   기후보호 정책을 시행함에 사회적 대화 및 참여의 중요성에 대해서 이미 언급하였지만, 『독일 할당 계획안 2005~2007』을 마련하는 데 핵심 역할을 했던 AGE나 BLAG 같은 워킹그룹뿐만 아니라 민간 전문가, 연구기관, 경제 및 환경 시민단체와의 수많은 대화와 조정이 수행되었다. BMU, 『Nationaler Allokationsplan fuer die Bundesrepublik Deutschland 2005-2007, NAP』, 2004, 11쪽 참조, http://www.bmub.bund.de/fileadmin/Daten_BMU/Download_PDF/Emissionshandel/nap_kabinettsbeschluss.pdf (2017년 7월 15일 검색).

생에너지 비중을 2010년도까지 무려 50%까지 대폭 확대하기로 하였다.[53] 슐레스비히-홀슈타인주의 경우는 북해와 발트해에 인접한 지역적 특성을 살려서 풍력 등의 재생에너지의 생산 및 소비에 역점을 두고 있다.[54] 슐레스비히-홀슈타인주, Schleswig-Holstein, Dithmarschen 지역에 독일 풍력발전이 최초로 1983년 설립되고, 1987년에 최초의 풍력발전 농장이 생긴다. 「슐레스비히-홀슈타인 재생에너지 네트워크 기구, The Schleswig-Holstein Renewable Energy Network Agency(EE.SH)」에 의하면, 슐레스비히-홀슈타인주는 2019년 현재 독일 풍력발전의 13%를 차지하고 있으며, 2022년 현재 그 주의 전기 수요를 재생에너지로 100% 전부 충당할 수 있고, 3,000여 개의 풍력발전소 전력으로 50% 이상을 충당할 수 있다고 한다.[55]

풍력발전의 이용은 지역 경제적 관점으로 볼 때 지속적으로 큰 역할을 할 것이다. 탈중앙-분권적 전력 생산은 주와 지역 경제에 기회를 제공할 것이다. 경제성장과 일자리 창출에 기여할 것이다. 슐레스비히-홀슈타인주의 경우, 2011년에 2억 4,400만 유로의 주 총생산 증대, 4,535명의 고용 증가를 가져왔다. 예측에 따르면 2021년도에는 최대 11억 2,000만 유로의 주 총생산 증대, 22,250명의 고용 증가를 불러올 전망이다. 고급인력 양성의 수요도 증가할 것이다. 따라서 주정부 및 지방자치단체는 풍력발전의 확대를 지원하고 촉진하는 에너지 정책을 확대해서 추진할 것이다.[56]

---

53 IMA, 2005, 28~33쪽 참조.

54 IMA, 2000, 62~64쪽 참조.

55 https://ee-sh.de/en/windenergie-an-land.php (2022년 6월 29일 재검색).

56 Christiane Kutz, "Regionalökonomische Effekte der Nutzung von Windenergie in Schleswig-Holstein", 2012, https://ee-sh.de/de/dokumente/content/Leitfaeden-und-Magazine/

2009년에 최초의 해상 풍력 농장 Borkum이 슐레스비히-홀슈타인주 근해인 북해에 설립된다. 협력 사업으로 진행되었다. 북해와 발트해에 수많은 협력 사업으로 해상 풍력 농장이 건설되고 있다.[57] 북해와 발트해에 인접한 슐레스비히-홀슈타인주인 「주 에너지 전환부」에서 매년 『에너지 전환과 기후행동 리포트』를 발간하면서, 지역적 특성을 잘 살려서 에너지-기후 정책을 성공적으로 수행하고 있다.

그리고 모든 주정부가 공통으로 『에너지 절약 규정』을 엄격히 준수하는 점은 매우 의미 있는 공동 협력의 산물이라고 할 수 있다. 뒤에 언급하겠지만 1995년도의 경제계와 독일 연방정부가 공동으로 기후보호 협력을 선언하자, 주정부나 지방자치단체에서도 이와 병행하여 여러 차원의 협력이 나타난다. 바이에른 주정부는 수많은 경제 단체와 함께 "바이에른 환경 협약"을 1995년 결성하면서 기후보호를 약속하였다. 바이에른 환경청은 "환경과 경제 정보센터" 서비스를 제공하기 시작했다. 주 차원의 시민단체와의 공조 역시 활발하게 되는데, "바이에른 기후연대"가 출범하여 교회, 자연보호 연맹, 지방자치단체 협의회, 건축가 협의회 등이 참여하여 에너지 절감과 건물 정비를 주요 과제로 협업을 개시하였다.

시, 군, 읍·면 등의 기초지방자치단체(지자체) 역시 매우 적극적인 기후보호 노력을 하고 있는데, 2000년 현재 "Agenda 21" 지방 의제의 일환으로 1,000여 개의 『기후보호 기본 계획』을 이미 시행하고 있으며, 각종 시범 사업을 추진하고 있다. 「기후연맹 이니셔티브」, 「기초자치

Regionaloekonomische-Effekte.pdf (2020. 7. 12. 검색).

57   https://www.spiegel.de/international/germany/sea-power-germany-s-first-offshore-wind-park-goes-online-a-642243.html (2020. 7. 12. 검색).

단체 시장단연합회」나 「International Council on Local Environmental Initiatives(ICLEI)」 등 지방자치단체의 연대는 모범적인 사례라고 할 수 있다. 특히 국가 정책이 실제로 집행되는 읍·면 등에 해당하는 게마인데(Gemeinde)나 코뮌(Kommune)은 시민들이 기후보호 프로그램을 실제로 피부로 느끼면서 소통하고 반응하는 장소로서 그 중요성이 작지 않다. 특히 지자체 관공서 및 관·공기업(Stadtwerke)을 중심으로 매개되는 에너지 공급, 근린 교통, 폐기물 사업, 도시 계획, 지방 경제 등의 영역에서는 시너지 효과를 내고 혁신적인 성과도 내고 있다. 지자체의 기후보호 정책의 탈중앙집권적인 성격은 그 지역 현장에 맞는 고유한 해법을 제시하면서 학습 및 혁신효과를 일으키고, 독일 전역에 혁신의 동력과 동기를 부여하고 있다. 그 결과 2000년 현재 주민 10,000명 이상의 지방자치단체 중 약 75% 이상이 기후보호 분과에 책임자를 두고 있을 정도로 이미 체계화되어 있다. 이는 거의 모든 지자체가 기후보호 프로그램을 자체적으로 시행하는 데 어려움이 없다는 점을 말해준다. 연방환경부의 지원으로 지방자치단체의 에너지 관련 업무시설 운영을 재정과 기술 측면에서 민간업자에게 위탁함으로써(Contracting) 에너지 절약에 큰 도움을 얻을 수 있었다. 지방 에너지 관련 기업들은 이 같은 위탁업무를 실행하는 데 큰 역할을 하면서 동시에 유럽 집행위원회의 『SAVE 프로그램』으로부터 금융 지원을 얻는다.[58]

연방정부나 주정부의 기후보호 프로그램의 시행 과정에서 지자체는 시민들의 직접적인 요구를 수렴하여 반영하는 역할과 동시에 위로부터의 프로그램을 지역주민의 구체적 상황에 접목시켜 시행하는 역할을 한다는 점

---

58 IMA, 앞의 책, 2000, 64쪽 이하 참조.

에서 주요한 기능을 담당하고 있다. 연방정부나 주정부의 대표적인 온실가스 감축 정책인 생태세제, 재생에너지법, 열병합 발전 촉진법, 배출권 거래제, 에너지 절약 지침, 건물 재건축 및 재정비, 친환경 교통수단 촉진제도 등의 프로그램이 시행됨으로써 시나 게마인데 등의 지자체에서도 교통, 건물, 바이오 에너지 부문 등에서 저탄소 에너지 체계로의 전환이 급속히 이루어진다. 특히 버스나 철도 등 근린 대중교통(OEPNV)이 각 지방이나 지역마다 활성화되고, 각 지역의 고유한 재생에너지 자원을 활용하여 전기와 열을 생산하는 전환이 전국적으로 전개되고 있다.[59] "바이오 에너지 자립 마을" 사업의 대표적인 윈데(Jhuende) 마을 역시 150여 가구, 750여 명의 인구를 지닌 조그만 농촌 마을에 불과하였으나, 전문가와 주민과 기초자치단체가 일구어낸 재생에너지 농촌 마을 사업으로 모범적인 전환을 이루어내었고, 그 결과 독일 전역에 이 사업이 급속하게 확장되었을 뿐 아니라, 전 세계적으로도 바이오 에너지 마을 및 에너지 첨단과학 마을로 그 명성을 떨쳐 세계적인 관광 명소로도 유명해지고 있다.[60]

기초지방자치단체의 주요한 역할 중의 하나로 손꼽을 수 있는 것으로 기후보호 및 에너지에 관한 소통과 자문의 기능이다. 효율적인 소통과 의견 교환을 위한 이니셔티브 「원탁회의, Runde Tische」는 대표적인 유명한 기구가 되었다. 이러한 소통기구를 통하여 지역 주민들은 협의를 거쳐서 도시 전체를 환경, 경제, 사회적 통합이라는 원칙으로 전환시킨다. 수많은 도시나 게마인데에서 원탁회의가 생겨나고, 이를 통해 기후보호에 관한 다양한 주제를 토론하고 자문하기도 하였고, 프로젝트도 시행하게 된

---

59 IMA, 앞의 책, 2005, 34쪽 참조.

60 http://www.bioenergiedorf.de/home.html 참조.

다. 레겐스부르크시의 경우는 이미 1994년부터 산업, 수공업, 시민단체, 전문가 그룹, 시정부 대표로 구성된 「기후와 에너지」[61]라는 원탁회의가 출발한 반면, 2007년에야 구성되는 지자체도 있다. 이 외에도 다양한 기후 포럼도 지역주민과 함께 개최된다. 1995년에는 연구소나 전문가 그룹이 주도하는 캠페인 "지자체와 소비자의 자율적 이산화탄소 감축을 위한 전국 캠페인, Bundesweiten Kampagne zur freiwilligen CO_2-Vermeidung bei Kommunen und Verbrauchern"하에서 출범하는 「에너지 원탁회의, Energie Tische」는 원탁회의의 새로운 형태인데, 자문과 소통보다는 구체적인 감축 계획을 실행하려는 기구이다.[62] 이러한 시범적이고 실험적인 시도가 지자체에서 일어남으로써 기후보호에 활기를 불어넣는 역할을 한다. 성공 사례의 경험을 공유하면서 「OekoBUDGET」 같은 성공적인 프로젝트는 독일 전역을 넘어서 유럽연합 차원으로 퍼져나가기도 한다.[63]

지역주민들의 자발적인 참여와 지자체 지원과 마중물 역할은 2008년도에 와서 국가적 차원의 지원에 의해서 더욱 활기를 띠게 된다. 바로 「국가 기후보호 이니셔티브, Nationalen Klimaschutzinitiative(NKI)」에 의해 더 원활하게 촉진된다. 연방환경부에 의해서 제안되어 독일 시민 모두의 참여를 촉진하며 기후보호를 위한 좋은 계획이나 사업을 발굴하여 다양한 지원을 하고 전 독일로 확산될 수 있도록 하는 제도이다. 2050년까지 이산화탄소 배출 제로라는 국가적 기후보호 목표를 독일 전 사회의 과제

---

61 https://www.regensburg.de/leben/umwelt/energie-und-klima/klimaschutz 참조.

62 https://difu.de/projekte/1997/bundesweite-kampagne-zur-freiwilligen-co2-vermeidung-bei.html.

63 IMA, 2005년, 34쪽 참조.

로 자리매김하고 이를 위해서 NKI를 출범시킨다. 지역주민, 시민, 이해관계자, 전문가 그룹 등 다양한 그룹이 혁신적인 방법이나 기획을 개발하고 실행하도록 지원하는 기구로서 장기 전략 수립부터 구체적 실행 방법까지 지원의 형태는 다양하며 시행은 지자체를 출발점으로 한다.[64] 그 규모는 2008~2016년까지 22,000개의 프로젝트를 지원했고 재정 지원은 약 6억 9천만 유로로 달한다. 이 지원금은 23억 유로를 넘는 투자를 끌어왔다. 마중물 역할을 톡톡히 한 셈이다. 그리고 동 기간 동안 매년 약 백만 톤의 이산화탄소 상당량을 감축해왔다.[65] 2008~2021년까지 확장해보면, 39,800개의 프로젝트를 지원했고 재정 지원은 약 13억 5천만 유로로 달한다. 이 지원금은 43억 유로를 넘는 투자를 끌어왔다. 동 기간 동안 약 3,200만 톤의 이산화탄소 상당량을 감축했다.[66]

크게는 에너지, 지속가능성, 그리고 혁신과 지식전파를 기준으로 사업 목적이 이루어지는데 분야는 광범위하다. 대표적인 지원사업의 모델이나 기준으로는 "100% 탄소제로 지자체 사업계획, Richtlinie zur Förderung von Klimaschutz in Masterplan-Kommunen"이나 "지자체 기후보호 투자 프로젝트 모델 공고, Förderaufruf für investive Kommunale Klimaschutz-Modellprojekte" 등이 있다. 맨 앞의 계획으로 지원 받는 곳은 현재 19개 지자체가 있다. 동 지자체는 에너지 소비를 50% 감축해야 하고, 2050년까지 이산화탄소 감축을 95%까지 달성해야 한다.[67] 특히 NKI는 기초자치단

---

64 https://www.klimaschutz.de/ziele-und-aufgaben (2017. 7. 13. 검색).

65 https://www.klimaschutz.de/zahlen-und-fakten (2017. 7. 14. 검색).

66 https://www.klimaschutz.de/de/ueber-die-initiative/zahlen-und-fakten (2022년 6월 29일 검색).

67 https://www.ptj.de/klimaschutzinitiative-kommunen/masterplan (2017. 7. 14. 검색).

체 등의 지방자치단체의 기후변화 계획을 강력히 지원한다. 2021년까지 4,450여 곳의 지자체를 지원하고 있는 실정이다. 지역기업, 소비자 및 시민단체, 사회문화단체 등이 계획을 신청할 수 있다. 예를 들면, "전기절약 이니셔티브"는 저소득 계층에게 전기를 절약할 수 있도록 지원하는 프로젝트를 수행하고 있는 단체를 결성했으며, 10~15개의 기업을 네트워크로 구성하여 에너지 절약 기술에 대해 자문을 제공하는 프로젝트도 지원하고 있다.[68, 69]

「지방 기후보호 위원회, Arbeitskreises Kommunaler Klimaschutz (AKK)」는 독일 전역에 걸쳐서 기후보호에 앞장선 지방자치단체의 다양한 대표자들로 구성된 환경 기구이다. 기존의 원탁회의가 점차 확대하여 다양한 형태로 변모하게 된다. 동 위원회는 수시로 지자체의 기후보호에 관한 다양한 주제로 대화 포럼을 개최하고, 모범적 사례 등 필요한 정보 등을 공유한다. 연방환경부와 특히 「독일 도시 연구소」의 지원을 받아 NKI의 프로그램으로 진행된다.[70]

사회 통합성의 측면에서도 임대비용 조정을 위한 노력도 경주하고 있다. 기후보호와 사회복지 차원의 관련 법률과 시행령에 대한 토론이 연방정부 차원에서 진행되고 있는 동안, 사회적 취약 계층을 위한 지원 사업으로 가장 대표적인 것으로 "전기절약-체크, Stromspar-Check"를 들 수 있다. 독일 전역에 걸쳐서 시행된 것으로 가구의 에너지 및 물 사용, 특히 가

---

68 https://www.nachhaltigkeit.info/artikel/nationale_klimaschutzinitiative_1752.htm.

69   https://www.klimaschutz.de/de/ueber-die-initiative/zahlen-und-fakten (2022년 6월 29일 검색).

70 https://difu.de/publikationen/2022/mal-nachgefragt-wie-gehen-kommunen-mit-herausforderungen-im-klimaschutz-um, (2022년 6월 29일 검색).

전제품을 체크해주고 절약 방식을 자문해주는 사업이다. 120개 지방에서 실행되었고, 10만 호가 참여하였다. 낮은 소득으로 생계를 이어가는 사회적 취약 계층에게는 사회보장 형태의 지원이 필수적이고 근본적인 대책이다. 사회복지 수혜자들은 지자체에서 생계비와 열·난방비 등을 지원 받기 때문에 지자체가 앞장서 임대 계약의 조건 등 이러한 문제를 해결하고자 임대인 대표자, 임차인 대표자, 에너지 공급 업자, 건축업자 등과 협의를 진행하고 있는 실정이다.[71] 임대인 대표와 임차인 대표와의 만남에서는 부담 공유의 원칙으로 해결책을 제시하는데 임대인, 임차인, 지자체가 각각 1/3씩 부담하는 방식이다. 임차인은 고효율 주택에서 절약하는 금액과 1/3 증액된 임대료가 서로 상쇄되기 때문에 받아들일 수 있는 제안이 된다. 이 문제가 2014년 현재까지 해결되지 않아서, 연방정부의 "임차인 보호 지원 사업"을 제대로 진행시키지 못하고 있는데, "주택 정비 프로그램"이 목표치보다 낮은 결과를 보이고 있는 이유가 여기에 있다. OECD의 한 경제학자는 '에너지 빈곤층의 근본 문제는 낮은 소득이다. 소득세나 사회복지 제도를 거쳐서 50~100유로 상당의 소득재분배를 하거나 생태세제 수입의 1/3 정도를 여기에 지출한다면 해결할 수 있을 것'이라고 제안하였다.[72] 2014년 『기후보호 행동프로그램 2020』에서 연방정부 및 지방정부 대표자, 기후 전문가 단체, 노동조합, 임차인 협회 등을 포함한 시민단

---

71 Demmerle, L, "Warum sozialverträglicher Klimaschutz wichtig ist", (2014. 7. 17.) https://www. cleanenergy-project.de/warum-sozialvertraeglicher-klimaschutz-wichtig-ist/, (2018년 2월 2일 검색).

72 Die Zeit Online, "Der Traum von der warmen Wohnung. Millionen EU-Bürger können sich Heizöl, Gas und Strom nicht mehr leisten. Eine neue Studie der OECD zeigt, wie sich das ändern ließe", 2017. 5. 10., http://www.zeit.de/2017/20/energiekosten-heizen-eu-klimaschutz-oecd 참조.

체 등 이해관계 당사자의 직접 참여를 통해 사회 통합성 차원을 고려하여 사회적 취약계층이 지불할 수 있는 기후 친화적 임대주택의 활성화 방안을 논의하였다. 주택 보조금을 높이는 방안도 도입하고, 사회보장법의 개정을 통해 기초생활비 및 난방비용을 현실화하는 조치도 시행하고자 하였다. 2019년『기후보호 프로그램 2030』에서 주택보조금 10% 인상과 함께 임대차 계약법 수정을 제안한 것을 반영하여 독일 연방정부는 2022년 비로소 임대차 계약에서 탄소 비용을 공정하게 분배하도록 결정하였다. 낡거나 오래된 집은 난방을 할 때 에너지가 많이 들고 탄소 가격도 그만큼 비싸다. 임차인은 도리 없이 고스란히 그 몫을 감당해왔다. 새로운 임대차 계약에서 탄소 비용을 공정하게 분배하도록 결정하는바, 주택의 경우 '단계적 모델'이 적용되는데, 에너지 상태가 안 좋을수록(화석연료를 많이 쓸수록) 임대인의 비용 부담이 크도록 설계가 되었다. 저탄소 개선 사업에 투자를 하면, 그만큼 비용 부담이 줄어들게끔 된다. 이 새로운 규정은 임대인에게 과제를 준 것으로, 기후친화적인 주택 및 난방 시설을 공급할 것을 주문한 것이다. 기후보호와 사회 통합성을 견지할 수 있는 모델이 임대차 계약에도 적용되는 사례이다.[73]

　주정부나, 특히 지자체의 기후보호 정책과 시행은 시민사회와의 체계적이고 열린 협력을 통해서만 순조롭게 진행될 수 있다. 2000년에 시작된 "윈데" 같은 '바이오에너지 자립 마을'들이 2022년 현재 독일 전역에 급속도로 확장되어 171개가 가동 중이고, 42개가 추가로 건설 중인 것을 보

73　https://www.bundesregierung.de/breg-de/suche/aufteilung-co2-kosten-2043728 참조. (2022년 8월 19일 재검색).

면 놀라울 따름이다.[74] 독일 농촌의 작은 마을은 더 이상 옛날의 농촌이 아니라 에너지-분권형 재생에너지 최첨단 산업 거점과 공존하는 에너지 자립 공동체로 변모하고 있는 것이다. 물론 브란덴부르크주의 펠트하임 같은 태양광과 풍력을 중심으로 하는 자립 공동체 마을도 우후죽순으로 생겨나고 있다.

4.3. 시민사회 영역과 시민의 참여

시민사회의 다양한 구성원들은 게마인데나 코뮨 등의 삶의 현장에서 다양한 지위로서 기후보호나 지속가능한 발전을 위한 회의나 프로젝트에 직·간접으로 참여하고 있다. 다양한 「원탁회의」, 「지역 기후보호」, 또는 「에너지 전환 에너지 효율성 플랫폼」 같은 온라인 플랫폼을 통해 프로그램을 구상하고, 토론하고, 조정하고, 실행하고, 평가하면서 지속적으로 많은 기여를 하고 있다. 자발적으로, NKI에서, 또는 연방정부의 지원을 받으면서 활동하고 있다. 독일의 작은 윈데 마을의 성공적인 "바이오에너지 마을" 모범 사업은 2022년 현재 전국적인 차원으로 파급, 확산, 혁신의 과정을 거치고 있으며 무려 213군데에서 운영 및 진행 중이다. 이제 전국적인 차원에서의 시민들의 참여를 살펴보자.

시민들은 지역 주민, 전문가, 기술자, 환경·소비자 단체로서, 시민단체나 경제단체로서 활발하게 참여하고 있다. 앞서 살펴보았듯이, 연방정부, 주정부 및 지자체는 시민들의 참여와 협력을 기후보호 정책을 실현하는

---

74   https://bioenergiedorf.fnr.de/index.php?id=2116 (2022년 6월 29일 검색).

데 필수 불가결한 요소로서 인식하고 지원하였다. 1987년 「"지구대기보호의 예방" 연방하원 조사위원회」를 설립하였던 초기부터 이 관점을 유지하였다. 1994년 IMA의 4차 보고서에서도 기후보호 같은 광범위한 사회적 과제는 시민들의 공감과 동의를 얻을 때에 비로소 가능하다는 점을 충분히 피력하면서, 6개의 대표 경제인 단체의 온실가스 감축 이니셔티브나, 교회, 환경 및 소비자단체, 과학인 단체, 노동조합, 언론인 단체 등의 다양한 이니셔티브를 매우 환영하였다.[75] 독일 정부의 온실가스 감축 목표가 구체화될수록, 기후보호 정책은 사회적 의제로서 시민과의 소통을 더욱 중시하게 된다.

연방정부 차원에서 『기후보호 계획 2050, Klimaschutzplan 2050』을 계획할 때의 과정을 살펴보면, 우선 기민-사민당의 연정하에서 2013년 「연정계약, Koalitionsvertrag」을 체결하여 2050년까지의 기후보호 계획(Plan)을 - 법률이 아니라 - 세우기로 한다. 기민-사민당 연정은 - 유럽연합의 감축 목표와 2015년 파리 유엔기후변화협약 당사국 총회 결과에 비추어 - 2050년도까지 80~95% 감축하기로 약속하는 동시에 필요한 정책수단이나 프로그램을 광범위한 대화와 협의 과정을 거쳐서 달성할 것을 약속하였다.[76]

---

75 Full text of 12/8557 - 『Beschluß der Bundesregierung zur Verminderung der CO_2-Emissionen und anderer Treibhausgasemissionen in der Bundesrepublik Deutschland auf der Grundlage des Dritten Berichts der Interministeriellen Arbeitsgruppe "CO_2-Reduktion"(IMA...)』, 1994, 14쪽 이하, https://archive.org/stream/ger-bt-drucksache-12-8557/1208557_djvu.txt 참조.

76 BMUB, 『Klimaschutzplan 2050』, 6쪽 참조, http://www.bmub.bund.de/fileadmin/Daten_BMU/Download_PDF/Klimaschutz/klimaschutzplan_2050_bf.pdf (2017. 7. 13. 검색).

연방정부가 계획안을 먼저 만들고 그다음 주정부, 지방정부, 이해당사자, 주민 및 시민 간의 민주적 합의를 이끌어내는 과정이 잘 그려져 있다. "시민과의 대화 과정, Buerger Dialog Prozess"이라는 사회적 소통 프로젝트를 진행한다. 2015년 9월에 「시민과의 대화, Buerger Dialog」라는 사회적 소통 프로젝트를 실시하는데, 5개 도시(프랑크푸르트, 라이프치히, 함부르크, 에센, 뉘른베르크)나 근교 주민에게 무작위로 전화를 걸어서 시민과의 대화에 참여 의사를 묻고 약 500명의 시민을 "시민과의 대화의 날"에 초대한다. 토론의 영역은 크게 에너지 경제, 산업, 건물, 교통·수송, 농업·농지 사용, 수공·상업·서비스 등으로 일반적인 범주였다. 이날에 시민들은 77개의 제안을 도출해내고, 5개 도시의 「Buerger Dialog」에서 각 2명의 대표를 선정한다. 77개의 제안 목록서는 온라인 공개를 통해 피드백 과정을 거쳐서 수정·보완되어 시민을 대표하는 12인에 의해 2016년 1월 『시민 리포트』로 작성되고 제출된다. 주정부, 지자체, 시민단체 등의 대표부도 13인으로 구성되는데, 시민대표부 12인과 함께 시민 리포트의 제안들을 간추려서 2016년 3월에 "공동의 프로그램 목록"을 작성한다. 이를 환경부 장관에게 제출한다. 프로그램 목록 77개 중 52개의 제안이 수정·보완되어 『기후보호 계획 2050』에 반영되어 2016년 11월에 공포가 되고, 이 사회적 소통 프로젝트에 참여한 시민들에게 공지된다. 2017년 2월에 최종 회의가 개최되었는데 환경부는 지난 참여 과정을 되돌아보고 총평하며 마무리를 했다. 연방정부 차원의 『기후보호 계획 2050』의 계획과 시행의 과정에도 시민들과의 소통과 참여가 실현되어 민주적 거버넌스가 잘 구축되었다.[77]

---

77 https://www.youtube.com/playlist?list=PL8RzGVmZSvAueWwtMuEsHZ8KPKqP1IXR2 참

시민 참여의 대표적인 민주적 거버넌스는 「기후보호 행동연대, Aktionsbuendniss Klimaschutz」의 구성이다. 연방환경부 장관은 2015년 3월 새롭게[78] 구성된 「기후보호 행동연대」와의 만남의 자리에서 그 의미와 역할을 이처럼 강조한다:

"우리는 모든 기후보호 대책이 야심 차게 진행될 때만 기후보호 목표를 달성할 수 있을 것이다. 이 목표는 정부 혼자서 이룰 수 없는 하나의 거대한 사회적 공동과제이다. 성공을 위해서는 우리는 전 사회의 광범위한 참여를 필요로 한다."[79]

독일 연방정부는 2014년 12월 『기후보호 행동프로그램 2020』을 선포한다. 온실가스 감축 목표를 2020년도까지 1990년 대비 40% 수준으로 설정하였다. 연차보고서를 통해 매년 시행 결과를 보고하기로 하였다. 이제는 실천이 더욱 중요해졌기 때문이다. 시민사회의 참여와 행동이 더욱더 구체화됨으로써 「기후보호 행동연대」가 확대, 구축되었다. 그리고 환경부 장관은 『기후보호 행동프로그램 2020』의 실현을 위해 협조를 요청한다.

「기후보호 행동연대」의 구성과 역할 및 지위를 간략히 살펴보자. 기후

조; https://www.bmub.bund.de/themen/klima-energie/klimaschutz/nationale-klimapolitik/ klimaschutzplan-2050/buergerdialog-zum-klimaschutzplan-2050/ (2017년 11월 29일 검색).

78 『기후보호 행동프로그램 2020』의 계획과 작성에는 다양한 사회적 단체와 기관들이 소통하고 참여했다. 특히 33개 단체와 기관들은 2012년 11월 이후부터 함께 준비한 84개의 구체적인 '기후보호 대책 목록'을 작성하여 환경부에 제출하고, 이것은 『기후보호 행동프로그램 2020』에 많이 반영된다. 이 단체와 기관들이 초기의 「기후보호 행동연대」의 전신이고 2015년 3월에 확대 및 개편된다. BMUB, 『Aktionsprogramm Klimaschutz 2020』, Kabinettsbeschluss vom 3. Dezember 2014, 72~73쪽 참조.

79 https://www.bmub.bund.de/pressemitteilung/hendricks-klima-aktionsprogramm-ambitioniert-umsetzen/ (2017년 11월 29일 검색).

보호 행동연대는 모든 영역의 사회단체 대표들도 구성되어 있으며 6개월마다 회합을 정례화하였다. 시민단체, 이해단체, 환경 및 소비자 단체, 경제 및 노동단체, 주정부와 기초자치단체의 대표자들과 함께 거의 모든 사회적 분야의 대표들이 참여하는데, 170여 단체로 구성되어 있다. 이 사회적 연대 기구의 중심적인 과제는 두 가지로 정리할 수 있는데, 그 하나는 온실가스 감축의 추가 잠재력을 찾아내어『기후보호 행동프로그램 2020』의 프로그램과 접목시켜 실행할 수 있는 방식을 개발하는 것이다. 다른 하나는 이 사회적 연대 기구의 활동 방식 및 계획을 규정하는 과제이다. 목적은 전 사회적으로 수행되는『기후보호 행동프로그램 2020』의 공동의 해결책을 찾아내서 실행하는 것이다.

「기후보호 행동연대」는 2015년 3월 25일에 확대, 결성되어 봄, 가을 두 번의 정기적인 회합과 콘퍼런스를 진행하고 있다. 매우 집중적인 토론 및 업무가 넓은 회의장에서 진행이 된다. 에너지, 교통, 건물, 지방자치, 경제 및 산업, 노동조합, 토지 이용, 과학자 분과, 종교, 청년, 재정 및 금융 등 총 16개의 주제(분과)별로 구성되어 있는데, 170여 개의 다양한 단체의 대표자들이 자유롭게 원하는 분과(조별)에 참여한다. 비엔나 국제 회의장의 모양처럼 구성된 소위 "비엔나 체계, Wiener Format"처럼, 한 팀에 관련 단체 대표들이 소속되어 발언권을 가지고 발언 및 토론을 한다. 한 분과당 1~3명 정도의 대표자들이 대표 발언자로서 선정되어 의견을 제시할 수 있다. 기후보호 행동연대는『기후보호 행동프로그램 2020』의 시행 과정을 동행하면서 모니터링하고 새로운 감축 잠재력을 찾아서 구체화할 수 있다. 독일 연방정부가 2016년 11월『기후보호 계획 2050』을 공포하면서, 2018년 이후 진행되는『기후보호 계획 2050』의 보완 작업에 「기후보호 행동연대」와 협력의 틀 안에서 지속적으로 해나가기로 결정한다. 이 기구는 연방정부의 구체적인 감축 대책 프로그램의 기획 시에 동행하고, 대책의 시행 시에 지원하고, 감축 잠재력의 실현을 도와주고, 기후보호 행동반경의 확장을 구획 짓는 것을 지원해주는 역할과 지위를 갖게 된다. 기후보호를 위한 사회적 연대 및 참여 기관(제도)으로 2015년 3월 25일 확대, 결성되고, 2017년에 5차 회합, 2019년 4월에 8차 회의, 2021년 5월에 12차 회합이 이루어지고 큰 역할이 기대된다.[80] 「기후보호 행동연대」는 2019년 4월, 제8차 전체 회의를 개최하였는데, 각 분야의 대표자들이 180여 명 참여하였고, 14개 분과의 뱅크(비엔나 회의 형식에 따라)를 구성하였고 주정부와 연방정부의 대표자들이 참여했다. 핵심 감축 부문의 대표자는 물론이거니와 소비자 단체, 노동조합, 과학자문단 대표들이 분과(뱅크)를 구성하였다. 7개 주요 주제 중에 4번째 주제인 '유럽연합 기후보호 정책과의 공조와 NECP'에 관하여 논의가 활발하였다. 독일의 NECP 초안을 제출하기 전에 논의가 이루어졌고, 제출한 후에 논의가 이루어지면서 더 나은 최종안을 제출하기 위한 토론을 전개하였다. 독일 연방경제기술부 대표의 유럽 「통합 에너지-기후 거버넌스」의 새로운 특성, 소위 "Gapfiller-Mechanism"에 대해 설명도 있었다.[81] 이어 2021년 5월, 제12차 전체 회의를 개최하였는데, 각 분야의 대표자들이 170여 명 참여하였고, 16개 뱅크

---

80 https://www.bmuv.de/themen/klimaschutz-anpassung/klimaschutz/nationale-klimapolitik/
    aktionsprogramm-klimaschutz/aktionsbuendnis-klimaschutz (2022년 6월 30일 검색).

81 매우 구체적이고, 다양한 질의, 응답, 토론이 있었다. "Gapfiller-Mechanism"이란 어느 회원국
    이 자국의 목표를 달성하지 못했을 때 그 해당 회원국이 자국의 추가 대책이나 수단을 통해
    서 부족한 몫을 채우는 것에 대해 모두 인정한 것을 말한다. https://www.bmuv.de/fileadmin/
    Daten_BMU/Download_PDF/Aktionsprogramm_Klimaschutz/aktionsbuendnis_klimaschutz_8_
    protokoll_bf.pdf (2022년 7월 28일 검색).

를 구성하였다. 핵심 감축 부문의 대표자는 물론이거니와 소비자 단체, 노동조합, 기후보호 과학플랫폼, 청년 대표들이 뱅크를 구성하였다. 5개 분과회의를 개최하였다. 이 회의의 주요 주제는 독일 『기후변화 법』 개정에 관한 것과 『2030 기후보호 프로그램』 시행에 관한 것이었다.[82] 주요한 주제에 관하여 사전에, 시행 중에, 사후에 민·관이 소통하면서 해결해나가는 과정을 모범적으로 잘 보여주고 있다. 이미 『기후보호 계획 2050』의 기획에도 행동연대는 깊숙이 참여하여 97개의 구체적인 제안 목록을 전달할 정도로 적극적으로 기여하고 있다.[83]

이 같은 시민의 참여는 이미 2008년도에 도입된 「국가 기후보호 이니셔티브, Nationalen Klimaschutzinitiative(NKI)」에 의해서 장려되었다. 환경부의 주관하에 지자체를 기반으로 하여 독일 시민 모두의 참여를 촉진하며 기후보호를 위한 좋은 계획이나 사업을 발굴하여 다양한 지원을 하고 전 독일로 확산될 수 있도록 하는 제도이다.[84]

독일 시민사회의 주요한 한 축으로서 독일 경제계는 1995년 기후변화 대응에 커다란 기여를 하게 된다. 다름 아닌 독일 경제계의 "자율적인 기후보호 선언, Erklaerung der deutschen Wirtschaft zur Klimavorsorge", 즉 자율적인 감축 선언을 하였다. 그리고 자율적인 이산화탄소 감축 목표 수준을 현재까지 지속적으로 상향·확대하고 있다. 독일 연방정부와의 협상

---

82 https://www.bmuv.de/fileadmin/Daten_BMU/Download_PDF/Aktionsprogramm_Klimaschutz/protokoll_12._sitzung_aktionsbuendnis.pdf (2022년 7월 28일 검색).

83 BMU, 『Klimaschutz 2050』, 2016, 6쪽 참조.

84 https://www.klimaschutz.de/ziele-und-aufgaben (2017.7.13. 검색).

끝에 독일 경제계는 1996년 동 선언을 새로운 모니터링 체계 구축과 함께 감축 계획을 보완하여 더 강화한다.[85] 이 같은 자율적인 감축 계획에는 독일의 대표적인 19개 경제인 연합회가 동참하였고, 이들은 독일 산업계의 에너지 사용량의 70% 이상, 공공 전력의 99% 정도를 이용하고 있다. 따라서 세계적으로 가장 대규모의 자율적 감축 선언이라고 평가받기도 하여, 세계적인 주목을 받았다. 자율적 선언을 계기로 독일 경제계의 각 부문들은 에너지 계획을 세우는데, 에너지 절약부터 투자 계획의 전환, 신에너지 공급 계획을 세우게 된다. 연방정부의 감축 목표 달성 연도인 2005년에 맞추어 1990년 대비 1억 7,000만 톤을 줄여서 20% 감축할 약속을 공포하기도 하였다. 제조업뿐 아니라 전력산업 및 석유화학산업 등도 포함이 되었다. 연방정부와의 공동 협력의 원칙에 따라 제3의 독립적인 연구기관(RWI)의 모니터링을 받으며, 개선 작업이 이루어지는 지속적인 과정을 거치게 되는데, 이 점은 유례가 없는 모범적인 사례가 되었다.[86] 따라서 이 자율적 감축 계획은 선언에만 그친 것이 아니라 적극적으로 실행되어 1990~1998년 기간 동안에 연소에너지 부문에서 제조업계는 27%,

---

85 IMA, 2000년, 20쪽 이하 참조. 이 선언은 의례적인 것이 아니라 구체적인 실행 의지를 보여주었는데, 「Rheinisch-Westfaelische Institut fuer Wirtschaftsforschung(RWI Essen)」이라는 독립적인 민간 연구 기관에 이 선언에 참여한 독일경제 단체들의 자율적 감축 실행 과정에 관한 모니터링을 의뢰하여 2년마다 온실가스 감축 이행 과정을 분석하고, 추가적인 감축 가능성에 대한 제안도 할 수 있게 권한을 주었다. 이 연구소의 2, 3차 모니터링 결과에 의하면, 실제로 1990~1999년 기간 동안 에너지 및 제조업 부문에서 4,500만 톤, 그중 공공전력 부문에서 3,000만 톤을 더 감축한 것으로 조사되었다.

86 BMUB, "Selbstverpflichtungserklärung der Wirtschaft – Ein wichtiger Baustein des deutschen Klimaschutzprogramms", 1997년 2월 4일, https://www.bmub.bund.de/pressemitteilung/ selbstverpflichtungserklaerung-der-wirtschaft-ein-wichtiger-baustein-des-deutschen- klimaschutzprogr/ 참조.

그리고 에너지 산업은 17%나 이미 감축의 성과를 거두었다. 이러한 대단한 성과에 대해 또 다른 독립적인 민간연구소인 「Wuppertal-Institut」는 이 같은 수단을 독일 정부의 통합 감축 계획에 연계시키는 것을 권장하기도 하였다. 독일 연방정부도 이 같은 성과에 고무되어 독일 경제계에 대하여 추가 규제를 강화하지 않았고 경제계와의 공동 협력 관계를 중시하였다. 정부는 1999년 생태세제를 도입하면서도 경제계의 국제 경쟁력을 고려하는 생태세제 구조를 만들어 기업의 비용부담을 최대한 줄이도록 설계하였다. RWI의 제3차 모니터링에 기초하여 연방경제기술부와 연방환경부는 각계의 경제단체와 미래의 감축 방안에 관하여 대화를 통해 긴밀한 협력 관계를 유지하며, 2000년 9월에는『기후보호에 관한 독일 연방정부와 독일 경제계의 합의문』[87]을 만드는 수준까지 발전하였다. 여기에는 독일 경영자 연합회(BDA), 독일 상공인 연합회(DIHK) 등 경제계를 대표하는 5대 연합회의 수장으로 「독일 경제인 연합회, Bundesverband der Deutschen Industrie(BDI)」와 14개 「경제인 연합회」, 총 19개의 「경제인 연합회」가 함께 서명하였다. 무엇보다도 주요한 내용으로는, 독일 연방정부와 경제계가 기후보호에 대하여 공동의 약속에 기초하여 상호 신뢰를 바탕으로 공동선언을 하며, 2005년 감축 목표 및 교토 협정 체제하의 목표 달성에 맞추어서 공동 노력을 할 것을 약속했다는 점이다. "유엔 청정개발메커니즘, UNCDM"이나 이산화탄소 배출권 거래제도 방식을 통한 감축 방안을 공동으로 협의하는 것 등을 포함하고 있다. 이 합의안은 세계

---

87 『Vereinbarung zwischen der Regierung der Bundesrepublik Deutschland und der deutschen Wirtschaft zur Klimavorsorge』, http://www.rwi-essen.de/media/content/pages/umwelt/Klimavereinbarung-2000.pdf, 2000 참조.

적으로 인정을 받았고, 독일 경제계는 한 걸음 더 나아가 2005년까지 독일 연방정부의 목표인 이산화탄소 25% 감축을 넘어서 28%까지 감축하기로 하며, 동시에 교토 협정체제에서 2012년도까지 약속한 6대 온실가스 감축 목표치 21%를 넘어서서 35%까지 감축하는 선언을 하였다. 독일 정부는 이러한 모범적인 민주적 거버넌스 모델을 '독일 모델'로 삼아서 국제 심포지엄을 개최하기로 하고, 한편으로는 공동 모니터링을 추진하기로 하면서 50% 비용을 부담하기도 한다. 나아가 이 합의문에는 독일 슈뢰더 연방수상도 함께하며 경제계와 함께 공동위원회를 구성하였다.[88]

독일 경제계의 자율적 감축 선언은 현재 진행형이다. 독일 연방정부가 『기후보호 행동프로그램 2020』을 공포할 시기와 맞물려 2014년 11월 독일 경제계의 「발전 전력망 연합회」소속 7,500억 개의 사업장은 2020년도까지 500만 톤을 더 감축할 것을 자율적으로 약속한다.[89]

독일 금융권은 2020년 6월, 파리협정 목표를 달성하기 위해 "독일 금융권의 자율적 감축 행동 선언, Selbstverpflichtung des deutschen Finanzsektors"을 선언한다. 16개 대표적인 금융기관이 -55억 유로 이상의 자산과 4,600만 고객을 보유- 먼저 시작한다. 독일 금융권은 기후위기를 커다란 도전으로 인식하면서, 독일 금융권 모두를 위한 약속을 한다. 독일 금융권은 대출 및 투자 포트폴리오를 구성할 때, 파리협정에 적합하게 2℃~1.5℃ 이상 지구온난화가 상승하지 않도록 저탄소 경제와 사회로 투자할 것을 약속한다. 이는 『독일 기후보호 법』과 『기후보호 계획 2050』

---

88   IMA, 2000, 81쪽, 21쪽 이하 참조. https://www.bmub.bund.de/pressemitteilung/ bundesregierung-stellt-weichen-fuer-den-klimaschutz/.

89   http://www.spiegel.de/wissenschaft/natur/selbstverpflichtung-industrie-will-freiwillig-beim-klimaschutz-helfen-a-1005604.html 참조. (2018년 1월 28일 검색).

에서 약속한 탄소 중립 목표에 부합하는 금융계의 결정이다. 2022년 말까지 감축 시나리오에 기초한 독일 금융권의 기후 목표를 제시할 것을 약속하면서 투자 포트폴리오의 청사진을 제시할 것이다. 이런 금융권의 전환은 금융권의 경쟁력을 강화시키고 은행의 위험을 감소시킬 것이다. 이로써 독일 금융권은 지속가능한 금융을 위한 선도적인 산업 입지를 만들 수 있을 것이라는 미래 목표도 뚜렷이 제시한다.[90]

독일 경제계의 자율적 감축 선언의 파장은 매우 크다고 할 수 있다. 첫째로, 자율적으로 감축을 선언했다는 점을 들 수 있다. 저탄소 경제구조로의 전환에 따른 다양한 비용 및 구조 조정의 부담이나 국제경쟁력 약화 등으로 인해 경제계는 일반적으로 감축을 기피하거나 지연시키려는 태도를 보여주는데, 독일 기업은 이와 다른 모습을 보여주었다. 이는 기후보호가 경제 및 에너지 정책의 통합적인 부분이며 주요 요소라는 인식과 함께 기업가의 책임 의식을 느끼고 있었기 때문이다. 온실가스의 많은 부분을 배출하는 기업 및 경제계가 먼저 나서서 감축 선언을 함으로써 차후의 감축 계획을 기획하는 데 많은 어려움을 덜어준 점을 높이 평가해야 할 것이다. 둘째로, 정부가 2005년 ETS 등을 제도적으로 추진하기 이전에 경제계가 먼저 자율적으로 감축을 시행했다는 점을 들 수 있다. 이는 기후보호 행동을 하는 데 커다란 물꼬를 터준 역할을 한 셈이다. 셋째로, 독일 연방정부나 유럽연합의 감축 목표나 방식에 연계하고, 공동의 기반에서 상호 신뢰와 상호 협력 관계를 구축했다는 점 또한 모범적이라고 할 만하다. 끝으로 선언과 함께 감축의 시행은 독립 연구기관의 모니터링과 함께 신뢰할 만한 수준으로 진행되고 있으며, 감축 목표를 달성하고 있으며, 감축 계획의

---

90   https://www.klima-selbstverpflichtung-finanzsektor.de/ (2022년 6월 30일 검색).

견인차 역할을 했다는 점이다.[91]

시민단체들도 적극적으로 참여하고 있는데, 교회, 미디어, 학계, 환경 및 소비자단체, 지역 기후 단체, 노동조합 등이다. 위의 RWI처럼 민간 연구소의 연구 결과는 독일 연방정부나 지방정부의 기후보호 정책이나 프로그램의 입안에 주요한 과학적 기초를 제공하고 있다. 독일 정부는 이들 시민사회단체나 기관과의 사회적 대화에 큰 관심을 가지고 민주적 거버넌스를 구축하는 데 노력을 아끼지 않고 있다.[92] 특히 에너지 대량소비 대기업만을 대상으로 하는 이산화탄소 배출권거래제도의 운영에도 노동조합이나 환경단체 등의 시민사회가 참여할 수 있는 길이 제도적으로 보장된 점은 칭찬받을 만하다.

4.4. 유럽연합 및 유엔기후변화협약과의 협력과 공조

이 절에서는 독일 사회가 유럽연합 및 유엔기후변화협약과 공조를 하는 배경, 내용, 방식, 과정, 원칙 및 기준, 고려 사항, 추구하는 방향과 가치, 그리고 그 결과를 살펴보면서 독일의 2℃~1.5℃ 기후 거버넌스의 특성을 찾아보고자 한다. EU는 약속한 2012년 감축 목표와 2020년 감축 목표를 초

---

91 『Vereinbarung zwischen der Regierung der Bundesrepublik Deutschland und der deutschen Wirtschaft zur Klimavorsorge』, http://www.rwi-essen.de/media/content/pages/umwelt/Klimavereinbarung-2000.pdf 참조.

92 IMA, 2000, 66쪽 이하 참조. Prognos, Juelich, Fraunhofer Institut fuer Sustemtechnik und Innovationsforschung, Wuppertal-Institut fuer Klima, Umwelt & Energie, DFG, IEA, Deutsche Bundesstiftung 등이 대표적인 연구기관이다.

과 달성하였다. 독일 연방정부 역시 초과 달성하였다. 성공적인 결과를 가져온 독일과 유럽연합의 공조 과정과 특성을 분석하는 것은 의미가 크다고 본다. 특히 2℃~1.5℃ 기후 목표는 21세기 지구 사회 전체의 과제이고, 한 국가의 노력을 넘어서서 지역적 협력과 글로벌 협력을 필요로 하기 때문이다. 그리고 그 협력과 공조는 단순한 협력이 아니라, 정량적으로 측정할 수 있는 온실가스 감축량과 지구 평균기온 상승이 2℃~1.5℃를 넘어서지 않도록 하는 분명한 목표를 위한 구체적 협력을 전제로 하기 때문이다. 독일과 27개 회원국의 유럽연합이 공조를 이끌어낸 성공적인 결과는 독일뿐 아니라 전 지구적 2℃~1.5℃ 기후 거버넌스 구축에 많은 것을 말해줄 수 있기 때문이다. 앞서 독일과 유럽연합의 공조 틀 내에서 구축되어가는 2℃~1.5℃ 기후 거버넌스의 역동적 구조를 살펴보았다. 이제 역동적 전개 과정에 따라 그 특성을 찾아보자.

첫째로, 독일 연방정부는 기후변화에 적극적으로 대응하면서 「유엔 기후변화협약」의 결정을 존중하는 동시에 유럽연합의 결정이나 지침에 맞추어서 일정표대로 계획을 시행해나가는 모범적인 국가에 속한다. UNFCCC와 EU 차원에서 회원 당사국들과 상호 공조하면서 선도적인 역할을 해나가고 있다는 것을 알 수 있었다.

독일 연방하원의 「"지구대기 보호의 예방" 조사 위원회」는 이미 1990년도에 최종 보고서 『지구 보호 주제에 관하여, Zum Thema Schutz der Erde』를 제출하였다. 이 방대한 보고서에서 내린 결론과 고려 사항을 압축해보면, 지구 평균기온 상승을 21세기 이내에 산업화 이전 대비 "2도" 이내로 억제해야 하며, 이를 위해서는 무엇보다도 이산화탄소 배출을 줄여야 한다. 선진국은 높은 수준의 감축을 해야 하고, 후진국은 급속한 인구 증가로 인한 문제를 고려해야 한다. 따라서 선진국은 2050년까지 1987년 대비 80% 정도의 감축을 권고하고, 개발도상국은 70% 증가하는 수준으로 제한을 함으로써 글로벌 수준에서 전체적으로 50% 감축할 것을 권고하고 있다. 중간 단계로서 2005년까지 선진국은 약 20% 감축을, 개발도상국은 약 50% 증가하는 수준으로 해서 글로벌 전체로는 약 5%를 감축할 것을 권고하고 있다. 독일 연방하원의 「"지구대기 보호의 예방" 조사 위원회」는 동 보고서를 1990년 스위스 제네바에서 열린 제2차 세계 기후 회의에 제출하자, 제2차 세계 기후 회의는 동 보고서의 권고안에 발맞추어 선진국은 2005년까지 이산화탄소 배출을 적어도 20% 이상 감축할 것을 권고한다. 독일의 이 보고서는 EU 및 UNFCCC 기후 대응에 주요한 이정표를 제시한 셈이고, '공동의, 그러나 차별적인' 원칙을 제시하면서 선진국과 개발도상국의 글로벌 협력의 단초를 제공했다는 점에서 기여한 바가 크다고 평가할 수 있겠다.

1997년 일본 교토에서 개최된 제3차 UNFCCC 당사국 총회에서 Annex I(부속서 I) 국가군으로 대표되는 선진국들이 2012년도까지 1990년 대비 5.2% 감축을 약속했을 때, EU 국가들은 교토의정서 제4조에 의거해서 회원국 독일을 포함하여 EU 차원에서 2012년까지 1990년 대비 8% 감축을 약속함으로써 EU의 책임감을 표시했고, 이때 독일 정부는 21% 감축을 선언함으로써 선도적인 역할과 확고한 의지를 표방하였다. 이 약속을 지키기 위해서 EU 차원에서 공동의 대응을 해야 하고, 독일 정부는 자동적으로 EU의 지침과 규정에 공조하면서 독일의 약속을 지킬 수 있도록 하였다. 선진국 평균보다 높은 EU의 감축 약속을 지키기 위해 독일 연방정부는 더 높은 감축 목표를 제시한 것이다.

「유럽연합 집행위원회, European Commission」가 1991년 이후 앞장서서 기후변화와 관련된 다양한 이니셔티브를 취하는데, 초기에는 이산화탄소 배출량 감축과 에너지 효율성 개선, 재생에너지 전력 생산에 관한 지침, 자동차 산업의 이산화탄소 배출의 25% 감축 자율선언 등이었다. 2000년에 들어와서 유럽집행위원회는 EU 소속 국가들의 감축 노력이 교토협정에서 약속한 8% 감축 목표 수준에 미흡할 것이라는 예측 분석이 도출되자, 동 약속을 이행하기 위해 「유럽 기후변화 프로그램(ECCP)」을 창설한다. ECCP 창설 직후에 유럽연합 배출권거래제도(EU-ETS) 도입을 위하여 '녹서, Green paper'[93]를 제시하게 되는데, EU의 이러한 기후변화 대응은 회원국 독일의 산업, 경제, 환경, 정치 분야의 이해관계자 모두를 열띤 대화와 토론의 장으로 이끈다.[94] 유럽연합 회원국은 자국의 제안을 하

---

93 EU, "Green Paper on greenhouse gas emissions trading within the European Union /* COM/2000/0087 final */", http://eur-lex.europa.eu/legal-content/EN/TXT/?uri=CELEX:52000DC0087 참조. "Green Paper"는 유럽연합집행위원회나 유럽연합에서 발행되는 문건으로서 유럽연합 차원에서 특정 주제나 토픽에 대한 토론을 진작시키려고 제시하는 문건이다. 관련 당사자들을 초청하여 현안 주제를 가지고 열띤 토론이나 자문의 과정에 참여하도록 한다. 백서(White Paper)의 형태로 입법과정으로 발전하기도 한다. 수많은 그린 페이퍼가 있으며, 기후보호와 관련하여 2000년도 제출된 위의 문건 "유럽연합 배출권거래제도"나 1995년 "유럽연합의 에너지 정책" 등의 Green Paper가 그 대표적인 예이다. http://ec.europa.eu/environment/archives/action-programme/env-act5/chapt1-2.htm; http://eur-lex.europa.eu/legal-content/EN/TXT/PDF/?uri=CELEX:51994DC0659&from=EN(원문) 참조. (2017년 12월 5일 검색).

94 IMA, 앞의 책, 2000, 67쪽 이하 참조. 참고로 유럽연합의 기후변화 대응을 이끄는 핵심 부처는 「유럽연합 집행위원회 기후행동국, DIRECTORATE-GENERAL/CLIMA, Climate Action」이다. 유럽연합의 다양한 기후 정책이나 전략을 만들고 집행하는 총괄 부처이다. 「ECCP」는 이 총괄 부처에 속해 있는 산하 기관이다. https://ec.europa.eu/info/departments/climate-action_en 참조. (2022년 8월 26일 검색).

고, 상호 협의하여 공동의 대책을 마련한다. EU 차원의 "2℃" 기후 거버 너스를 구축하면서, 에너지 효율성 개선, 재생에너지 생산 확대 등 감축의 대표적 기술적 방식을 제시한다. 그리고 감축의 대표적인 제도적 방식인 EU-ETS 도입을 준비한다.

둘째로, 유럽연합과 독일 연방정부 공히 주요한 원칙으로 삼는 것은 비용 효과적인 감축 방식이다. 감축을 비용 효과적으로 할 수 있는 경제성의 원칙이다. 국제 경쟁력도 유지할 수 있고, 투자도 끌어올 수 있기 때문이다. 이산화탄소 배출권 거래제도(ETS)는 비용 효과적인 감축 제도로서 일찍이 평가되었다. ECCP 1기(2000~2004)는 EU 차원의 산업 및 환경단체 등을 포함하여 기후변화와 연관된 모든 이해관계 당사자들이 함께 동참하여 EU 2℃ 기후 거버넌스를 구축하였다. 그리고 11개의 실무적 워킹그룹을 구성하였는데 에너지, 수송, 산업, 환경, 국제 협력과 발전, 교토 유연성 감축제도(EU-ETS 포함) 등의 분야를 포괄하고 있다. ECCP 1기 때 기획한 EU-ETS 프로그램은 성공적으로 시행된다. 특히 EU 회원국의 발전 분야와 제조업 분야의 이산화탄소 다량 배출 대기업 11,500개를 선정하고, 이를 대상으로 EU-ETS를 2005년부터 시행하게 된 것은 기후변화 대응에 있어 EU뿐 아니라 글로벌 차원에서도 큰 획을 그었다고 평가된다.[95]

독일은 EU-ETS의 도입을 앞두고, 앞서 살펴보았듯이, 2000년부터 ECCP와 함께 준비하였고, 독일 연방환경부가 주도하여 2004년 『독일 할당 계획안 2005-2007, NAP』을 유럽 집행위원회에 제출하고 심의를 거

---

95 https://ec.europa.eu/clima/policies/eccp_en 참조; 본서 3장 4절 참조.

처 2005년 유럽연합 차원에서 공동으로 시행한다. ECCP의 준비 끝에 「유럽이사회」는 2003년 10월 하나의 주요한 이행 방식으로 『유럽연합의 이산화탄소 배출권거래를 위한 지침, Directive 2003/87EC of the european parliament and of the council of 13. October 2003』을 공포한다. 독일의 『독일 할당 계획안 2005-2007, NAP』은 상호 부담 공유의 원칙, 기술 잠재력의 고려, 시민의 참여 등 EU가 견지하고자 하는 주요한 원칙과 제도와의 정합성의 유지 등 EU-ETS의 지침에 충실하게 근거하여 설계된 것을 알 수 있다.

독일 이산화탄소 배출권 거래제도는 EU-ETS 안에서 협력과 공조를 통해 1기, 2기를 거치고 제3기(2013~2020년)부터는 「유럽연합 집행위원회」가 직접 회원 국가의 각 기업별 할당량을 정하는 체계로 진화되었다. 그리고 3기의 감축 목표와 할당량은 유럽연합의 『2020 기후와 에너지 패키지』라는 종합적 감축 전략의 틀에서 정해졌다. 2020년도까지 1990년 대비 20%까지 ─ 2005년 대비 14% 감축 ─ 감축하려는 목표를 정하게 된다. EU-ETS를 통하여 2005년 대비 21%까지 감축하고, Non-ETS를 통해 10% 감축할 것을 목표로 하였다. 특히 후자의 Non-ETS 부분은 각 회원국이 「노력공유결정, Effort Sharing Decision(ESD)」을 통하여 각 국가의 능력과 책임에 맞게 감축하도록 하였다. 독일은 이 부분에서 선도적인 책임감을 갖고 14% 감축을 약속하였다. 4기(2021~2030년) EU-ETS 역시 EU 차원에서 직접 목표와 할당량을 결정하는바, EU는 2014년 『2030 기후-에너지 정책 기본 틀』에서 2030년까지 1990년 대비 온실가스 40% 감축을 목표로 하는데, EU-ETS 영역을 통해 2005년 대비 43% 감축하고, Non-ETS(ESD) 영역을 통해 2005년 대비 30% 감축을 하고자 한다.

독일은 선도적으로 ESD에서 EU 평균 감축 목표 30%를 훨씬 초과하는 38% 감축 목표를 약속한다.

EU-ETS 제도는 비용 효과적인 제도적 감축 방식일 뿐 아니라, 감축의 핵심적 제도이며 가장 큰 부분을 담당하고 있다고 할 수 있다. EU-ETS 제도가 자체의 문제점들을 해결하면서 개선되어 정착한 것은 의미가 매우 크다. 각 회원국의 온실가스 배출의 약 50% 정도를 차지하는 에너지 및 산업 부문의 기업을 포괄하여 동일한 EU-ETS라는 하나의 제도를 통해서 감축 목표와 할당량을 정함으로써 각 회원국뿐 아니라, 27개 회원국으로 구성된 유럽연합의 감축 계획을 기획, 설계하는 데 예측 가능성을 높이고, 수월하게 한 점이 중요하다. 그리고 비용 효과적으로 감축할 수 있게 된 점 역시 주요한 측면이다. 그리고 Non-ETS와의 연계 속에서 설계하여 역할 분담을 하되, 상호 노력의 공유의 원칙을 견지한 것 역시 주요한 기여를 하였다고 평가할 수 있다. 사실 주요한 감축의 핵심적인 두 개의 축을 구축한 셈이다. 두 개의 핵심 축으로 구성된 감축의 큰 틀 안에서 상호 노력뿐 아니라, 상호 의무 역시 공유하게 되었다. 이는 다시금 독일 사회에 EU와의 공조를 통해 감축의 경로를 벗어나지 않고, 책임감을 갖고 감축으로 나아가게 하는 주요한 동력이 된다.

셋째로, 기후 거버넌스의 구축이 온실가스 감축과 2℃ 목표 달성에 필수적인 조건임을 인식하고 2℃ 기후 거버넌스 구축에 심혈을 기울인다. 「유럽이사회, Europaeischer Rat」는 2007년 『2020 기후와 에너지 패키지』라는 감축의 기본 틀을 통해 EU 차원의 "2도" 목표 달성을 위해 에너지 및 기후 거버넌스의 기초를 놓게 된다. 독일 역시 EU와 공조하면서, 2007

년 『통합 에너지-기후 프로그램』을 통해 "2도" 기후 거버넌스를 완성해나 간다. EU는 2007년도에 중간 단계로서 2020년도까지 1990년 대비 최소 20%의 온실가스 배출 감축 목표를 제시한다. 감축의 핵심 제도로서 EU-ETS를 통하여 2005년 대비 21%까지 감축하고, Non-ETS(ESD)를 통해 10% 감축할 것을 목표로 하였다. 기술적인 핵심 감축 방식으로 에너지 효율성 개선을 통한 에너지 소비의 20% 감축과 재생에너지원의 에너지 생산 비중의 20% 확대가 제시되었다.[96] 독일의 경우 Non-ETS 부분에서 2020년도까지 2005년 대비 14%(EU 평균 10% 목표보다 높은) 감축해야 하는 의무가 주어져 있다. 구체적인 감축 정책과 수단들이 제시되고, 효과적인 정책 시행을 위해서 재정이나 지원 대책, 이해당사자들의 참여 원칙 등이 구체적으로 제시된다.

이와 같이 유럽연합 역시 독일 연방정부처럼 2℃ 기후 거버넌스의 구조를 갖추기 시작한다. 단·중기 감축 목표를 기한과 함께 수립하고, 주요한 제도적 방식과-EU-ETS와 ESD - 주요한 기술적 방식-에너지 효율성 개선과 재생에너지 확대-을 제시하고, 이를 위한 감축 정책이나 수단을 제시하기 때문이다. 이후로 2℃ 기후 거버넌스는 동일한 기본 구조와 틀을 유지하면서 질적인 진화의 단계를 밟으면서 도약을 보여주는 역동적 구조를 보여준다. 2018년 이후부터 "2℃" 기후 거버넌스에서 "1.5℃"

---

96 2007년도 유럽이사회와 유럽의회에서 논의되고 확정된 안건이 비로소 2009년 법제화가 된다. 『Decision No 406/2009/EC of the European Parliament and of the Council of 23 April 2009 on the effort of Member States to reduce their greenhouse gas emissions to meet the Community's greenhouse gas emission reduction commitments up to 2020』, 2009, http://eur-lex.europa.eu/legal-content/EN/TXT/PDF/?uri=CELEX:32009D0406&from=EN (PDF 파일) 참조. (2018년 1월 28일 검색).

기후 거버넌스로 질적인 도약을 하고, 그리고 공조의 수준도 깊어지고 넓어지는데, "2도" 목표에서 "1.5도"와 탄소 중립으로 심화되고, 2018년 EU 차원의 공동의 「통합 에너지-기후 거버넌스」 규정에 따라 각 회원국의 기후 대응이 작동하게 된다. 공조의 원칙, 기준, 고려 사항, 정치경제적, 사회적 방식이나 내용, 그리고 그 특성 역시 독일의 그것과 대동소이하다.

넷째로, 독일의 2℃ 기후 거버넌스와 마찬가지로 EU의 2℃ 기후 거버넌스 역시 역동적인 구조를 보여준다. 어떤 지점에서 다양한 배경으로 인해 감축 목표를 상향하고, 그에 동반하는 여러 후속 조치들을 강화하여 한 단계 더 높은 방향으로 전개되는 것을 알 수 있다. EU는 2015년 파리협약에서 약속한 "2도" 목표를 달성하기 위해 기존의 『2030 기후-에너지 정책 기본 틀』을 검토하면서 좀 더 견고한 EU의 기후 거버넌스를 향해 새로운 걸음을 내디딘다. 2015년도에 에너지 공동체의 성격을 갖는 EU 「에너지 연합」을 구축하고자 하였다. EU는 2018년에 IPCC의 『1.5℃ 특별 보고서』에서 밝힌 과학적 증거를 적극 수용하면서 2050년까지 탄소 중립을 달성하려는 새로운 장기 감축 목표를 선언하고, 21세기 이내에 지구 평균기온 상승을 "2도"에서 "1.5도"까지 억제하겠다는 선언도 한다. 「에너지 연합」의 구축 과정에서 지속적인 협력과 소통을 통하여 2018년에는 EU 차원의 「통합 에너지-기후 거버넌스」를 구축하기 시작하면서 『2030 기후-에너지 정책 기본 틀』의 '2030 목표'와 '2050 탄소 중립'을 달성할 수 있도록 EU 차원의 기후 거버넌스의 수준을 질적으로 한 단계 올린다. 회원국인 독일의 기후 거버넌스 구조와 EU 기후 거버넌스 구조의 공통 부분은 더 넓어지고, 견고해진다.

독일 『기후보호 프로그램 2030』의 시행 기간 역시 EU의 『2030 기후-에너지 정책 기본 틀』의 시행 기간과 동일하다. 독일 회원국의 주된 감축 방식은 —EU-ETS, ESD, 재생에너지 확대, 에너지 효율성 개선 등— EU의 감축 방식과 대동소이하다. 독일의 감축 목표는 EU의 공동 목표하에서 결정되었고, 공동 목표의 한 부분이다. 감축의 원칙이나 주 내용이 서로 다르지 않고, 공통적이다. 단적인 예로써 2018년에 시작된 EU 차원의 「통합된 에너지-기후 거버넌스」를 들 수 있다. 독일을 포함하여 EU의 각 회원국은 「통합된 에너지-기후 거버넌스」가 규정한 공통의 양식과 기준에 따라서 2021~2030년 기간 동안의 『국가 에너지-기후 계획(NECP)』을 각각 제출해야 한다. 짧게 요약해보면, EU의 각 회원국은 2021~2030년까지 연간 감축할 배출량도 정해져 있고, 감축할 방식도 공통의 규정에 따라 거의 동일하며, 보고 및 평가 체계 역시 동일한 기준에 따르게 된다.

이에 2015년부터 시작된 EU의 「에너지 연합」부터 새로운 기후 거버넌스 2℃~1.5℃ 구축의 역동적인 변화 과정을 살펴보는 것은 독일의 2℃~1.5℃ 기후 거버넌스의 역동적인 과정을 이해하는 데 꼭 필요한 작업이다. 기후 거버넌스의 구조를 변화시키는 요인은 국·내외적인 요인부터 정치 경제적인 요인, 기후변화의 예상치 못한 전개 과정 등 다양하다. 여기서는 역동적인 변화 과정을 이해하는데 특히 주요한 세 가지 내용을 중점적으로 살펴보고, 그를 통해서 독일과 EU의 공조의 역동적 구조와 특성들을 찾아보기로 한다. 살펴볼 주요 내용 중 하나는 ESD에 관한 것이다. ESD와 EU-ETS는 각 회원국과 EU의 감축의 양대 축이다. EU-ETS는 앞서 설명했고, 여기서는 ESD에 대해서 설명하고자 한다. 그 후에 '2030 목표',

파리협정의 목표를 더욱 예측 능하고 확실하게 달성하기 위해서 감축의 핵심 요소들 - ETS, ESD, 재생에너지 확대 지침, 에너지 효율성 지침 - 을 정비하고 개정하는 배경과 과정, 그 의의와 특성을 살펴볼 것이다. 그리고 끝으로, 이러한 정비와 개정을 통한 강화 작업을 거친 후에 EU의 「통합된 에너지-기후 거버넌스」의 구축 과정과 그 의의 및 특성을 살펴볼 것이다. 그러면 우리는 독일의 2019년의 『2030 기후보호 프로그램』, 2019년의 『독일 기후보호 법』, 2021년의 『개정 독일 기후보호 법』의 탄생 배경과 그 의의를 더 잘 이해할 수 있을 것이다. 그리고 공조의 수준과 특성을 더 잘 이해할 수 있을 것이다.

다섯째로, 유럽연합은, 3.9.1.절에서 보았듯이, 감축의 핵심 제도 이자 주요한 감축의 전략적 토대로서 「노력공유결정, Effort Sharing Decision(ESD)」 제도를 일찍이 구축한다. 이는 각 국가의 구성원이 모두 감축 목표를 달성하기 위해 참여해야 하고, 동시에 책임의 수준은 '공동 의, 그러나 능력이나 여건에 따르는' 배려와 연대의 원칙에서 참여할 것을 주문한 것이다. 이 원칙은 여건이 서로 다른 유럽연합의 회원국들이 연대 하면서 공조할 수 있도록 하였다.

유럽연합은 『2020 기후와 에너지 패키지』라는 종합 감축 전략의 틀 내 에서 2020년까지 EU-ETS를 통하여 2005년 대비 21%를, Non-ETS를 통해 10%를 감축하는 것을 목표로 하였다. EU-ETS와 Non-ETS의 2개 의 감축 경로를 통하는 방식은 EU의 기본적인 감축 전략이 된다. 이후로 도 적용되는 감축의 핵심 틀로 구축된다. EU-ETS 영역이 포괄하는 제조 업 및 에너지 산업 분야는 에너지 다소비 기업이며, 대규모 기업인 반면,

ESD 영역은 다수의 소규모 배출원이지만 전체 배출의 약 55%를 차지하고 있고, 시민 모두가 노력과 부담을 공유한다는 원칙하에 10% 감축 목표를 설정하였다. 교통, 주택 및 건물의 냉·난방, 농·축산업, 폐기물 산업과 같은 분야에 적용된다. 개인과 시민사회도 이런 방식으로 감축에 동참하도록 하는 것이다. 특히 후자의 Non-ETS 부분은 각 회원국이 「노력공유결정, Effort Sharing Decision(ESD)」을 통하여 각 국가의 능력과 책임에 맞게 감축하는 것을 말한다. 여기서 독일은 ESD를 통해서 선도적인 책임감을 갖고 14% 감축을 약속하였다.

EU-ETS 제3기가 2013~2020년 기간이므로 ESD 기간 역시 여기에 연계되어 같이 설계가 된다. ESD의 각 국가의 분담 비율은 주요한 원칙인 "공동의, 그러나 차별적인 책임"의 원칙, "연대"의 원칙과 "지속가능한 성장"의 원칙에 입각하여 매우 합리적이고, 유럽의 사회 통합적인 방식으로 배분된다. 따라서 1인당 국민소득이 상대적으로 낮은 국가는 배출량 증가가 허용된 반면에, 높은 국가는 감축하도록 설계된다. 상호 존중과 배려를 통한 EU 차원의 사회 통합성을 확장하면서 이행하는 모범을 보여주고 있다. 앞서 보았듯이 경제성장도 이루었고, 온실가스 감축도 세계에서 가장 성공적으로 이루어내고 있다. 사회 통합성도 시행하면서 지속가능한 발전의 주요한 세 가지 원칙을 동시에 잘 구현하고 있다고 판단할 수 있다. 사실 놀랍다.

ESD를 통한 감축의 시행 방식을 살펴보자. 2020 목표를 위한 지속적 진보를 달성할 수 있도록, ESD 역시 각 회원국의 연간 배출량을 거의 규정한다. 연간 배출 할당량(Annual Emission Allocations, AEAs)이라고 부른다. 각 회원국은 동 기간 동안 EU와의 공조하에 연간 배출 한계선

(AEA)을 결정하고, 또한 지키도록 해야 한다. 그리고 그 과정은 각 국가의 모든 이해당사자, 연방정부로부터 개인 소비자까지 참여하는 민주적인 소통이 되도록 권고한다. 또한 동일한 원칙과 기준에 따라 모니터링을 하도록 하고 있음을 알 수 있다. 감축 목표를 달성하기 위해서 세부적인 부분까지 공조가 필요한 것을 충분히 짐작할 수 있다. 자율적 의사와 협조가 아니라면, 2℃ 기후 거버넌스의 독재라고 불릴 만하다.

여섯째로, 기존의 감축 제도나 정책 및 수단은 여러 여건 변화에 따라 수정, 보완, 또는 개정 등으로 공조를 거치면서 강화되는 역동적인 기후 거버넌스를 보여주고 있다. ESD 같은 핵심 감축 제도 역시 이 역동성을 잘 보여준다. EU는 『2020 기후와 에너지 패키지』 종합 로드맵에 이어서, 2014년 2021~2030년까지의 중기적인 종합 감축 계획 『2030 기후-에너지 정책 기본 틀』을 발표한다. 2030년까지 온실가스 배출의 대폭적인 감축을 약속하면서 1990년 대비 40% 감축을 목표로 하였다. 2015년 파리 기후변화협약을 앞두고 야심 찬 계획을 발표한 것이다. EU가 글로벌 차원에서 선도적인 책임을 지고 획기적인 변화를 추동하기 위한 결정이었다. 기본 틀을 일관되게 유지하면서, EU-ETS 영역을 통해 2005년 대비 43% 감축하고, ESD 영역을 통해 2005년 대비 30% 감축을 하고자 한다. 2020 목표보다 2030년의 목표치가 두 배로 상향되면서, 연관된 많은 다양한 목표들도 수정이나 개정을 통해 상향적으로 강화되어야 한다. ESD를 통한 감축 원칙 및 방식은 2009년 『on the effort of Member States to reduce their greenhouse gas emissions to meet the Community's greenhouse gas emission reduction commitments up to 2020』에 적용되었던 모든 요소를 그대로 이어받는다. 단지 2020년의 10% 감축 목표에서 2030년의 30%

감축 목표로 상향되고, 각 회원국의 감축 범위가 20% 증가~20% 감축에서 0~40% 감축으로 수정 및 강화되었다. 감축의 대표적 기술적 방식은 『2020 기후와 에너지 패키지』와 마찬가지로 재생에너지 확대와 에너지 효율성 개선에 두고 있다. 목표치가 더 강화되어 20%에서 27%로 각각 상향 강화되었다. 온실가스 감축 목표가 1990년 대비 20%에서 40%로 대폭 강화되자 관련 수단이나 대책들 역시 수정 및 개정되면서 강화된다. "2도" 기후 거버넌스의 기본적인 체계는 일관되게 유지하면서, 상향된 목표를 위해서 기존의 대책이나 수단이 강화되는 역동적 구조를 EU의 기후 거버넌스 역시 잘 보여주고 있다. 독일은 이 기간 동안에도 선도적으로 ESD를 통한 감축 목표 30%를 훨씬 초과하는 38% 감축 목표를 제시한다.

"2도" 상승 억제라는 분명한 목표가 2015년 파리 기후변화협약에서 드디어 글로벌 목표로 확정되자, 유럽연합은 이에 상응하는 노력을 취하게 된다. 2018년 EU-ETS 개정과 함께 ESD도 개정 작업을 거친다. Effort Sharing Decision(ESD)이 Effort Sharing Regulation(ESR)으로 개정된다. ESD의 연장선인 ESR 제도는 EU의 각 회원국에 2021~2030년 기간 동안의 구속성 있는 연간 온실가스 배출 목표량(AEA)을 규정해주는 제도이다. EU의 감축 목표가 강화될 경우 ESR과 EU-ETS 제도는 전반적으로 감축을 강화하는 방향으로 수정된다. IPCC가 기후변화의 심각성에 대한 심대한 우려와 함께 결론으로 더 강화된 대응책을 2018년 『1.5℃ 특별 보고서』를 통해 제시하자, EU 역시 이 과학적 자료와 결론을 즉각 수긍하면서 감축 목표를 "1.5℃"로 강화할 것을 결정한다. 유럽연합 집행부는 "1.5℃" 목표와 『2050 탄소 중립』을 달성하기 위한 연계된 법적 제안들을 채택한다. 실제로 2019년 『유럽 그린 딜』 선언을 통하여 『2030 기후-에너지 정책 기본 틀』의 감축 목표가 40%에서 55%로 대폭 상향 강화되면서, 두 핵심 제도를 통한 감축 목표 역시 상향 강화되며, 동시에 그와 밀접히 연관된 기술적인 핵심 감축 제도인 재생에너지 확대와 에너지 효율성 개선 비중의 목표도 모두 강화되는 쪽으로 개정된다. EU-ETS를 통한 43% 감축 목표에서 61% 감축 목표로 강화한다.[97] ESR을 통하여 30% 목표에서 40% 감축 목표로 상향 조정한다. 각 회원국의 감축 수준도 0~40%에서 10~50%로 전반적으로 강화되는 중에 독일의 감축 목표도 38%에서 50%로 최고 감축 수준으로 상향 조정된다.[98] 재생에너지 비중도 32%에서 40%로 확대되고, 에너지 효율성 개선 수준도 32%에서 36~39%로 강화된다. 모든 지침이나 규정이 더 높은 55% 감축 목표를 위해서 수정이나 개정 작업을 통해 강화된다. 이러한 또 한 번의 개정 작업은 유럽연합이 2019년『유럽 그린 딜, European Green Deal』을 선언하면서 2050년까지 탄소 중립을 이루고, "1.5℃" 목표를 달성하려는 목표를 세우고, 이에 따라 자동적으로 연계되어 2030 목표를 상향 조정하면서 일관성 있게 이루어진다. 이 개정된 작업의 결과들은 상향된 2030의 55% 감축 목표를

---

97 European Commission, 2021. 7. 14., 『Proposal for a DIRECTIVE OF THE EUROPEAN PARLIAMENT AND OF THE COUNCIL amending Directive 2003/87/EC establishing a system for greenhouse gas emission allowance trading within the Union, Decision (EU) 2015/1814 concerning the establishment and operation of a market stability reserve for the Union greenhouse gas emission trading scheme and Regulation (EU) 2015/757』, https://ec.europa.eu/info/sites/default/files/revision-eu-ets_with-annex_en_0.pdf.

98 European Commission, 2021. 7. 14., 『Proposal for a REGULATION OF THE EUROPEAN PARLIAMENT AND OF THE COUNCIL amending Regulation (EU) 2018/842 on binding annual greenhouse gas emission reductions by Member States from 2021 to 2030 contributing to climate action to meet commitments under the Paris Agreement』, https://eur-lex.europa.eu/legal-content/EN/TXT/?uri=COM%3A2021%3A555%3AFIN.

달성하려는 계획인 EU의 『Fit for 55: delivering the EU's 2030 Climate Target on the way to climate neutrality』에 녹아 있다. 독일은 이에 발맞추어 2019년 공포한 『기후보호 법, Klimaschutzgesetz』을 개정한 『개정 기후보호 법 2021, Klimaschutzgesetz 2021』에서 2030년까지의 자국의 감축 목표를 55%에서 65%로 상향 조정한다. ESD를 통한 감축 목표도 38%에서 50%로 상향한다. 탄소 중립 실현의 기한도 2050년도에서 2045년으로 앞당긴다. 독일 정부는 탄탄한 공조를 이루면서 일관되게 선도적 책임을 보여준다. 독일의 선도적인 감축 목표 계획안 제시는 EU 차원의 감축 목표를 설계하는 데 반영이 되고, EU의 감축 전략을 설계하는 데 적지 않은 기여를 하고 있음을 알 수 있다.

일곱째로, 각 회원국 간의, 회원국과 EU 간의, 다양한 이해당사자 간의 수없이 반복되는 의사소통과 민주적 피드백 과정이 성공적인 기후 거버넌스의 필수 요소임을 알 수 있다. EU-ETS, EDS나 ESR 제도를 통해서 공동보조를 취하며 감축 계획을 수립하고 있는 것을 알 수 있다. 후자의 제도를 통한 2030년도까지의 각 회원국의 배출량 수준뿐만 아니라 연간 배출량(AEAs) 수준도 사전 논의를 통해서 결정되는 정도로 공조의 수준이 높을 것을 알 수 있다. 각 회원국 간의, EU와 회원국 간의 민주적인 의사소통과 효율적인 피드백이 없이, 그리고 이 수없이 반복되는 소통 과정에 대한 보장이 없으면 불가능한 공조의 수준이라 할 수 있겠다. 그것도 회원국이 무려 27개나 되는 거대한 연합체임을 고려하면 더욱 그렇다.[99] 한 걸

---

99 만약 한국, 중국, 일본 세 국가가 이런 정도의 연대와 공조를 할 수 있을지에 대해 누군가가 질문을 해온다면, 생각할 필요도 없이 거의 불가능하다고 답할 것 같다.

음 생각을 더 해보면, 독일의 2019년 『기후보호 프로그램 2030』에서 제시하는 부문별 연간 배출허용량도 EU의 연간 배출량 수준에 연동되어 결정되는 구조인 것이다. 사실상 독일의 기후 관련 시민단체의 연합체 성격을 가진 「기후보호 행동연대」는 정기적인 대화 포럼을 통해 이런 공조의 측면에 대해 논의를 통해 독일의 입장과 정책 결정에 참여하고 있다. 유럽연합 집행위원회는 2020년 8월 『Renewable Energy Directive 2018/2001/EU』 지침의 또 한 번의 개정에 관한 로드맵을 제시하면서 무려 7주간의 공론화 과정을 두면서 EU 시민들의 피드백을 수집하기도 하였다. 이러한 민주적인 피드백 과정을 수없이 거치며 공동의 2℃~1.5℃ 기후 거버넌스를 구축하면서 독일과 유럽연합은 기후보호를 위해 협력과 공조를 아끼지 않으며, 특히 독일이 선도적인 노력을 하고 있음을 알 수 있다. EU와 회원국의 에너지-기후 관련 공조 수준은 매우 다층적 층위에서 - 시민, 이해관계자, 전문가 그룹, 각 회원국, 회원 국가와 EU - 이루어지며 그 수준 역시 민주적 과정을 거치는 매우 높은 수준이라 할 수 있다.

여덟째로, 2℃ 기후 거버넌스의 다양한 요소들은 역동적으로 변화 과정을 거치면서도 동일 목표를 지향하는 일관성과 상호 정합성을 잘 보여주고 있기 때문에 2℃ 기후 거버넌스는 하나의 구조 또는 체계의 성격을 지니고 있다고 할 수 있다.

EU-ETS와 EU 재생에너지 지침 등의 개정을 통하여 2018년 이후 1.5℃ 기후 거버넌스 체계로 이행하는 역동적 변화 과정을 추적하면서 이같은 특성을 확인해보자.

유럽연합은 「에너지 연합」의 구축 과정에서 2018년에는 EU 차원의 「통합 에너지-기후 거버넌스」를 구축하게 되어 '2030 목표'와 1.5℃ 목표를 달성할 수 있도록 공조의 수준을 질적으로 한 단계 올린다. 공통의, 통합된 에너지-기후 거버넌스를 바탕으로 하여 2019년도에는『유럽 그린 딜, European Green Deal』을 공포한다. 2030 온실가스 감축 목표를 40%에서 55%로 상향하고, 이 야심 찬 목표를 이룰 수 있도록 EU의 전반적인 정책 분야에서 상응한 후속 대책 및 개정 조치를 주문한다. EU의 에너지-기후 대응의 핵심적인 제도인 EU-ETS, ESR, 재생에너지 지침, 에너지 효율성 지침 등을 연계적으로 개정 또는 강화하면서, 또는 상호 정합적인 새로운 대책을 도입하면서 2021년 '2030 감축 목표'를 55%로 상향 확정한다. 2℃ 거버넌스의 핵심 요소들의 이러한 일련의 체계적이고 역동적인 상호작용은 EU 회원국의 공조를 통하여 현재까지 잘 작동하고 있다. 독일은 이 과정에서 변함없이 선도적인 역할을 하고 있다.『독일 기후 법』을 2019년에 제정하고, 2021년에 개정까지 한다. 여기서 독일은 EU의 감축 목표 상향 조정에 상응하여 자국의 2030 감축 목표를 65%까지 상향 조정한다.

파리협정 이후에 기후변화의 속도가 예측보다 빠르게 진행되고, 피해가 더 심각해지면서, 최근 언젠가부터 기후변화 대신에 '기후위기' 또는 '기후 비상사태'로 불린다. 2018년『1.5℃ 특별 보고서』가 발간되기도 하였다. EU와 독일의 2℃ 기후 거버넌스는 이 같은 외부 충격과 과학적 지식의 경고를 받아들이면서 2℃ 목표에서 1.5℃ 목표로 이행을 준비하기 시작한 것이다. 그리고 변경되는 목표에 상응하도록 감축의 핵심 제도와 분야별 수단들은 수정되거나 또는 보완되는 것이다. 유럽연합과 독일의 공조 역시 긴박하면서도 질적으로 한 단계 성숙한 새로운 차원으로 - 요약하자면 "1.5℃" 기후 거버넌스로 - 이행하게 된다. "1.5도" 기후 거버넌스로 더 수준 높고 강화하는 과정에서 보여주는 일관된 공조의 특성 역시 살펴볼 필요가 있다.

파리협정 이후 현재 "1.5도" 거버넌스 구축의 역사적 배경, 목표와 목적, 감축 전략, 의의와 결과를 서술하는데, EU가 공조하는 주요 내용과 방식을 중심으로 서술해보자. 유럽연합이 공조하는 제도적 핵심 축인 EU-ETS, ESR, 그리고 기술적인 대표적 방식인 재생에너지 사용 지침, 에너지 효율성 지침 등을 연계적으로 개정 또는 강화하는 과정, 배경, 의의, 목적 등에 초점을 맞추어 최근의 역동적인 변화 과정을 살펴본다. 먼저 EU-ETS의 개정 과정을 살펴보는데, 그 이유는 EU-ETS가 갖고 있는 핵심적 역할과 여러 특성 때문이다.

아홉째로, EU-ETS 제도는 2℃~1.5℃ 기후 거버넌스에서 핵심적 감축 제도이다. 따라서 감축이나 목표 변경에 있을 경우 우선순위로 다루어진다.[100] EU-ETS는 대표적인 비용 효과적인 감축 방식이고 기술혁신을 촉진시킬 뿐만 아니라, 감축의 가장 큰 부분을 포괄하기 때문이기도 하다. 따라서 이 EU-ETS 부분에서 강화의 범위나 수준이 정해질 때-그 이후의 또는 동시에- ESR, 재생에너지 지침, 에너지 효율성 지침 등의 일련의 수정 및 개정을 통한 강화의 범위나 과정이 실질적으로 정해질 수 있기 때문이다.

이에 EU-ETS의 개정 과정을 살펴보면서 그 특성을 파악해보자. EU-ETS 4기 제도는 2021~2030년도 기간 동안 『2030 기후와 에너지 기본

---

100   본서의 글상자 2. 감축 계획의 사회적 협의 과정을 참조.

틀』내에서 비용 효과적인 감축 제도로서 자리매김하면서, 2030년까지 2005년 대비 43% 감축하기로 한다. 이에 유럽연합의『지침 2003/87/EC』를 몇 가지 측면에서 수정, 보완하는 개정을 함으로써 2030년까지 1990년 대비 최소 40%를 감축하는 데 상응하도록 하였다. EU-ETS는 여기서 2021년부터 2005년 대비 매년 2.2%-3기 때의 1.74% 감축 목표에서 상향된 목표로 - 감축을 하도록 설계가 된다.

유럽「에너지 연합, Energy Union」에서도 EU-ETS를 기후 정책의 초석으로 자리매김하면서 2015년 7월 제4기 EU-ETS 제도 개정안을 제출한다. 개정안의 주요 내용으로 EU-ETS를 투자의 촉진자로서 강화하되, 2021년부터 2005년 대비 매년 2.2% 감축하는 것으로 강화하고, 기술 진보를 고려하면서 무상 할당 수준을 줄여나간다. 산업 및 발전 부문을 지원하되, 저탄소 전환의 기회를 잡기 위한 혁신과 투자를 충분히 할 수 있도록 기금을 마련하여 지원하기로 한다. 유럽이사회는 2018년 2월 공식적으로 EU-ETS 개정 지침에 대해 승인한다. 개정된 지침인『DIRECTIVE (EU) 2018/410 OF THE EUROPEAN PARLIAMENT AND OF THE COUNCIL of 14 March 2018 amending Directive 2003/87/EC to enhance cost-effective emission reductions and low-carbon investments, and Decision (EU) 2015/1814』의 항목 (5), (6)에서 EU-ETS의 감축 제도로서의 중요한 위상을 확인할 수 있다.

2030 목표 달성을 위한 초석이 되는 EU-ETS 제도의 개정을 거치고 재정비되면서, EU-ETS를 통한 온실가스 감축량이 2018년 2005년 대비 43%로 확정되자, 이와 함께 전반적인 모든 차원에서 감축 수준이 강화되고 개정되는 작업들이 추진력을 갖게 된다. 2018년 12월에 재생에

너지 비중 상향, 에너지 효율성 개선 목표 상향 등 전면적인 지침 및 규정을 강화하는 개정 작업이 완료된다. 한 예로써 2009년도의 재생에너지에 관련된 지침 『Renewable Energy Directive(2009/28/EC)』를 2018년 12월에 개정한다. 개정된 『재생에너지 지침 2018, Renewable Energy Directive(2018/2001/EU』)에 따라서 재생에너지 비중이 초기 목표인 27%에서 32%로 상향된다. 에너지 효율성 개선 수준 지침의 개정에 따라 역시 27%에서 32.5%로 상향 개정된다.

열 번째로, 독일과 EU의 2℃ 기후 거버넌스의 주요한 요소이자 핵심적, 기술적 감축 방식으로 재생에너지 생산과 에너지 효율성 개선이 양대 축으로 기능하고 있다. 이는 『2020 기후와 에너지 패키지』와 『2030 기후-에너지 정책 기본 틀』에서도 확인할 수 있다.

이에 독일과 유럽연합의 공조의 기술적 한 축인 재생에너지 지침을 중심으로 그 개정 과정, 의의, 특성을 살펴보자.

EU는 2009년 『재생에너지 지침, Renewable Energy Directive(2009/28/EC)』을 통해 재생에너지 생산과 확대를 위한 광범위한 정책을 수립하였다. 2020년까지 총에너지 수요 중 재생에너지 비중을 20% 이상이 되도록 요구하였고, 수송 연료의 10% 이상은 재생에너지원으로 충당하도록 규정하였다.

EU-ETS와 ESR 제도의 2018년도의 개정 작업 과정과 병행하여 2009년의 재생에너지 지침을 2018년 12월 『Renewable Energy Directive(2018/2001/EU)』로 개정한다. 개정된 재생에너지 지침은 『2030 기후와 에너지 기본 틀』 내에서 재생에너지 비중을 기존의 27%에서 32%

로 상향하도록 준비 작업을 한 셈이다. 이와 함께 바이오 에너지의 지속성을 강화하는 표준과 함께 재생에너지지원의 수송연료 비중 역시 14%로 상향시켰다.

EU는 2015년 「에너지 연합」을 결성하면서 공동의 에너지-기후 거버넌스 체제를 구축하고자 협의를 해왔고, 그 결과를 집대성한 규정이 바로 2018년 비로소 빛을 보게 된 EU의 『에너지 연합과 기후행동 거버넌스에 관한 규정, Regulation on the Governance of the Energy Union and Climate Action (EU) 2018/1999』이다. 동 거버넌스 체제하에서 EU의 각 회원국들은 공통의 양식과 기준에 따라서 2021~2030년 기간 동안의 재생에너지 비중 확대와 에너지 효율성 개선 목표를 제시해야 한다. EU는 특히 각 회원국의 재생에너지 비중 목표와 에너지 효율성 개선의 수준에 대해 평가와 권고 사항을 제시한다. 이렇게 재생에너지 비중 확대와 에너지 효율성 개선 수단은 감축의 주요한 두 개의 중심축으로서 작동한다.

재생에너지 비중 확대와 에너지 효율성 개선에 기초한 감축 방식은 2℃~1.5℃ 기후 거버넌스의 주요한 핵심 요소인 것을 확인할 수 있다. 재생에너지의 역할과 지위에 대해서 『유럽 그린 딜』에서도 분명하게 확인할 수 있다. EU는 전대미문의 기후위기를 극복하기 위한 대응 전략으로서 2019년 『European Green Deal』을 선언하면서, 주요 대책 중 하나는 재생에너지를 최대한도로 활용하여 탄소 제로의 목표를 달성하도록 하는 것이었다. 에너지 전환을 더욱 가속화하고, 수소에너지 전략 및 통합된 에너지 체계로의 편입을 수월하게 하고자 하였다. 실제로 『2030 기후와 에너지 기본 틀』의 감축 목표가 40%에서 55%로 상향 강화되면서, 그와 밀접히 연관된 기술적인 핵심 감축 제도인 재생에너지 확대와 에너지 효율성 개선 비중의 목표도 모두 강화되는 쪽으로 또 한 번 개정을 앞두게 된다. EU 는 EU-ETS와 ESR 제도를 개정하면서 아울러 재생에너지 비중도 32%에서 40%로 확대하고, 에너지 효율성 개선 수준도 32%에서 36~39%로 강화한다. 모든 지침이나 규정이 더 높은 55% 감축 목표를 위해서 수정이나 개정 작업을 거치게 되는 것이다. 독일 역시 공조하면서 재생에너지 지침과 에너지 효율성 개선 지침을 강화 및 수정하면서 더 높은 65% 감축 목표를 제시하였다.

재생에너지 생산과 비중 확대 정책에는 이와 연관된 다양한 차원의 정책을 추진하는 데도 적지 않은 기여를 하였다. 재생에너지 생산 확대는 지방의 재생에너지원을 찾아서 생산하도록 지원하여 에너지 분권 자립과 지방 균형 발전에도 기여할 수 있도록 설계하였고, 지방의 중·소 건설사와 일자리 창출에도 도움이 되도록 기획하였다. 독일의 "윈데" 소농촌 마을이 첨단 에너지 자립 마을로 탈바꿈한 모습이 잘 말해주고 있다.

열한 번째로, 유럽연합 차원에서 동일한 감축 목표, 이를 위한 동일한 감축 제도와 핵심 감축 방식 등을 공유하면서 점차로 공통의 감축 양식과 기준, 그리고 공통의 보고 및 평가 체계를 공유하게 된다. 공조의 수준은 점차로 깊어지며, EU 회원국은 거의 동일한 기후 거버넌스를 갖추게 되었다고 할 수 있다. 이 공유의 체계가 집대성한 것이 2018년부터 시작된 EU 차원의 「통합된 에너지-기후 거버넌스」라고 할 수 있다.

「통합 에너지-기후 거버넌스」가 규정한 공통의 양식과 기준에 따라서 독일을 포함하여 각 EU 회원국은 2021~2030년 기간 동안의 『국가 에너지-기후 계획(NECP)』을 제출해야 한다. 공조의 수준은 점차로 깊어지며,

이를 바탕으로 1.5℃ 기후 거버넌스의 이행도 가능하게 된다.

『에너지 연합과 기후 행동의 거버넌스에 관한 규정』은 사실상 EU의 『2030 기후와 에너지 기본 틀』과 「2050 장기 목표」를 위한 기본 헌장이라고 부를 수 있다. 2℃~1.5℃ 에너지-기후 거버넌스의 작동 기제 및 방식에 관한 법적 토대를 제공하는 것으로 각 회원국의 경제적, 사회적, 정치적 행동에 대한 전반적인 규정을 담은 것이기 때문이다. EU의 2030 목표와 2050 목표는 달성해야 한다. 따라서 법적 토대를 마련하여 목표를 실현시키고자 하는 것이다. 이는 각 회원국이 2021~2030년 기한 내에, 그리고 2050년 이내에 각 국가가 지켜야 할 목표와 의무를 부과하는 셈이다. 각 회원국이 각자의 의무를 다 수행하지 못할 경우 EU의 목표 역시 지키지 못하기 때문이다. 따라서 각 회원국이 에너지-기후 목표를 계획하고, 시행하는 기준이나 방식, 또 적용하는(할) 주요 정책이나 수단, 그리고 모니터링 및 평가 체계 등 사실상 모든 에너지-기후 거버넌스 작동 기제를 구축하는 일련의 과정을 공동의 규범과 양식으로 통일적으로 설계하고 규율할 수 있어야 한다. 즉 공동의 규정과 체제하에서 각 회원국이 공통의 방식으로 실현 가능한 계획을 수립할 수 있도록 하고, 공통의 적절한 정책 및 수단으로 합리적으로 시행할 수 있도록 하고, 시행 결과에 대해 유럽집행위원회가 공통의 일관된 기준으로 측정하고, 상호 공유하고, 평가하고, 권고할 수 있도록 해야 한다.

2018년 IPCC가 『1.5℃ 특별 보고서』를 발표하고 난 후에, 유럽연합과 독일의 2℃ 기후 거버넌스가 점차로 강화된다. 공조가 더 강화되어야 할 필요성이 점차로 커지는 셈이다. 감축 목표 역시 상향되어야 하고, 감축 목표 달성을 위해 각 국가뿐 아니라 EU 역시 공조의 수준을 높이고, 효율성도 높여야 한다. 시간이 흐를수록 서로 물려 있는 톱니바퀴가 잘 작동하도록 거시적으로나 미시적으로나 공조와 조율의 수준을 높여야 한다. 역동적 효율성을 잘 살려야 2℃~1.5℃ 기후 거버넌스의 중·장기 거대한 사회적 프로젝트가 독일에서나 유럽연합 차원에서 성공적인 진행 과정을 거치고 마침내 실현될 수 있기 때문이다. EU의 「통합된 에너지-기후 거버넌스」를 구축하면서 형성된 탄탄한 토대 위에서 가능한 것이다. 2℃에서 1.5℃ 기후 거버넌스로 한 단계 상향되는 주요한 분기점에서 공조의 차원과 수준 역시 깊어지고 높아지는 것을 알 수 있다. 기후 정책의 주류화하기, 감축 방식의 세부적 공조, 기후 대응과 경쟁력 있는 탄소 중립 경제 모델의 양립 가능성에 대한 확고한 관점, 탄소 가격제도 및 탄소 예산제도 확대의 필요성, 시민 참여의 필요성에 대한 공감, 법 제정을 통한 기후 정책의 확실한 보장, 그리고 독일과 유럽연합의 글로벌 리더로서의 역할 강화 등 다양한 층위에서 확인할 수 있다. 한 예로 독일 연방정부의 Non-ETS 분야의 부문별 연간 감축예산(량)과 재생에너지 비중 확대 및 에너지 효율성 개선을 통한 감축량의 계획 과정도 EU의 『국가 에너지-기후계획(NECP)』의 규정과 기준에 맞추어서 세울 만큼 공조 수준은 더욱 깊어진다. 독일 연방정부의 2019년 『2030 기후보호 프로그램』과 『독일 기후보호 법』에 더욱 깊어진 공조 수준이 분명하게 반영된 것을 글상자 6에서 확인할 수 있었다.

열두 번째로, EU와 독일 2℃ 기후 거버넌스를 구축하면서 기후보호, 경제 발전과 함께 항상 같이 추구했던 원칙은 사회 통합성의 증진이다. 에너지 전환 과정은 통상적으로 그동안 값싸게 써오던 화석연료에 대해 가격을 부과하는 과정이기 때문에 가격이 전반적으로 오르고 사회적 취약 계층에게는 부담이 되기 때문이다. 사회 통합성의 증진은 여러 차원에서 이루어졌다. 사회적 취약 계층에 대한 경제적 지원, 에너지 전환 과정에서 구조조정을 겪으면서 쇠퇴하는 지역이나 분야에 대한 지원이나 일자리 창출 대책, 또는 감축 과정에서의 시민과 이해당사자들의 광범위한 참여 보장 등으로 사회 통합을 증진하고자 노력하였다. 이런 노력이 동반하지 않았다면 기후 대응은 사회적 분열을 초래하였을 것이고, 사회적 중·장기 프로젝트로서 작동하지 못했을 것이다.

2019년 『유럽 그린 딜』에서 EU 전체 온실가스 배출의 1/4을 차지하는 교통·수송 부문과 건물 부문에 새롭게 탄소 가격제의 도입이 필요하다는 점이 강조되었고, 이에 EU-ETS와는 별도의 새로운 배출권 거래제 도입이 예고되었다. 새로운 배출권 거래제 도입으로 대부분의 시민에게 영향을 끼치게 되는데, 특히 에너지 빈곤층에의 부정적 영향이 예상되자, 이를 보완하고 사회 통합성 제고의 차원에서 '사회적 기후기금'의[101] 도입도 함께 제시하며, 아울러 재정 지원 계획도 주요한 내용에 포함함으로써 녹색

---

101 사회적 연대와 통합은 기후 대응에 있어서 일관되게 추진되어 온 기본 원칙 중 하나이다. 동 원칙하에 '사회적 기후 기금'이 조성된다. 유럽연합에서 에너지 빈곤 계층은 약 3,400만 정도로 추산된다. 기금은 새롭게 도입될 도로수송과 건물 부문의 배출권 거래제를 통한 수입과 EU 예산으로 조성된다. 도로수송과 건물 부문의 배출권 거래제로 마련되는 기대 수입 중 25%가 동 기금에 투입될 것이며, 다년도 예산인 MMF 2025~2032를 통해서 전체 회원국에 722억 유로가 직접 소득지원 또는 녹색 투자금으로 지출된다. 각 회원국은 동 기금의 지출 규모에 상응한 대응(기여) 자금으로 지출한다. 따라서 사회적 기후 기금의 총 규모는 2025~2032년 동안 1,444억 유로 정도가 될 것이다. 추후에는 신 배출권 거래제를 통한 경매 수입도 포함할 계획이다. 동 기금은 에너지 빈곤층, 사회적 취약 계층이나 소상공인을 지원하는 데 사용되며, 에너지 효율 향상, 신규 냉·난방시스템 도입 등에 활용되어 에너지 빈곤 계층이 청정에너지로의 전환을 활용하도록 할 것이다. 『Fit for 55』, 4~5쪽 참조.

전환에 대한 신뢰를 더하고자 하였다.

독일 연방정부는 2014년 『기후보호 행동프로그램 2020』에서 지방정부 대표자, 노동조합, 임차인 협회 등을 포함한 시민단체 등 이해관계 당사자의 직접 참여를 통해 사회 통합성 차원을 고려하여 사회적 취약계층이 지불할 수 있는 기후 친화적 임대주택의 활성화 방안을 논의하였다. 주택 보조금을 높이는 방안도 도입하고, 사회보장법의 개정을 통해 기초생활비 및 난방비를 현실화하는 조치도 시행하고자 하였다. 제법 시간이 흐른 후 독일 연방정부는 2022년 비로소 임대차 계약에서 탄소 비용을 공정하게 분배하도록 결정하였다. 임대차 계약에서 탄소 비용을 공정하게 분배하도록 결정하는바, 주택의 경우 '단계적 모델'이 적용되는데, 에너지 상태가 안 좋을수록(화석연료를 많이 쓸수록) 임대인의 비용 부담이 크도록 설계가 되었다. 저탄소 개선 사업에 투자를 하면, 그만큼 비용 부담이 줄어들게끔 된다. 이 새로운 규정은 임대인에게 과제를 준 것으로, 기후 친화적인 주택 및 난방 시설을 공급할 것을 주문한 것이다. 기후보호와 사회 통합성을 견지할 수 있는 모델이 임대차 계약에도 적용되는 사례이다.

독일 국영 철도회사는 「코트부스 새 일터, Neues Werk Cottbus」라는 프로젝트를 수행하여 석탄발전소 지역이었던 Lausitz 지역의 구조조정을 통해 새로운 발전 계획을 현실화시킨다. 그곳에 기차 정비 및 차고지가 건설된다. 2016년 『기후보호 계획 2050』의 「성장, 구조전환, 지역 발전 위원회」에서 약속한 탄광지역 구조조정 기금으로 지원하게 되었다. 괜찮은 일자리도 만들고, 전문 기술자들을 유치할 수 있게 된다. 2026년까지 1,200명의 새로운 일자리를 만들어낼 수 있다. 새로운 철도와 새로운 일터인 「코트부스」는 기후보호와 교통 체계의 전환에 일조하는 것이다. 사회 통합성도 증진하면서. 이러한 프로젝트는 구조조정이 일어나는 탄광지역에 계속 시행될 것이다. 기후보호, 일자리 창출 및 지역 경제성장, 사회 통합성이라는 원칙이 잘 지켜지는 현장을 확인할 수 있는 것이다.

EU 역시 2016년 『Clean Energy for All European Package』를 선언하면서 에너지 전환과 경제성장과 일자리 창출이라는 과제에 대한 중요한 밑그림을 제안하고, 이를 위한 입법 절차의 필요성과 상응하는 대책 수단을 요구한다. EU 「에너지-기후 거버넌스」 구축 등을 포함해서 사회 통합성 증진을 위한 이니셔티브 차원에서 3가지 대책 및 수단 – 석탄 공업 지대에서의 전환, 에너지 빈곤층에 대한 모니터링 개선, 유럽연합 도서 지역의 청정에너지 구축 등 – 을 제안한 바 있다.

ESD의 각 국가의 분담 비율은 "공동의, 그러나 차별적인 책임"의 원칙, 연대의 원칙, 지속가능한 성장의 원칙에 입각하여 합리적이고, 유럽연합의 사회 통합적인 방식으로 배분된다. 1인당 국민소득이 상대적으로 낮은 국가는 감축 부담이 비교적 낮고, 높은 국가는 감축을 많이 하도록 설계된다. 독일 정부는 이 원칙에 충실하게 가장 높은 부담을 감수하고 있다.

감축 계획에 대한 공통의 양식과 기준을 제시하고 있는 NECP에서도 각 회원국의 에너지 빈곤층을 파악하여 그들의 기본적인 삶을 보장하도록 하면서 그와 관련된 사회정책과 연계해서 정책과 대책을 수립하도록 하고 있다. 사회 통합적 가치를 존중할 것을 요청하고 있다.

열세 번째로, 2℃ 기후 거버넌스는 목표를 달성하기 위해서, 투입된 제도나 구체적 정책 시행을 위해서 재정 확보를 통하여 지원하고자 하였다. 이는 투입된 정책에 대한 수행 의지뿐 아니라, 기후 대응에 대한 정부의 확고한 의지를 보여주는 것이다. 나아가 정책에 대한 신뢰와 예측 가능성을 높여주어 민간 부분에서도 투자활동을 원활하게 할 수 있도록 하고 미래 계획을 안정적으로 세울 수 있게끔 하기 때문이다.

『유럽 그린 딜』에서 재정 지원 계획을 밝혔듯이, 『Fit for 55』에서 재정지원 계획을 분명히 함으로써 녹색 전환을 확실하게 시행하고자 하는 의지를 보여준다. 탄소 중립 사회로의 전환을 주류화하면서, 「NextGenerationEU」라는 녹색 전환 맞춤형 패키지를 구성하여 2021~2027년도 유럽연합 재정의 37% 이상을 여기에 투입하기로 한다. 이는 녹색 전환과 관련된 정책의 시행 가능성이나 투자에는 확신을 주는 반면에, 탄소 집약적인 분야에 대한 투자는 자물쇠 효과의 위험성 및 좌초자산이 될 위험성이 크다는 메시지를 주기도 한다. 연구와 혁신 기금인 「Horizon Europe」의 35%를 녹색 투자를 위해 사용하기로 한 것 역시 궤를 같이하고 있다. 「Recovery and Resilience Facility」 기금 역시 37% 이상을 녹색 전환에 사용하기로 하였다. 에너지 빈곤층에 대한 지원으로 '사회적 기후기금'의 도입도 함께 제시하고 있다. 현존하는 연대 메커니즘으로 작동하는 'Cohesion Fund', 'Just Transitions Fund', 'European Social Fund Plus' 등이 있다. 기술 혁신, 사적 투자를 촉진하는 재정 전략도 기여할 것이다. 2018년 유럽연합의 전략적 장기 목표에서도 밝혔듯이, 『융커 플랜』과 -「European Fund for Strategic Investment(EFSI)」의 중심축으로서 - 「EU cohesion policy funds」를 통하여 약 700억 유로가 「에너지 연합 전략」의 수행을 위해서 제공된다. 유럽 집행위원회가 「다년간 복합 재정 기본 틀, Multiannual Financial Framework」의 25% 정도를 기후보호를 주류화하는 데 배정하고자 하는 제안은 투자의 촉진제 역할을 톡톡히 할 것이다. 금융 부문은 이 전환을 지원하는 데 핵심적 역할을 하는데, 특히 「Action Plan on Sustainable Finance」가 그러하다. 환경 세제, 탄소 가격 제도, 보조금 제도 등은 전환을 추진하는 데 중요한 역할을 한다. 무엇보다도 세금이나 탄소 가격을 부과하는 것이 환경 정책으로 가장 효율적인 수단이다. 또한 지속가능한 공적 지원과 공공인프라 재정은 꼭 필요하다. 이를 위해 오염자 지불 원칙이 유지되고, 화석연료 보조금 폐지 등은 필수 요소이다.[102]

독일 연방정부 역시 동일한 차원에서 『특별자산 에너지-기후 펀드 설립에 관한 법률, Gesetz zur Errichtung eines Sondervermögens Energie- und Klimafonds(EKFG)』을 제정하여 재정적 지원을 보장한다. 독일 연방의 「특별자산 에너지-기후 펀드」의 설립에 관한 법률이 2010년 12월 8일에 제정되고, 2020년 4조가 개정된다. 특별자산은 친환경적이며, 신뢰할 수 있고, 지불할 수 있는 에너지공급과 기후보호를 지원하는 프로그램에 추가적으로 지출하는 데 사용된다고 그 설립 취지를 밝힌다. 사용처는 목적에 맞게 집행하되, 특히 에너지 효율성 개선, 재생에너지 촉진, 에너지 저장 및 연계 기술, 건물의 에너지 개선, 국가적 기후보호, 국제적 기후 및 환경보호, 전기차 및 수송 등의 분야에 지원될 수 있다. 부속서 3 "에너지-기후 펀드 경제 계획"을 살펴보면 동 펀드의 지위를 짐작할 수 있게 한다. 연방정부의 2011년 에너지 전환을 촉진하는 정책 결정 후에 2012년부터 배출권 경매 대금은 전부 동 펀드로 유입되었고, 2020년 경제 계획에 따라 동 펀드는 연방예산으로 지원금을 받게 된다. 무엇보다도 2020년 경제

---

102 『Fit for 55』, 4쪽 참조; 『A Clean Planet for All. A European strategic long-term vision for a prosperous, modern, competitive and climate neutral economy』 참조.

계획부터 동 펀드는 『기후보호 프로그램 2030』을 실행하는 데 중심적인 재정 기구가 되었다.

정책 수단은 시행 기한, 감축 전략과 함께 재정 지원 규모가 연계되어 제시될 때, 투자자나 소비자 등 경제 주체들이 미래 예측성과 정부 정책에 대한 신뢰감을 갖고 감축 행동에 적극 나설 수 있을 것이다. 아울러 이 해당사자들의 수용성을 높여 공감과 참여를 이끌어낼 수 있다. 2007 『통합 에너지-기후 프로그램』에서도 제안한 구체적 감축 정책에는 재정적인 지원 규모를 구체적으로 명시하였다. 그리고 『기후보호 계획 2050』에서 「성장, 구조전환, 지역 발전위원회」를 설립하여 「구조조정 기금」을 마련하여 에너지 전환 과정에서 쇠퇴하는 지역이나 업종에 대해 사회 통합적 방식으로 새로운 발전의 청사진과 함께 사회안전망을 제공할 수 있도록 하였다. 「코트부스 새 일터, Neues Werk Cottbus」라는 프로젝트가 대표적인 예이다.

열네 번째로, 유럽연합의 2℃ 기후 거버넌스는 2℃~1.5℃ 목표를 달성하려는 원칙을 일관되게 지키면서 동시에 사회 통합성 증진과 경제성장을 동시에 추구하는 원칙을 유지하고자 하였고, 실제로 구현하였다. 2℃ ~1.5℃ 목표 달성 과정을 사회 구성원의 통합과 함께 새로운 혁신적 발전의 기회로 삼았다는 특성이 있다. 기후 대응을 하는 과정에서 이런 관점은 점차로 공고해지고 확실하게 되었다.

이러한 관점은 2019 『유럽 그린 딜』에서 명확하게 보여주는데, 온실가스 감축 전략은 곧 새로운 발전 전략이며, EU를 현대적이며, 자원 효율적이며, 경쟁력 있는 경제 구조로 전환할 것을 목표로 한다. 그리고 기후중립적인 성장으로 2050년도까지 온실가스 중립이 이루어지는 새로운 사회로의 전환 전략이다. 단순한 기후 대응을 넘어서는 전략이다. 단순히 에너지 전환을 넘어서는 전략이다. 유럽의 21세기판 새로운 방향이자, 발전 전략인 것이다. 20세기 초반에 미국발 New Deal이 있다면, 21세기는 유럽발 Green Deal이 있는 셈이다. 인류 사회에 새로운 발전 모델을 제시하는 것이다.

유럽공동체는 1997년 이미 『재생에너지를 위한 전략과 행동계획, Energy for the future: Renewable sourcs of energy. White Pater for a Community Strategy and Action Plan』이라는 녹서, Green Paper를 공포하면서, 여러 측면에서의 재생에너지 확대 필요성을 강조하고, 가장 중요한 목적으로 유럽연합의 새로운 차원의 발전이라는 인식을 갖고, 행동계획을 제시하는 것이라고 밝히고 있다. 유럽집행위원회는 『2030 기후와 에너지 기본 틀』에 관하여 2013년 녹서를 발간하는바, 일관되게 기후 대응의 새로운 저탄소 발전 전략의 필요성을 강조한다. 저탄소 시설에 대한 투자는, 특히 인프라 시설 투자는 2030년 혹은 그 이상으로 기간이 설정되기 때문에 투자자에게 위험을 줄이고 확실성을 높이기 위해서 필요하며, 저탄소 연구 · 기술에 대한 수요를 진작시킴으로써 경쟁력 있는 경제와 안정적인 에너지 체계로 전환을 촉진할 수 있으며, 유럽연합이 적극적이고 모범적인 역할을 함으로써 글로벌 협력을 수월하게 할 수 있기 때문이다.[103]

독일 연방정부 역시 이미 오래전부터 이런 관점을 유지, 발전시켜 왔다. 독일 연방정부는 1999년 이미 온실가스 감축과 저탄소 에너지 체계로의

---

103 European Commission, 『GREEN PAPER A 2030 framework for climate and energy policies』, 2013, 1쪽 참조 (2022년 4월 27일 검색).

전환은 지속가능한 생산 및 소비 체계와 첨단 신기술의 개발과 투자로써 가능하다는 점을 인식하고, 이 전환의 계기를 독일 경제를 한 단계 더 현대화시켜 최고 수준의 글로벌 경쟁력을 갖추는 "생태적 현대화, ecological modernisation"를 달성하려는 기회로까지 포착하였다. 그리고 『기후보호 계획 2050』은 독일 경제 현대화의 전략이자 모든 영역의 발전 방향을 제시하면서, 발전 패러다임의 전환을 열 것이고, 재생에너지와 에너지 효율성은 모든 투자의 미래 표준이 될 것이라고 규정한다. 『기후보호 계획 2050』은 독일 경제를 위해서, 또한 저탄소 세계에서 경쟁력을 유지할 수 있는 필수적인 여건을 마련해줄 것으로 전략적 가치를 부여한다. 독일 연방정부는 『기후보호 계획 2050』을 구체화시킨 2019년 『기후보호 프로그램 2030』을 통해 국·내외적으로 2030 목표와 2050 탄소 중립의 목표 달성 가능성에 대해서 신뢰감을 부여하고 투명성을 제고하고자 하였고, 2050 탄소 중립의 경로가 필연적인 과정이며 대전환을 동반한다면, 이 과정을 독일이 경제(산업), 혁신 그리고 고용입지로서 도약할 수 있는 좋은 기회로 삼아야 한다는 관점을 더 분명하게 피력한다.

열다섯 번째로, 『기후보호 프로그램 2030』에서 다시 한번 전 사회적인 과제로서 기후변화 대응을 자리매김한다. 감축 과정에서 직접적으로 영향을 받는 사회적 부분이나 그룹은 물론이거니와 사회정의, 지불 가능성, 경제성 등을 고려해야 하며, 동시에 참여와 역동적인 민주주의 가치를 존중하면서 시행되어야 한다. 독일 정부는 열린 사회의 놀라운 혁신의 힘을 신뢰하면서 다양한 이니셔티브와 주체들의 지지를 통해 이 과정을 지원할 것을 다짐한다.

『유럽 그린 딜』은 한 걸음 더 나아가 '유럽 시민의 연속적 대화'와 '유럽 시민 의회'까지 구성할 것을 주문하고 있다. '유럽 시민의, 유럽 시민에 의한, 유럽 시민을 위한' 유럽연합의 새로운 사회계약과 새로운 탄생이 얼마 남지 않은 것 같다.

열여섯 번째로, 2℃ 기후 거버넌스가 1.5℃ 기후 거버넌스로 강화되면서 이행되자, 공조의 수준 역시 강화된다. 적용되는 정책이나 제도, 그리고 감축 목표까지도 법 제정을 통해서 보장하고자 한다. 정책 집행이나 사회적 약속을 넘어서서 확실한 신뢰와 보장을 주기 위한 행동이라 할 수 있다. 기후 위기는 갈수록 심화되고, 시행해야 할 과제는 많아지고, 주어진 시간은 점차로 줄어들고, 감축 목표는 더욱 높아지기 때문에 강제력이 최고 수준인 법 제정으로 강화되는 것이다.

"2도" 목표에서 "1.5"도 목표로 강화된다는 것은, 더 높은 수준의 기후 거버넌스로 이행하는 것을 뜻한다. 줄여야 할 감축량이 그만큼 많아지고, 그만큼 비용이나 부담, 시간의 압박도 커진다는 것을 말한다. 더 힘든 감축 목표를 달성하기 위해서는 그만큼 일정이 빡빡해지고, 동시에 실패할 확률도 커지기 마련이다. 따라서 회원국인 독일도 그렇고, EU도 그러하다. 점차 공조의 수준을 규정과 법률로 확정하고 보장하고자 하는 것이다. 2018년 EU의 『에너지 연합과 기후행동 거버넌스에 관한 규정, Regulation on the Governance of the Energy Union and Climate Action (EU) 2018/1999』이 그러하고, 독일의 2019년에 제정된 『독일 기후보호 법』도, 2021년 개정된 『독일 기후보호 법』도 그러하고, EU의 2021년 제정된 『유럽 기후 법』의 배경이 그러한 것이다.

그리고 감축의 핵심적 제도나 수단의 경우에도 마찬가지로 규정이나 법률로서 보장하고자 한 것을 알 수 있다. 재생에너지 지침, 에너지 효율성 개선 지침, EU-ETS, ESD 또는 ESR 등의 핵심적 감축 방식은 감축 목표와 여건에 정합적으로 수정 또는 개정을 통해서 역동적으로 진화한 것을 알 수 있다. 재생에너지 확장에 큰 기여를 했던 독일의 『재생에너지 법』은 2000년 제정 이후에 현재까지 7~8차까지 개정을 거쳤고, 2022년 현재 거의 그 역할을 다하고 이제 시장의 원리에 따르고 있다.

독일 『기후보호 프로그램 2030』 시행에 관하여 『독일 기후보호 법, German climate change law』 제정을 통하여 법적으로 보장하고자 한다. 이는 2030 목표 달성이 시급한 과제이기 때문이다. 2030 목표 달성을 신뢰할 수 있고, 계획적으로 완수하기 위해서 『기후보호 계획 2050』에서 계획한 모든 '연간 부문별 감축 목표'를 법적으로 확정할 수 있도록 한다. 사회적 동의와 약속을 넘어서 처음으로 입법 과정을 통해서 목표를 달성하고자 시도한다. 이러한 접근 방식은 동 프로그램 시행 과정을 최대한도로 투명하고 확실하게 통제할 수 있도록 한다. 『기후보호 법』을 제정하여 신뢰성과 함께 예측(계획) 가능성을 높이고, 『기후보호 계획 2050』과 『기후보호 프로그램 2030』에서 설정하였던 각 부문별, 각 연도별 감축 목표를 법적으로 확정하는 것이다. 감축 목표가 "2℃"에서 "1.5℃"로 강화되고 탄소 중립을 위해서는 더욱 강제력이 높은 구속력이 필요하게 된 것이다. 이를 위해서 재정 계획 및 지원 역시 주요한 방식이다.

『유럽 그린 딜』에서도 중요한 점은 독일 연방정부와 마찬가지로 분명한 의지를 가지고 효율적이며 공정한 전환의 조건을 확실히 제시하고, 투자자에게 예측 가능성을 높여주고, 또한 이러한 전환이 불가역적이라는 확신을 주기 위해서, 최초로 유럽연합의 『유럽 기후 법』을 2020년 3월까지 제안하고, 2021년까지 제정하고자 한다. 이는 유럽연합의 모든 정책이 - EU-ETS 개정, ESR 개정, 탄소 가격제도 도입, Non-ETS 분야의 배출권 거래제 도입 - 1.5℃ 목표와 기후 중립에 기여하도록 보장할 것이며, 모든 분야가 그들의 역할을 하도록 할 것이다.

독일과 유럽연합의 최근의 법적 차원에서의 공조를 살펴보면, 공조의 수준이 더욱 깊어지는 것을 확인할 수 있다.

독일 연방정부는 『개정 기후보호 법 2021』에서 새롭게 강화된 감축 목표를 제시하는바, 2030년도까지 1990년 대비 65% 감축, 2040년까지 88% 감축하고, 2045년도에는 탄소 중립을 달성하는 것이다. 2030년 감축 목표는 기존의 55% 감축에서 10% 포인트 상향된 65% 감축으로 강화된 셈이다. 이는 EU의 감축 목표 상향 결정(40%에서 55%)을 고려하고 반영한 것이다. 강화된 종합적 감축 목표는 부분별 감축 목표 역시 상향되는 것을 의미한다. 기존의 기후보호 계획, 프로그램, 제도 및 대책들이 보완 및 개정을 통해 강화되는 것을 뜻한다.

『유럽 기후 법』은 『유럽 기후 법』 초안에서 제안한 것이 거의 그대로 반영되고, 추가 및 강화되어 2021년 6월 30일 제정된다. 독일 연방정부의 『개정 기후보호 법 2021, Klimaschutzgesetz 2021』과 거의 동일한 시기에 제정된다. 2050년까지 유럽연합의 경제와 사회가 탄소 중립이 될 것을 주문한 『유럽 그린 딜』의 목표를 그대로 반영하여, 1.5℃ 목표와 함께 2030 감축 목표를 40%에서 55%로 상향하면서 확정한다. 동법은 유럽연합의 모든 정책이 -기후 정책은 물론이거니와- 동 목표의 달성에 기여하도록, 경제와 사회의 모든 부분이 각자의 역할을 하도록 규정하고 보장하였다. 이렇게 독일과 EU는 지속적으로 상호 피드백을 통해 공조하고 있음을 알 수 있다. 목표를 상향 조정하면서, 목표 달성을 위한 방식도 법 제정을 통해 강화하고 있는 점에서 더욱 그러하다.

『개정 기후보호 법 2021』에서 독일 연방정부는 재정 지원이 충분치 못할 경우에는 추가로 예산을 편성해야 한다. 연방정부는 상향된 목표 달성을 위해서 2021년 6월에 우선 「80억 유로 - 긴급프로그램」을 결정한다. 단기적으로 효과를 볼 수 있는 대책들을 집중적으로 지원할 계획이다.

『유럽 기후 법』 4조 2항에서는 투자를 끌어내기 위한 적절한 수단이나 인센티브를 유럽연합의 법 테두리 내에서 평가하고 필요한 조치를 제안할 것을 주문한다. 아울러 항목 (28)에서 유럽연합 예산과 「European Union Recovery Instrument」에서 지출의 30% 이상은 기후 목표를 지원하도록 하였다. 이러한 주문은 후속 조치에 고스란히 반영된다. 재정지원의 의지를 확인할 수 있다. 재정지원이 없이 감축 정책만 대폭 강화하는 것은 공허한 내용이 되기 때문이다.

『독일 기후보호 법』은 2019년 이미 「기후변화 전문가위원회」의 구성을 요청하였는데, 『개정 기후보호 법 2021』에서는 모니터링 과정도 강화하는 바, 기후변화 전문가위원회는 달성한 감축 수준, 감축 대책 및 추세에 관하여 2022년부터 격년간 평가서를 제출해야 된다.

『유럽 기후 법』에도 기후변화 전문과학자들의 역할을 더 강화하는 조항을 담는다. 「유럽 기후변화 과학자문위원회, European Scientific Advisory Board on Climate Change」가 기후변화에 관하여 독립적으로 과학적, 기술적 자문을 제공하는 연결점으로 기능하고 역할을 할 것을 강조한다. 특히 EU의 기존의 감축 수단, 기후 목표, 탄소 예산제가 동법 및 파리협정과 상응하는지 여부에 대해서 과학적 자문을 제공하고 보고서를 발행하도록 하였다. 감축과 관련된 모델링, 모니터링, 연구ㆍ혁신 분야에서의 과학적 지식의 교류에 기여하도록 하였다. 기후변화 대응의 과학적 성격을 강조하면서 IPCC나 IPBES 등 권위적인 과학적 기관들의 최신 자료들을 바탕으로 작업할 것을 주문하였다. 그리고 각 회원국이 자국의 기후 자문기구를 구성하기를 요청하였다.

『개정 기후보호 법 2021』은 2040년에는 1990년 대비 88% 감축을 달성해야 하므로 2031~2040년간의 연간 감축 목표(연간 배출량 허용 예산, ESR 규정에 의한 AEA)를 구체화시킬 것을 주문한다. 2045년에는 탄소중립을 달성하고, 2050년 후에는 마이너스 배출을 위해 노력할 것을 주문한다. 나아가 자연 생태계가 - 숲, 습지, 해양 등 - 탄소 흡수원으로서 기후보호에 기여할 것을 강조한다. 탄소 저장고의 역할을 더 제고할 수 있는 구체적인 대책을 강구할 것을 요청한다.

『유럽 기후 법』도 2030~2050년까지의 유럽연합의 탄소 예산에 기초하여 2040 목표를 설정하는 작업도 개시할 것을 주문한다. 이와 동시에 2030~2050년까지의 온실가스(탄소) 예산에 관한 보고서를 - 탄소예산과 탄소흡수 규모를 분리하여 - 공포할 것이다. 토지사용 및 산림이용 규제의 방식으로 탄소 저장고의 역할을 강조한다. 제10조에서 다양한 영역 및 분야의 탄소 중립으로 가는 경로의 특성을 준비하기 위한 작업에도 관여하고, 그리고 그 경로에 대한 모니터링을 할 것을 약속한다. EU와 독일 정부는 탄소 중립으로 가는 경로와 기한에 대한 공조와 탄소 흡수원의 중요성에 대한 정책적 공조를 심화시키고 있는 것이다.

EU는 이미 『유럽 기후 법』 초안 제3조에서는 2030~2050년 기간 동안의 탄소 중립 경로를 설정하라는 주문도 하였다. 이 주문에 따라 EU는 2020년 『2030 climate target plan, Stepping up Europe's 2030 climate ambition. Investing in a climate-neutral future for the benefit of our people』을 발표하면서 2030년의 55% 감축 목표와 탄소 중립을 위해서는 탄소 가격제가 더 확장되어야 할 필요성을 강조한다. 특히 교통과 건물 부문에서의 감축이 탄소 중립의 열쇠라고 평가하면서, EU-ETS 제도를 이 부문까지 확장하기를 권고한다. ETS 제도를 교통과 건물 부문에까지 확장하려는 정책은 『독일 기후보호 법』과 『유럽 기후 법』 초안, 그리고 EU의 위 문건 『2030 climate target plan...』에서 상당한 수준의 공조를 보여준다고 할 수 있다. 나아가 EU의 2030 목표의 새로운 개정판인 『'Fit for 55': delivering the EU's 2030 Climate Target on the way to climate neutrality』에서 이 정책은 구체화되면서 공조의 실행력을 잘 보여준다. 『'Fit for 55'...』는 EU의 2030 목표의 새로운 개정판으로서, 새로운 목표, 새로운 감축 방식, 새로운 제도를 많이 도입하고, 2021년 7월에 "1.5℃" 목표와 "탄소 중립"을 위한 구체적인 로드맵을 제시한 것이다. 새로운 제도 중 가장 주목할 방식과 제도는 다름 아닌 교통·수송과 건물 분야를 포괄하는 새로운 EU-ETS 제도를 2026년부터 도입하는 방안이다. Non-ETS 분야에 탄소 가격제를 ETS 방식으로 독립적으로 실시하는 것이다. 독일의 2019 『기후보호 프로그램 2030』, 『독일 기후보호 개정 법 2021』, 『유럽 기후 법』 등의 깊숙한 공조가 만들어낸 작품이라고 할 수 있을 것이다.

최근 독일 연방정부도 유럽연합 차원의 야심 차고 적극적인 1.5℃ 기후 거버넌스에 공조하면서, 그리고 『개정 기후보호 법 2021』에서 보장한 규정에 의거해서 "1.5℃" 기후 거버넌스를 향해 확고하고 분명한 대응을 또한 번 선도적으로, 그리고 야심 차게 전개한다.

첫째로, 독일 연방정부는 연료에 대한 독일 배출권 거래제를 2023년부터 전면적으로 시행하기로 결정한다. 『연료 배출권거래제 법, Brennstoffe missionshandelsgesetz』 개정으로 교통과 건물에 한정하여 2021년부터 실시되던 탄소 가격제가 모든 화석연료 배출 활동으로 확대된다. 이제껏 그 대상에서 제외되어 있던 석탄 연소와 폐기물 연소 활동까지 확대되는 것이나. 독일은 명실공히 모든 영역에서 탄소 가격제를 실시하는 것이다.

둘째로, 『독일 기후보호 개정법 2021』은 65% 감축으로 강화된 2030 목표를 이루기 위해서 재생에너지 생산과 사용을 확대할 것을 주문하였다. 이에 독일 연방정부는 2030년까지 재생에너지의 전력 소비 비중을 40%에서 80%로 두 배로 대폭 강화하기로 2022년 결정한다. 특히 태양광과 풍력 에너지 발전소 설비는 세 배로 확충되어야 한다. 이에 『재생에너지 법』을 또 한 번 개정하면서 풍력발전을 촉진하기로 한다. 그리고 2023년부터 재생에너지원의 전력에 대한 부과금은 이제 사라지게 된다. 그만큼 경쟁력을 확보하게 되었고, 시장의 원리에 의해서 거래가 되는 셈이다. 『재생에너지 법』 제정 때부터 견지했던 두 가지 원칙이-'재생에너지 지원'과 '시장경쟁 원리로의 조속한 정상화'- 성공리에 완수된 셈이다. 재생에너지 생산에 대한 촉진은 러시아의 우크라이나 침공으로 인해서 드러난 독일의 에너지 종속성을 극복하고자 하는 배경도 한몫하였다.

셋째로, 독일 철도회사는 「코트부스 새 일터, Neues Werk Cottbus」라는 프로젝트를 수행하여 석탄발전소 지역이었던 Lausitz 지역의 구조조정을 통해 새로운 발전 계획을 현실화시킨 것이다. 그곳에 기차 정비 및 차고지가 건설된다. 2016년 『기후보호 계획 2050』의 「성장, 구조전환, 지역 발전 위원회」에서 약속한 탄광지역 구조조정 기금으로 지원하게 되었다. 사회 통합성도 증진하면서. 이러한 프로젝트는 구조조정이 일어나는 탄광지역에 계속 시행될 것이다. 기후보호, 일자리 창출 및 지역 경제성장, 사회 통합성이라는 원칙이 잘 지켜지는 현장을 확인할 수 있는 것이다.

독일 연방정부가 기후 대응 이후 수많은 전환의 과정에서도 줄곧 견지해온 입장은 다음과 같이 압축될 수 있다. 기후보호는 자유, 정의와 지속 가능한 복지를 보장한다. 독일 연방정부는 사회적 시장경제(Social Market Economy)를 사회-생태적 시장경제(Social-ecological Market Economy)로 전환하고자 한다. 이는 글로벌 경쟁력 측면에서 새로운 경제적 강점에 관한 것이며, 또한 독일 사회를 파리협정의 "2℃~1.5℃" 경로에 안착시키고, 2045년까지 "기후중립"을 이룰 수 있도록 하는 혁신의 기본 틀에 관한 것이다. 독일 사회가 제2차 세계대전 이후부터 줄곧 유지해온 사회적 시장경제 시스템의 연장선에서 기후변화에 대응하고자 구조적 전환과 리모델링을 추진하는 새로운 사회-생태적 시장경제로 전환하는 발전 모델을 구축하고 있는 것이다. 새로운 혁신적인 발전 모델을 유럽 사회에 그리고 전 세계에 제시하고 있는 것이다. 독일 사회는 EU가 추진하고 있는 새로운 발전 모델의 모범적 사례를 서둘러 만들고자 하고 있다.

열일곱 번째, 그리고 끝으로, EU와의 공조와 함께 개발도상국, UNFCCC, IPCC 등 글로벌 세계와의 협력을 중시하고, 공조를 잘 보여주었다.

독일의 숄츠 현 연방 수상은 2022년 G7 정상회담에서 기후 목표를 달성하기 위해 협력을 요청하면서 「기후 클럽, Klimaclub」을 2022년까지 창설할 것을 주문한다. 모든 국가에 참여할 것을 요청하면서 G20, 중진국, 개발도상국 모두가 참여하여 기후보호에 관한 논의의 장으로 삼고자 하였다. 탄소 중립 목표로 전진하고, 탈탄소 산업 구조로의 전환을 추진하고, 기후보호와 공정한 에너지 전환을 촉진하는 국제 협력 관계를 더 돈독하게 할 것을 주문하였다. OECD, IMF, IEA, WTO 등 국제기구와 함께하기를 요청한다. 탄소 중립을 위한 글로벌 「대화의 창」을 주선하는 셈이다.

독일 연방정부는 기후변화 대응을 위해 EU뿐 아니라 세계와의 협력과 공조를 잘 보여주었다. 일례로 유럽연합과 미국과의 「대서양 기후 및 기술 이니셔티브」를 2007년에 체결하면서 미국과의 협력을 잘 보여주었다. 그리고 어떠한 공조가 옳은지도 잘 보여주었다. 독일 연방환경부 장관 헨드릭스는, 트럼프 미국 대통령이 파리 유엔기후변화협약의 결정을 부인하면서 2018년 탈퇴를 선언하자, 여타 독일 연방부처와 함께 매우 강한 어조로 트럼프의 탈퇴를 비판한다. 하지만 독일 정부와 유럽연합은 기후보호를 위해 지속적인 노력을 계속할 것이고, 선도적인 역할을 할 것이라는 약속을 다짐한다.

"유럽연합과 세계는 트럼프의 파리협정 탈퇴에도 불구하고 기후보호를 위한 노력을 멈추지 않을 것이다. 파리협정의 역사적인 전환은 미국 없이는 제대로 이행되지 않을 수도 있으나, 파리협정은 미국 없이도 진행될 것이다. 다른 국가들이 선도적인 역할을 할 것이고, 유럽은 당연히 그 역할을 할 것이다."[104]

---

104 BMUB. "Der Klimaschutz wird sich von Trumps Entscheidung nicht aufhalten lassen", 2017.1.6., https://www.bmub.bund.de/pressemitteilung/hendricks-der-klimaschutz-wird-sich-

독일 연방정부는 유럽연합 및 선진국뿐만 아니라 기후보호를 위해 개발도상국과도 전 지구적인 협력을 모범적으로 진행하고 있다. 개발도상국의 기후보호 및 기후변화 적응을 위하여 2015년도에만 27억 유로에 달하는 연방예산을 기술과 재정 분야에 지원하였다. 「재건축 지원 독일 연방개발은행, KfW Entwicklungsbank」과 「독일투자 및 개발회사, Deutsche Invetitions- und Entwicklungsgesellschaft(DEG)」는 47억 유로의 자금을 좋은 조건으로 제공하고 있다.[105] 독일 연방정부는 2016도년에는 증액하여 34억 유로의 연방예산을 기후보호를 위해 지원한다. 2020년까지 40억 유로로 증액하기로 하였다. 2017년도에는 특히 "국가 자율 감축계획안, INDC" 작성은 파리협정의 핵심이기 때문에 이 계획안을 작성하는 데 필요한 자원을 지원하기 위해서 – 파리협정에서 약속한 역량개발 지원 사업의 형태로 – 3,100만 유로를 지원하기로 약속하였다. 이와 더불어 보험 기금을 마련하여 개발도상국의 기후변화 피해를 지원하기로 하여 1억 1,000만 유로를 제공하였다. 동 보험기금을 통해 2020년도까지 4억의 인구를 기후변화의 피해로부터 보호하려고 한다. 2017년 현재 4억 7,000만 유로의 보험금이 적립되어 있고, 그중 독일은 1억 9,000만 유로를, 기여금의 약 40%를 제공하고 있다.[106]

---

von-trumps-entscheidung-nicht-aufhalten-lassen/ 참조; http://www.bmwi.de/Redaktion/DE/ Pressemitteilungen/2017/20170601-gem-zum-austritt-der-usa-aus-dem-pariser-abkommen. html 참조.

105 https://www.bundesregierung.de/Content/DE/Artikel/2017/11/2017-11-13-cop23-deutscher-klimaschutz.html?nn=694676#Start.

106 2015년 파리협약에서는 기후변화 완화와 함께 기후변화 적응과 손실 보존을 위한 대책을 강조하였다. 독일 정부는 동 협정문을 충실하게 준수하며 모범적으로 이행하고 있음을 여기서도 알 수 있다. https://www.bundesregierung.de/breg-de/aktuelles/mehr-geld-fuer-den-

독일 정부는 2005~2020년 기간 동안 -2017년 이후 KfW 개발 차관까지 포함하면- 정부 재정을 통한 기후금융을 10배 이상으로 증액하였다. 2020년도에는 정부 예산에서 51억 유로가 기후보호와 적응 대책을 위해 승인되었다. 이는 메르켈 정부가 2014년도 20억 유로에서 2020년에는 40억 유로로 증액하겠다는 약속보다 더 많은 규모를 지원하는 것이다. 독일은 연방 재정을 통한 지원 외에도 KfW나 DEG 같은 공적 차관이나 사적 수단을 통하여 기여를 하고 있다. KfW 은행 그룹은 2020년 DEG와 함께 25억 유로를 개발 및 지원 차관이나 지분 참여 형태로 지원하고 있고, 모두 합하면 2020년 공적 자금을 약 76억 유로 규모로 지원하고 있다. 민관 합동 기금도 약 2억 유로 조성하고 있다. 독일의 공적 협력 자금은 쌍방이나 지역 협력을 통해 지원되는데, 85% 정도가 주로 BMZ(연방경제협력개발부) 예산을 통해 지원된다. 그 외에 독일 연방환경부의 산하 기관인 「세계 기후보호 이니셔티브, Internationale Klimaschutzinitiative」를 통하여 지원하고 있으며, 독일 연방교육연구부와 외교부도 지원하고 있다. 세계은행이나 유엔 등 다자간 국제협력 기구와 협업하면서 많은 일을 추진하고 있다. 녹색기후기금(Green Climate Fund)이 대표적인 다자간 협력 기구인데, 저탄소 사회로의 전환을 그 목적으로 설립되었다. 독일 연방경제협력개발부는 Global Environment Facility 기구에서는 일본 다음으로 기여를 많이 하고 있다. 녹색 기후기금이나 적응 기금, 기후 투자기금을 통하여 독일은 가장 많은 지원을 하는 공여 국가군에 속하고 있다.[107]

---

klimaschutz-445862 참조.

107 https://www.bmz.de/de/entwicklungspolitik/klimawandel-und-entwicklung/klimafinanzierung.

독일 연방환경부는 2008년 이후 「독일 기후보호 이니셔티브 (NKI)」와 병행하여 「세계 기후보호 이니셔티브, Internationale Klimaschutzinitiative(IKI)」를 설립하여 개발도상국과 신흥공업 국가의 기후 및 생물 다양성 프로젝트를 지원하고 있다. 2017년 현재 23억 유로 상당의 예산으로 550여 개의 프로젝트를 지원하고 있다. 예를 들면, 모로코에서 제일 큰 규모의 현대적 태양광 발전소를 건립하고, 콜롬비아에서는 산림과 숲의 보존을 위한 프로젝트를 진행하였고, 베트남에서는 연안 보호사업을 지원하였다. 이 지원 사업은 적응뿐 아니라 글로벌 차원에서 온실가스 감축에도 적지 않게 기여하고 있다.[108], [109] 2016년 독일 연방공화국은 덴마크, 룩셈부르크, 노르웨이, 스웨덴, 영국에 이어 유엔 지속가능한 발전 목표 중 17번째 2항의 목표 – 국민총생산의 0.7% 이상을 공적개발지원(ODA)으로 개발도상국에 지원하는 목표 – 를 시행하기로 약속하였다.[110]

독일 연방정부는 재정이나 역량 강화를 통하여 기후 대응을 위해 세계와 공조하는 것을 넘어서서 온실가스 감축을 위한 감축 제도의 표준화를 위해서도 기여를 하고 있다. 『기후보호 프로그램 2030』에서는 기존의 EU-ETS 영역에 속하지 않았던, -따라서 직접적으로 탄소 비용이 부과되지 않았던 - Non-ETS 부분 중 도로 교통과 건물 부문에 새롭게 탄소 가

---

108 https://www.bundesregierung.de/Content/DE/Artikel/2017/11/2017-11-15-geld-fuer-klimapartner.html?nn=2275426.

109 https://www.international-climate-initiative.com/de/ueber-die-iki/foerderinstrument-iki/.

110 https://sustainabledevelopment.un.org/sdg17, (2018년 6월 14일 검색).

격제를 도입하고자 하는 것이다. Non-ETS 부문의 온실가스 감축을 위한 추가 조치로써 탄소 가격제를 2021년부터 도입하기로 한 것이다. 이는 EU와의 공조를 끌어내었고, 한발 더 나아가 세계은행과 함께 「탄소 가격제 리더십 연합, Carbon Pricing leadership Coalition」에 참여하여 세계적 탄소 가격 기제를 만들고자 하여 통일적인 경쟁력 기반을 조성하고자 하였다.[111]

『유럽 그린 딜』 역시 파리협정의 본질적 요소들을 무역협정에 반영할 계획이다. EU는 세계 각국이 EU의 "녹색 규정"과 유사한 규정으로 세계 무역 질서에 임하도록 지원할 것이다. 정부 구매의 경우 녹색 규정에 따르도록 할 것이며, 최대의 역내 단일 시장으로 녹색 표준을 제시할 수 있을 것이다. 한편으로는 국제개발 협력 부문에 기여와 원조를 하는 의무 역시 소홀히 하지 않을 것이다. 현재 공적 기후 금융의 40% 이상을 담당하면서 제일 많이 기여하고 있다. EU는 탄소 가격제(Carbon-Pricing)를 모든 부문과 영역에 확장하도록 제안하고 있다. EU-ETS 영역에만 국한된 탄소 가격제를 범위를 넓혀서 감축 목표를 더욱 확실하고 예측 가능하게 할 수 있도록 한 새로운 제도 도입이다. 물론 기존에도 탄소세나, 환경세 등 다양한 형태의 탄소에 가격을 부과하는 방법들이 회원국마다 존재했지만, 유럽연합 차원에서 오염자 부담의 원칙을 실제로 구현하게 되었다. 탄소 가격제는 부담만을 증가하는 것이 아니라, 추가 재정 수입의 원천이 되어 사회 통합적 전환을 보장할 수 있고, 친환경적 소비 및 투자를 활성화하는 데 기여하도록 기획하고 있다. 회원국 독일과 함께 유럽연합이 선도적인 기후행동과 사례를 보여줌으로써 글로벌 리더십의 의지를 확실히 하고자

---

111   BMU, 『Klimaschutzprogramm 2030』, 11~12쪽 참조.

하는 목적도 있다.[112]

이런 공조의 노력은 「2021년 다보스 포럼, World Economic Forum 2021」에서도 반영이 된다. 「2021년 다보스 포럼」의 최대 화두는 "Net-Zero"탄소 중립이었다. 지구 연평균 기온이 사상 최고를 기록했다는 점에서 기후변화 문제를 당장 해결해야 한다는 국제적인 공감대가 형성됐다. 이에 각국의 정부 정책을 촉매로 더 많은 민간자금이 탄소 관련 시장에 유입될 수 있도록 해야 한다는 것이 포럼이 내린 결론 중의 하나였고, 탄소세와 탄소에 대한 가격 책정은 금융시장의 자금이 녹색 프로젝트로 향하도록 인센티브를 줄 수 있을 것이며 공공과 민간의 자금이 적절히 융합된 금융이 그 핵심이 될 것이라고 참석자들은 공감을 표했다.[113]

4.5. 독일 2℃~1.5℃ 거버넌스의 역동적 구조와 특성에 관한 평가

본 연구는 온실가스 감축에 관한 것으로 '누가, 언제, 어디서, 어떻게, 왜, 얼마만큼' 감축할 것인지에 대한 근본 질문에 답을 찾고자 하는 것이다. 인류 사회는 집단 지성을 발휘하여 몇 가지 질문에 답을 찾아냈다.

'언제, 얼마만큼'에 관한 질문에 대하여 일단 가장 포괄적인 답을 내놓았다. 지구 평균기온이 2100년까지 산업화 이전 대비 2℃~1.5℃를 넘지 않도록 온실가스를 감축하도록 답을 제시하였다. 이것이 현재 인류 사회가 걸어가야 할 이정표이자 목표가 된 것이다.

'왜'라는 질문에 대하여서는 지구 평균기온이 1.5℃, 특히 2℃를 넘어가

---

112 『Fit for 55』, 2쪽, 12쪽 참조.

113 매일경제, (2021. 1. 29. 검색).

게 되면 인류 사회가 지속가능하지 않을 정도로 위험하게 되기 때문이다. 지탱할 수 없는 지구온난화로 인해 자연생태계가 붕괴하고, 그 위험은 인류 사회의 존속을 위협하기 때문이다. 시간이 지날수록 그 위험을 우리는 더 자주 목도하고 있다. 전무후무한 재해와 재난을 당하고 있다. 몇백 년만의 가뭄도, 북극 빙하의 빠른 해빙 속도, 곳곳의 산불과 대홍수 등 처처에서 일어나고 있다. 따라서 이 위험에서 벗어나 지속가능한 자연 생태계와 인류 사회를 유지하기 위해서는 이 목표를 꼭 지켜야 한다. 이 목표를 지키기 위해서는 무엇보다도 온실가스 배출을 감축해야 하는데, 1.5℃ 목표를 지키기 위해서는 글로벌 사회 전체적으로 2050년까지 탄소 중립을 이루고, 2030년까지 2010년 대비 45% 감축을 달성해야 한다. 독일 사회는 2022년 현재 이 목표를 고려하면서, 2045년까지 탄소 중립을, 2030년까지 1990년 대비 65% 감축 목표를 세우고 노력하고 있다.

독일 사회가 세운 2050년까지의 온실가스 감축 목표, 탄소 중립 목표를 달성하는 데는 특별한 함의와 성격이 숨어 있다. 감축 목표 계획과 이행 과정상의 특성이다. 목표 설정을 할 때에 2050년까지 탄소 중립에 이르도록 최종 목표를 설정하고, 동 목표를 달성하기 위해 그 목표 지점으로부터 현재 시점으로 시간적으로 거꾸로 거슬러오면서 기한과 감축 목표를 설정하는 방법이다. 예를 들어, 2040년까지 1990년 대비 88%, 2030년까지 65% 또는 2020년까지 40%, 2005년까지 21% 감축 등 중·단기 목표를 설정하는 것이다. 백 캐스팅의 설계 방식의 특성이 그것이다. 2050년의 감축 목표를 설정하고 그 목표 지점으로부터 현재 시점으로 거꾸로 거슬러오면서 현재와 2050년 목표 사이의 이행을 계획하는 것이다.[114] 최종 목

---

114 2050년의 감축 목표를 설정하고 그 목표 지점으로부터 현재 시점으로 시간적으로 거꾸로 거슬

표에 효과적으로 도달하기 위해서 중·단기 목표를 설정하는 것이 필요하면서도 안정적인 과정이 될 수 있는 것이다. 가장 앞에 놓여 있는 단기적 목표를 실현시키기 위해서 적절한 감축 대책과 수단을 투입하면서 감축 활동을 시행하고, 그 시행 과정을 모니터링하면서 평가 작업을 거친다. 그 결과 단기 목표를 성공적으로 달성했다면 그다음 중기 목표를 위해서 감축의 수준을 더 높일 수 있고, 높여야 한다. 한 단계 높은 수준의 감축 목표를 위한 과정으로 진입하게 되는 역동적인 구조이다. 만약 단기 목표를 달성하는 데 미흡하다는 평가 결과가 나오면, 그 원인을 분석하여 기존의 시행했던 대책이나 수단을 더 강화하거나 새로운 방식을 투입하여 보완해야만 하는 역동적 구조이다. 끊임없는 사회적 대화의 과정이자, 학습과 개선의 과정이다. 감축 목표 달성에 부족한 부분은 보완되지 아니하면, 다음 단계에 고스란히 부담을 전가할 뿐 아니라, 다음 높은 수준의 단계로 진입하기가 어렵기 때문이다. 이런 작동 방식으로 인하여 감축의 과정은 역동적 구조를 띠지 않을 수 없다. 그리고 기한을 단·중·장기로 구분하면서 동시에 연계하면서 감축 목표를 지속적으로 상향해나가는 중·장기적 역동적 구조를 띠게 되는 것이다.

'누가' 감축할 것인지에 대한 질문에는 기본적으로는 글로벌 사회 구성원 모두가 감축할 책임과 의무를 지고 있다. 한 국가로 한정 지어서 말하자면 국가 구성원 각자가 오염자로서 온실가스 배출을 줄일 책임이 있는 것이다. 동시에 국민 개개인의 안전, 생명, 재산에 관한 공동의 문제이다.

러오면서 현재와 2050년 목표 사이의 이행을 계획하는 것이다. 최종 목표에 효과적으로 도달하기 위해서 중·단기 목표를 설정하는 것이 필요하면서도 안정적인 과정이 될 수 있는 것이다. 제프리 삭스, 『지속가능한 발전의 시대』, 홍성완 역, 21세기 북스, 2015, 539쪽 참조.

따라서 위의 목표는 전 사회적 과제가 되는 것이고, 전 사회적 중·장기적 프로젝트가 되는 것이다. 전 사회 구성원이 머리를 맞대고 의사소통을 하면서 민주적으로 합의를 구하면서 감축 목표를 달성해야 하는 구조이다. 적어도 2050~2100년까지는. 그 사회의 구성원인 소비자의 인기를 독차지하고 있는 상품을 대량 생산하는 대규모 기업에서 온실가스를 대량 방출한다면 법적으로 어떻게 강제할 수 있을까? 따라서 사회 구성원 모두의 참여와 지속적인 의사소통을 통해 합의하고 결정하는 민주적 구조를 띠어야만 하는 것이다.

'어디서' 감축할 것인지에 대한 질문에 답하는 것은 '누가' 감축할 것인지에 대한 질문에 대답하는 것과 겹치는 부분이 많다. 언뜻 보기에 사회 구성원 모두가, 사회의 모든 부문이 감축을 시행해야 한다고 답하기 쉬운 것 같지만, 사실상 답하기에 어려운 문제이다. 그 이유는 감축하는 데는 비용이 들어가고, 책임을 져야 하는 데 반하여, 누구나 비용과 책임을 지는 것은 꺼리기 때문이다. 기존의 고탄소 화석연료 체제에서 정화 비용을 치르지 않고 대기 중에 내뿜었던 온실가스를 이제는 정화 비용을 치르고 배출해야 하기 때문이다. 그리고 적게 배출해야 하기 때문이다. 기존의 무임승차 비용을 지불해야만 하는 것이다. '과연 누가, 어디서 많이 감축해야 할까?'라는 질문에 답하기 어려운 까닭이다. 비용과 책임을 분담하는 문제는 갈등의 소지가 큰 문제이다. 비용과 책임뿐만 아니라 손실과 고통도 따를 수 있다. 온실가스 감축의 과정은 보다 넓은 시각에서 바라보면 기존의 고탄소 에너지 경제 체계에서 저탄소 에너지 경제 체계로 전환을, 대전환을 하는 과정과 방불하다. 전환의 과정에서는 비용 상승의 불이익과 실업 등 여러 형태의 고통을 감수해야 하는 사회적 집단이나 계층이 발생할 여지가 적지 않다. 고탄소 에너지 경제 영역에서 기업과 일자리를 갖고 있었던 집단이나 계층은 구조조정의 파고에서 손실과 고통을 겪을 것이다. 2℃~1.5℃ 기후 목표와 사회적 통합성 목표가 상충될 수 있는 것이다. '어디서, 누가' 감축할 것인지에 대한 질문에는 비용 상승과 책임 부담, 구조조정의 고통과 같은 복합적인 갈등 요소를 조정하고 해결할 수 있는 사회적 거버넌스가 꼭 필요하게 된다. 복합적인 갈등을 해결하는 데 필요한 원칙, 기준, 방식, 방향을 세우고, 다양한 의견을 수렴하면서 갈등의 해결책을 제시할 수 있는 유능한 컨트롤 타워를 포함하는 거버넌스를 구축해야만 한다.[115] 2℃~1.5℃ 목표를 이루는 과정에 수반되는 복합적 갈등과 위험을 관리할 수 있는 유능한 거버넌스가 필요하다. 중·장기 프로젝트이고, 전 사회 구성원이 이해당사자로서 참여하며 소통하고, 갈등을 조정할 수 있는 거버넌스가 필요하다. 따라서 2℃~1.5℃ 목표를 달성하려는 거버넌스는 하나의 체계의 관점에서 봐야 한다. 2℃~1.5℃ 기후 거버넌스는 2℃~1.5℃ 목표를 달성하기 위한 하나의 체계로서 역동적 구조를 띠고, 중·장기 사회적 프로젝트를 민주적 의사소통을 통해 수많은 복합적인 갈등을 조정하면서 시행하고 목표를 달성해야 하는 유능한 거버넌스가 되어야 하는 것이다.

'어떻게' 온실가스를 감축할지에 대한 질문은 2℃~1.5℃ 거버넌스가 해야 할 과제를 묻고 있는 것이다. 어떠한 감축 정책, 제도, 대책, 수단, 방식을 시행하여 기대효과를 이룰 것인지, 즉 온실가스를 감축할 것인지에 대해 답을 찾아야 한다. 감축의 기술적 방식으로는 대표적으로 재생에너지

---

115 기후 거버넌스의 존재의 필요성에 관해서는 그 외에도 여러 면에서 이유를 들 수 있다. 김옥현, 『2도, 기후변화 시대의 새로운 이정표』, 2018, 133쪽 이하 참조.

확대, 에너지 효율성 개선, 재생에너지의 전력화 확장을 들 수 있다. 여기에는 큰 이견이 없을 것 같지만, 적지 않은 갈등의 소지가 있을 수 있다. 원자력 발전을 청정에너지로 분류할 것인지, 어떤 종류의 재생에너지 생산에 우선순위를, 그리고 얼마만큼 둘지 등에서 의견이 대립될 수 있다. 갈등의 여지는 감축의 제도적 방식을 정할 때 더 커질 수 있다. 이산화탄소 배출권 거래제도, 탄소세, 재생에너지 촉진제도 등이 감축의 대표적인 제도적 방식으로 들 수 있다. 어떤 감축 제도를, 어디에, 얼마만큼 시행할 것인가에 대해 갈등은 충분히 일어날 수 있다. 예를 들어 탄소세를 부과하면 비용이 오르면서 산업 경쟁력은 떨어질 수 있다. 조세 부담은 커질 수밖에 없다. 화석연료에 대해 탄소세율을 높이면 높일수록 화석에너지에 대한 수요가 줄면서 이산화탄소 배출은 줄어들 것이지만, 산업 경쟁력은 떨어지고, 조세 부담은 더 커진다. 2℃~1.5℃ 기후 목표와 경제성장의 목표와 상충하게 되는 것이다. 어려운 과제임에 틀림없다. 이러한 어려운 갈등의 복합 방정식을 풀기 위해서, 효율적으로 풀기 위해서 2℃~1.5℃ 목표는 거버넌스를 필요로 하는 것이다.

2℃~1.5℃ 기후 거버넌스가 필요한 까닭은 그 외에도 해야 할 과제가 많고, 그 역할 또한 매우 중요하기 때문이다. 그 역할은 다양한 복합적 갈등을 민주적으로 조정함으로써 2℃~1.5℃ 목표를 달성하는 것이다. 이 역할을 수행하기 위해서 원칙과 기준을 세워야 하고, 방향과 함께 로드맵도 제시해야 한다. 시행 과정에서 발생될 수 있는 다양한 이해관계의 대립과 상충을 원만하게 조정하고 효율적으로 시행할 수 있도록 여러 가지 사항을 고려하면서 이행해야 한다. 사실상 실제 시행할 때 갈등이 분출되기도

하고, 여러 가지 고려할 사항이 많기 때문이다. 이 역할을 충실하게 이행하기 위해서 2℃~1.5℃ 목표와 상응하면서 정합적인 내용과 특성을 본서 1장에서 가설로서 제시한 바가 있다.

첫째로, 온실가스 감축에 연관되는 기초 자료나 분석 자료는 과학적 근거를 가져야 하고, 그러한 자료를 존중해야 한다. 지구 온난화와 기후변화의 피해에 대해 누가 책임져야 할 것인지, 그리고 기후변화 대응에 대해 누가 책임질 것인지에 대해 명확한 답변을 내리기가 사실상 어렵다. 모든 인류 사회 구성원이 책임져야 하는 것만 당연하지, 개별적인 주체 '누가, 얼마만큼, 혹은 어느 국가가 얼마만큼'은 정확히 알아낼 수가 없다. 이렇게 주체와 책임이 불분명한 상태에서 -비용과 책임을 져야 하는- 온실가스 감축 활동에 기꺼이 나설 주체와 국가는 찾기 어렵다. 1992년 리우 세계 기후 정상회의 이후 2022년 현재까지도 온실가스 배출량은 줄어들지 않고 계속 늘어가고 있는 모습이 그 사실을 반증하고 있는 셈이다. 따라서 온실가스 감축에 관하여 분석이나 결정이 과학적 근거를 가질 때, 사회 구성원들의 신뢰와 동의를 얻을 수 있을 것이고, 비용과 책임을 요구할 타당성을 얻을 수 있을 것이다. 그렇지 않을 경우, 당사자의 이해관계에 따라서 비합리적인 주장이나 수동적인 태도로 대응할 것이다. 과학적인 태도에 대한 존중은 자연과학적 사실에만 국한되는 것이 아니라, 사회과학적인 판단에도 똑같이 적용되어야 한다. '공동의, 그러나 차별적인 책임과 능력에 따른' 책임의 분배와 같은 원칙은 2℃~1.5℃ 목표와 마찬가지로 똑같이 존중되어야 할 사회과학적 근거를 갖고 있는 것으로 정당하게 받아들여져야 한다. 국제적 차원에서뿐 아니라, 국내적인 차원에서도 동일하게 적용되어야 하는 원칙이자 기준이다.

둘째로, 2℃~1.5℃ 기후 거버넌스는 의사소통의 성격을 가져야 한다. 감축의 과정에는 많은 이해당사자를 포함하여 전 사회 구성원이 참여하고 있고, 수많은 변동 요인이 영향을 끼치며, 단·중기적 중간 목표를 거치면서 장기적 목표를 달성해야 하기 때문에 중·장기간의 지속적인 대화와 의사소통이 필수적이다. 전 사회 구성원이 '한 번도 가보지 않은 길'을 가면서 '시행을 통한 학습과정'의 성격을 갖기 때문에 시행하고, 민주적으로 의사소통하면서 검증 및 평가하고, 수정하고, 그리고 다음의 수준 높은 단계로 진입할 수 있기 때문이다. 이런 과정을 높은 단계에서도 반복적으로 시행하면서 마침내 2℃~1.5℃ 목표에 도달할 수 있게 되는 것이다. 의사소통을 통한 사회 구성원 간의 신뢰와 타당성을 얻지 못할 경우, 목표에 미흡한 결과가 나온다면 그 점을 보완할 해결책을 찾기 위해서는 다시 원점에서 재출발해야 할 것이기 때문이다. 미흡한 결과에 대한 책임 소재를 가리기 위해 논쟁을 하는 것은 '누가, 언제, 어디서, 어떻게, 왜, 얼마만큼' 덜 감축해서 미흡한 결과가 나왔는지에 대해 답을 찾아가는 매우 한탄스러운 과정이 될 것이다. 상호 신뢰 없이 책임 소재를 밝히기는 매우 어려울 뿐이다.

셋째로, 2℃~1.5℃ 기후 거버넌스 구축을 위해서는 재정 지원이 지속적으로 확보되어야 한다. 기후 위기에 대응하는 것은 우선 국민의 건강, 안전, 재산 보호를 위한 것이다. 이는 국가의 기본적 의무로서 국가의 재정을 투입하는 것은 당연한 이치이다. 또한 붕괴되고 있는 자연생태계인 대기, 해양, 토양, 숲, 하천, 생물 다양성을 살리는 것은 사회 구성원 전체를 위한 필수적인 공공(유)재를 살리는 것으로 재정 지출은 필수적인 것이다. 또 하나의 재정 투입의 타당한 이유를 들자면, 초기 투자의 불확실성과 위험을 덜어주고, 경제 주체들에게 신뢰와 예측 가능성을 높여주기 때문이다. 저탄소 체계로의 전환에는 특히 초기에 비용 상승과 함께 시장의 불확실한 변동에 따른 수요 부족이나 투자 실패 등 각종 위험과 불확실성이 따르는데, 국가의 확실한 재정 정책은 이러한 위험을 완화하는 데 기여할 것이다. 구조조정 기금도 준비함으로써 사회 통합적인 전환을 가능케 할 것이다.

넷째로, 2℃~1.5℃ 기후 거버넌스는 궁극적으로 탄소 중립의 길을 가야만 한다. 즉 재생에너지 체계로의 전환이라는 경로를 거쳐야만 한다. 이는 각 지역과 지방의 다양한 재생에너지원을 발굴하고 활용하는 방향으로 전개가 될 것이다. 기존의 중앙집권적 에너지 및 전력 체계에서 지방으로 분권화된 에너지 및 전력 체계로의 전환이 필요하다. 지역이나 지방의 특성에 합당한 재생에너지 발굴 및 활용은 농촌, 어촌, 산촌 등의 발전에 새로운 동력과 기회를 줄 수 있고, 지역의 생태자원 및 생물 다양성 보전의 원칙에도 부합된다.

요약해보자면, 2℃~1.5℃ 목표 달성을 위해서는 하나의 기후 거버넌스가 체계로서 필요하고 지속적으로 감축 목표를 단계적으로 높여가는 역동적 구조를 구축해야 한다. 2℃~1.5℃ 기후 거버넌스는 2℃~1.5℃ 목표를 달성하기 위한 하나의 체계로서 역동적 구조를 띠고, 중·장기 사회적 프로젝트를 민주적 의사소통을 통해 다양한 차원의 수많은 복합적인 갈등을 조정하면서 시행하고 목표를 달성해야 하는 유능한 거버넌스가 되어야 하는 것이다. 온실가스를 감축하기 위해서 가장 주요한 과제는 감축 대책이나 수단을 개발하고 투입하는 것으로 감축의 기술적 방식으로는 대표적으로 재생에너지 확대, 에너지 효율성 개선, 재생에너지의 전력화 확장을 들 수 있다. 감축의 대표적인 제도적 방식으로는 이산화탄소 배출권 거래제도, 생태세 및 탄소 가격제도, 재생에너지 촉진법 및 에너지 효율성 촉진 제도를 들 수 있다.

2℃~1.5℃ 기후 거버넌스가 감축을 실제 시행할 때 분출될 수 있는 다양한 갈등을 조정해야 할 역할이 있다. 이 역할을 충실하게 이행하기 위해서 2℃~1.5℃ 목표와 상응하면서 정합적인 내용과 특성을 정리해보면, 우선 온실가스 감축에 관하여 과학적 분석이나 정치사회적 결정이 과학적 근거를 가져야 한다. 그럴 경우에 사회 구성원들의 신뢰와 동의를 얻을 수 있을 것이고, 비용과 책임을 요구할 타당성을 얻을 수 있을 것이다. 그리고 의사소통적 구조를 가져야 한다. 전 사회 구성원이 '한 번도 가보지 않은 길'을 가면서 '시행을 통한 학습과정'의 성격을 갖기 때문에 시행하고, 민주적으로 의사소통하면서 검증 및 평가하고, 수정하고, 그리고 다음의 수준 높은 단계로 진입할 수 있기 때문이다. 재정 지원이 지속적으로 확보되어야 한다. 이는 건강, 재산 등의 국민의 기본권과 자연 생태계 같은 공공재를 보호하고, 저탄소 경제 체계로의 불확실한 전환 과정에서 초기 투자 위험을 완화함으로써 시장의 신뢰를 얻을 수 있고, 사회 통합성을 유지할 수 있는 구조조정을 진행할 수 있기 때문이다. 끝으로 재생에너지 체계로의 전환이 필수적인 것만큼, 기존의 중앙집권적 에너지 및 전력 체계에서 지방으로 분권화된 에너지 및 전력 체계로의 전환이 필요하다.

이러한 구조와 특성은 온실가스 감축, 특히 2℃~1.5℃ 목표를 위해 필수적으로 가져야 할, 내재적으로 갖추어야 할 속성이자 본질적 요소로서 목표 달성을 위한 기본적 토대라고 할 수 있다. 어느 사회나 국가에도 온실가스 감축을 위한 기후 거버넌스 구축에 적용될 수 있고, 적용되어야 하는 일반적이며, 필수적인 구조이자 성격이다.

2℃~1.5℃ 목표를 달성하기 위해서 내재적으로 갖추어야 할 기후 거버넌스의 역동적 구조와 그와 정합적인 필수적 특성은 목표 달성을 위한 필요한 토대를 제공하지만 성공을 위해서는 그 외에도 충분한 조건이나 특성들이 요구된다.

첫째로, 온실가스 감축은 그 출발부터가 글로벌 성격을 갖고 있다. 감축을 위해서는 글로벌 거버넌스를 구축해야 한다. 각 국가의 기후 거버넌스는 글로벌 협력과 공조를 위한 자리를 마련해야 한다. 지역적 공조나 몇몇 국가의 공조 역시 궤를 같이하는 필요한 거버넌스의 주요 요소이다. 유럽연합의 공조는 매우 모범이 되는 사례이다. 지역의 공동 목표를 세우고, 공동의 감축 대책이나 평가 체계를 공유하는 수단은 감축에 매우 효율적이고, 효과적인 대응임을 증명하고 있다. 유럽연합이 2012년 감축 목표나 2020년 감축 목표를 넉넉히 달성한 것을 보면 그런 점을 잘 알 수 있다.[116]

둘째로, 온실가스 감축과 저탄소 에너지 체계로의 전환의 대표적 방식으로 재생에너지 개발, 에너지 효율성 개선, 재생에너지원의 전력화를 들 수 있는데, 이 방식들은 기본적으로 새로운 영역으로 새로운 기술과 혁신을 통한 성장과 발전의 기회를 제공한다. 따라서 단순한 기후 대응으로서

---

116   D. Held (ed.), The Governance of climate change, Cambridge: Polity Press, 2011, 8~9쪽, 89~110쪽 참조; IPCC, 『Climate Change 2007: Synthesis Report. Contribution of Working Groups I, II, and III to he Fourth Assessment Report of the Intergovernmental Panel on Climate Change, 2007』, 59~62쪽 참조.

가 아니라 발전 전략과의 통합적 연계 속에서 추진하거나 또는 생태적 현대화의 새로운 발전 전략으로 추진하는 것이 바람직할 것이고, 시너지 효과를 충분히 얻을 수 있을 것이다. 기존 경제 구조의 낡은 표준과 모델을 혁신하는 새로운 발전 모델을 제시하는 것이다.[117]

셋째로, 기후 정책의 일관성을 지키는 것이 중요하다. 정부나 집권 여당의 교체와 변화에도 불구하고 –물론 정부의 성격에 따라 기후 정책을 집행하는 수준이나 비중은 다소간 다를지라도– 정책의 방향이나 기준 등의 지속성과 일관성을 유지하는 것이 중요하다. 2℃~1.5℃ 목표는 중·장기적 프로젝트이고, 감축 수준을 지속적으로 높여가는 구조이기 때문에 중단하거나 뒤로 물러나면 목표 달성하기가 그만큼 더 힘들어지기 때문이다. 2015년 파리협정에서 "후퇴 금지의 원칙" 규정을 둔 이유가 여기에 있다. 또한 지그재그식 정책 집행 역시 일관성을 유지하기 힘든 방식이다. 기후 거버넌스는 주요 요소들이 상호 의존적이며 상호 정합성을 가져야 하는데 엇박자가 나거나 경로를 변경시키는 정책 집행 방식은 효율성을 거둘 수가 없게 된다.[118] 이런 점에서 합리적, 민주적 의사결정 방식이 제도화되어 있는 정당이나 의회구조가 바람직할 것이다. 앞서 언급했듯이, 2℃~1.5℃ 기후 거버넌스는 사회적 프로젝트를 시행하는 체계이다. 모든 사회 구성원이 의사결정 과정에 참여하는 사회적 프로젝트이어야 하기 때문에 이러한 구조가 구축되어 있다면 지그재그식 정책 집행 방식도 충분히 제어될 수 있을 것이다.

---

117   IPCC, 앞의 글, 59~62쪽 참조.

118   앤서니 기든스, 『기후변화의 정치학』, 홍욱희 역, 2009, 109~132쪽 참조.

2℃~1.5℃ 목표라는 중·장기적 사회적 프로젝트를 성공적으로 수행할 수 있는 기후 거버넌스의 일반적인 필요조건과 권고할 만한 몇 가지 충분한 조건에 설명하였다. 본 연구를 통해 2℃~1.5℃ 기후 거버넌스의 효율적인 작동을 위해 기여할 수 있는 정치 및 사회 제도에 관하여 몇 가지 특성과 유의미한 시사점을 찾아볼 수 있었다.

첫째로, 기후 정책의 지속성과 일관성과 연관된 측면으로, 민주적 헌정 질서와 합리적 의사소통을 통해서 정치권력이 행사되는 정치 제도와 문화가 정착된 사회일수록 일관되게 기후 정책이 시행될 수 있을 것이다. 상대 세력이나 정당의 주장이나 정책을 일방적으로 배제하지 않고 상호 존중과 타협을 통해 정책이 결정되고 집행되는 제도나 문화가 정착되어 있다면, 기후 정책은 정책의 우선순위에서 말단으로 배제되지 않을 것이다.[119] 기후 정책이 시급하고 중요하게 정책의 우선순위에 포함되어야 하는 것은 현재 기후위기 시대의 관점에서는 매우 합리적인 결정이며, 모든 사회 세력이나 정당이 공감할 수 있기 때문이다. 기후 정책의 '주류화, mainstreaming'라는 주장이 이를 잘 말해준다. 이런 측면과 관련하여 기후 정책에서 매우 적극적인 역할을 하는 유럽의 '녹색당'의 존재와 지위는 시사하는 바가 크다고 할 수 있다. 유럽의 녹색당은 지난 30~40년 동안 환경보호와 지속가능한 발전, 그리고 기후변화 대응을 정책의 우선순위에 두고 적극적으로 활동하면서 환경의 중요성과 대국민 인식 개선 및 전환에 앞장서서 노력해왔다. 시민사회의 영역에서뿐만 아니라, 의회나 정부의 영역에서도 그 영향력을 발휘할 수 있었다. 소수당으로서뿐 아니라, 연

---

119 J. Randers, 『2052. Eine Globale Prognose fuer die naechsten 40 Jahre』, 2. Aufl., Oekom, Muenchen, 2013, 400~404쪽 참조.

립정부의 한 축으로서도 적지 않은 역할을 추진하고 있다. 여기에는 소수 의견을 정치에 반영할 수 있도록 배려한 다양한 형태의 정당 비례대표 선거제도가 큰 기여를 하고 있다. 북유럽 국가가 그러하고, 독일도 그러하다. 유럽의 녹색당은 초창기에 시민사회 세력으로, 시간이 흐를수록 소수당으로서 발전하면서 정치 영역에서 기후보호를 위한 목소리를 지속적으로 내고, 점차로 연립정부의 한 주요한 국(연)정의 파트너로서 역할을 하게 된다. 녹색당 같은 소수당이 정치사회 영역에서 기후정책이 지속성과 일관성을 가지고 추진될 수 있도록 한 버팀목의 역할을 하도록 소수의견을 배려하는 정치문화와 선거제도는 커다란 시사점을 던져주고 있다. 여기에 더하여 정책 결정에 국민의 참여가 보장된다면 금상첨화일 것이다.

둘째로, 기존의 경제 사회구조가 새로운 기후 거버넌스 체계를 어떻게 접목하는지에 관한 것이다. 2℃~1.5℃ 기후 거버넌스는 하나의 체계로서 한편으로는 그 사회의 전체 체계 속에서 함께 연계되어서 작동하는 것이며, 또 다른 한편으로 그 사회의 전체 체계는 새로운 2℃~1.5℃ 기후 거버넌스를 접목시키면서 작동한다. 2℃~1.5℃ 목표를 달성하는 데 사회 취약계층 지원과 함께 사회 통합적인 정책이 동반되어야 한다. 기후보호, 경제성장, 정의로운 전환과 사회 통합성 원칙이 함께 병행해야 한다. 따라서 사회복지 체계가 기존의 사회경제구조에 구축이 잘 되어 있을수록 기후 정책이 큰 저항 없이 연계되어 시행될 수 있을 것이다. 그렇지 않을 경우, 사회경제구조가 사회-생태적 사회구조로 급변하기 때문에 갈등과 혼란이 빚어질 가능성이 클 수도 있다. 혹은 기후 정책의 시행을 출발점으로 그 사회가 사회복지 지향적인 사회경제구조로 변화하면서 동시에 생태적 사회구조로 변화하는 계기를 만들 수도 있을 것이다. 이럴 경우 대전환과 급진적인 변화를 수반하기 때문에 속도를 조절할 수 있는 정교한 발전 전략이 요구될 것이다. 북유럽 국가나 독일처럼 비교적 사회복지 체계가 잘 정비되어 있고, 복지 수준이 높은 사회일수록 기후 정책이, 그리고 2℃ ~1.5℃ 목표가 순조롭게 시행이 되는 것은 결코 우연이 아닐 것이다.

이제 독일의 2℃~1.5℃ 기후 거버넌스의 역동적 구조의 특성을 요약해 보면서 평가해보자.

독일의 2℃~1.5℃ 기후 거버넌스는 하나의 체계로서 2℃~1.5℃ 목표 를 달성하고자 하며, 이를 위하여 주요 행위자들이 인적 · 물적 요소와 자 원 및 대책을 효율적으로 투입하고, 역할과 과제를 분담하고 조정하면서 2050년까지의 중 · 장기적 사회적 프로젝트를 수행하고자 한다. 중 · 장기 적 과제이기 때문에 실행 기한과 중간 목표를 설정하고, 점차로 기한별 목 표를 상향시켜 나가는 역동적 구조의 성격을 지닌다.

2℃~1.5℃ 기후 거버넌스라는 하나의 역동적 체계가 목표를 달성하기 위해서는 효율적으로 작동되어야 한다. 이에 2℃~1.5℃ 목표와 상응하면 서 정합적인 작동 방식과 특성에 관하여 몇 가지 가설을 제시하였다. 그리 고 주요한 행위자인 독일 연방정부, 주정부 및 지방자치단체, 시민사회의 차원에서 그리고 유럽연합 및 UNFCCC와의 공조 차원에서 2℃~1.5℃ 목표 달성을 위해 투입하였던 다양한 인적 · 물적 요소와 자원 및 대책을 가설로서 제시한 작동 방식 및 특성에 얼마나 부합되게 활용하였는지를 밝혀보았다.

독일 2℃~1.5℃ 기후 거버넌스는 역동적 구조를 띠면서 백 캐스팅의 설 계 방식에 따라서 2050년까지의 탄소 중립 목표를 세우고 2040년, 2030

년, 2020년, 2005년 등 단·중기 기한별 감축 목표를 세우고, 감축 목표 수준을 점차로 상향해나가는 감축 전략을 구사하였다. 가장 단기적인 감축 목표를 달성하기 위해 적절한 감축 대책과 수단을 투입하고, 그 시행 과정을 모니터링하면서 평가 작업을 거치고, 그다음 높은 단계로 진입하기 위해 기존의 대책들을 수정, 보완 또는 새로운 대책들을 투입하면서 시행해왔고, 이러한 과정을 반복하면서 중·장기적 프로젝트를 성공적으로 수행하고 있다.

기후변화의 영향이 예상보다 빠르고 강력해지는 와중에 IPCC 등의 과학 자문기관이 2018년 새로운 과학적 자료를『1.5℃ 특별 보고서』를 통해 제시하면서 기후 대응을 강화할 필요성을 권고하자, 독일 사회는 −과학자들의 권고에 따라서 1990년도에 2℃ 목표를 받아들였듯이− 이러한 과학적 기초 자료와 근거를 수긍하면서 2018년 이후 2℃ 목표에서 1.5℃ 목표로 최종 목표 자체를 상향하게 된다. 이에 상응하면서 독일 연방정부는 단·중기 감축 목표를 상향 조정하고, 감축 기한도 앞당기는 강력한 조치를 취한다. 이뿐만 아니라 감축 대책 및 수단도 점차로 구속력이 강한 방식으로 투입되면서 어떤 '정책, 프로그램 또는 계획'의 형태에서 점차로 어떤 '법이나 규정'의 이름으로 감축 목표를 보장하고자 하였다.

2℃~1.5℃ 목표 설정이나, 감축 프로그램의 투입이나『기후 변화 법』의 제정 등 기후 대응의 전반적인 과정에 독일 연방정부, 주정부, 지자체뿐 아니라 각계각층의 이해당사자와 시민단체 등 시민사회가 다양한 층위에서, 다양한 형태로 함께 서로 상호 소통하고 의사결정에 참여한 사회적 프로젝트로서 수행된 점이 2℃~1.5℃ 기후 거버넌스가 민주적으로 그리고 효율적으로 운영될 수 있었던 아주 주요한 특성이라 할 수 있을 것이다.

2℃~1.5℃ 목표는 전 사회 구성원이 추진하는 전 사회적 프로젝트이자, 고탄소 에너지 경제 체계에서 저탄소 에너지 경제 체계로 전환하는 과정을 거쳐야 하기 때문에 다양한 형태의 갈등이 복합적인 형태로 발생할 수 있다. 더욱이 비용 상승에 따른 분담의 갈등도 동반하기 때문이다. 독일 2℃~1.5℃ 거버넌스는 이러한 다층적, 복합적 갈등을 조정할 수 있는 컨트롤 타워를 구축하는 역할을 비교적 잘 수행하였다. 독일 연방환경부 산하의 「이산화탄소 감축 독일 연방부처 간 워킹그룹, Interministerielle Arbeitsgruppe, CO₂-Reduktion(IMA)」, IMA를 컨트롤 타워로서 1990년 비교적 초기부터 구축하였고, 2007년 『통합 에너지-기후 프로그램』을 제시하면서 연방환경부와 연방경제기술부를 컨트롤 타워의 두 축으로서 지정하였고, 2019년 『기후보호 프로그램 2030』과 『기후변화 법』을 거치면서 연방정부가 사실상 상시적 「연방 기후내각」의 이름으로 컨트롤 타워의 역할을 함으로써 그 지위를 확실하게 강화하였다. 물론 독일 연방정부 등 정치권의 상시적 파트너로서 시민사회가 참여하는 『기후보호 행동연대』를 2012년 이후로 구축한 것 역시 효율적인 민주적 거버넌스의 주요한 요소라고 판단할 수 있다.

2℃~1.5℃ 기후 거버넌스는 궁극적으로 탄소 중립의 경로를 가야 하고, 재생에너지 체계로의 전환이 불가피하다. 독일은 주정부와 지자체 차원에서 각 지방 고유의 재생에너지원을 발굴하여 생산하고 분배하는 에너지 분권과 자율적 체계를 성공적으로 수행하고 있다. 또한 재생에너지가 에너지 총수요와 전력 수요에서 차지하는 비중은 목표를 달성하고 있다. 이는 독일이 원래부터 지방 분권 구조를 이루고, 지방자치 수준이 높은 점이 기여한 측면이 적지 않다고 할 것이다.

독일의 2℃~1.5℃ 기후 거버넌스는 연방 차원에서의 재정 지원을 안정적으로 확보하면서, 감축의 각 부문과 대책의 시행을 위해서 재정계획에 근거하여 지속적으로 지원을 하고 있다. 시장의 각 주체들에게 신뢰를 주고, 전환의 불확실성과 위험을 완화하는 데 기여하고 있다. 『기후보호 계획 2050』에 근거한 「성장, 구조전환, 지역 발전 위원회」를 통하여 조성된 구조조정 기금이나 『에너지 기본계획』에 근거한 『특별자산 에너지-기후 펀드, Sondervermögen Energie- und Klimafond(EKFG)』가 재정 지원의 중심적인 기구로서 그 역할을 잘하고 있다.

이제 주요한 행위자 관점에서 독일 연방정부, 주정부 및 지방자치단체, 시민사회가, 그리고 유럽연합 및 UNFCCC와의 공조 차원에서 2℃~1.5℃ 목표 달성을 위해 견지했던 원칙 및 태도와 그리고 투입하였던 다양한 자원 및 대책을 권고 및 장려 사항으로 제시한 작동 방식 및 특성에 얼마나 부합되게 활용하였는지를 평가해보자.

첫째로, 독일 연방정부는 국내 · 외적인 갈등 조정자로서, 최종결정권자로서 2℃~1.5℃ 기후 거버넌스의 가장 주요 행위자임에 틀림없다. 독일 연방정부의 2℃~1.5℃ 목표를 달성하기 위해 분명하고 확실한 실행 의지를 가지고, 최종적 컨트롤 타워를 구축하면서, 정권과 정파로부터 비교적 독립적으로 일관성을 유지하면서 적절한 감축 대책과 수단을 투입하였다. 감축 정책의 신뢰성과 예측 가능성의 제고를 위해 노력하면서 - 과학적 조사와 평가, 계획 기한 준수, 재정 지원 - 초창기부터 2℃ 목표 전략에다 중 · 장기 사회 발전 전략으로서의 지위를 부여하면서 2℃ 목표와 함께 경제 발전, 사회 통합 가치를 구현하고자 한 점이 매우 돋보인다.

둘째로, 독일 연방정부뿐 아니라 주정부, 기초지방자치단체도 각각의 영역에서 적극적으로 참여하였다. 특히 에너지 분권과 자율성이 요구되는 재생에너지 시대에 주정부 간, 연방정부-주정부-기초자치단체의 소통과 협력이 2℃ 목표와 기후보호정책의 성공에 필수적인데, 주정부 차원에서의 연방정부와의 상호 소통 속에서 주정부 자체의 '기후보호 기본 계획' 같은 감축 계획의 수립과 고유의 재생에너지원의 개발과 생산에서 많은 기여를 하였다. 주정부 차원의 다양한 기후와 환경에 관한 워킹그룹의 역할이 적지 않았다. 특히 연방정부나 주정부의 감축 정책이 실제로 집행되는 곳은 읍ㆍ면 등의 지자체인 Gemeinde나 Kommune이다. 지역 주민이 기후보호 프로그램과 소통하고 반응하는 장소로서 지자체는 그 중요성이 작지 않다. 그 지역현장에 맞는 재생 가능한 자원에 기초하여 학습 및 혁신 효과를 일으키고, 독일 전역에 혁신의 동력과 동기를 부여하고 있는 지자체는 다양한 형태의 주민「원탁회의」나 지역의 기후「이니셔티브」등 주민들의 적극적인 참여 방식, 연방정부의「국가 기후보호 이니셔티브」를 통한 지자체의 지원 방식도 기여한 바가 적지 않다. 읍ㆍ면 등의 지자체인 Gemeinde나 Kommune에서 바이오, 풍력, 태양광 에너지를 기반으로 한 재생에너지로의 전환이 꾸준히, 광범위하게 전개되면서 윈데, Juehnde와 같은 에너지 자립 마을이 급속히 생겨나고 있다.

셋째로, 독일은 2℃ 목표를 전 사회적 프로젝트로서 시행함으로써 시민과의 의사소통과 참여를 더욱 중요시한다. 시민들은 주민, 전문가 및 연구 단체, 환경ㆍ소비자 단체, 이해관계자, 경제 단체로서 2℃ 목표 수립 과정, 기획 및 시행 과정, 결과의 평가 과정에 참여하게 된다.『기후보호 행동프로그램 2020』과『기후보호 계획 2050』의 2℃ 기후 거버넌스의 성숙한 단계에서 연방정부, 주정부, 지자체와 시민사회의 소통과 참여를 통한 민주적 거버넌스의 구축을 성공적으로 마무리하는바, 2015년도에 재구성된 『기후보호 행동연대』의 구축이다. 2015년 1차 회의 이후 2021년 5월 현재 12차 정기회의를 통해 2℃~1.5℃ 목표 달성에 관련된 다양한 주제와 안건에 대해 '비엔나 포럼' 형식으로 토론하고 소통하면서 지속적으로 공동 협력하는 거버넌스의 전형을 잘 보여주고 있다.

넷째로, 2℃ 목표는 글로벌 협력과 공조를 통해서 성공적이며 효율적으로 달성될 수 있기 때문에, 2℃~1.5℃ 기후 거버넌스는 글로벌 및 지역적 차원에서 협력과 공조를 하는 것은 장려할 만한 사항이다. 독일은 유럽연합 및 유엔기후변화협약(UNFCCC)과의 협력과 공조에 관하여 선도적이며 모범적인 기여를 한다. 특히 1997년 UNFCCC 교토협정과 2015년 파리협정에서의 감축 목표 설계 과정, 2005년 EU의 이산화탄소 배출권 거래제도(EU-ETS)의 도입과정, 2007년 EU의 『2020 기후-에너지 패키지』 구축 과정, 2014년 EU의 『2030 기후-에너지 정책 기본 틀』 구축 과정, 최근의 1.5℃ 기후 거버넌스 구축 과정에서의 EU와 독일의 수준 높은 공조는 타의 모범이 될 만한 공조 사례이다. 독일의 선도적인 노력은 이러한 공조를 하는 데 적지 않은 기여를 하였고, 또한 개발도상국과의 협력 과정에서도 역시 독일의 선도적인 공조와 협력 방식을 확인할 수 있었다. 독일의 높은 감축 부담과 책임, 선도적인 목표 선언, 재정 및 기술적 기여, 공적 개발지원, 글로벌 협력체제 구축을 위한 노력 등에서 확인할 수 있다.

독일 2℃~1.5℃ 기후 거버넌스의 작동 방식에서 특별히 몇 가지 배울 수 있는 시사점을 들어볼 수 있는데, 이는 어떤 국가에도 적용되어야 하는, 적용될 수 있는 일반적인 특성이나 권고 사항이라기보다는 독일 기후 거버넌스가 효율적으로 작동하는 데 특별하게 기여한 측면을 언급하고자 한다.

독일 사회는 북유럽 국가들처럼 오랫동안 사회복지 체계가 발전하면서 성숙한 단계에 진입한 복지 선진국 군에 속하는 국가이다. 성숙한 복지 체계를 구축한 독일 사회는 저탄소 사회로 전환하는 과정에서 비용 상승이나 구조조정 등을 통하여 고통과 부담을 많이 받는 사회적 취약 계층과 집단에 사회적 안전망을 제공할 수 있는 국가적 경험을 갖고 있으며, 또한 사회 통합이나 사회적 공감대를 비교적 쉽게 얻을 수 있는 사회적 경험을 가지고 있다는 점이 적지 않은 자산으로 기여할 수 있다는 측면이다. 복지 체계가 그다지 성숙되지 않은 사회나 국가는 꽤 많은 진통과 갈등을 겪을 수 있으므로 사전에 복지 체계를 구축하는 준비 작업도 서둘러야 할 것이다.

그리고 끝으로, 독일 녹색당의 존재와 역할에 관한 것이다. 독일의 녹색당 역시 여타 유럽 국가의 녹색당처럼 환경 보호, 기후 보호, 지속가능한 발전을 우선 가치로서 내거는 정당이며, 또한 소수 정당이다. 녹색당은 시민사회나 정치 영역에서 지속적으로 환경주의 가치를 주요하게 내세우면서 소수의 목소리지만 지속적으로 독일 시민의 관심과 인식을 제고하는 데 영향을 끼쳤다. 마침내 소수당의 목소리가 커져서 정치의 지방무대에서, 주정부 차원에서, 그리고 연방의 중앙정치로 입성하게 되어 정치적 의사결정에도 직접적인 영향을 미치게 되고, 연립정부에서 정책을 집행하는 행정부의 주요한 한 파트너가 되기도 하였다. 이는 환경이나 기후 보호나, 좁게는 2℃~1.5℃ 목표가 지그재그식으로 흔들리지 않고, 일관성을 유지하면서 진행될 수 있는 데 커다란 역할을 하였다. 그렇다고 '녹색당'이 어떤 국가에도 쉽게 접목될 수 있는 성격도 아니다. 왜냐하면 '녹색당'의 존재와 역할의 규정은 각 국가의 정치 제도, 선거 제도, 정치 문화라는 커다란 체제와 그 체제의 변화에 달려 있기 때문이다.

결 어

독일 연방정부는 기후변화 대응과 2℃ 목표 달성을 위해 컨트롤 타워를 1990년도에 세우고 온실가스 감축과 기후보호를 위해 초석이 되는 핵심 제도들을 도입한다. 연방정부는 확고한 의지를 갖고 친환경 생태세제, 재생에너지 법, 이산화탄소 배출권 거래제,『통합 에너지-기후 프로그램』,『에너지 기본계획』을 1990년대부터 순차적으로 도입, 시행하고 있다.「유엔 기후보호 협약」의 틀 안에서 선도적인 역할을 하면서 유럽연합과의 적극적인 공조를 이루어가고 있다. 온실가스 감축의 핵심 제도와 연계하면서 감축의 목표를 완수하기 위해 기존 정책이나 프로그램을 강화 및 보완하거나, 필요한 추가적인 주요 정책 및 프로그램을 투입한다. 2000년도 이후『열병합 발전 법』, 새로운 "에너지 절약 지침", "재건축 대출 프로그램"의 연장, 폐기물 감축 계획, 바이오에너지 촉진 정책, 교통 및 건물 분야의 배출권 거래제도 등을 도입할 때에 감축 목표량, 시행 기간과 방식, 재정적 지원을 구체적으로 제시함으로써 시장과 (글로벌)시민사회에 신뢰감을 주고 있다. 정책의 신뢰성과 높은 예측 가능성은 독립적인 전문가 그룹의 체계적이고 과학적인 조사 및 연구 결과를 바탕으로 하기 때문이며, 시민단체 및 이해당사자들과의 소통, 협의, 공개적 검증을 거치기 때문이다. 특히 시민사회의 주요한 한 축이자 온실가스 배출의 큰 부분을 차지하는 독일 경제계의 야심 찬, 그리고 지속적인 자율적 감축 선언은 감축 목표 달성의 전망을 밝게 한다.

기후보호 핵심 및 주요 정책과 프로그램은 에너지 및 산업 부문에만 한정된 것이 아니라 주택, 교통, 농촌, 교육 및 홍보, 재정 등 독일 사회의 전반을 아우르면서 가로지르는 성격을 갖고 있으며, 따라서 시민사회의 공감과 동참 없이는 제대로 시행될 수도 없다. 즉 2℃ 목표로 압축되는 에너지 및 기후보호 정책은 에너지와 경제 분야, 정치 영역을 넘어서서 지역, 시민사회, 일상의 전 영역을 아우르는 전 사회적 프로젝트로서의 위상과 차원을 갖게 되었다. 독일 연방정부는 물론 주정부 및 지방자치단체 역시 기후보호를 전 사회의 광범위한 참여를 필요로 하는 "거대한 사회적 공동과제"라고 인식하며 직극적으로 추진하고 있다. 연방정부 환경부 장관은 2015년 시민사회 대표와 이해관계자들로 주로 구성된 「기후보호 행동연대」와의 만남에서 이렇게 말한다:

"우리는 모든 기후보호 대책이 야심 차게 진행될 때만 기후보호 목표를 달성할 수 있을 것이다. 이 목표는 정부 혼자서 이룰 수 없는 하나의 거대한 사회적 공동과제이다. 성공을 위해서는 우리는 전 사회의 광범위한 참여를 필요로 한다."[1]

독일 연방정부는 유럽연합의 감축 목표이자 2015년 「유엔 기후보호협약」 파리협약의 감축 목표 – 산업화 이전 대비 지구 평균기온의 "2℃ ~1.5℃" 상승 억제 – 를 준수하면서 2016년도에 2050년도까지 온실가스 배출량을 1990년 대비 80~95% 정도 감축하기로 재천명한다. 이를 담아낸 『기후보호 계획 2050』을 2016년도에 제시한다. 2050년까지의 독일의 탄소 중립을 위한 장기적 목표와 방향을 제시하면서, 기본 비전과 전환의 경로를 보여주고, 2030년도까지의 각 분야의 이정표와 감축 목표를 제시

---

1 https://www.bmub.bund.de/pressemitteilung/hendricks-klima-aktionsprogramm-ambitioniert-umsetzen/ (2017년 11월 29일 검색).

하고, 각 영역의 목표 달성을 위한 전략적 대책을 제시하고, 파리협약에서 동의한 '더 진전된 목표 수립'의 원칙을 지키기 위하여 온실가스 감축과정을 더 잘 시행할 수 있는 혁신과 학습의 과정으로 계획한다는 점이다. 주요한 점은 『기후보호 계획 2050』을 시행하면서 하나의 혁신의 계기로 삼아서 독일 경제 및 사회의 질적 전환과 현대화를 이루는 발전의 기회로서 파악하여 추진한다는 측면이다. 즉 2℃~1.5℃ 목표와 기후보호라는 피할 수 없는 필연적인 경로를 단순한 일면적인 기후보호 계획으로만 추진하는 것이 아니라, 혁신을 통한 도약과 발전의 기회로 삼아서 추진하는 새로운 국가적 발전 계획으로 자리매김하는 점이다. 감축의 핵심적인 기술적 방식인 재생에너지 확대와 에너지 효율성을 기초로 한 「에너지 전환」은 기술적인 전환을 넘어서서 투자를 위한 미래의 지침이자 방향이 될 것이며, 저탄소 글로벌 사회에서 경쟁력을 갖추는 데 필수적인 제반 여건을 마련하게 될 것이다.

독일은 이 에너지 전환의 과정을 통합적 관점으로 접근하고, 경쟁력 제고를 통한 경제성장, 2℃~1.5℃ 목표와 환경보호, 사회 통합성의 증진이라는 세 가지 원칙을 동시에 견지하면서, 생태세제, 이산화탄소 배출권 거래제, 재생에너지 법, 열병합 발전 법 등의 온실가스 감축의 핵심 제도를 바탕으로 하면서, 조세제도를 기후 친화적으로 개정하고, 유럽연합 차원에서, 그리고 전 지구적 차원에서 공조와 협력을 선도하면서, 「유엔 지속 가능한 발전 목표」와 정합적으로 생태계 보존을 추구하며, 관련 자료나 통계의 투명성과 표준화를 달성하고, 기후보호에 관한 연구 개발을 사회와 기술의 혁신을 촉진하는 수단으로 삼고, 사회과학과 자연과학의 융합적 연구를 국내·외적으로 지원하여 적절한 감축 경로를 선택하도록 도움을 주고, 정보 공개, 홍보, 네트워크를 통하여 기후변화에 대한 인식을 제고하도록 하며, 학교 등 교육 기관뿐 아니라 실제 참여를 통한 학습 과정을 지원하면서 지속가능한 생산과 소비 과정을 독일 전 사회가 체득할 수 있도록 하며, 삶의 현장이자 기후변화 대응의 현장인 지방자치단체 차원에서 효율적이고 체계적으로 시행될 수 있도록 한다. 독일의 기후보호 정책의 시행에 있어서 관철되었던 이 같은 기본원칙, 고려 사항, 시행 방식의 특성은 2015년 파리협약의 핵심 권고 사항과 IPCC의 기후변화 대응을 위한 권고 사항과 일치할 정도라고 해도 과언이 아닐 것이다.[2]

독일은 이 같은 기본 원칙과 시행 방식을 일관되게 견지하면서 온실가스 감축과 2℃ 목표를 이루기 위해서 노력해왔다. 수많은 요소들, 국내 · 외 여건들을 조율하고 조정하면서 성공적으로[3] 자국의 감축 목표를 달성

---

2   UNFCCC, 『Adoption of the Paris Agreement』, 2015 참조, https://unfccc.int/resource/docs/2015/
    cop21/eng/l09r01.pdf 참조; IPCC, 『Climate Change 2007: Synthesis Report』, 2007, 59~62쪽 참
    조; IPCC, 『Climate Change 2014: Synthesis Report』, 2014, 93~112쪽 참조.

3   독일의 기후 거버넌스도 전반적으로 성공적이라고 판단할 수 있지만, 약점이나 미흡한 점이 지적
    되고 있다. 「유럽연합 집행위원회」가 독일의 『국가 에너지-기후 계획(NECP)』 초안과 최종안에
    대한 평가를 내린 2020년의 『Commission Staff Working Document』를 참고해보자. 2030년 감
    축 목표와 관련하여, 에너지 효율성 개선 목표에서 최종에너지 소비 감축 계획이 보통 수준에 그
    치고, 재정 지원 계획이 충분히 구체적이지 못한 점도 지적하고 있다. 공정하고 정의로운 전환의
    측면에서도 '에너지 빈곤층'에 대한 세부적인 평가가 미흡하다는 점, 일반 시민들의 관점이나 견
    해가 어떤 방식으로 NECP에 고려되었는지에 대하여 분명하게 설명하지 못한 점 등을 함께 지
    적하였다. 그리고 「유럽연합 집행위원회」는 독일의 『국가 에너지-기후 계획(NECP)』 초안에 대
    해 11가지 항목의 권고 사항을 전달하기도 했다. 하지만 「유럽연합 집행위원회」는 독일이 이 권
    고 사항을 『국가 에너지-기후 계획(NECP)』 최종안에 대부분 또는 부분적으로 잘 반영하였다고
    평가하면서, ESR 규정에 따른 독일의 2030년까지 2005년 대비 38% 감축 목표 달성은 NECP에
    서 계획한 추가적인 대책과 수단으로 가능할 것으로 보인다고 평가하였다. 몇 가지 보완 대책을
    권고하면서 독일의 재생에너지 확대 목표와 에너지 효율성 개선 목표 역시 적절하다고 평가하였

하였다. 수많은 요소들에는 경제적, 기술적, 정치적, 사회적, 환경적, 글로벌 요인들이 있었고, 그것들의 상충과 갈등도 적지 않았다. 값비싼 재생에너지원을 경쟁력 있는 에너지로 생산해야 하는 기술·구조적인 어려움, 화석연료 기반의 산업 구조를 저탄소 산업 구조로 전환하는 데 동반하는 구조조정 등의 사회 전반적인 어려움, 사회·정치적 이해관계의 갈등 조정, 탄소 가격 부과 등에 따르는 국제 경쟁력 약화의 위험성, 무임승차의 습관과 감축의 책임 분배 과정에서 생기는 갈등들, 지구온난화의 책임과 비용 분담에 관한 선진국과 개발도상국의 대립 등 다층적, 복합적 갈등의 요인들을 조정하여야만 했다. 이 조정을 위해 필요한 것이 바로 기후 거버넌스인 것이다.[4] 압축하여, 2℃~1.5℃ 목표를 달성하기 위한 기후 거버넌스인 것이다. 우선 컨트롤 타워를 설립하고, 감축 목표를 수립하고, 온실가스 감축에 필요한 감축의 핵심 제도와 기술적 방식을 도입하고, 우선순위에 따라 적재적소에 부문별 감축 정책과 프로그램을 투입하고, 다층위의 복합적 갈등을 민주적으로 조정하면서 시행하는 것이다. 그리고 검증하고 평가하는 과정을 거치면서 목표 달성을 위해서 기존의 모든 것을 모니터링하여 수정, 보완, 개선하는 과정을 거치게 된다. 부족한 측면이 많거나 또는 새로운 조건이 등장하면, 그에 상응하는 추가적인 새로운 제도나 정책을 도입하여 목표에 도달하도록 노력하는 것이다. 기후 거버넌스의 기

다. 동시에 독일이 지역적 협력에 매우 적극적임을 높이 평가하면서 다층위적 에너지-기후 대화에 적극 참여해주기를 요청했다. European Commission, 『Commission Staff Working Document-Assessment of the final national energy and climate plan of Germany 2020』, 2020, 1~31쪽 참조.

4 David Held and Angus Hervey, "Democracy, Climate Change and Globa Governance: Democratic Agency and the Policy Menu Ahead", D. Held, A. Hervey, M. Theros (Ed.), 『The Governance of Climate Change. Science, Economics, Politics & Ethics』, Polity Press, UK, 2011, 89~110쪽.

본 구조와 그 역동적 변화 과정의 본질이 이것이다.

　이 2℃~1.5℃ 기후 거버넌스의 구조와 구조의 역동적 변화 과정이 효율적으로 작동하여 최종적인 감축 목표를 달성하도록 하는 것이 바로 거버넌스 구조의 작동 방식의 특성이다. 세 가지 주요 원칙인 감축 목표 달성, 경제성장 동반, 사회 통합성 증진을 견지하면서 수많은 요소와 자원들을 거버넌스의 목표에 정합적이면서 효율적으로 투입한 주요 방식과 행위를 2℃~1.5℃ 기후 거버넌스의 특성으로 파악할 수 있다. 독일은 이 특성을 잘 보여주있다. 1990년대 초기부터 지구온난화에 관한 과학적 사실을 빠르게 수용하고, 이에 상응하는 사회과학적 대응책을 적절하게 제시하고, 또한 새로운 과학적 사실에 걸맞은 새로운 정치경제적 대응책을 투입하는 등 과학과 객관적 사실을 중시하는 일관된 태도가 그러했고, 수많은 국내·외의 정치적 변동에도 불구하고 기후 보호에 정치적 일관성을 유지한 측면도 그러하고, 2℃~1.5℃ 목표를 독일의 중·장기 거대한 사회적 프로젝트로 규정하면서 시민들과 함께 추진하여 신뢰와 공감대를 얻은 측면도 그러하고, 저탄소 경제 구조로 전환하는 과정을 기술개발과 혁신을 통하여 경쟁력을 갖춘 현대화된 산업 구조로 새롭게 탄생시키려는 발상과 관점이 그러하고, 1990년 이후로 27개 회원국이 함께 하는 EU와의 반복되는 수많은 회의와 공조를 통하여 유럽식 공동의 「에너지-기후 거버넌스」를 구축한 민주적이고 포용적인 과정이 그러했고, 이를 토대로 UNFCCC 등 글로벌 차원에서 앞서가는 기후 선진국과 함께 선도적인 역할을 통해 모범적인 협업 모델을 제시하는 노력이 그러하였다.

　독일 사회는 장기적 2℃~1.5℃ 목표 달성을 위해서 일반적으로 요구되는 필요조건을 잘 갖추었다고 할 수 있다. 독일 사회는 장기적 2℃~1.5℃ 목표 달성을 위해서 하나의 체계로서 기후 거버넌스를 구축하였고, 단·중기적 감축 목표를 세우고 달성하기 위해서 감축 대책과 수단을 투입, 평가 및 보완, 강화, 추가 투입 등의 일련의 시행 과정을 거치면서, 또한 단·중기적 감축 목표를 단계적으로 높여가는 역동적 구조를 성공적으로 구축하였고, 구축하고 있다. 2℃~1.5℃ 기후 거버넌스의 주요 과제로서 적절한 온실가스 감축 대책이나 수단을 찾아내어 투입하는 것으로, 기술적 방식으로는 재생에너지 확대, 에너지 효율성 개선, 재생에너지의 전력화 확장 등의 대표적인 방식을 적용하였고, 제도적 방식으로는 이산화탄소 배출권 거래제도, 생태세제 및 탄소 가격제도, 재생에너지 촉진법이나 에너지 효율성 촉진제도 등을 시행하였다. 2℃~1.5℃ 기후 거버넌스는 중·장기적 사회적 프로젝트를 잘 수행하기 위한 필요조건으로 시민들의 참여와 민주적 의사소통을 통해서 다양한 차원의 수많은 갈등을 조정하는 작동 방식을 잘 보여주고 있다.

독일의 2℃~1.5℃ 기후 거버넌스는 감축 계획을 시행하면서 분출될 수 있는 다양한 복합적 갈등을 유능하게 조정해야 할 역할이 있다. 2℃~1.5℃ 거버넌스가 이 역할을 효율적으로 하기 위해서 필수적인 작동 방식의 구조나 특성을 내적으로 가지고 있는지, 잘 구현하는지가 관건이 된다. 독일의 2℃~1.5℃ 기후 거버넌스는 이 측면을 잘 갖추고 있다. 온실가스 감축에 관한 분석이나 정치경제적 결정이 과학적 근거를 가짐으로 인해서 사회 구성원들의 신뢰와 동의를 얻는 데 큰 어려움이 없었고, 비용과 책임을 요구할 타당성도 얻을 수 있었다. 시민사회의 참여와 민주적 의사소통을 통해서 감축의 시행과정에 참여, 검증 및 평가, 수정하면서, 그리고 다음의 수준 높은 단계로 진입하는 데 큰 어려움 없이 진행될 수 있었다. 재정 지원이 안정적으로 확보되어 감축 정책을 계획대로 지원할 수 있었고, 초기 투자 위험을 완화함으로써 시장의 신뢰를 얻을 수 있고, 사회 통합성 유지를 위한 구조조정도 진행할 수 있기 때문이다. 독일 사회의 발전된 지방분권 제도의 토대 위에서 지방정부와 지자체 시민들의 적극적인 참여로 인해 필수적인 재생에너지로의 전환이 급속히 전개되어 각 지방의 고유한 재생에너지원의 개발이 확대되어 에너지 분권과 자립의 시대가 활짝 열리고 있다. 독일의 2℃~1.5℃ 기후 거버넌스는 이처럼 2℃~1.5℃ 목표 달성을 위한 필수적인 내적 특성을 잘 갖추고 기본적 토대를 잘 구축하였다.

2℃~1.5℃ 목표 달성을 위한 기후 거버넌스는 일반적인 구조나 필수조건, 그리고 시행 방식의 기본적 토대나 필수적인 특성 외에도 성공적인 시행을 위해서는 기타 충분한 조건들이 권고되거나, 요구된다. 각 국가들이 여기서 각 국가의 현실과 여건에 맞게끔 시사점과 교훈을 끌어낼 수 있을 것이다. 독일의 2℃~1.5℃ 기후 거버넌스는 기타 조건들을 충족시키고자 하였다. 독일의 2℃~1.5℃ 기후 거버넌스는 글로벌 협력과 유럽연합과의 공조를 수행함으로써 글로벌 차원의 거버넌스 구축에 힘썼다. 선도적인 역할을 맡으면서 공조의 모범적인 예를 전 세계에 잘 보여주었다. 유럽연합의 성공적인 감축 사례는 공조의 효율성을 잘 보여준다. 독일은 저탄소 에너지 체계로의 전환 과정을 새로운 현대화의 발전의 기회로 삼아 추진한 점이 전 사회적 혁신과 역동적 발전의 기회를 제공하였다. 저탄소 에너지 체계로의 전환 과정은 기본적으로 새로운 영역을 열어주기 때문에 단순히 기후 대응으로서가 아니라 새로운 발전 전략과의 통합적 연계 속에

서 추진함으로써 기술과 일자리 창출 등 경제의 모든 측면에서 혁신과 시너지 효과를 충분히 불러올 수 있었다. 독일의 2℃~1.5℃ 기후 거버넌스는 일관성을 지키면서 2℃~1.5℃ 목표를 향해 나아갔다. 독일 사회와 정부는 책임 있는 태도와 확고한 의지를 가지고 동 목표를 달성하고자 노력했다. 민주적 헌정질서 속에서 상대 정치세력이나 사회집단의 결정에 대해서 무시하기보다는 존중하면서 계승하는 편이었고, 또한 전 사회적 프로젝트로서 추진함으로써 시민사회의 동의를 얻은 정책을 함부로 후퇴시킬 여지도 크지 않았기 때문이다.

한 걸음 더 나아가서 독일의 2℃~1.5℃ 기후 거버넌스에서 우리가 더 끌어낼 수 있는 두 가지 특별하면서도 효율적인 특성을 언급해보겠다. 독일 사회는 북유럽 국가들처럼 성숙한 사회복지 체계를 구축하고 있다. 이런 이유로 저탄소 사회로 전환하는 과정에서 전반적인 비용 상승이나 구조조정 등을 통하여 고통을 받는 사회적 취약 계층과 집단에 사회안전망을 제공할 수 있는 국가적 경험을 갖고 있으며, 사회 통합이나 사회적 공감대를 비교적 쉽게 얻을 수 있는 사회적 연대 경험을 가지고 있다는 점이 귀중한 자산으로 기여할 수 있다는 측면이다. 따라서 복지체계가 그다지 성숙하지 않은 사회는 진통과 갈등을 완화하는 차원에서 사전 준비 작업으로 복지 체계를 구축하는 작업도 서둘러야 할 것이다. 또 하나는 북유럽 국가들처럼 독일 역시 녹색당이 기후보호와 지속가능한 발전을 위해서 큰 역할을 하고 있다. 녹색당은 소수당이지만, 때로는 행정부의 주요한 파트너나 정치세력으로서 실제로 집행부의 역할을 하고 있다. 이러한 정치지형은 기후 보호나, 좁게는 2℃~1.5℃ 목표를 지그재그식으로 흔들리지 않고 일관성을 유지하면서 진행할 수 있도록 기여하고 있다. 현재는 그 세력이 점점 커지지만 아직은 소수 세력인 녹색 및 친환경 사회 세력이 정당으로 성숙할 수 있도록, 그리고 소수당으로서, 행정부의 한 분파로서 활동할 수 있도록 선거제도와 정치사회 구조를 변화시키는 노력도 병행할 필요가 있음을 알 수 있었다.

　독일의 기후보호에 대한 광범위한 차원에서의 노력과 참여, 그리고 선도적인 역할은 지금도 진행 중이다. 글로벌 차원에서뿐 아니라, 유럽연합 차원에서도 -필요할 경우 가장 앞서서 감축 목표를 상향시키면서, 역동적인 거버넌스를 구축하면서 효율적 방식으로, 때로는 야심차게 시행하고 있다.

　IPCC가 2018년 『1.5℃ 특별 보고서』를 발표하면서, 기후변화의 위험이 예상보다 훨씬 빠르게 닥쳐올 것을 경고하고, 대응의 수준이 더 강화될 필요성을 제기하자, 독일은 유럽연합과 함께 2℃ 목표에서 1.5℃ 목표로 이행하는 어려운 과정을 밟게 된다. 1.5℃ 기후 거버넌스를 구축하는 노력을 전개한다. 이를 달성할 수 있는 내용과 방식을 집대성한 2019년도의 『기후보호 프로그램 2030』이나 이를 보장하는 2019년도의『독일 기후 변화 법』을 어느 국가보다 앞서서 공포하였다. 지구 평균기온 상승 억제선을 2℃ 목표에서 1.5℃ 목표로 더 강화하고, 2030 감축 목표를 1990년 대비 55%에서 65%로 상향시키고, 탄소 중립을 2050년에서 5년 앞당긴 2045년까지 달성할 것을 2021년 개정 『독일 기후 변화 법』을 통해 보장하면서, 독일 연방정부를 아예 독일 '기후정부'로서 자리매김하고 있다. 독일 사회는 동시에 이 과정을 혁신적 발전 모델로 전환하고 있다. 제2차 세계대전 이후 줄곧 견지해온 사회적 시장경제(Social Market Economy)를 사회-

생태적 시장경제(Social-ecological Market Economy)로 새롭게 구축하고
자 한다. 20세기 미국발 『New Deal』이 있었다면, 21세기 독일·유럽발
『Green New Deal』을 마주하고 있는 셈이다.[5] 이 과정을 보고 있으면 독일
사회의 기후보호에 대한 노력과 그 진정성을 확인할 수 있을 것이다.

---

5   제러미 리프킨, 『글로벌 그린 뉴딜』, 안진환 옮김, 2020, 59~63쪽 참조.

참고 문헌

기든스, 앤서니. 1994. 김현옥 옮김. 『좌파와 우파를 넘어서』. 한울.

기든스, 앤서니. 2009. 『기후변화의 정치학』. 홍옥희 역. 에코리브르.

김옥현. 2015. 『기후변화와 신사회계약 - 지속가능한 발전을 향하여』. 산지니.

김옥현. 2018. 『2℃, 기후변화 시대의 새로운 이정표』. 산지니.

김은성. 2012. 『기후변화 재난 정책갈등 연구』. 한국행정연구원 연구보고서. 2012-28.

라이너스, 마크. 2008. 이한중 옮김. 『6도의 악몽』. 세종서적.

리프킨, 제러미. 2020. 『글로벌 그린 뉴딜』. 안진환 옮김. 민음사.

마슬린, 마크. 2008. 조홍섭 역. 『기후변화의 정치경제학』. 한겨레 출판.

설홍수. 2010. 「에너지 산업, 과거와 미래」. 대구·경북 연구원.

박덕영 편저. 2012. 『세계 주요국의 기후변화법제』. 한국학술정보 이담출판사.

박상철. 2015. 『독일 재생에너지 정책과 지속 가능 발전전략』. 한국학술정보 이담출판사.

삭스, 제프리 (Jeffery Sachs). 2015. 『지속가능한 발전의 시대』. 홍성완 옮김. 21세기북스.

안병옥 외. 2012. 『유럽연합의 온실가스감축 정책조합 동향』. 기후변화 행동연구소.

윤순진. 2007. 「영국과 독일의 기후변화정책」. 『ECO』. 11권 1호.

이준서 외. 2013. 『영국과 호주의 에너지 빈곤층 지원 법제에 관한 연구』. 한국법제연구원.

코저, 루이스 (Lewis A. Coser). 2003. 신용하 & 박명규 옮김. 『사회사상사』. 시그마프레스.

플래너리, 팀. 2007. 이충호 역. 『지구온난화 이야기』. 지식의 풍경.

헬드, 데이비드. 2010. 박찬표 옮김. 『민주주의의 모델들』. 후마니타스.

Bach, S. & Kemfert, C. '100 Euro Weihnachtsgeld vom Finanzminister'. *Die Zeit vom 2019.3.26.*

https://www.zeit.de/wirtschaft/2019-03/klimaschutz-co2-steuer-energiesteuer-oekologie/ komplettansicht. 2022년 6월 6일 재검색.

BMU. 1994. *Full text of 12/8557. Beschluß der Bundesregierung zur Verminderung der CO₂- Emissionen und anderer Treibhausgasemissionen in der Bundesrepublik Deutschland auf der Grundlage des Dritten Berichts der Interministeriellen Arbeitsgruppe "CO₂- Reduktion".*

BMU. 1997.02.04. *'Selbstverpflichtungserklärung der Wirtschaft – Ein wichtiger Baustein des deutschen Klimaschutzprogramms.*'

https://www.bmuv.de/pressemitteilung/selbstverpflichtungserklaerung-der-wirtschaft-ein-
wichtiger-baustein-des-deutschen-klimaschutzprogramms. 2022년 6월 23일 재검색.

BMU. 2000. Nationales Klimaschutzprogramm. Fuenfter Bericht der Interministerielle
Arbeitsgruppe "CO_2-Reduktion"(IMA).

BMU. 2000.3.31. 'Investitionssicherheit für erneuerbare Energien: Neues Gesetz tritt am 1. April
in Kraft.'

BMU. 2004. 'Die wichtigsten Merkmale des Gesetzes fuer den Vorrang Ernuerbarer Energien
vom 21. Juli 2004'.

BMU. 2004. *Nationaler Allokationsplan fuer die Bundesrepublik Deutschland 2005-2007,
NAP.*

https://www.bmuv.de/fileadmin/Daten_BMU/Download_PDF/Emissionshandel/nap_
kabinettsbeschluss.pdf, 2017년 7월 15일 검색; 2022년 6월 13일 재검색.

BMU. 2005. *Nationales Klimaschutzprogramm. Sechster Bericht der Interministerielle
Arbeitsgruppe "CO_2-Reduktion"(IMA).*

BMU. 2007. *Eckpunkte fuer ein integriertes Energie- und Klimaprogramm.* 2018.2.8. 검색.

BMU. 2014. *Aktionsprogramm Klimaschutz 2020.*

BMU. 2019. Federal Climate Change Act (Bundes-Klimaschutzgesetz).

https://www.bmu.de/fileadmin/Daten_BMU/Download_PDF/Gesetze/ksg_final_en_bf.pdf.
2020년 6월 15일 검색.

BMU. 2019. *Klimaschutzprogramm 2030.*

BMUB. 1997.11.06. 'Vierter Bericht der Interministeriellen Arbeitsgruppe "CO_2-Reduktion"
vom Kabinett beschlossen.' Pressemitteilung 61/1997.

https://www.bmub.bund.de/pressemitteilung/deutschland-verstaerkt-klimavorsorge/. 2018년 1
월 18일 검색.

BMUB. 2014. *Aktionsprogramm Klimaschutz 2020.* Kabinettsbeschluss vom 3. 12. 2014.

BMUB. 2016. *Klimaschutzplan 2050, Klimaschutzpolitische Grundsätze und Ziele der
Bundesregierung.*

BMUB. 2017.01.06. 'Der Klimaschutz wird sich von Trumps Entscheidung nicht aufhalten lassen'.

BMUV. 1997.12.02. 「Politikszenarien für den Klimaschutz」.

https://www.bmuv.de/pressemitteilung/politikszenarien-fuer-den-klimaschutz

BMUV. 2021. *Klimaschutzgesetz 2021*.

https://www.bmuv.de/fileadmin/Daten_BMU/Download_PDF/Glaeserne_Gesetze/19._Lp/ksg_aendg/Entwurf/ksg_aendg_bf.pdf. 2022년 4월 15일 검색.

https://www.bundesregierung.de/breg-de/themen/klimaschutz/klimaschutzgesetz-2021-1913672. 2021. 9. 8일 검색.

BMWE. 2020. *Integrierter Nationaler Energie- und Klimaplan, NECP*.

BMWI. 2011. *Der Weg zur Energie der Zukunft – sicher, bezahlbar und umweltfreundlich –*.

https://www.bmwi.de/Redaktion/DE/Downloads/E/energiekonzept-2010-beschluesse-juni-2011.pdf?__blob=publicationFile&v=1

BMWK. 2014. *Mehr aus Energie machen. Nationaler Aktionsplan Energieeffizienz*.

https://www.bmwk.de/Redaktion/DE/Publikationen/Energie/nationaler-aktionsplan-energieeffizienz-nape.pdf?__blob=publicationFile&v=10. 2022년 6월 27일 검색.

BMWK. 2018. *Einsetzung der Kommission Wachstum, Strukturwandel und Beschaeftigung*.

BMWK. 2019. *Einsetzung der Kommission Wachstum, Strukturwandel und Beschäftigung*.

https://www.bmwk.de/Redaktion/DE/Downloads/E/einsetzung-der-kommission-wachstum-strukturwandel-beschaeftigung.pdf?__blob=publicationFile&v=4. 2022년 7월 26일 검색.

Boeckem, A. 2000. "Klimapolitik in Deutschland: Eine Problemanalyse aus Expertensicht". *HWWA. Discussion paper*. No.91.

Bundesministerium für Wirtschaft und Energie. 2021. *Regierungsentwurf des Bundeshaushalts 2021, Einzelplan 09*.

https://www.bmwi.de/Redaktion/DE/Downloads/P-R/regierungsentwurf-des-bundeshaushalts-2021.pdf?__blob=publicationFile&v=4. 2021. 2. 12일 자 검색.

Bundesministeriums für Wirtschaft und Energie. 2015. *Beschäftigung durch erneuerbare Energien in Deutschland: Ausbau und Betrieb, heute und morgen*.

https://www.bmwi.de/Redaktion/DE/Publikationen/Studien/beschaeftigung-durch-erneuerbare-energien-in-deutschland.html

Bundesregierung. 2007. 'Bericht zur Umsetzung der in der Kabinettsklausur am 23./24.08.2007 in Meseberg beschlossenen Eckpunkte für ein Integriertes Energie- und Klimaprogramm'.

https://www.bundesregierung.de/Content/DE/Archiv16/Artikel/2007/12/Anlagen/2007-12-
05-integriertes-energie-und-klimaprogramm.pdf;jsessionid=431E3277EB0A0ACEDF
7B8480AD1B72BF,s6t2?_blob=publicationFile&v=2

Bundesregierung. 2010. *Energiekonzept fuer eine umweltschonende, zuverlaessige und
bezahlbare Energieversorgung.*
https://www.bundesregierung.de/ContentArchiv/DE/Archiv17/_Anlagen/2012/02/
energiekonzept-final.pdf?_blob=publicationFile&v=5

Bundesregierung. 2019. *Klimaschutzprogramm 2030 der Bundesregierung zur Umsetzung des
Klimaschutzplans 2050.*

Bundesregierung. 2020. *Ergänzung des Entwurfs eines Gesetzes über die Feststellung des
Bundeshaushaltsplans für das Haushaltsjahr 2020.* http://dipbt.bundestag.de/doc/
btd/19/138/1913800.pdf. 2021. 2. 12일 검색.

Demmerle, L. 2014.07.17. 'Warum sozialverträglicher Klimaschutz wichtig ist.'
https://www.cleanenergy-project.de/warum-sozialvertraeglicher-klimaschutz-wichtig-ist/.
2018년 2월 2일 검색.

Deutsche Emissionshandelsstelle. 2015. 'Emissionshandel in Zahlen'.
https://www.dehst.de/SharedDocs/downloads/DE/publikationen/Broschuere_EH-in-Zahlen.
pdf?_blob=publicationFile&v=1

Die Zeit Online. 2017.05.10. 'Der Traum von der warmen Wohnung. Millionen EU-Bürger
können sich Heizöl, Gas und Strom nicht mehr leisten. Eine neue Studie der OECD
zeigt, wie sich das ändern ließe.' http://www.zeit.de/2017/20/energiekosten-heizen-
eu-klimaschutz-oecd

EC. 2003. DIRECTIVE 2003/87/EC OF THE EUROPEAN PARLIAMENT AND OF THE
COUNCIL of 13 October 2003. Establishing a scheme for greenhouse gas emission
allowance trading within the Community and amending Council Directive 96/61/EC.
https://eur-lex.europa.eu/legal-content/EN/TXT/?uri=celex%3A32003L0087. 2022.05.24. 검색.

EC. 2009. *Decision No 406/2009/EC of the European Parliament and of the Council of 23
April 2009 on the effort of Member States to reduce their greenhouse gas emissions to
meet the Community's greenhouse gas emission reduction commitments up to 2020.*
http://eur-lex.europa.eu/legal-content/EN/TXT/?uri=CELEX:32009D0406

EC. 2009. *Decision No 406/2009/EC of the European Parliament and of the Council
of 23 April 2009 on the effort of Member States to reduce their greenhouse gas
emissions to meet the Community's greenhouse gas emission reduction commitments*

up to 2020. http://eur-lex.europa.eu/legal-content/EN/TXT/?uri=uriserv:OJ.
L_.2009.140.01.0136.01.ENG#page=12

EC. 2009. *Directive 2009/28/EC of the european parliament and of the council of 23 April
2009 on the promotion of the use of energy from renewable sources and amending
and subsequently repealing Directives 2001/77/EC and 2003/30/EC.* http://eur-lex.
europa.eu/legal-content/EN/TXT/?uri=CELEX:32009L0028

EC. 2016. *COMMUNICATION FROM THE COMMISSION, Clean Energy For All
Europeans.*

EC. 2019. *COMMUNICATION FROM THE COMMISSION, The European Green Deal.*
https://eur-lex.europa.eu/legal-content/EN/TXT/?qid=1596443911913&uri=CELEX:52019D
C0640#document2. 2020년 9월 30일 검색.

Enquete-Kommission des deutschen Bundestages, Vorsorge zum Schutz der Erdatmosphaere.
1990. *Dritter Bericht zum Thema Schutz der Erde.* Deutscher Bundestag, 11.
Whalperide.

EU. 2000. *Green Paper on greenhouse gas emissions trading within the European Union
/* COM/2000/0087 final */.* http://eur-lex.europa.eu/legal-content/EN/
TXT/?uri=CELEX:52000DC0087

EU. 2013. *REGULATION (EU) No 525/2013 OF THE EUROPEAN PARLIAMENT AND
OF THE COUNCIL of 21 May 2013 on a mechanism for monitoring and reporting
greenhouse gas emissions and for reporting other information at national and Union
level relevant to climate change and repealing Decision No 280/2004/EC.*
https://eur-lex.europa.eu/legal-content/EN/TXT/?uri=celex%3A32013R0525. 2022년 2월 15
일 검색.

EU. 2018. *DIRECTIVE (EU) 2018/2001 OF THE EUROPEAN PARLIAMENT AND OF
THE COUNCIL of 11 December 2018 on the promotion of the use of energy from
renewable sources (recast), ANNEX I, NATIONAL OVERALL TARGETS FOR
THE SHARE OF ENERGY FROM RENEWABLE SOURCES IN GROSS FINAL
CONSUMPTION OF ENERGY IN 2020.*
https://eur-lex.europa.eu/legal-content/EN/TXT/PDF/?uri=CELEX:32018L2001, 2022년 2
월 21일 검색.

EU. 2018. *DIRECTIVE (EU) 2018/410 OF THE EUROPEAN PARLIAMENT AND OF
THE COUNCIL of 14 March 2018 amending Directive 2003/87/EC to enhance
cost-effective emission reductions and low-carbon investments, and Decision (EU)*

2015/1814.

https://eur-lex.europa.eu/legal-content/EN/TXT/PDF/?uri=CELEX:32018L0410&from=EN.

EU. 2018. *Regulation (EU) 2018/1999 of the European Parliament and of the Council of 11 December 2018 on the Governance of the Energy Union and Climate Action, amending Regulations (EC) No 663/2009 and (EC) No 715/2009 of the European Parliament and of the Council, Directives 94/22/EC, 98/70/EC, 2009/31/ EC, 2009/73/EC, 2010/31/EU, 2012/27/EU and 2013/30/EU of the European Parliament and of the Council, Council Directives 2009/119/EC and (EU) 2015/652 and repealing Regulation (EU) No 525/2013 of the European Parliament and of the Council.*

https://eur-lex.europa.eu/legal-content/EN/TXT/?toc=OJ:L:2018:328:TOC&uri=uriserv:OJ. L_2018.328.01.0001.01.ENG

EU. 2018. *Regulation (EU) 2018/842 of the european parliament and of the council of 30 may 2018 on binding annual greenhouse gas emission reductions by Member States from 2021 to 2030 contributing to climate action to meet commitments under the Paris Agreement and amending Regulation (EU) No 525/2013.*

https://eur-lex.europa.eu/legal-content/EN/TXT/?uri=uriserv:OJ.L_2018.156.01.0026.01. ENG

EU. 2018. *Regulation on the Governance of the Energy Union and Climate Action. 2018/1999.*

https://eur-lex.europa.eu/legal-content/EN/TXT/?uri=uriserv:OJ.L_2018.328.01.0001.01. ENG&toc=OJ:L:2018:328:TOC

EU. *Regulation (EU) 2021/1119 of the European Parliament and of the Council of 30 June 2021, establishing the framework for achieving climate neutrality and amending Regulations (EC) No 401/2009 and (EU) 2018/1999 ('European Climate Law').*

https://eur-lex.europa.eu/legal-content/EN/TXT/?uri=CELEX:32021R1119

European Commission. 2003. *DIRECTIVE 2003/87/EC OF THE EUROPEAN PARLIAMENT AND OF THE COUNCIL of 13 October 2003, establishing a scheme for greenhouse gas emission allowance trading within the Community and amending Council Directive 96/61/EC.* http://eur-lex.europa.eu/legal-content/EN/ TXT/?uri=CELEX:32003L0087. 2017년 12월 1일 검색.

European Commission. 2013. *GREEN PAPER A 2030 framework for climate and energy policies.* 2022년 4월 27일 검색.

European Commission. 2014. *COMMUNICATION FROM THE COMMISSION TO THE*

EUROPEAN PARLIAMENT, THE COUNCIL, THE EUROPEAN ECONOMIC AND SOCIAL COMMITTEE AND THE COMMITTEE OF THE REGIONS. A policy framework for climate and energy in the period from 2020 to 2030.

European Commission. 2017. *EU ETS Handbook*. https://ec.europa.eu/clima/sites/clima/files/docs/ets_handbook_en.pdf. 2017년 2월 25일 검색.

European Commission. 2018. *Regulation (EU) 2018/842 of the european parliament and of the council of 30 may 2018 on binding annual greenhouse gas emission reductions by Member States from 2021 to 2030 contributing to climate action to meet commitments under the Paris Agreement and amending Regulation (EU) No 525/2013, Annex I*. https://eur-lex.europa.eu/legal-content/EN/TXT/?uri=uriserv:OJ.L_.2018.156.01.0026.01. ENG

European Commission. 2020. *Commission Staff Working Document - Assessment of the final national energy and climate plan of Germany 2020*.

European Commission. 2020. *COMMUNICATION FROM THE COMMISSION TO THE EUROPEAN PARLIAMENT, THE COUNCIL, THE EUROPEAN ECONOMIC AND SOCIAL COMMITTEE AND THE COMMITTEE OF THE REGIONS. Stepping up Europe's 2030 climate ambition. Investing in a climate-neutral future for the benefit of our people*. https://eur-lex.europa.eu/legal-content/EN/TXT/?uri=CELEX:52020DC0562.

European Commission. 2020. *Report on the functioning of the European carbon market*. https://eur-lex.europa.eu/legal-content/EN/TXT/?uri=CELEX:52019DC0557R(01). 2022년 6월 14일 검색.

European Commission. 2021. 7. 14. *COM(2021) 550 final COMMUNICATION FROM THE COMMISSION TO THE EUROPEAN PARLIAMENT, THE COUNCIL, THE EUROPEAN ECONOMIC AND SOCIAL COMMITTEE AND THE COMMITTEE OF THE REGIONS. Fit for 55': delivering the EU's 2030 Climate Target on the way to climate neutrality*. Brussels. https://eur-lex.europa.eu/legal-content/EN/TXT/?uri=CELEX%3A52021DC0550.

European Commission. 2021. 7. 14. *Proposal for a DIRECTIVE OF THE EUROPEAN PARLIAMENT AND OF THE COUNCIL amending Directive (EU) 2018/2001 of the European Parliament and of the Council, Regulation (EU) 2018/1999 of the European Parliament and of the Council and Directive 98/70/EC of the European*

Parliament and of the Council as regards the promotion of energy from renewable sources, and repealing Council Directive (EU) 2015/652.

https://eur-lex.europa.eu/legal-content/EN/TXT/?uri=CELEX%3A52021PC0557.

European Commission. 2021. 7. 14. *Proposal for a DIRECTIVE OF THE EUROPEAN PARLIAMENT AND OF THE COUNCIL amending Directive 2003/87/EC establishing a system for greenhouse gas emission allowance trading within the Union, Decision (EU) 2015/1814 concerning the establishment and operation of a market stability reserve for the Union greenhouse gas emission trading scheme and Regulation (EU) 2015/757.*

https://ec.europa.eu/info/sites/default/files/revision-eu-ets_with-annex_en_0.pdf.

European Commission. 2021. 7. 14. *Proposal for a DIRECTIVE OF THE EUROPEAN PARLIAMENT AND OF THE COUNCIL on energy efficiency (recast).*

https://eur-lex.europa.eu/legal-content/EN/TXT/?uri=CELEX%3A52021PC0558.

European Commission. 2021. 7. 14. *Proposal for a REGULATION OF THE EUROPEAN PARLIAMENT AND OF THE COUNCIL amending Regulation (EU) 2018/842 on binding annual greenhouse gas emission reductions by Member States from 2021 to 2030 contributing to climate action to meet commitments under the Paris Agreement.*

https://eur-lex.europa.eu/legal-content/EN/TXT/?uri=COM%3A2021%3A555%3AFIN.

European Commission. 2021. *Proposal for a Regulation of the european parliament and of the council – establishing a Social Climate Fund.*

European Commission. 2021.07.14. *Proposal for a REGULATION OF THE EUROPEAN PARLIAMENT AND OF THE COUNCIL amending Regulation (EU) 2018/842 on binding annual greenhouse gas emission reductions by Member States from 2021 to 2030 contributing to climate action to meet commitments under the Paris Agreement*

https://eur-lex.europa.eu/legal-content/EN/TXT/?uri=COM%3A2021%3A555%3AFIN

European Commission. *COM (2018) 773 final, COMMUNICATION FROM THE COMMISSION TO THE EUROPEAN PARLIAMENT, THE EUROPEAN COUNCIL, THE COUNCIL, THE EUROPEAN ECONOMIC AND SOCIAL COMMITTEE, THE COMMITTEE OF THE REGIONS AND THE EUROPEAN INVESTMENT BANK. A Clean Planet for all. A European strategic long-term vision for a prosperous, modern, competitive and climate neutral economy.*

https://eur-lex.europa.eu/legal-content/EN/TXT/?uri=CELEX:52018DC0773

European Council. 2014. 10. 23-24. *Conclusions*.

https://www.consilium.europa.eu/uedocs/cms_data/docs/pressdata/en/ec/145397.pdf 2022년 4 월 26일 검색.

European Union. 1996. 'climate change ‒ Council Conclusion 8518/96 (Press 188-G). https://ec.europa.eu/commission/presscorner/detail/en/PRES_96_188. 2022년 6월 10일 재검색.

Financial times. 2021. 7. 14.

Financial times. 2021. 7. 17.

Fraunhofer Institut für Systemtechnik und Innovationsforschung. 1999. *Pokitikszenarien fuer den Klimaschutz II ‒ Szenarien und Massnahmen zur Minderung von CO_2-Emissionen in Deutschland bis 2020.*

Heinloth, K. 1990. "Enquete-Kommission des deutschen Bundestages legt abschliessende Bericht vor". *Physikalische Blaetter.* Vol.46. Nr.12.

Held, D. & Hervey, A. 2011. "Democracy, Climate Change and Globa Governance: Democratic Agency and the Policy Menu Ahead". Held, D. & Hervey, A. & Theros, M. (Ed.). *The Governance of Climate Change. Science, Economics, Politics & Ethics.* Polity Press. UK.

Heyer, C. & Liening, S. 2004. *Enquete-Kommissionen des Deutschen Bundestages, Schnittstellen zwischen Politik und Wissenschaft.* 2. Auflage. https://www.btg-bestellservice.de/pdf/20207000.pdf. 2018년 1월 16일 검색.

IEA. 2021. *Net Zero by 2050, A Roadmap for the Global Energy Sector. Summary for policy Makers. Net Zero by 2050 Interactive.* iea.li/nzeroadmap.

International Energy Agency(IEA). 2014. *Energy Technology Perspectives 2014.*

IPCC. 2007. *Climate Change 2007: Synthesis Report. Contribution of Working Groups I, II and III to the Fourth Assessment Report of the Intergovernmental Panel on Climate Change.*

IPCC. 2014. *Climate Change 2014: Synthesis Report.*

IPCC. 2018: *Summary for Policymakers. In: Global Warming of 1.5°C. An IPCC Special Report on the impacts of global warming of 1.5°C above pre-industrial levels and related global greenhouse gas emission pathways, in the context of strengthening the global response to the threat of climate change, sustainable development, and efforts to eradicate poverty,* [Masson-Delmotte, V., P. Zhai et al. (eds.), In Press.

Knigge, M. & Görlach, B. 2005. "Die Ökologische Steuerreform ‒ Auswirkungen auf Umwelt, Beschäftigung und Innovation.". *Zusammenfassung des Endberichts für das Vorhaben: „Quantifizierung der Effekte der Ökologischen Steuerreform auf Umwelt, Beschäftigung*

und Innovation " Forschungsprojekt im Auftrag des Umweltbundesamts.
https://www.umweltbundesamt.de/sites/default/files/medien/publikation/short/k2810.pdf.
2022년 6월 6일 재검색.

Kutz, C. 2012. 'Regionalökonomische Effekte der Nutzung von Windenergie in Schleswig-
Holstein.'

PWC(PricewaterhouseCoopers). 2016. *Wirtschaftliche Bewertung des Aktionsprogramm
Klimaschutz 2020.*

Quaschning, V. 2003. "Zuviel versprochen", *Sonne Wind & Waerme*. 4/2003.

Randers, J. 2013. *2052. Eine Globale Prognose fuer die naechsten 40 Jahre*. 2. Aufl.. Oekom,
Muenchen.

RNE. 2014.02.12. "Die soziale Seite der Energiewende
https://www.nachhaltigkeitsrat.de/aktuelles/die-soziale-seite-der-energiewende/. 2018년 2월 2
일 검색.

Schlegelmilch, Kai. 'Energie verteuern, aber richtig. Ökosteuern sollen der Umwelt nützen. Setzt
man sie klug um, können sie zugleich auch sozial gerecht, bezahlbar und gut für die
Staatskassen sein'. *Die Zeit von 14.8.2012*.http://www.zeit.de/wirtschaft/2012-08/
oekosteuer/komplettansicht

Stein, G. & Strobel, B. (Ed.). 1997. *Szenarien und Massnahmen zur Minderung von CO$_2$-
Emissionen in deutschland bis zum Jahre 2005. Politikszenarien fuer den Klimaschutz.*
Bd.1.

Umweltbundesamt (Hrsg.). 2008. *Wirksamkeit des Klimaschutzes in Deutschland bis 2020.*

Umweltbundesamt. 2022. 'Treibhausgas-Emissionen in Deutschland.' 2017.
https://www.umweltbundesamt.de/daten/klima/treibhausgas-emissionen-in-
deutschland#textpart-1. 2018.01.14. 검색. 2022.06.09. 재검색.

Umweltbundesamt. 2022. 'Treibhausgas-Emissionen in Deutschland' 2022.
https://www.umweltbundesamt.de/daten/klima/treibhausgas-emissionen-in-
deutschland#emissionsentwicklung. 2022년 6월 20일 검색.

UNFCCC. 2010. *The Cancun Agreements*.

UNFCCC. 2015. *Adoption of the Paris Agreement.*

WBGU. 2012. *Finanzierung der globalen Energiewende*. Politikpapier. Nr.7.

http://ec.europa.eu/environment/archives/action-programme/env-act5/chapt1-2.htm
http://eur-lex.europa.eu/legal-content/EN/TXT/?uri=CELEX:32003L0087. 2017년 12월 1일 검색.

http://eur-lex.europa.eu/legal-content/EN/TXT/PDF/?uri=CELEX:51994DC0659&from=
EN. 2017년 12월 5일 검색.

http://iea.li/nzeroadmap.

http://overseas.mofa.go.kr/de-ko/brd/m_7213/view.do?seq=1091845&srchFr=&srchTo=&
srchWord=&srchTp=&multi_itm_seq=0&itm_seq_1=0&itm_seq_2=0&company_
cd=&company_nm=&page=3

http://www.bine.info/bine-informationsdienst/. 2017년 1월 2일 검색; 2022년 6월 8일 재검색.

http://www.bioenergiedorf.de/home.html.

http://www.bmu.de/fileadmin/Daten_BMU/Download_PDF/Klimaschutz/
projektionsbericht_2015_zusammenfassung_bf.pdf

http://www.bmub.bund.de/fileadmin/bmu-import/files/pdfs/allgemein/application/pdf/
mandat_age_2007.pdf. 2017년 7월 15일 검색; 2022년 6월 13일 재검색.

http://www.bmwi.de/Redaktion/DE/Artikel/Energie/monitoring-prozess.html

http://www.bmwi.de/Redaktion/DE/Pressemitteilungen/2017/20170601-gem-zum-austritt-
der-usa-aus-dem-pariser-abkommen.html

http://www.rwi-essen.de/media/content/pages/umwelt/Klimavereinbarung-2000.pdf.

http://www.spiegel.de/wissenschaft/natur/selbstverpflichtung-industrie-will-freiwillig-beim-
klimaschutz-helfen-a-1005604.html. 2018년 1월 28일 검색.

https://archive.org/stream/ger-bt-drucksache-12-8557/1208557_djvu.txt. 2018년 1월 22일 검색.

https://bioenergiedorf.fnr.de/index.php?id=2116. 2022년 6월 29일 검색.

https://de.wikipedia.org/wiki/Ausstieg_aus_der_Kohleverstromung_in_Deutschland

https://de.wikipedia.org/wiki/CO2-Steuer. 2021년 9월 13일 검색.

https://de.wikipedia.org/wiki/Nationaler_Klimaschutzbeitrag. 2022.07.25 검색.

https://difu.de/projekte/1997/bundesweite-kampagne-zur-freiwilligen-co2-vermeidung-bei.
html.

https://difu.de/publikationen/2022/mal-nachgefragt-wie-gehen-kommunen-mit-
herausforderungen-im-klimaschutz-um. 2022년 6월 29일 검색.

https://ec.europa.eu/clima/eu-action/climate-strategies-targets/progress-made-cutting-
emissions/governance-energy-union-and-climate-action_en. 2021. 12. 05 검색.

https://ec.europa.eu/clima/eu-action/effort-sharing-member-states-emission-targets/effort-
sharing-2021-2030-targets-and-flexibilities_en. 2022년 2월 7일 검색.

https://ec.europa.eu/clima/policies/eccp_en

https://ec.europa.eu/clima/policies/ets_en. 2017년 11월 17일 검색.

https://ec.europa.eu/commission/presscorner/detail/e%20n/ip_19_6691

https://ec.europa.eu/energy/topics/energy-strategy/clean-energy-all-europeans_en.

https://ec.europa.eu/energy/topics/energy-strategy/energy-union_en

https://ec.europa.eu/energy/topics/energy-strategy/national-energy-climate-plans_en#the-
process

https://ec.europa.eu/energy/topics/renewable-energy/renewable-energy-directive/overview_en,
2020. 9. 29 검색.

https://ec.europa.eu/info/departments/climate-action_en. 2022년 8월 26일 검색.

https://ec.europa.eu/info/news/focus-national-energy-and-climate-plans-2020-jun-16_en

https://ec.europa.eu/info/strategy/priorities-2019-2024/european-green-deal/delivering-
european-green-deal_en. 2021년 12월 1일 검색.

https://ec.europa.eu/info/strategy/priorities-2019-2024/european-green-deal_en

https://ee-sh.de/de/dokumente/content/Leitfaeden-und-Magazine/Regionaloekonomische-
Effekte.pdf. 2020. 7. 12 검색.

https://ee-sh.de/en/windenergie-an-land.php. 2022년 6월 29일 재검색.

https://energy.ec.europa.eu/topics/energy-strategy/clean-energy-all-europeans-package_en

https://energy.ec.europa.eu/topics/energy-strategy/national-energy-and-climate-plans-necps_
en#the-process

https://eur-lex.europa.eu/legal-content/EN/TXT/?uri=COM:2015:80:FIN.

https://eur-lex.europa.eu/legal-content/EN/TXT/?uri=uriserv:OJ.L_.2018.328.01.0001.01.
ENG&toc=OJ:L:2018:328:TOC

https://eur-lex.europa.eu/legal-content/EN/TXT/PDF/?uri=CELEX:32018L2001&from=EN

https://europa.eu/investeu/about-investeu/what-investeu-programme_en. 2022년 3월 14일 검색.

https://sustainabledevelopment.un.org/sdg17. 2018년 6월 14일 검색.

https://www.bgbl.de/xaver/bgbl/start.xav?startbk=Bundesanzeiger_
BGBl&jumpTo=bgbl120s1818.pdf#__bgbl__%2F%2F*%5B%40attr_
id%3D%27bgbl120s1818.pdf%27%5D__1658802473112. 2022년 7월 26일 검색.

https://www.bgbl.de/xaver/bgbl/start.xav?startbk=Bundesanzeiger_BGBl&start=//*[@
attr_id=%27bgbl120s1795.pdf%27]#__bgbl__%2F%2F*%5B%40attr_
id%3D%27bgbl120s1795.pdf%27%5D__1658803455728. 2022년 7월 26일 검색.

https://www.bmu.de/en/pressrelease/minister-schulze-climate-action-becomes-law-1/. 2020.
6. 15일 검색.

https://www.bmu.de/fileadmin/Daten_BMU/Download_PDF/Gesetze/ksg_final_en_bf.pdf, 2019.

https://www.bmu.de/pressemitteilung/novelle-des-klimaschutzgesetzes-beschreibt-verbindlichen-pfad-zur-klimaneutralitaet-2045/. 2021년 9월 8일 검색.

https://www.bmub.bund.de/pressemitteilung/bundesregierung-stellt-weichen-fuer-den-klimaschutz/

https://www.bmub.bund.de/pressemitteilung/hendricks-der-klimaschutz-wird-sich-von-trumps-entscheidung-nicht-aufhalten-lassen/ .

https://www.bmub.bund.de/pressemitteilung/hendricks-klima-aktionsprogramm-ambitioniert-umsetzen/. 2017년 11월 29일 검색.

https://www.bmub.bund.de/pressemitteilung/hendricks-klima-aktionsprogramm-ambitioniert-umsetzen/. 25.03.2015 | Pressemitteilung Nr. 061/15.

https://www.bmub.bund.de/pressemitteilung/politikszenarien-fuer-den-klimaschutz/. Pressemitteilung. 1997년 12월 02일.

https://www.bmub.bund.de/themen/klima-energie/klimaschutz/berichterstattung/

https://www.bmub.bund.de/themen/klima-energie/klimaschutz/nationale-klimapolitik/klimaschutzplan-2050/buergerdialog-zum-klimaschutzplan-2050/. 2017년 11월 29일 검색.

https://www.bmuv.de/download/projektionsbericht-der-bundesregierung-2021. 2022년 4월 22일 검색.

https://www.bmuv.de/fileadmin/Daten_BMU/Download_PDF/Aktionsprogramm_Klimaschutz/aktionsbuendnis_klimaschutz_8_protokoll_bf.pdf. 2022년 7월 28일 검색.

https://www.bmuv.de/fileadmin/Daten_BMU/Download_PDF/Aktionsprogramm_Klimaschutz/protokoll_12._sitzung_aktionsbuendnis.pdf. 2022년 7월 28일 검색.

https://www.bmuv.de/themen/klimaschutz-anpassung/klimaschutz/nationale-klimapolitik/aktionsprogramm-klimaschutz/aktionsbuendnis-klimaschutz. 2022년 4월 22일 검색.

https://www.bmuv.de/themen/klimaschutz-anpassung/klimaschutz/nationale-klimapolitik/aktionsprogramm-klimaschutz/aktionsbuendnis-klimaschutz. 2022년 6월 30일 검색.

https://www.bmuv.de/themen/klimaschutz-anpassung/klimaschutz/nationale-klimapolitik/fragen-und-antworten-zum-kohleausstieg-in-deutschland. 2022년 7월 26일 검색.

https://www.bmwk.de/Redaktion/DE/Artikel/Energie/gruenbuch-energieeffizienz.html. 2022년 6월 27일 검색.

https://www.bmwk.de/Redaktion/DE/Artikel/Wirtschaft/kohleausstieg-und-strukturwandel.html. 2022년 7월 26일 검색.

https://www.bmwk.de/Redaktion/DE/Textsammlungen/Energie/energiewende-plattform-energieeffizienz.html?cms_artId=574234. 2022년 6월 27일 검색.

https://www.bmwk.de/Redaktion/DE/Textsammlungen/Wirtschaft/strukturstaerkungsgesetz-kohleregionen.html. 2022년 7월 26일 검색.

https://www.bmz.de/de/entwicklungspolitik/klimawandel-und-entwicklung/klimafinanzierung

https://www.bundesrat.de/SharedDocs/beratungsvorgaenge/2019/0501-0600/0514-19.html

https://www.bundesrat.de/SharedDocs/beratungsvorgaenge/2019/0501-0600/0521-19.html

https://www.bundesrat.de/SharedDocs/beratungsvorgaenge/2019/0501-0600/0533-19.html

https://www.bundesregierung.de/breg-de/aktuelles/mehr-geld-fuer-den-klimaschutz-445862

https://www.bundesregierung.de/breg-de/suche/aufteilung-co2-kosten-2043728

https://www.bundesregierung.de/breg-de/suche/aufteilung-co2-kosten-2043728. 2022년 8월 19일 재검색.

https://www.bundesregierung.de/breg-de/suche/co2-preis-kohle-abfallbrennstoffe-2061622. 2022년 7월 15일 검색.

https://www.bundesregierung.de/breg-de/suche/spatenstich-bahn-werk-cottbus-2037562

https://www.bundesregierung.de/breg-de/themen/klimaschutz

https://www.bundesregierung.de/breg-de/themen/klimaschutz/energiewende-beschleunigen-2040310. 2022년 7월 15일 검색.

https://www.bundesregierung.de/breg-de/themen/klimaschutz/g7-klimaclub-2058152

https://www.bundesregierung.de/breg-de/themen/klimaschutz/nationaler-emissionshandel-1684508. 2021년 9월 16일 검색.

https://www.bundesregierung.de/Content/DE/Artikel/2014/12/2014-12-03-nationaler-aktionsplan-energieeffizienz.html

https://www.bundesregierung.de/Content/DE/Artikel/2017/11/2017-11-13-cop23-deutscher-klimaschutz.html?nn=694676#Start

https://www.bundesregierung.de/Content/DE/Artikel/2017/11/2017-11-15-geld-fuer-klimapartner.html?nn=2275426

https://www.c2es.org/content/u-s-emissions/

https://www.clearingstelle-eeg.de/files/private/active/0/EEG_2000_Stand_2003-12-22.pdf

https://www.energiezukunft.eu/projekte/inland/erstmals-preis-fuer-buergerenergie-projekt-ausgeschrieben-gn104711/

https://www.energykorea.co.kr/news/articleView.html?idxno=37984. 2022년 7월 26일 검색.

https://www.erneuerbare-energien.de/EE/Redaktion/DE/Dossier/eeg.html?cms_docId=71110. 2020년 11월 20일 검색.

https://www.erneuerbare-energien.de/EE/Redaktion/DE/Dossier/eeg.html?cms_docId=71802.
 2022년 4월 26일 검색.

https://www.erneuerbare-energien.de/EE/Redaktion/DE/Dossier/eeg.html?cms_docId=73930.
 2020. 11. 18일 검색.

https://www.erneuerbare-energien.de/EE/Redaktion/DE/Downloads/eeg-novelle-2017-
 eckpunkte-praesentation.pdf;jsessionid=AEA9C542873E1FCDC13EF90EF6
 8F9056?_blob=publicationFile&v=5. 2022년 5월 1일 검색.

https://www.erneuerbare-energien.de/EE/Redaktion/DE/Standardartikel/EEG/eeg-2017.html.
 2022년 4월 25일 검색.

https://www.erneuerbare-energien.de/EE/Redaktion/DE/Standardartikel/gesetze.html. 2020년
 11월 20일 검색.

https://www.fona.de/de/gesellschaft-sozial-oekologische-forschung-soef-19711.html

https://www.gesetze-im-internet.de/ekfg/EKFG.pdf. 2021. 2. 14일 검색.

https://www.international-climate-initiative.com/de/ueber-die-iki/foerderinstrument-iki/

https://www.klimaschutz.de/de/ueber-die-initiative/zahlen-und-fakten. 2022년 6월 29일 검색.

https://www.klimaschutz.de/zahlen-und-fakten. 2017. 7. 14. 검색.

https://www.klimaschutz.de/ziele-und-aufgaben. 2017.7.13. 검색.

https://www.klima-selbstverpflichtung-finanzsektor.de/. 2022년 6월 30일 검색.

https://www.ptj.de/klimaschutzinitiative-kommunen/masterplan. 2017. 7. 14. 검색.

https://www.regensburg.de/leben/umwelt/energie-und-klima/klimaschutz

https://www.researchgate.net/publication/46549353_Gesamtwirtschaftliche_Beurteilung_von_
 CO2-Minderungsstrategien

https://www.spiegel.de/international/germany/sea-power-germany-s-first-offshore-wind-
 park-goes-online-a-642243.html. 2020. 7. 12, 검색.

https://www.umweltbundesamt.de/publikationen/politikszenarien-fuer-den-klimaschutz-vii.
 2018년 1월 22일 검색.

https://www.umweltministerkonferenz.de/Willkommen.html. 2017년 11월 22일 검색.

https://www.youtube.com/playlist?list=PL8RzGVmZSvAueWwtMuEsHZ8KPKqP1IXR2

독일 2℃~1.5℃ 기후 거버넌스의 역동적 구조와 특성

초판인쇄 2023년 2월 28일
초판발행 2023년 2월 28일

지은이 김옥현
펴낸이 채종준
펴 낸 곳 한국학술정보(주)
주   소 경기도 파주시 회동길 230(문발동)
전   화 031-908-3181(대표)
팩   스 031-908-3189
홈페이지 http://ebook.kstudy.com
E-mail 출판사업부 publish@kstudy.com
등   록 제일산-115호(2000. 6. 19)

ISBN 979-11-6983-105-5 93330